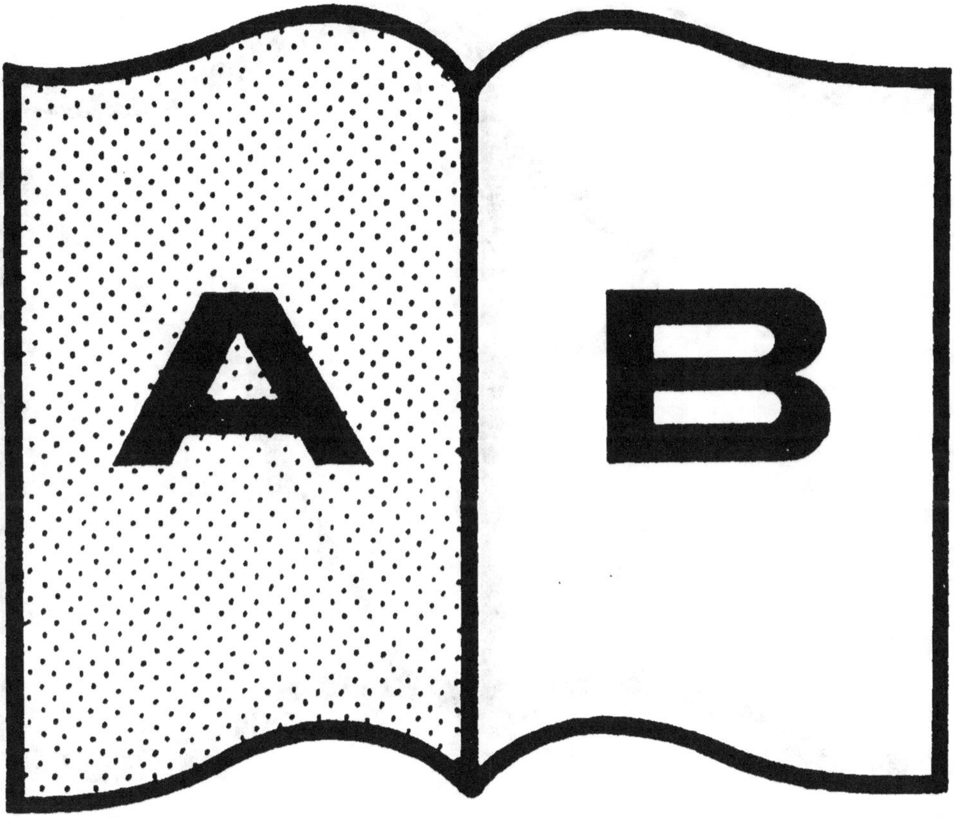

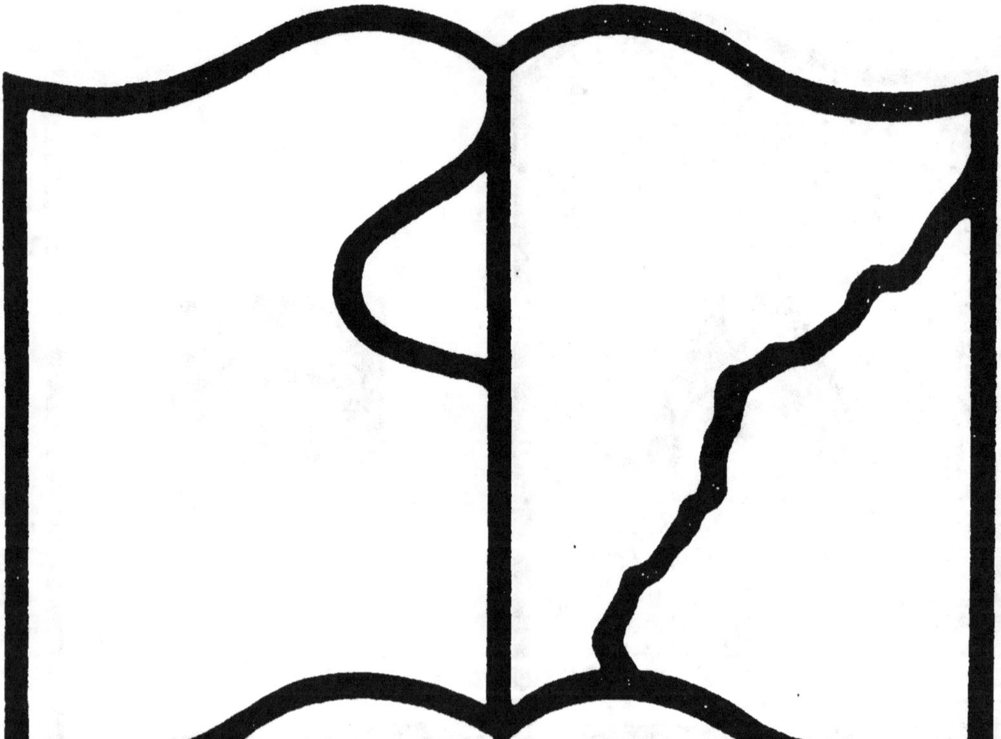

L'EDUCATION
DU JEUNE
COMTE D. B***,
SES
AMOURS AVEC EMILIE DE T***,
ET SES VOYAGES,
SELON SES PROPRES
MEMOIRES,

Où sont recueillis grand nombre d'Histoires Anecdotes modernes, & des Recherches & Decouvertes d'Antiquités très curieuses, accompagnées de plus de cent Estampes des plus beaux Monumens de Rome. Nouvelle Edition, augmentée d'Observations nouvelles sur les Ouvrages de Peinture, de Sculpture & d'Architecture, qui se voyent dans cette Capitale du Monde.

PAR MR. DE RAGUENET.
VOLUME I.

A LONDRES, MDCCLXV.
CHEZ MOYSE CHASTEL & Compagnie.

EDUCATION

LETTRE
DE MONSIEUR
LE
BARON DE T**.
A MONSIEUR
LE
MARQUIS DE N***.
EN LUI ENVOYANT CES MÉMOIRES.

NON, mon très-cher & très-fidelle Ami, personne n'a jamais pris un plus sincère intérêt, que moi, à tout ce qui vous regarde ; & vous m'avez rendu justice, en me marquant que vous en êtes intimement persuadé. Jamais l'Amitié, qui subsiste entre nous depuis tant d'années, ne m'a permis d'en agir autrement avec vous,

vous, & vous devez être parfaitement convaincu que je ferai toûjours le même à cet égard. Vous m'en demandez une nouvelle preuve. Ma promtitude à vous satisfaire vous assûrera de la continuation de mes sentiments sur lesquels vous pouvez toujours compter, comme je crois pouvoir le faire sur les vôtres . . . . mais laissons-là les protestations, & venons à ce qui fait le sujet de votre dernière Lettre.

Un *Fils unique, tendrement chéri, & que vous vous disposez à faire entrer dans le monde, vous cause, à ce que vous me marquez, de grandes inquiétudes. Vous tremblez qu'il ne s'y égare ; vous craignez sa Jeunesse, sa grande Vivacité, & son inexpérience.*

Vos *allarmes seroient bien fondées, sans doute, si vous n'aviez pas pris tous les soins imaginables de son éducation, dont il m'a paru jusqu'à ce jour qu'il a très-bien profité. Elevé sous vos yeux, & ayant devant les siens un modelle tel que vous, il lui sufiroit de marcher dans le chemin que vos bons exemples lui tracent tous les jours, & je vous répondrois de sa sagesse ; Mais ce qui vous allarme, est, dites-vous, la résolution qu'on vous a fait prendre, en quelque façon malgré vous, de le faire un peu voyager.*

Quelque *répugnance que vous me marquiez pour cette résolution, je ne puis me dispenser d'approuver ce louable conseil, qui ne peut vous avoir été donné que par des personnes, qui s'intéressent véritablement au bien de vo-*

votre aimable Fils. Rien en effet de plus utile pour un jeune homme, sur-tout d'un certain état, que les Voyages; rien de plus propre à le façonner, & à lui faire perdre cette timidité honteuse qui lui donne dans les compagnies un air embarrassé, & souvent même très-sot; rien de plus propre enfin à l'instruire dans ce qu'on appelle la science du monde, science qui ne s'acquiert qu'à force de voir des hommes.

Quoique Paris puisse passer pour une des bonnes Ecoles où l'on apprenne à les connoître, cette Ville cependant n'offre pas aux jeunes gens qui y sont nés, & élévés, le même avantage qu'en retirent les Etrangers. Une des raisons que je crois qu'on en peut donner, est qu'en général les objets qu'on a continuellement sous les yeux font sur nous une impression beaucoup moins vive, que ceux qu'on n'a jamais vûs. D'ailleurs un jeune Parisien, accoûtumé à la politesse & à l'indulgence ordinaire à ses Concitoyens, & familiarisé, pour ainsi dire, avec eux, s'observe beaucoup moins en leur compagnie, en est beaucoup moins attentif à se corriger des défauts qu'il peut avoir, & que par un excès de complaisance on lui fait très-rarement remarquer; enfin il s'applique beaucoup moins à aquerir les perfections qui lui manquent, qu'il ne fait avec des personnes qu'il n'a jamais vues, qui sont d'un caractère quelque-fois tout différent de celui de ses Compatriotes, & qui, en conséquence, ne sont pas obligés d'avoir, & n'ont pas effectivement pour lui les mêmes égards, ni la même déférence; En un mot il en est, selon moi, d'un jeune Homme qui n'a point voyagé, comme de ces Enfans, que des Parents idolâtres n'ôsent perdre un seul moment de vûe, à qui, de peur de les chagriner, ils passent tous leurs défauts qu'ils perdroient sûrement avec des Etrangers, qui seroient chargés du soin de leur Education. L'expérience journalière vous fait sentir de reste la justesse de ma comparaison.

M AIS *comme chaque Peuple, chaque Nation a ses défauts & ses vices qui lui sont particuliers, & que, généralement parlant, le libertinage est assez grand par tout, vous craignez, dites-vous, qu'il ne perde dans ses Voyages le fruit de l'Education que vous lui avez fait donner.*

S I *cette Education n'avoit été que superficielle, votre crainte ne seroit que trop fondée. Mais je sçais le contraire; & vous n'ignorez pas la sentence d'un Ancien Poëte sur ce sujet:* Quand un Vase neuf, *dit-il*, a été imbibé d'une liqueur excellente, il en conserve long-tems la bonne odeur. *Les hommes seroient en effet bien à plaindre si toutes les peines, si toutes les fatigues, qu'on se donne pour les former à la vertu, n'aboutissoient à rien d'effectif. Il s'en faut de beaucoup que j'aye une pareille idée de votre aimable Fils. Je suis au-contraire persuadé qu'en quelque endroit du monde qu'il aille, il fera toujours honneur à sa Famille.*

V OULEZ-*vous avoir d'avance, mon très-cher & fidelle Ami, une espèce d'assûrance de ce que je vous annonce* *ce ici? Vous la trouverez dans les Mémoires que je vous envoye, & dont je fais préfent à votre Jeune Télémaque. C'en eft un que j'ai reçu moi-même de la Famille du Comte de B***. auquel j'étois fort attaché, & dont vous m'avez entendu fouvent vous parler avec les éloges qu'il méritoit. Vous verrez dans l'Hiftoire de ce Seigneur les bons effets d'une excellente Education, & y trouverez de quoi calmer les appréhenfions que vous donnent les Voyages, que vous êtes fur le point de faire entreprendre à votre aimable Fils. Il y trouvera lui-même des Inftructions auffi agréables que folides, fur la conduite que doit tenir un jeune homme en entrant dans le monde, & principalement dans fes Voyages.*

 C'est *un Mentor que je lui donne pour l'accompagner dans ceux qu'il va faire, mais un Mentor dont la fageffe n'a point l'air trifte & lugubre, fouvent même rébutant, qu'ont la plûpart de nos Moraliftes. Celui-ci prêche la Vertu, mais en Homme du monde, & non en Philofophe, ni en Pédant; & les agréables & folides Réflexions qu'il fait, coulent, comme de leur fource, des évènements mêmes qu'il raconte. Accoûtumé à réfléchir fur tout, il tire non feulement de fes propres Avantures, & de plufieurs autres très-curieufes dont il a été témoin, mais des chofes mêmes qui paroiffent d'abord très-indifférentes, des Inftructions qui frappent d'autant plus, qu'elles font moins attendues. Telles font celles que lui ont fourni les Antiquités de* Rome, *dont l'explication & le détail, dans lequel il entre fur cette*

ma-

matière m'ont paru un morceau d'érudition, qui n'est pas moins instructif qu'il est amusant.

Par ce préſent, dont je me prive pour l'amour de vous & de lui, quoiqu'il me ſoit infiniment précieux, m'étant venu d'une auſſi bonne part, Jugez, mon très-cher & fidelle Ami, ſi je m'intéreſſe ſincérement à tout ce qui vous regarde. J'eſpère, que par le bon uſage qu'en fera notre jeune Voyageur, vous recueillerez dans peu le fruit du ſacrifice que je vous en fais ici. Perſonne, après vous, n'en reſſentira plus de joye, que moi, qui ai toujours pris beaucoup de part à tout ce qui vous en pouvoit procurer, & qui ſuis, avec la plus tendre & la plus ſincère eſtime,

Mon très-cher & fidelle Ami,

Votre trés-affectionné
Serviteur,

LE BARON DE T***.

M E-

MEMOIRES
DU COMTE DE B***
CONTENANT
SES AVENTURES,

Un grand nombre d'HISTOIRES & ANECDOTES du Tems très curieuses, ses recherches & ses découvertes sur les Antiquités de la Ville de Rome & autres curiosités de l'Italie.

PREMIERE PARTIE.

'OU' VIENT que la plûpart des Hommes aiment tant à écrire, ou à raconter leurs avantures? Eſt-ce Amour propre; eſt-ce envie d'inſtruire les autres, & de ſe rendre par-là utiles à la Société? C'eſt une queſtion que je laiſſe décider à ceux qui connoiſſent parfaitement le cœur humain. Ce que je puis dire ici du mien, c'eſt que la Vanité n'entre pour rien dans ce que je vais écrire. Le deſir de me rapeler, de tems en tems, des évènements qui m'ont fait quelque plaiſir, & qui, par leur variété & leur multitude, pouroient s'échaper de ma mémoire, eſt l'unique motif qui me fait prendre la plume.

A Com-

Comme ce n'est que pour moi que j'écris, que je le fasse bien, ou mal, je n'ai point à craindre cette légion de Censeurs, plus souvent mauvais que bons, qui désolent ordinairement les Ecrivains, même les meilleurs. Quand on ne travaille que pour soi, & nullement pour plaire aux autres, on ne court point les risques auxquels plus d'un Auteur voudroit ne s'être jamais exposé: Je commence.

QUOIQUE les obligations infinies que j'ai à mes parents, & que mon cœur, qui est naturellement reconnoissant, m'assûre que je ne les oublierai jamais, je crois néanmoins ne pouvoir mieux commencer ces Mémoires qu'en imitant ce vertueux Empereur auquel, quoique Payen, la judicieuse Antiquité a donné le surnom de DIVIN (*a*) „je remercie „les Dieux, dit-il dans un Livre admirable que le Tems „a respecté, & nous a conservé (*b*), je remercie les Dieux „de m'avoir donné de bons Parents, un bon Père, une „bonne Mère, une bonne Sœur, de bons Frères, de bons „Précepteurs, & tout ce qu'on peut souhaitter de bon; „de sorte qu'il n'a pas tenu à eux, ni à leurs inspirations, „ni à leurs Conseils, que je n'aye connu la vie la plus con„forme à la Nature & à la Raison; & si je ne puis encore „vivre selon ces règles, c'est ma faute. Cela vient de ce „que je n'ai pas obéï à leurs Avertissements, ou plutôt, „si j'ose le dire, à leurs ordres & à leurs préceptes". Voilà le portrait de mes Parents, & le mien. Je dois à leurs soins, & aux peines qu'ils se sont données pour me procurer une bonne éducation, le peu que je vaux. Heureux si j'avois répondu mieux que je n'ai fait à leurs bonnes intentions, & à ce qui leur en a coûté! Le rang qu'ils tiennent dans le monde, & l'opulence dans laquelle ils é-

toient

―――――――――

(*a*) Marc Aurèle Antonin.
(*b*) Voyez les *Réflexions Morales* de cet Empereur.

toient, les mettoient en état de fournir aux dépenses nécessaires pour cela; Mais combien de milliers de Parents, qui sont dans le même cas, négligent-ils ce devoir, qui est le premier & le plus essenciel de tous? Les miens, graces au Ciel, commencèrent de bonne heure à s'en aquitter.

Je n'étois encore que dans ma sixiéme année, lorsque je fus tiré des mains des femmes qui, jusqu'alors, avoient pris soin de mon enfance. Les petits soins que demande, jusqu'à cet âge, la formation du corps, sont de leur compétence. Celle de l'Esprit n'est point ordinairement de leur ressort. Celle-ci demande des talents qu'elles n'ont point communément, & sur tout une sévère gravité, dont leur tendresse les rend incapables. Un oncle Maternel, vieux garçon, & qui avoit pour mes frères & pour moi une affection peu commune, voulut bien se charger de ce pénible emploi. La chose parut singulière à bien des gens, surtout dans une ville, telle que Paris, où l'on compte un si grand nombre d'Ecoles, dont les Maîtres se vantent de donner à la jeunesse toutes les instructions qui peuvent lui convenir. J'avoue que, de toutes les villes du monde, il n'y en a point où l'on trouve plus abondamment que dans celle-là, tout ce qui peut contribuer à une excellente éducation. Maîtres habiles dans tous les Arts & dans toutes les sciences, Méthode facile pour les aprendre, douceur & patience angelique avec leurs Disciples; voilà, en racourci, le portrait des Savants Maîtres qui se trouvent, en bien plus grand nombre, dans cette Ville, que partout ailleurs. Mais tous ces précieux avantages sont contre-balancés par un inconvénient, auquel on ne fait pas ordinairement toute l'attention qu'il mérite; inconvénient, au reste, qui se rencontre dans presque toutes les Ecoles publiques. C'est le risque que les jeunes gens y courent de se gâter les uns les autres. Comme il est impossible qu'on leur ait

ait inspiré à tous, chez leurs parents, les mêmes sentimens de Réligion, de droiture & de sagesse, quelque attention, & quelque soin que les Maîtres puissent y aporter, il se trouve toujours des enfans que leur penchant malheureux entraîne vers le mal : Or il est certain que le mauvais exemple, que ceux-ci donnent aux autres, fait sur eux de très-dangereuses impressions. Plus les Ecoles sont nombreuses, & plus cette contagion est à craindre ; d'autant que l'attention des Maîtres étant obligée de se partager, elle ne peut se porter sur tout, & ils ne laissent que trop souvent échaper à des jeunes gens des fautes essencielles, qu'ils ne commettroient pas impunément dans leurs familles. De cette remarque, qui est fondée sur l'expérience, on peut conclure combien raisonnent peu sensément la plûpart des parents, qui jugent de l'excellence d'une Ecole par la multitude des jeunes gens qu'on y élève.

MAIS si les Ecoles publiques, en général, sont sujettes à ce dangereux inconvénient, il est encore bien plus ordinaire, & bien plus à craindre, dans celles dont les Maîtres se sont, pour ainsi dire, mis en possession de l'éducation des enfans des Grands. La manière molle & efféminée dont on les élève d'abord chez leurs parents, l'orgueil & la sotte vanité qu'on leur y fait sucer avec le lait, les complaisances aveugles qu'on a pour eux, la crainte qu'on a de les mortifier, ou de leur déplaire, la basse flatterie qui n'encense, que trop souvent, leurs défauts ; voilà les pernicieuses sémences qu'ils aportent dans les Ecoles, où on les fait passer en sortant des mains des femmes. Là, bien loin de travailler à déraciner tous ces vices naissans, des Précepteurs, qui fondent & mesurent leur fortune sur les complaisances qu'ils auront pour leurs élèves, soûtenus d'ailleurs par des Maîtres, dont les vûes sont encore plus intéressées & plus ambitieuses, s'étudient par toutes sortes

de

de voyes à se concilier la bienveillance de leurs Disciples, qui, au sortir de leurs mains, sont ordinairement beaucoup pires qu'ils n'étoient lorsqu'on les leur a confiés. Tel est le Tableau naturel de ces Ecoles dont la vanité fait tant de bruit. Ce qu'il y a de plus triste pour un grand nombre de particuliers, que leurs Parents y font élever, dans la ridicule espérance que ce sera pour eux un acheminement à la fortune; ce qu'il y a, dis-je, de plus triste, c'est qu'elles sont pour eux de veritables Ecoles de perdition, d'où ils ne remportent ordinairement qu'un sol orgueil & une sotte ambition, qui leur font s'imaginer que, parce qu'ils ont été élevés par les mêmes Maîtres que les Grands, les plus hauts, les plus brillants emplois, & les plus grandes fortunes, ne sont rien moins qu'au dessous de leur mérite.

Des parents aussi judicieux que les miens n'avoient garde de donner dans un travers qui n'est aujourd'hui que trop commun. Ces raisons, jointes à la tendresse que notre Oncle avoit pour nous, l'engagèrent à se charger lui-même du soin de notre éducation : Ce sont nos héritiers, dit-il, à cette occasion, à mon Père ; je veux non seulement leur laisser tous mes biens, mais leur aprendre encore à en faire, un jour, un bon usage, & que par ce double bienfait ils fassent honneur à ma mémoire & à notre famille. Laisser du bien à des enfans, & négliger leur éducation, c'est les enrichir d'une main, & les apauvrir de l'autre. Les richesses de ce monde sont périssables. Un malheur, un accident, une révolution inopinée peuvent nous les enlever, & ne nous les enlèvent que trop souvent, d'un moment à l'autre. Si elles ne nous échapent pas par quelqu'une de ces voyes, la mauvaise conduite, fruit ordinaire d'une éducation négligée, les fait bientôt passer en d'autres mains. Je veux prévenir, autant qu'il est possible, ce funeste revers, & laisser à mes neveux, outre mes biens, des richesses qu'aucun accident ne pourra leur enlever. Il m'en coûtera, à la verité, un peu de peine; mais comme je partage votre tendresse pour eux, je veux aussi partager avec vous les devoirs de la Paternité. Ils vous doivent la vie; je veux qu'ils me doivent le bon usage qu'ils en feront.

On ne pouvoit raisonner plus judicieusement. Quoique je fusse dans un âge, où l'on n'est pas fort susceptible de réflexions, celles de mon Oncle firent sur moi une si forte impression, que je ne les ai jamais oubliées. Il est vrai, & je le dois ajoûter ici, qu'il nous les répétoit souvent, pour nous les mieux inculquer, & nous encourager à profiter de ses instructions & de ses soins. Quoiqu'il fût bien en état de nous enseigner lui-même tout ce qui pouvoit nous orner l'esprit (car il avoit lui-même été parfaitement bien élevé) il se déchargea néanmoins de ce qu'il y avoit de plus fatiguant dans notre instruction sur des Maîtres habiles qui venoient, aux heures marquées, nous donner des leçons sur les sciences qui convenoient à notre âge & à notre état. Il nous les faisoit répéter ensuite & prenoit plaisir à nous les expliquer lorsqu'elles lui paroissoient avoir besoin de quelques éclaircissements. Mais ce dont il s'étoit particuliérement chargé, comme étant le point le plus essenciel, c'étoit de nous former le cœur, où il ne cessoit de nous inculquer des sentiments de vertu & de Réligion. Comme il avoit été fort répandu dans le grand monde, ses instructions n'avoient rien qui ressentît ni le Pédant, ni le Bigot. Sa Morale n'étoit point celle d'un Rigoriste, ni d'un Misantrope, qui condamnent impitoyablement tout ce qui leur paroit contraire aux lugubres idées qu'ils se font faites de la sagesse & de la vertu. C'etoit un Philosophe aimable, toujours enjoué, qui nous donnoit les plus excellents préceptes, & qui pour les graver plus profondément dans notre esprit & dans notre cœur, les assaisonnoit toujours de quelques

ques exemples tirés ou de l'Hiſtoire Ancienne, qu'il poſſédoit parfaitement, ou du reçit de quelques-unes de ces Avantures intéreſſantes que Paris fournit journellement. Autant que la plûpart de nos Moraliſtes nous rendent la Vertu rébutante par les portraits peu gracieux qu'ils nous en font, autant ce cher Oncle nous la rendoit-il aimable par les charmantes peintures qu'il nous en faiſoit. Si la plûpart des hommes ne font pas auſſi ſages qu'ils devroient l'être, il s'en faut prendre, en partie, à ceux qui ſont chargés de leur prêcher la vertu, & qui, pour l'ordinaire, s'en aquitent d'une manière à la faire haïr. Les admirables Réflexions Morales de l'Empereur Marc Aurèle Antonin, les précieuſes Maximes du Duc de la Rochefoucault, l'inimitable Télémaque de Mr. de Fénélon, étoient les trois ſources dans lesquelles il puiſoit les inſtructions qu'il nous donnoit. Heureux & mille fois heureux, ſi elles avoient rapporté tout le fruit qu'il devoit en attendre! Mais, dans l'ordre Moral, comme dans celui de la Nature, c'eſt l'homme qui ſème & qui plante, mais c'eſt Dieu ſeul qui fait germer & fructifier la ſémence. Elle produiroit, ſans doute, toujours de bons fruits, ſi les paſſions, qui offuſquent quelquefois le cœur humain, & dont ſouvent il n'eſt pas le maître, n'en étouffoient pas le germe précieux.

Ce fut vers le tems qu'elles commencent à ſe faire ſentir, que je reconnus qu'il n'eſt point d'homme ici bas, qui en ſoit abſolument exemt, & qu'il ne peut en prévenir les funeſtes ſuites, qu'en travaillant à les réprimer. Né avec un tempéramment vif, je n'eus pas atteint l'âge de dix-huit Ans, que je ſentis ſe former, pour ainſi dire, en moi une ſeconde âme toute différente de celle qui m'avoit juſqu'alors animé. Etonné d'un pareil changement, j'eus peine à me reconnoître. Je me cherchois en moi-même, & je ne m'y trouvois plus. Eſt-il poſſible, me diſois-je intérieurement,

que

que je fois ce même homme, qui étois si tranquille il y a quelques mois, & qui ai vû couler, pendant tant d'années, des jours tissus, pour ainsi dire, d'or & de soye! Tout me plaisoit alors, tout m'occupoit, tout m'amusoit. Attentif à faire la joye & la consolation d'une famille, dont je suis tendrement aimé, je faisois mon unique plaisir de répondre à sa tendresse par la plus sérieuse application à remplir mes devoirs. L'étude, qui avoit alors pour moi des charmes si attirants, les innocentes récréations dont elle étoit suivie, & auxquelles je me livrois avec tant de vivacité, cette tendresse, aussi juste que forte, que je me sentois pour tous ceux auxquels la Nature m'a uni par les liens du sang, & plus encore par ceux de la reconnoissance, tous ces traits, qui se faisoient sentir, il y a quelques mois, d'une manière si vive, semblent aujourd'hui s'être émoussés, & laissent dans mon cœur un vuide extraordinaire qu'il me paroit que d'autres objets voudroient y remplir. Agité de mille mouvements différents dont je ne suis pas le maître, & que leur multitude m'empêche de démêler, je ne sai ni ce qu'il veut, ni ce qu'il demande. Qui me débrouillera ce Cahos? Qui m'expliquera cette Enigme? Qui rendra à mon âme le calme heureux dont elle a si long-tems jouï, & dont elle se voit aujourd'hui privée?

J'étois dans une situation trop violente pour que mon Oncle ne s'aperçût pas de ce qui se passoit dans mon cœur. Il le voyoit en effet, mais il n'en témoignoit rien, étant bien aise de me laisser éprouver cette première révolution que la Nature fait en nous, & de voir si je lui dissimulerois long-tems, comme il est assez ordinaire à cet âge, la situation dans laquelle je me trouvois. J'étois bien éloigné de cette pensée, & je n'attendois qu'une occasion pour lui ouvrir mon cœur, & le prier d'y rétablir le calme. Elle ne tarda pas à se présenter. Mon peu d'ardeur & d'empressement

ment pour mes exercices ordinaires, joint à un air férieux, & approchant même de la triſteſſe, qui s'étoit répandu, malgré moi, ſur mon viſage, ayant donné lieu à quelques tendres reproches qu'il me fit: Je les mérite bien, lui dis-je. Je merite même encore plus, pour vous avoir caché la ſituation extraordinaire, où je me trouve ; mais ajoûtai-je, pardonnez à l'amour propre, qui nous fait diſſimuler nos défauts le plus ſoigneuſement qu'il nous eſt poſſible. Il n'y a que trop long-tems que je m'apperçois que mon cœur n'eſt plus le même, & qu'il s'y paſſe des choſes que je n'aurois jamais cru devoir éprouver. Là-deſſus je lui repréſentai ma ſituation, telle que je viens de la décrire.

PENDANT que je lui parlois, je remarquai qu'il ſourioit à la peinture naïve que je lui faiſois du nouvel état, dans lequel je me trouvois. Vous riez, lui dis-je, mon cher Oncle! Vous imagineriez-vous que j'aurois voulu vous amuſer ici par quelque conte fait à plaiſir? Non, vous, devez trop connoître juſqu'où va l'averſion que vous nous avez inſpirée pour l'ombre même du menſonge. Ce que je viens de vous raconter eſt la pure vérité; & vous pouvez en être perſuadé ..... Je n'en doute pas un moment, interrompit-il. Il y a déjà plus de deux mois que j'ai lû dans vos yeux, & dans toute votre conduite, ce que vous venez de me dire, mais j'attendois que votre amitié m'en fît elle-même confidence. Si j'ai ſouri au récit que vous m'en avez fait, c'étoit pour vous encourager à m'ouvrir entiérement votre cœur, qu'un air trop grave & trop ſérieux auroit peut-être effarouché. Tel eſt l'ordinaire défaut de ces hommes Mercénaires, auxquels la plûpart des parents confient l'éducation de leurs enfans, parce qu'ils ne veulent pas prendre la peine de s'aquiter, eux-mêmes de ce devoir. Un pareil homme vous auroit interrompu preſque à chaque phraſe pour vous faire une peintu-

re

re aussi affreuse que ridicule de votre situation; heureux s'il n'eût pas encore poussé le Rigorisme jusqu'à ouvrir sous vos pieds l'Enfer tout prêt à vous engloutir. Pour moi, mon cher Neveu, qui connois un peu mieux le cœur humain, & qui reduis les choses à leur juste valeur, je vous dirai que ce qui vous allarme, & surquoi vous me priez de vous eclaircir, est la chose du monde la plus simple & la plus naturelle. Toute ma réponse se reduit à vous dire que vous n'êtes plus aujourd'hui ce que vous étiez il y a quelque tems.

L'Homme, continua-t-il, semblable, en ce point, à certains insectes (permettez-moi cette comparaison, qui dans sa bassesse apparente n'exprime que trop bien la vérité) l'homme, dis-je, dans le cours de sa vie, éprouve, comme eux, quatre Métamorphoses, qui en font, pour ainsi dire, quatre Créatures différentes. Ces Métamorphoses sont les quatre âges par lesquels la Nature le fait successivement passer, & dont il seroit à souhaiter pour lui qu'elle lui épargnât la première & la dernière. Dans la première en effet, il n'est point encore homme; & dans la dernière, qui est la Vieillesse, il ne l'est plus. L'homme, c'est-à-dire, ce composé admirable de l'Animal & de ce rayon de la Divinité qui l'anime, ne commence à faire veritablement honneur à celui qui l'a créé, que dans l'âge où vous allez entrer. Etrange condition & bien humiliante pour nous! Du peu de jours que la Providence nous destine sur la Terre, nous n'en pouvons compter que la moitié, & souvent encore beaucoup moins, où nous puissions nous glorifier, avec quelque justice, d'être véritablement ce que nous devons être, c'est-à-dire Raisonnables. Qu'est-ce, en effet, que la Raison dans l'homme jusqu'à l'âge de vingt ou vingt-cinq ans; & qu'est-ce que cette même Raison depuis soixante ou soixante & dix ans, jusqu'à ce qu'il entre dans le

Tom-

Tombeau! Dans le premier de ces deux périodes, cette Divine étincelle se laisse à peine appercevoir ; elle se dévelope ensuite imperceptiblement, à mesure que le Corps se forme, & se fait enfin voir dans toute sa force & dans tout son éclat. Dans le second, elle s'affoiblit insensiblement, elle s'obscurcit, & s'éteint à la fin, à proportion que les Organes s'affoiblissent, & que le Corps dépérit. Vous avez déjà passé la première de ces révolutions, & si le Ciel vous réserve une longue vie, vous éprouverez la dernière. Mais si celle où vous entrez est la plus brillante, & fait ordinairement le plus d'honneur à l'homme, combien en voit-on de milliers qui ne tendent, ni ne parviennent jamais à ce but! Emportée par les passions, qui se font sentir alors dans toute leur violence, dans quels écarts la jeunesse inconsidérée ne donne-t-elle pas tous les jours; écarts d'autant plus à craindre, qu'ils influent, d'ordinaire, sur tout le reste de la vie? c'est pour les prévenir que j'ai voulu prendre moi-même le soin de votre éducation. Douze à treize ans que j'ai employés à vous former le cœur, & à vous inspirer des sentiments d'honneur & de vertu, me font espérer que cet âge, si difficile à passer pour les autres, s'écoulera aussi heureusement pour vous que celui qui l'a précédé; mais vous ne devez pas croire qu'il ne vous en coûtera point plus de peines. Ce n'est plus sur un Canal, ni sur un Etang, que vous allez voguer dorénavant; c'est sur une Mer des plus orageuses & féconde en Naufrages. Le Monde, que vous n'avez point encore connu, va vous offrir tout ce qu'il a de plus séduisant pour vous attirer à lui. Le Vent des passions vous y poussera à pleines Voiles; mais si la sagesse ne vous dirige pas dans cette périlleuse route, vous augmenterez le nombre des malheureux qui s'y sont signalés par leurs Naufrages. Ayez donc continuellement devant les yeux les instructions, que je ne vous ai données que

pour

pour en faire ufage; car la Vertu n'eſt rien dans la ſimple ſpéculation. Ce n'eſt que la pratique qui lui donne ſon éclat & tout ſon mérite.

Eclairci de la ſorte ſur ma ſituation, je n'en fus pas d'abord pour cela plus tranquille. La crainte de donner dans les écarts ordinaires à la jeuneſſe, & dont je preſſentis dès-lors que je ne ſerois pas exempt, me fit regretter les charmes de mon premier état. J'aurois voulu, s'il eût été poſſible, reſter toujours Enfant, lorſque j'enviſageai les périls que mon Oncle venoit de me repréſenter. Il étoit un moyen ſûr pour m'en garantir. C'étoit de renoncer au Monde. Comme je ne le connoiſſois point encore, & que, par conſéquent, il n'avoit aucun attrait pour moi, je me ſentois aſſez diſpoſé à prendre ce parti. J'en témoignai quelque choſe à mon Oncle : gardez-vous bien, me dit-il, mon cher Neveu, de ſuivre cette idée; je n'ai pas pris tant de ſoins & tant de peines pour faire de vous un homme inutile à la ſociété. Les hommes ne ſont pas faits pour vivre comme les Ours, mais pour ſe ſervir les uns les autres. C'eſt le but que le ſage auteur de la Nature s'eſt propoſé, lorſque, par un privilège particulier, il leur a donné la raiſon en partage, & dans cette diverſité infinie de goûts & de talents qu'il leur a donnés. Vous pouvez leur être utile par ceux dont il vous a fait part. Ce ſeroit aller contre ſes ordres, que de les fruſtrer du fruit qu'ils en attendent. Mais avant que de vous décider ſur l'état que vous embraſſerez, il eſt bon que vous étudiez un peu le Monde. La Providence vous offre ici un de ſes plus grands & de ſes plus beaux Livres, dans lequel vous pouvez commencer à vous inſtruire de cette ſcience ſi néceſſaire à un homme de votre naiſſance. Paris, par la multitude preſque innombrable de ſes habitants, par la variété des choſes qui s'y paſſent, par la diverſité des caractères qu'il nous pré-
ſen-

sente, peut être regardé comme une des plus excellentes Ecoles du monde. Aussi est-ce par-là que je veux vous faire commencer votre Caravane ; quelques voyages dans les païs étrangers vous aprendront ensuite à connoître parfaitement les hommes, & en combien de manières différentes on peut leur être utile.

J'avois trop de déférence pour les conseils de mon Oncle, j'étois trop convaincu de sa grande expérience, & plus encore de ses bontés pour moi, pour ne me pas rendre à ses avis, j'entrai donc dans la carrière du monde, dans laquelle il me poussa, pour ainsi dire, lui-même, & où il me laissa marcher seul, voulant voir de quelle façon je m'y prendrois. J'y débutai par les plaisirs, comme font tous les jeunes gens, dès qu'on les abandonne à eux-mêmes. Je choisis ceux qui me parurent les plus innocents, & les plus dignes d'un honnête homme. Les Comédies, Françoise & Italienne, le ravissant Spectacle de l'Opéra, la fréquentation de quelques Beaux Esprits, dont Paris abonde, un commerce d'amitié que je liai avec quelques jeunes gens de mon âge & de mon rang, remplissoient les vuides que me laissoient mes exercices Académiques, que je n'avois point encore achevés. Comme les plaisirs, pour n'être pas insipides, ont besoin d'être variés, j'assaisonnois ceux-ci de quelques autres, qui paroîtront, peut-être, bien moins piquants à certaines personnes, mais qui avoient néanmoins des attraits pour moi. C'étoit la fréquentation du Bareau, où j'allois entendre, de tems en tems, nos Cicérons François, dont la brillante & solide éloquence me faisoit un plaisir infini. A cet agrément se joignoit encore celui de la singularité curieuse, & quelquefois peu édifiante, des causes que ces Messieurs deffendoient. Telle me parut celle des jeunes Princes de Momb. ... dont l'aîné, pour se faire ajuger tous les biens de son Père, à l'exclusion de tous ſes autres Frères, ne rougit point de couvrir la mémoire de ce Prince d'un opprobre éternel, en déclarant au Public que tous ſes Frères, du moins à ce qu'il prétendoit, étoient les fruits criminels d'un commerce adultère & inceſtueux, que ſon Père avoit eu avec les deux Sœurs de ſa Mère, qu'il avoit, diſoit-il, toutes abuſées par des promeſſes de mariage.

La Chaîre m'offroit auſſi, quoique plus rarement, des plaiſirs qui ne m'étoient pas moins agréables que ceux du Bareau. Deux fameux Prédicateurs partageoient alors tout Paris, qui couroit en foule les entendre. Le ſtile & le goût ſingulier de leurs Sermons, qui ne reſſembloient en rien à ceux des grands Orateurs, qui les avoient précédés dans la carière Evangélique, leur attiroient toutes les précieuſes de la Cour, &, par une conſéquence infaillible, tous les gens du bel air, dont on ſait que le nombre n'eſt pas petit dans cette grande Ville. La curioſité m'y entraîna avec les autres. Mais ſi leurs diſcours, purement Académiques, me touchèrent peu, du moins occaſionnèrent-ils deux ſcènes, qui furent pour moi d'une grande inſtruction. Voici la première. Elle ſe paſſa dans l'Egliſe de Saint... où le Père B... un des Orateurs dont je viens de parler, prêchoit alors. Son diſcours rouloit, ce jour-là, ſur l'humilité, qui doit être, dit-on, la première vertu d'un Chrétien. Comme la foule, que faiſoit la réputation du Prédicateur étoit ſi grande, que les perſonnes, même du plus haut rang, couroient riſque de ne point trouver de place dans l'Auditoire, ſi elles ne s'y rendoient de bonne heure, ou n'envoyoient pas garder leurs places, il arriva que deux grandes Princeſſes, Sœurs toutes les deux, & toutes les deux Epouſes, l'une d'un des plus grands Princes de l'Allemagne, dont elle étoit Veuve, & l'autre d'un petit Souverain actuellement Régnant, firent, à l'inſçu l'une de l'autre,

tre, la partie de venir entendre le Prédicateur à la mode. La Princesse de C.... s'y rendit la première; mais, soit affectation, soit paresse, soit vanité, ou quelque autre motif de cette nature, la Princesse Douairière, sa Sœur, ne s'y rendit que fort tard. Son arrivée causa, selon la coûtume, quelque petit dérangement dans l'Assemblée; mais tout s'étant remis dans l'ordre, le Prédicateur continua son discours. Il en étoit à un des plus beaux endroits de sa piéce, lorsque l'attention de ses Auditeurs fut de nouveau troublée par les allées & les venues d'un Gentil-Homme, qui faisoit auprés de la Princesse Douairière la fonction d'Ecuyer. Elles furent si fréquentes, & si incommodes, dans un lieu où l'on n'étoit rien moins qu'à son aise par la multitude des personnes qui s'y trouvoient assemblées, qu'on en murmuroit tout haut. Voici quel fut le sujet & l'occasion de cette scéne, la plus instructive que j'aie jamais vûe.

COMME la Princesse de C.... s'étoit rendue d'assez bonne heure au Sermon, où elle ignoroit que sa Sœur dût se trouver, ses Domestiques avoient mis devant elle, selon l'usage, le Carreau ou Coussin, que tout le monde sait que les Dames de qualité se font porter à l'Eglise, & sur lequel elles se mettent à genoux. Celui de la Princesse étoit, à l'ordinaire, à ses pieds. Personne ne pensoit à s'en formaliser, lorsque la Princesse Douairière, plus curieuse de lorgner l'Auditoire, que d'écouter le Prédicateur, apperçut aux pieds de sa Sœur le Carreau, auquel personne ne faisoit attention, tant on est accoûtumé, dans Paris, à ce cérémonial. Il me feroit difficile, pour ne prs dire impossible, d'exprimer ici, dans toute sa force, l'étrange impression que fit la vûe de cet objet sur l'esprit de la Douairière. Jalouse à l'excès du privilège & du droit qu'elle croïoit que son rang lui donnoit de faire disparoître tous les Carreaux du monde, dans tous les endroits, ou sacrés ou profanes, qu'elle honoroit

de

de fa préfence, elle envoya auffi-tôt fon Ecuyer ordonner, de fa part, à la Princeffe, fa Sœur, de faire fur le champ ôter le fien. Celle-ci répondit au Gentilhomme, qu'elle favoit le cérémonial auffi-bien que la Douairière; qu'en qualité de Princeffe Souveraine, & de Souveraine Régnante, elle avoit auffi, comme elle, le droit de Carreau dans toutes les Eglifes où elle fe trouvoit. Cette réponfe ayant été portée à la Princeffe Douairière, le Gentilhomme fut renvoyé avec un nouvel Ordre, qui ne fut pas plus éxécuté que le premier. Il en fut de même d'un troifième dont la Princeffe ne fit pas plus de cas, ce qui mit la Douairière dans une fi terrible colère que, fans aucun refpect pour le Saint lieu où elle étoit, fans réfléchir fur les fuites fanglantes qu'auroit fa fureur dans un Affemblée fi nombreufe, elle ordonna à fon Ecuyer de tirer fon épée, & d'aller faire main baffe fur la Princeffe fa Sœur, & fur toutes les perfonnes de fa fuite.

J'AVOUERAI ici que cet Ordre fanguinaire & barbare, que j'entendis donner, (car je n'étois qu'a quelques pas de la Douairière) me fit frémir d'horreur & d'indignation. J'avois bien entendu raconter à mon Oncle qu'il y avoit des hommes affez furieux pour s'entr'égorger pour des vetilles, qu'ils décorent du beau nom de point d'honneur, & dont ils font fort fouvent les fanglantes victimes; mais c'étoit une Barbarie inouïe pour moi, & peut-être pour tout le genre humain, que celle que je venois d'entendre ordonner, au pied des Autels, contre une Sœur, à la face du Dieu vivant, dans une Affemblée de Réligion, au milieu d'un difcours, dans lequel l'Orateur fe tuoit à prouver que le mépris des vanités du monde, & le renoncement à foi-même, font les premières vertus d'un Chrétien. Ce qui redoubla mon indignation, fut que cet horrible attentat venoit de la part d'une Femme me, qui traînoit d'Eglife en Eglife fa deffunte dignité, & qui fréquentoit, faute d'autres, & par pure vanité, toutes les pieufes affemblées ; & contre qui donnoit-elle cet ordre fanguire ? contre fa propre Sœur.

Je ne fus pas le feul qui frémis en l'entendant donner. Son Ecuyer refufa abfolument de l'éxécuter. Il fit même tous fes efforts pour calmer l'efprit de la Princeffe qui, voyant qu'il refufoit de lui obéir, fe jetta comme une furieufe fur fon épée, dont elle vouloit aller poignarder elle-même fa Sœur & toute fa fuite. Le Gentil-Homme, juftement effrayé de cette extravagante fureur, la lui arracha des mains, ce que voyant la Douairière, elle fortit de l'Eglife. Beaux & dignes fruits de ce qu'on appelle Dévotion, dis-je en moi-même ! Ton éloquence, pauvre Orateur, n'eft-elle pas bien touchante & bien perfuafive ? Tu te glorifies du rang élevé & de l'affluence choifie de tes Auditeurs ; leurs vertus ne te font-elles pas beaucoup d'honneur ? Cependant la Dévote Douairière n'en demeura pas-là. Ne pouvant fe fatisfaire elle-même, elle demanda à la Cour une éclatante vengeance de l'affront qu'elle prétendoit avoir reçu de la Princeffe fa Sœur, affront qui, à l'entendre, ne fe pouvoit laver que dans fon fang. La Cour rit beaucoup de cette Avanture, fur-tout du rifible emportement de ce D. *Diègue* fémelle. Toutefois comme un refus total auroit pû occafionner quelque mauvais coup de la part de cette fainte Mégère, après s'être long-tems fait tenir à quatre, on la réduifit enfin à fe contenter d'une vifite d'excufe, que lui rendit le Prince de C.... fon Beau-Frère, qui étoit alors à Paris, & qu'elle reçut avec toute la fierté des Empereurs Ottomans. Ainfi fe paffa cette première fcène.

La feconde, bien moins révoltante, mais non moins inftructive, fe paffa au Louvre, chez les Prêtres de l'Oratoire, où prêchoit alors leur Père Renaud. Ce Prédicateur partageoit avec celui dont je viens de parler, tout le beau nommonde de la Cour & de la Ville, qui couroit les entendre alternativement. Un jour que j'allai augmenter la foule de ses Auditeurs, l'Oratorien nous débita, assez bien, une piéce fort élégamment écrite. Elle rouloit sur les Spectacles, qu'il y frondoit sans miséricorde, & pour lesquels il s'efforca d'inspirer aux assistans toute l'horreur qu'on doit avoir pour les plus grands crimes. Je crus m'appercevoir que son discours avoit fait une forte & vive impression sur un grand nombre de Dames de la première condition, qui se trouvoient dans son Auditoire. J'en ressentis quelque chagrin, d'autant que, de la manière dont le Théatre est aujourd'hui épuré, je l'ai toûjours regardé comme un amusément très-innocent par lui-même, & qu'en conséquence j'y avois pris beaucoup de goût. Mais heureusement pour moi, & malheureusement pour l'Orateur, il étoit près de cinq heures lorsque son discours finit ; & c'est justement l'heure à laquelle les Spectacles commencent. Celui de l'Opéra, contre lequel il s'étoit particulièrement déchaîné, n'est qu'à quelques cent pas de la Chapelle du Louvre. On jouoit alors, sur ce Théatre enchanté, la magnifique Tragédie d'*Armide*, chef-d'œuvre du tendre Quinaut, & de l'inimitable Lulli. La réputation du Prédicateur, & le concours de l'Opéra, qui alloit commencer, avoient attiré dans la rue Saint Honoré, une légion de Carosses, qui m'obligea de m'arrêter quelque tems sous la porte de cette Eglise, pour y attendre que le mien vînt à la file des autres. Là je fus témoin du contraste le plus singulier que j'aïe jamais vû. Ce fut celui que m'offrirent quantité de Dames de la première qualité. Elles relevèrent par les plus grands éloges la beauté de la pièce qu'elles venoient d'entendre, ajoûtant qu'elles en avoient été extraordinairement touchées, & qu'un discours si solide & si patétique ne pouvoit manquer de produire de très-bons fruits. Il y parut quelques momens après. En effet leurs Carosses ayant commencé à

dé-

défiler, & les Laquais leur ayant demandé, selon l'usage, où il falloit les conduire, toutes, d'une voix unanime, & comme si elles s'étoient donné le mot, répondirent aussitôt; à l'Opéra. Ministres de l'Evangile, Prédicateurs à la mode, voilà les fruits solides que produisent vos élégantes piéces, & les fortes & durables impressions qu'elles font sur le cœur humain! Après un pareil exemple, il ne faut pas demander où mon penchant m'entraîna.

CES deux Avantures n'étoient pas les seules qui m'avoient apris à connoître un peu les femmes. Elles avoient été précédées, quelque tems auparavant, par deux autres qui m'avoient déjà fait voir de quels excès ce Sexe est capable, lorsqu'il lâche une fois la bride à ses passions. Hé, combien y en a-t-il peu, sur-tout parmi celles d'un certain rang, qui ne pensent pas seulement à leur résister! Celle dont je vais parler avoit, à la Cour, le rang de Duchesse. Si le libertinage & la débauche conduisoient les femmes au Thrône, celle-ci auroit mérité de l'occuper. Elle en étoit effectivement aussi digne que ces fameuses Impératrices, dont l'Antiquité nous a conservé les scandaleuses histoires. La Duchesse de B. . . . ne leur cédoit en rien de ce côté-là, non plus que pour la beauté. La voir & l'aimer étoit l'ouvrage d'un moment & d'un seul de ses regards. Mais, pour lui plaire, il falloit avoir des qualités qui ne se rencontrent pas toujours dans les Hommes les plus aimables & les plus galants. Par cette raison elle en changeoit souvent, espérant dans la multitude ce qui ne se trouve presque jamais dans une seule personne. A force de changer, elle eut pourtant enfin le bonheur de rencontrer le Phœnix qu'elle cherchoit. Un Prince étranger, fait pour l'Amour dont il est lui-même le Fils, & qui joignoit aux charmes d'un *Adonis* les forces d'un *Hercule*, devint l'objet de sa conquête. Elle ne lui coûta ni beaucoup de tems, ni beaucoup de peines. Mais si le Prince avoit les qualités requises pour lui plaire, elles étoient compensées par un défaut dont elle ne devoit pas s'accommoder. C'étoit l'inconstance, défaut assez ordinaire dans le païs de la galanterie, & qu'elle devoit d'autant plus lui pardonner, qu'elle lui en avoit elle-même donné des milliers d'exemples ; mais l'Amour ne raisonne pas toûjours. Celui de la Duchesse pour son nouvel Amant étoit à son comble. Elle se rassasioit avec lui des délices qu'elle n'avoit goûtées qu'imparfaitement avec cette multitude d'Adorateurs qui l'avoient précédé. Il ne manquoit à sa félicité que d'être durable. La Duchesse se flattoit qu'elle le seroit ; mais peut-on compter sur un pareil bonheur, pour peu que l'on connoisse le cœur humain ! Il n'est pas fait pour se borner à un seul objet, qu'une longue & tranquille possession lui rend, ordinairement, insipide. Elle ne fut pas long-tems à l'éprouver, & voici de quelle manière la chose arriva.

Le Théatre François avoit alors une Actrice telle qu'on n'y en avoit jamais vû. Cette fille, que j'ai souvent entendue, réünissoit, effectivement, en elle des talens qu'on ne vit presque jamais dans la même personne. Un Port majestueux, une Phisionomie des plus aimables, un Geste, un Coup d'œil, un Son & une flexibilité admirables dans la voix, enfin mille graces, que l'on sentoit mieux que je ne puis les exprimer, tout dans cette charmante fille alloit droit au cœur, où elle avoit l'art de remuer, à son gré, toutes les passions dont il est susceptible. La tendresse, la compassion, l'amour, la jalousie, la haine, la fureur, l'indignation, la joye, le mépris, l'indifférence, en un mot tous les mouvements qui peuvent agiter le cœur humain, n'étoient qu'un jeu pour elle. Formée par les mains de la Nature même pour plaire, sans art, sans affectation, sans étude, du moins apparente, elle ravissoit tous ceux qui venoient l'entendre. Ces

CES talens, aussi rares qu'admirables, lui avoient fait une réputation, qui étoit trop généralement répandue, à la Cour & à la Ville, pour que le Prince n'eût pas la curiosité de l'aller entendre; curiosité funeste aux amours de la Duchesse, & qui le fut encore bien plus, par la suite, à cette inimitable fille. L'entendre & l'aimer fut une même chose pour lui. Les différents personnages des plus fameuses Héroïnes de l'Antiquité, qu'il lui vit successivement représenter avec une Majesté & des graces qu'elles n'eurent peut-être jamais lorsqu'elles étoient au monde, furent autant de traits dont l'Amour se servit pour embrâser le cœur du Prince. Il se persuada, avec raison, qu'une personne, capable d'exprimer si bien la tendresse & tous les autres mouvemens d'un cœur que l'Amour domine, devoit non seulement avoir elle-même ressenti cette passion, mais en connoître encore la délicatesse, toute la vivacité, & tous les charmes. Il ne se trompoit point. Jamais cœur ne fut plus tendre; & ce qu'on regardera peut-être comme un Miracle dans une fille de cet état, il n'y en eut jamais de plus constant, de plus sincère, de plus fidelle, ni de plus généreux. L'Amour qui l'animoit, & qu'elle ne manquoit guéres d'inspirer à tous ceux qui l'entendoient, n'étoit point cette passion qui ne se plaît que dans les plaisirs des Sens, dans la débauche, & souvent même dans le crime. C'étoit un Amour épuré, & approuvé par la Raison, une passion dégagée de tout ce qu'elle a de grossier dans la plûpart de ceux qui s'en laissent surprendre; en un mot, c'étoit un sentiment vif & délicat d'un cœur, qui n'a d'autre but que de plaire, que de se faire aimer à l'objet qui l'a sçu charmer. Tel étoit celui de l'aimable Couvreur; & tel fut celui qu'elle inspira au Prince qui, dès ce moment, n'eut plus d'yeux & de cœur que pour elle.

LA Duchesse ne fut pas long-tems à s'en appercevoir.

Est-il effectivement dans le monde des yeux plus perçants que ceux d'une Amante, & sur-tout d'une Amante éclairée par la jalousie : car ce fut le premier effet que produisit sur elle la nouvelle conquête du Prince. Quelque effort qu'il se fit pour cacher sa passion, elle la démêla au travers de tous les prétextes qu'il lui put alléguer pour excuser son inconstance. Dès qu'elle en fut assûrée il n'y eut point de reproches dont elle ne l'accablât ; foible ressource, mauvais expédient pour ramener un cœur qui nous échape ! Est-ce en effet le moyen de se faire aimer, que d'offenser, de piquer, & d'irriter la personne que l'on dit qu'on adore ? L'Amour est comme les Abeilles. La douceur l'attire ; l'aigreur le fait envoler & disparoître pour toujours. Mais les passions raisonnèrent-elles jamais ? Celle que la Duchesse avoit pour le Prince se changea en rage contre sa nouvelle Amante, dont elle jura la perte. Elle ne la différa que pour essayer si elle pourroit ramener encore l'infidelle à ses pieds ; mais il étoit si épris de sa chère Actrice, qu'il étoit fâché de n'avoir qu'un cœur à lui donner, tant il la trouvoit aimable.

L'Effet le plus ordinaire de l'Amour est de nous aveugler, dit-on, en faveur des personnes pour lesquelles il nous enflâme. Tout est parfait dans un Objet aimé. Telle paroissoit aux yeux du Prince l'aimable Couvreur. Plus il la voyoit, plus il découvroit en elle de charmes & de perfections, & plus il en étoit passionné ; mais on peut dire, à la louange de l'un & de l'autre, que l'Amour ne les abusoit point sur cet Article. On pourra juger de la vérité de ce que je dis ici par un évènement qui mérite de passer à la postérité, & que je ne veux jamais oublier, ce qui me le fait inférer dans ces Memoires. C'est un trait de générosité, digne, non d'une Comédienne, mais d'une Princesse ; Voici ce qui l'occasionna.

On

On étoit alors occupé, à Dresde & à Pétersbourg, à donner à une Principauté, un Souverain dont ces deux Cours prétendent que l'élection leur appartient. Le Prince, qui avoit des amis & un parti très-considerable dans la première, parla, comme par manière de conversation, de cette affaire à son Amante, à laquelle il dit, qu'il ne feroit pas pour cela la moindre démarche. Cette aimable fille lui en ayant demandé la raison, le Prince, dans le transport de son amour, lui répondit qu'une des principales étoit qu'il faudroit pour cela se séparer d'elle pendant quelques mois, & qu'il préféroit le plaisir de la voir à toutes les Souverainetés du monde. A cette raison, qui marquoit l'excès de sa passion, un de ses Gentils-hommes, qui avoit sa confiance, en joignit une autre, que le Prince cachoit à son Amante. Une seconde raison, dit-il tout bas à Mademoiselle Couvreur, c'est que le grand ressort, qui donne le branle à ces sortes d'affaires dans les Cours du Nord, nous manque malheureusement.

ELLE avoit trop d'esprit pour ne pas comprendre sur le champ ce que le Gentil-homme venoit de lui dire. Ayant donc remercié le Prince des tendres sentimens qu'il venoit de lui témoigner, elle le pria de lui faire l'honneur de venir la voir, le lendemain. Il le promit, & s'y rendit en effet sans avoir d'autre pensée que celle de passer auprès d'elle quelques-unes de ces heures que l'Amour fait écouler comme des instans, tant il les fait trouver agréables. Quelle fut sa surprise, lorsque, après les premières Civilités, il lui entendit tenir ce discours.

JE vous aime, lui dit-elle, mon cher Prince. Je vous en ai donné trop de preuves pour que vous puissiez en douter. Quelque immense que soit la distance qu'il y a de votre rang au mien, j'ose néanmoins me flatter que je tiens quelque place dans votre cœur. Vous m'en avez trop de
fois

fois aſſûrée, & je vous ai reconnu trop ſincère dans toutes les autres choſes pour vous ſoupçonner de m'avoir voulu tromper en ce ſeul point; mais je ferois à jamais indigne de cet honneur, ſi j'abuſois moi-même de votre amour juſqu'à devenir un obſtacle à votre fortune. La C.... vous demande pour ſon Souverain; Plût au Ciel que ce fût la P..... même! Que dis-je mon cœur, qui vous adore, & ſur lequel vous régnez abſolument, voudroit voir toute la Terre ſous votre empire. L'Amour dont vous m'honorez s'oppoſe, m'avez-vous dit hier, aux démarches qu'exigeroit de vous le ſuccès de cette grande affaire. Autant que ce diſcours eſt flatteur pour moi, d'une part; autant me fait-il injure, quand je l'enviſage de l'autre, puiſqu'il me met de pair avec les *Deïdamies*, les *Omphales*, & que vous m'avez cru capable d'arrêter dans les bras de l'Amour & de la Moleſſe un Prince né pour la gloire & pour le Trône. Je connois trop mon foible mérite pour me laiſſer éblouïr par vos flateuſes paroles. Mais s'il eſt vrai que j'aye ſur vôtre cœur la plus petite partie de l'empire que vous avez ſur le mien, ſouffrez que je vous ordonne de partir à l'inſtant, ou demain matin au plus tard; Allez, mon cher Prince, volez où la gloire & votre illuſtre Naiſſance vous appellent; mon cœur vous y ſuivra. Je ne demande au vôtre, que l'honneur de votre ſouvenir, car je ne me méconnois pas juſqu'au point de me flatter que je le poſſéderai toujours. Pour vous le rappeller ce ſouvenir, qui me ſera toujours infiniment précieux, faites moi la grace d'accepter une caſſette que je viens d'envoyer à votre Hôtel. Vous y trouverez des marques de ma tendreſſe auxquelles je ſuis preſque aſſûrée que vous ne vous attendez pas. Dans la néceſſité indiſpenſable où je vous vois de partir, ſi j'ai quelque ſujet de chagrin, c'eſt de ce que le Ciel ne m'a pas mis en état & ne me laiſſe pas le tems de faire tout

ce

ce que je voudrois pour un Prince que j'adore. Adieu, cher Prince, ajoûta-t-elle en répandant quelques larmes; Adieu, peut-être pour toujours. Puissiez-vous être aussi heureux que votre Amante le désire, & qu'elle sera malheureuse elle-même pendant votre absence! A ces mots elle lui fit une profonde révérence, & étant passée dans un autre appartement, elle s'éclipsa de chez elle, après avoir chargé sa femme de chambre de faire au Prince ses excuses, de ce qu'elle l'avoit quitté si brusquement.

Un discours & un procédé si peu attendu firent une impression des plus vives sur le cœur de son illustre Amant. Etonné de ce qu'il venoit d'entendre, & plus curieux encore de savoir ce que contenoit cette Cassette, qu'elle disoit avoir envoyée chez lui, il résolut de s'expliquer avec elle sur ces deux points. Il l'attendit pour cet effet assez long-tems, mais inutilement. La femme de chambre s'étant aquittée de la commission que sa Maitresse lui avoit donnée en partant, le Prince s'en retourna chez lui, l'esprit tout occupé de ce qui venoit de lui arriver.

Quoique le cœur de son Amante lui fût assez connu, son départ précipité, joint au discours qu'elle venoit de lui tenir, lui fit naître mille idées plus tristes les unes que les autres. Elle est femme, disoit-il en lui-même. Ce Sexe est naturellement volage; seroit-il si étonnant qu'elle le fût aussi? J'ai eû l'imprudence de lui faire confidence de mes affaires. Elle se sera peut-être persuadée, sur cela, que j'étois à la veille, & dans la disposition, de la sacrifier à l'Ambition à laquelle elle me croit fort sensible. La sienne en aura été offensée, & elle aura voulu prévenir, par le congé qu'elle vient de me donner, l'affront qu'elle s'est imaginée que je voulois lui faire. Qui sait même si elle n'a pas saisi ce prétexte spécieux pour me sacrifier moi-même à quelque heureux Rival, qui triomphe peut-être actuellement de ma disgrace? Ah, Divine Adrienne, Adorable Couvreur, aux pieds de laquelle j'aurois mis toutes les Couronnes du Monde entier, & ma vie-même, se peut-il que vous abandonniez ainsi le plus tendre & le plus fidelle Amant, qui soit peut-être dans l'Univers! Aurois-je dû m'attendre à une infidélité de cette nature, après tant de serments, & de protestations d'un Amour éternel? Hélas! mon malheur n'est que trop confirmé par le renvoi de cette fatale Cassette dont vous m'avez parlé, & qui ne contient, sans doute, que quelques bagatelles, trop peu dignes de vous, que mon amour vous avoit forcée d'accepter, & que vous me renvoyez avec mépris!

Le cœur déchiré de ces cruelles pensées, le Prince, en arrivant chez lui, n'eut rien de plus pressé que de demander si on ne lui avoit rien apporté pendant son absence. On lui répondit qu'un Crocheteur étoit venu, de la part de Mademoiselle Couvreur, avec une Caisse extraordinairement pésante, qu'il avoit portée & mise, conformément à ses ordres, dans la chambre de son Altesse. La pésanteur de cette Caisse fut une nouvelle Enigme pour le Prince. Curieux de savoir ce qu'elle pouvoit contenir, il monte avec précipitation, & l'ouvre en tremblant. Mais quelle fut sa surprise lorsque, au-lieu de quelques bagatelles qu'il croyoit y trouver, & dont le renvoi lui perçoit le cœur, il vit que cette caisse étoit remplie d'Or & d'Argent. Ce fut pour lui une seconde Enigme encore plus difficile à deviner, que la première. Un Billet qu'il apperçut, & qu'il saisit avec empressement, la lui expliqua. Il étoit conçu en ces termes.

Mon Très Cher Prince,

L'Amour vous ayant donné un droit absolu sur tout ce qui m'appartient, je croirois manquer à mon devoir, & à ce qu'il m'inspire pour vous, si je ne l'employois pas à élever ce que j'adore au rang qu'il mérite. Tel est celui qui vous est destiné en C..... Partez, ou pour dire encore plus, volez vers le Trône qui vous y attend. Puissent ces cinquante mille écus, que je vous envoye, conduire à une heureuse fin une affaire, qui ne souffre point de retardement! Ne perdez point, à me venir remercier, des momens qui vous sont infiniment plus précieux ailleurs. Quoique vos visites me fassent un plaisir qui est au-dessus de toute expression, je regarderois comme une injure celle que vous me rendriez pour un semblable sujet. L'Amour me récompense assez de ce que je fais ici pour vous, par le plaisir que je goûte en le faisant. Allez régner sur un peuple qui vous attend, comme vous régnez, & régnerez à jamais dans le cœur de votre tendre & fidelle

ADRIENNE le COUVREUR.

Il seroit beaucoup plus aisé de représenter ici les choses les plus difficiles, que d'exprimer, dans toute leur vivacité, les sentimens d'admiration, & d'étonnement, & de tendresse, que la générosité de cette incomparable fille & la lecture de son Billet firent naître dans le cœur du Prince. Il n'y a que ceux qui aiment, & qui sont aussi tendrement aimés, qui puissent bien le sentir. Se dépouiller follement, & uniquement pour satisfaire sa brutale passion, de tout ce qu'on possède, est une action qui n'est que trop ordinaire chez certaines personnes, qui ne méritèrent jamais le nom d'Amants; mais dans une fille aimable & aimée, dans une personne de basse extraction, dans une Comédienne, & pour une si belle cause, c'est une Héroïsme en Amour, dont on n'avoit point encore eû, & dont on n'aura peut-être jamais plus d'exemples. Aussi le Prince en fut il si frapé, & en même tems si enchanté, qu'il avoua que, si sa naissance le rendoit digne du rang auquel on l'appelloit, la générosité de sa chère Amante la rendoit encore plus digne de le partager avec lui. Peut-être l'auroit-il fait. Mais l'Amour, comme la Fortune, a ses caprices & ses disgraces qu'ils éprouvèrent bientôt l'un & l'autre.

MALGRE' la respectueuse défense que cette Héroïne venoit de faire à son illustre Amant, celui-ci ne put tenir contre tant de générosité. Il n'eut pas plutôt mis ordre à quelques affaires, qu'il courut chez elle; mais elle n'étoit point encore revenue; & ce qui le désespéra le plus, ce fut qu'aucun de ses Domestiques ne put lui donner de ses Nouvelles. Plus enflammé que jamais, il l'attendit pendant une partie de la nuit; mais ce fut inutilement. Etant retourné chez elle, le lendemain matin, il ne fut pas plus heureux. Désespéré de ne pouvoir lui exprimer de vive voix l'excès de son amour & de sa reconnoissance, il lui écrivit une Lettre que l'Amour-même lui dicta, chargea sa femme de chambre de la lui remettre à son retour, & sortit pour se disposer à partir, conformément à l'ordre qu'il en avoit reçu de sa chère Maitresse.

UN amant si soumis, & une amante si généreuse méritoient que l'Amour leur accordât, avant que de se séparer, la faveur de se voir, au moins encore une fois. Le hazard la leur procura cette faveur. En passant près de l'Hôtel de la Comédie, le Prince, ayant jetté les yeux sur l'Afiche, y vit qu'on représenteroit, ce jour-là, *la Mort de Pompée*, Tragédie admirable du grand *Corneille*, dans laquelle

le l'inimitable Actrice jouoit, ordinairement, le rôle de *Cornélie*. Il étoit environ l'heure où les Comédiens répètent ensemble fur le Théatre la piéce qu'ils doivent jouer le foir. Le Prince conjectura qu'il y pourroit trouver celle qu'il étoit allé chercher déjà deux fois inutilement chez elle. Il entre, & eft agréablement furpris de la trouver répétant les derniers vers de fon rôle ; deforte qu'un moment plus tard il l'auroit encore manquée. Elle ne le fut pas moins lorfqu'en quittant la fcène, elle fe vit arrêtée par fon illuftre Amant, qui lui demanda un moment d'audience. Elle y confentit, mais à condition qu'il ne lui diroit pas le moindre mot de ce qui s'étoit paffé la veille. Il fallut qu'il le lui promît. Alors ils entrèrent enfemble dans fa loge, où ils fe dirent tout ce que l'Amour peut infpirer de plus tendre & de plus touchant au moment d'une féparation, dont ils ignoroient, l'un & l'autre, quelle devoit être la durée.

L'Impatience que le Prince avoit d'être de retour d'un voyage qu'il ne faifoit qu'à regret, parce qu'il l'arrachoit à un autre lui-même, le détermina à obéïr promptement aux ordres de fon Amante qui, en lui faifant les plus tendres adieux, lui jura une conftance & une fidélité inviolable, quand même elle feroit affez malheureufe pour ne le jamais revoir. Il lui fit, de fon côté, le même ferment, l'affûrant que, foit que l'affaire pour laquelle elle le faifoit partir réüffit, foit qu'elle ne réüffit pas, non feulement il ne fe fépareroit jamais d'elle, mais que fon cœur n'auroit jamais d'autre Souveraine, & qu'elle y règneroit jufqu'à fon dernier foupir; ferment qu'il lui a réligieufement tenu, & qu'il lui tient encore au milieu de toutes les faveurs & de toutes les Careffes, que la Cour lui prodigue aujourd'hui avec juftice.

Cependant la Ducheffe de B.... avec laquelle le Prince avoit abfolument rompu, pour fe donner tout entier à à sa nouvelle conquête, méditoit une vengeance que son départ fit heureusement avorter. L'Espérance qu'elle conçut que son absence lui feroit bientôt oublier sa Maitresse, calma un peu sa fureur jalouse; mais ce ne fut que pour un tems. En effet la brigue, la cabale, les trésors & l'Amour d'une puissante Princesse l'ayant emporté sur le parti du Prince, lui firent préférer un concurrent indigne qui, abandonné depuis par la Fortune, qui l'avoit si injustement élevé, traîne aujourd'hui sa misérable vie dans un des plus tristes & des plus cruels exils. Le Prince, peu sensible à cette disgrace revint à Paris l'oublier aux pieds de sa chère Amante, à laquelle il n'eut rien de plus pressé que de restituer, avec usure, les sommes considérables qu'elle lui avoit si généreusement fournies pour le succès de l'entreprise qu'il venoit de manquer. Mais cette incomparable fille ne voulut jamais entendre parler de cette restitution, qui lui auroit ôté, disoit-elle, tout le mérite du sacrifice que l'Amour seul lui avoit fait faire. Il fallut que son Amant ûsât d'un stratagême pour s'aquitter envers elle sans qu'elle s'en apperçût. Ce fut d'employer, à son insçu, cet argent, à acheter, sous son nom, une belle terre, qu'il comptoit bien lui faire agréer avec le tems. Mais hélas, elle n'eut pas le plaisir d'en jouir. Le Destin, jaloux de leur félicité, vint la troubler par un coup des plus cruels & des plus sensibles pour le Prince, qui en pensa mourir de douleur. Voici de quelle manière la chose arriva.

La Duchesse, qui s'étoit flattée que sa Rivale avoit perdu pour jamais l'Amant qu'elle lui avoit enlevé, pour achever d'oublier cette injure qui lui avoit été extrêmement sensible, s'étoit livrée à son penchant naturel. Elle l'avoit fait avec si peu de retenue & de ménagement, que le Duc son époux, s'étoit cru obligé de sacrifier à sa vengeance plusieurs des malheureux & ignobles auteurs de son infamie;

ce

ce qui avoit fait beaucoup d'éclat dans Paris. Peut-être en auroit-il fait autant de son Epouse, si la chose n'avoit pas dû avoir de plus fâcheuses suites. Mais les Grands, comme les autres Hommes, sont obligés de souffrir ce qu'ils ne sauroient empêcher. Des exemples aussi frappans ne furent point capables de contenir la Duchesse. Elle n'en continua pas moins à suivre son penchant, ce qui fit prendre à son Epoux le parti de s'en séparer. Cet usage, qui est un peu trop à la mode parmi nos gens de Cour, n'en est pas pour cela plus désagréable aux Dames, qui, par ces séparations, se trouvent maitresses de vivre à leur fantaisie. Celle-ci ne fut rien moins que désagréable à la Duchesse, qui par-là ne se crut plus obligée à aucun ménagement.

Les crimes viennent, ordinairement, à la suite les uns des autres, & forment un malheureux enchaînement qui nous entraîne, à la fin, dans le précipice. Tel est le funeste empire que les passions prennent sur le cœur humain, lorsqu'il a le malheur de s'y abandonner. Uniquement occupée à satisfaire les siennes, la Duchesse s'y livroit sans réserve, lorsque le retour du Prince & la continuation de son Amour pour sa chère Actrice, reveillèrent la jalousie de cette dangéreuse Rivale. L'Espérance de le ramener encore à elle lui fit tenter tout ce que la Coquetterie la plus rafinée peut imaginer & mettre en usage; mais tout fut sans effet. Le Prince, qui avoit appris, à son retour, tout ce qui s'étoit passé pendant son absence, n'eut plus pour elle que les sentimens de mépris que sa conduite pouvoit inspirer. Comme il ne lui étoit pas possible de l'attirer chez elle (car il y avoit déjà longtems qu'il ne la voyoit plus) elle résolut, si-non pour s'en faire aimer, du moins pour lui faire dépit, de le chercher & de le suivre par-tout, où elle pourroit le rencontrer.

trer. Promenades, Spectacles, Assemblées, Bals, parties de Chasse & de plaisir, par-tout le Prince la rencontroit en son chemin. Comme son Amour lui faisoit trouver mille délices au Théatre, dont sa charmante Maitresse faisoit un des principaux agrémens, jamais il ne manquoit de s'y trouver, surtout lorsqu'elle devoit y jouër quelque rôle. Pour les raisons que nous venons de rapporter, la Duchesse s'y trouvoit aussi fort souvent: Or un jour que cette inimitable Actrice représentoit le personage de *Phédre*, il arriva que la Duchesse entra dans le Spectacle, au moment qu'elle disoit à sa confidente ces beaux vers du vertueux *Racine*;

. . . . . *je connois toutes mes perfidies,*
Oenone, & ne suis point de ces femmes hardies,
Qui goûtant dans le crime une tranquille Paix,
Ont sçu se faire un front qui ne rougit jamais.

La coûtume de nos Petits-Maîtres, dans les Spectacles, est d'y lorgner toutes les Dames les unes après les autres, en quoi ils sont imités par la plûpart des spectateurs qui, à leur exemple, les passent toutes en revûe. S'il en survient quelqu'une, lorsque la piéce est commencée, tous les yeux se portent aussi-tôt sur elle, & tous ceux qui ne la connoissent pas, ne manquent pas de demander à leurs Voisins son nom, sa qualité, & plusieurs autres choses de cette nature. La Duchesse, en entrant, remarque que son arrivée avoit produit l'effet ordinaire dans l'Assemblée; mais sa jalousie, & peut-être quelques remords sur sa conduite, lui firent interpréter tout autrement une chose qu'elle avoit vû mille fois arriver à toute autre qu'elle. Elle s'imagina follement que les vers qu'elle venoit d'entendre, & qui avoient été accompagnés des regards de tous les

Spec-

Spectateurs qui s'étoient fixés sur elle, étoient la suite & l'éxécution d'un complot, formé par l'Actrice & par le Prince son Amant, de lui réprocher ses crimes à la face du Public, ce jour-là.

Le plus terrible coup de Poignard ne lui auroit pas été plus sensible, que le fut la déclamation de ces quatre Vers, dont elle se fit l'application. Son imagination, troublée par la jalousie, lui fit regarder ce pur effet du hazard comme le plus sanglant & le plus cruel affront, qu'une femme pût recevoir en sa vie. La rage qu'elle en eut lui auroit fait quitter sa place sur le champ pour aller poignarder sa Rivale & son Amant, si la chose lui avoit été possible. Mais si elle se vit obligée de différer sa vengeance, ce ne fut que pour la satisfaire plus sûrement. Elle éclata en effet, peu de tems après, par un poison des plus violens qu'elle trouva moyen de lui faire donner, & qui enleva, un soir, en ma présence, cette inimitable Actrice, dans les bras mêmes de *Melpomène*, au grand regret de tout Paris qui pleura sa mort.

Si ce Tragique évènement m'apprit à connoître les femmes, & ce dont elles sont capables, une petite avanture, qui vint à la suite de celle-ci, rabbatit un peu de la haute idée que je m'étois fait de nos Ecclésiastiques. La vie moralement régulière qu'ils mènent à Paris, leur extérieur modeste & composé, la dignité de leur état, la sainteté de leur caractère, le respect que leur porte le peuple, me les faisoient regarder comme des hommes sacrés, & qui n'étoient aucunement sujets aux foiblesses humaines. La Mort de Mademoiselle Couvreur me détrompa un peu sur leur compte; voici comment. Cette aimable fille avoit laissé, par son Testament, la somme de dix mille livres, au Curé de la Paroisse qui lui rendroit les honneurs de la Sépulture. Il est bon de rémarquer ici que nos François, qui font idolâtres des spectacles & de tous ceux qui contribuent à leur donner ce plaisir, par une bizarrerie des plus singulières, regardent avec une espèce d'horreur, après leur mort, ces mêmes personnes qui, deux jours auparavant, faisoient leurs plus chères délices. Cette horreur, qui n'a d'autre fondement qu'une risible superstition, est d'autant plus impardonnable à une Nation naturellement très humaine, qu'elle n'ignore pas qu'à Rome, & à Paris même, les Comédiens Italiens, non seulement jouissent des honneurs funèbres, mais qu'ils y participent encore, comme les autres Chrétiens, à tous les Actes & toutes les cérémonies de la Réligion. La mort ayant surpris Mademoiselle Couvreur au moment qu'elle y pensoit le moins, cette incomparable Fille n'avoit point eû le tems de faire la formalité qui met ces Messieurs à la raison. C'est le renoncement au Théatre; renoncement qui, pour l'ordinaire, ne dure que jusqu'au parfait rétablissement du malade. Ce défaut de formalité rendoit la deffunte, aux yeux des Dévôts & des Prêtres, un objet d'horreur, & dont le corps n'étoit digne que de servir de pâture aux Vautours & aux Corbeaux. C'étoit dans ces mêmes termes qu'en parloit le Curé sur la Paroisse duquel elle étoit morte; Mais il n'eut pas plutôt apris qu'elle avoit laissé la somme de dix mille livres au Pasteur qui lui rendroit les honneurs ordinaires de la Sépulture, qu'il tînt tout une autre langage. Il publia que non seulement elle avoit fait avant sa mort, la cérémonie réquise, mais qu'elle avoit encore promis à Dieu que, si elle revenoit en santé, elle consacreroit le reste de ses jours à la pénitence pour réparer les scandales qu'elle avoit donnés; qu'elle étoit morte dans ces dispositions comme une vraie Sainte, à qui il ne doutoit point qu'on ne vît faire au premier jour des Miracles. La Cour & la Ville, qui sçavoient le contraitraire, rirent beaucoup de la Palinodie que l'Amour de l'Argent faifoit chanter au Papelard. Il croyoit déjà tenir la fomme ; mais la cabale des Dévôts l'emporta fur fon avarice, & au moment qui s'y attendoit le moins il reçut de la part de fon Archevêque, une défenfe très expreffe d'enterrer ni de rendre aucun honneur funèbre à celle qui faifoit, deux jours auparavant, les délices de tous ceux qui l'entendoient.

Si cette défenfe mortifia le Curé, qui comptoit déjà fur fes dix mille livres, elle affligea encore bien plus fenfiblement le Prince à qui elle infpira de l'horreur pour la Communion Romaine que, pour cette raifon, il n'a jamais voulu embraffer depuis, quelques tentatives que la Cour ait fait pour cela auprès de lui, & quelques raifons Politiques qu'il ait eû pour lui donner cette fatisfaction. En vrai Philofophe, c'eft-à dire, en homme qui fait mettre à profit fon malheur même, fa raifon lui fit trouver dans l'affront qu'on faifoit à l'idole de fon cœur des motifs de confolation, & même de plaifir. Ils ne font pas dignes de poffeder ce tréfor, fe dit-il à lui-même; Oui ma chère Adrienne, toi qui fis les délices de ma vie, tant que tu fus dans le monde, tu feras encore, après ta mort, ce que j'y aurai de plus cher ! Les cruels fe flattoient d'enlever à mon Amour les triftes, mais précieux reftes de ces charmes que j'ai fi long-tems adorés. Mais, grace à l'avarice & à la fuperftition, le Ciel à permis qu'ils me laiffaffent tranquille poffeffeur d'un tréfor que, fans cela, je n'aurois pu leur difputer. O reftes précieux de ce que j'aimai mille fois plus que moi-même, comme vous fûtes ma Divinité, je ferai le Prêtre qui vous rendrai les honneurs que les vôtres vous refufent ! Mon cœur, qui a fi long-tems brulé pour vous, continuera d'être l'Autel où je vous ferai, toute ma vie, le facrifice de toutes mes pensées, de tous mes désirs, & de toutes mes volontés. J'en jure par cette Ame Divine qui vous animoit il y a quelques jours, & qui jouit maintenant de la souveraine félicité, la seule qui soit au-dessus de celle que nous avons goûtée ensemble.

En conséquence de ce ferment, le Prince, ayant fait embaumer le corps de sa chère Maitresse, le fit porter secretement chez lui. Cependant comme il appréhendoit, avec fondement, que la Cabale des Dévôts ne lui ravît encore ce trésor si précieux à son Amour, pour amuser leur crédulité, & accorder, en apparence, à la superstition ce qu'elle demandoit avec fureur, il fit acheter un Cadavre à l'Hôtel Dieu. L'ayant fait ensuite porter au logis de sa Maitresse, il l'abandonna au ressentiment des Dévôts, qui l'ayant enterré sur le bord de la rivière, publièrent dans tout Paris, d'un air Triomphant, l'affront injurieux qu'ils croyoient avoir fait à la Maitresse du Prince.

Telles furent les premières leçons que je pris dans la grande Ecole du monde. On peut juger si elles firent sur moi une vive & forte impression. J'avouerai ici que j'en avois besoin pour m'empêcher, par la suite, de me livrer trop inconsidérément à une passion qui, à la vérité, est naturelle à l'homme, mais qui à pour lui de terribles suites, lorsqu'elle n'est pas subordonnée à la Raison.

J'en vis une nouvelle preuve dans la personne d'un des premiers Magistrats de cette Capitale, qu'elle entraîna dans le plus grand des malheurs. Né avec un tempéramment trop porté à l'Amour, contre lequel il ne lutta jamais, ses yeux ne pouvoient tomber sur une aimable femme, qu'il n'en devînt aussi-tôt éperdument amoureux. La place qu'il occupoit, la faveur où il étoit auprès du
Mi-

Ministère, qui lui donnoit une autorité présque Despotique dans Paris, dont on l'appelloit *le petit Roi*, des revenus considérables, augmentés encore par une permission qu'il avoit de prendre dans le Tréfor Royal tout l'Argent dont il avoit besoin pour certaines expéditions auxquelles le Ministère l'employoit, tout cela, joint à une Phisionomie assez aimable, étoit cause qu'il ne rencontroit guéres de cruelles dans une Ville, où l'on peut dire que la Galanterie tient sa Cour. Cette facilité à conquérir le faisoit continuellement passer d'objet en objet; & la plus constante & la plus longue de ses conquêtes ne dura jamais plus de six mois. Content de son Triomphe, dès qu'il possédoit, il devenoit aussi-tôt indifférent pour celle qui avoit fait l'objet de ses désirs, & travailloit alors à triompher d'une autre. Ainsi toujours soupirant après de nouvelles conquêtes, jamais son cœur n'étoit ni oisif, ni tranquille. Etrange situation, & dans laquelle l'homme est bien à plaindre! car est-ce être heureux que de courir sans cesse après des chimères, & de renoncer aux douceurs réelles que la possession nous procure? Un Amant de cette trempe ressemble à ces Avares qui courent continuellement après l'argent, qui n'ont d'autre plaisir que de l'entasser dans leurs coffres, & qui réservent celui d'en jouir aux personnes à qui leur trésors doivent passer après leur mort. Tel étoit le galant Magistrat à qui son inconstance avoit fait autant d'ennemies qu'il avoit séduit de femmes. Le nombre n'en étoit pas petit. Toutes le regardoient d'un très mauvais œil, & il n'y en avoit aucune qui, en son particulier, ne désirât ardemment de se venger de ses infidélités. L'Amour, par qui elles s'étoient laissé surprendre, leur procura cette satisfaction; ce qui arriva de la manière que je vais le dire.

Aprés avoir triomphé de la vertu d'un grand nombre

bre de femmes d'un certain rang, le galant voulut bien s'abbaisser jusqu'à la femme d'un Bourgeois, dont il crut d'abord que la conquête lui coûteroit encore moins que les autres. C'étoit une Brune des plus piquantes, & d'une beauté accomplie. Elle n'avoit que dix-huit ans, & étoit mariée, depuis environ un an, à un jeune Procureur, dont le Père, honnête homme par Miracle (car la chose n'est rien moins qu'ordinaire dans cet état) après cinquante ans de travail, n'avoit pû lui laisser que sa charge, & une Etude qui n'étoit pas des mieux achalandées. Cette dernière circonstance parut au Magistrat très-favorable à son Amour. Il compta bien en profiter, & se faire bien venir auprès de la Procureuse en donnant beaucoup de pratiques à son Mari. Ce fut en effet par où il débuta, avant que de faire connoître à celle-ci la tendre impression qu'elle avoit fait sur son cœur. Autant que l'Etude avoit été peu fréquentée du vivant du Père, autant le Fils se vit-il accablé de Plaideurs, que le Magistrat lui envoyoit pour prendre soin de leurs affaires; de sorte qu'en très-peu de tems, elle devint une des meilleures de Paris. Après avoir ainsi disposé les premières batteries, il songea de quelle manière il pourroit s'insinuer auprès de la femme. La chose n'étoit pas aussi aisée qu'elle lui avoit paru du premier abord. Il falloit prendre des précautions & des mesures pour dérober aux yeux d'un Public clairvoyant une fréquentation & un commerce dont, sans cela, on découvriroit bientôt le véritable motif. D'ailleurs les Procureurs de Paris & de presque tout le Royaume, ont tellement avili leur profession, tant par leur amour pour la Chicane, que par leurs rapines & leurs friponneries, qu'il n'est guéres d'honnête homme, encore moins de Magistrat, qui puisse les fréquenter, sans donner atteinte à son honneur & à sa réputation. Il s'agissoit de surmonter ces Obstacles. Il le faut avouer;

si l'Amour est la plus dangéreuse de toutes les passions, il n'y en a point aussi qui fasse plus briller l'esprit que celle-là, ni qui sache mieux l'employer pour parvenir à son but. Voici ce que le Magistrat imagina pour arriver au sien.

Le Sieur Dumazi (c'est le nom du jeune Procureur) très reconnoissant des bontés que le galant Magistrat avoit pour lui, & dont il ne pénétroit pas le véritable motif, venoit de tems en tems faire sa cour à son bienfaiteur. Celui-ci ayant appris, dans une de ces visites, que la jeune Procureuse étoit prête d'accoucher, pour lui donner une nouvelle marque de son amitié s'offrit d'être Parrain de l'enfant qu'elle mettroit au monde. Dumazi l'ayant remercié de cet honneur, auquel il fut fort sensible, ajoûta que, pour lui faire la grace toute entière, il le prioit de vouloir bien se choisir lui-même une Commère. Hé bien, poursuivit le Magistrat, je tiendrai votre enfant avec la Marquise ma Sœur. Cette Dame qui, dans sa jeunesse, avoit fait un peu parler d'elle à la Cour pour ses galanteries, demeuroit alors chez son Frère, qui avoit imaginé cet expédient pour avoir son entrée libre chez le Compère, & procurer la même entrée à sa jeune Commère dans sa maison, sans que la médisance pût raisonnablement y trouver à redire.

Il ne fut pas long-tems sans approuver les premiers succès de son Stratagême. La jeune Procureuse, ayant mis au monde un gros garçon, le galant Magistrat profita de cette circonstance pour faire à la Mère de magnifiques présens, le tout à titre de Compère. Il lui en fit aussi faire d'autres, non moins considérables, par la Marquise, à qui il ne dissimula point la passion qu'il avoit pour cette aimable Brune. Chez la plûpart des femmes de condition, la galanterie, même la plus criminelle, passe

pour

pour une gentilleſſe qui exerce l'eſprit, & fait un des plus doux amuſements de leur vie. Telle eſt la corruption qui règne dans nos mœurs. Ce que nos Pères regardoient comme des crimes, paſſe aujourd'hui chez nous pour des bagatelles, pour de ſimples Vetilles. De quel œil donc nos Enfans les regarderont-ils? Il n'eſt pas difficile de le preſſentir .... mais je reviens aux amours du Magiſtrat.

Le Galant, s'étant introduit dans la maiſon de Dumazi par la porte, qui mène droit au cœur des femmes, je veux dire par celle des préſents, s'apperçut bientôt que les ſiens avoient été reçus avec beaucoup de reconnoiſſance. Il en tira un bon Augure pour ſon Amour; mais en homme prudent, il crut ne devoir pas bruſquer l'avanture. Il avoit reconnu que les femmes Bourgeoiſes ne ſe gouvernent pas comme celles du plus haut rang. Ces dernières, beaucoup plus vives dans leurs paſſions, dont le contentement fait leur unique occupation, ſont d'autant plus faciles à gagner, que l'Amour, dont elles ſont poſſédées, leur fait faire, ordinairement, la moitié du chemin, & quelquefois davantage. La Bourgeoiſe, plus retenue, plus en garde contre ſon cœur, & plus diſſipée par les ſoins de ſon ménage, doit-être tout autrement gouvernée. Il n'y a que le tems, & une eſpèce d'Hipocriſie Galante, qui puiſſent introduire dans ſon cœur un Amour criminel, dont la propoſition mal ménagée & faite à contre tems, ne manqueroit pas de l'effaroucher. Ce fut auſſi de cette manière que le Magiſtrat s'y prit pour réuſſir auprès de ſa charmante Procureuſe. Outre les Magnifiques préſents qu'il lui avoit faits, & fait faire par la Marquiſe, il eut encore l'attention d'envoyer, tous les jours, ſous le nom de ſa Sœur, s'informer de la ſanté de l'accouchée, & même cette Dame lui rendit pluſieurs viſites pendant le tems de ſes couches.

Une

Une attention si marquée, & en même tems si honorable pour la Procureuse, lui fit faire une démarche, dont l'amour du Magistrat tira bientôt de grands avantages. Charmée des bontés de la Marquise, elle ne fut pas plutôt relevée, qu'elle lui fît demander par son Mari la permission de lui en aller faire chez elle ses très-humbles remerciments. Cette Dame non seulement le lui permit, mais lui fit encore toutes les amitiés imaginables. Elle la pria de la venir voir souvent, l'assûrant qu'elle vouloit être son amie, qu'elle devoit la regarder comme telle, & qu'elle seroit charmée de lier avec elle un commerce & une espèce de société, dont elle n'auroit pas lieu d'être mécontente. La belle Dumazi fut si satisfaite de la réception & des Caresses de la Marquise, qu'elle accepta, avec autant de plaisir que de reconnoissance, l'offre qu'elle lui faisoit de son amitié dont elle ne prévit pas alors les fâcheuses suites. Jeunes Bourgeoises, à qui la Nature a donné des appas, fuyez les maisons & la fréquentation des Grands, persuadées que, si la fierté, qui leur est naturelle, se prête jusqu'à vous recevoir chez eux, c'est rarement à bonne intention. Il s'en falloit bien que la jeune Procureuse eût cette pensée du Magistrat, dont elle fréquentoit la Sœur. Elevée dans l'innocence, elle ne regardoit les amitiés & les présents, que l'un & l'autre lui faisoient, que comme une suite de l'affection que le premier avoit prise pour son Mari, & qui retomboit, pour ainsi dire, par contre-coup sur elle. O jeunesse inconsidérée & sans expérience, que vous connoissez peu le cœur humain! Aprenez qu'il ne fait présque jamais de bien, qu'il ne le rapporte à lui-même, & que l'amitié qu'il témoigne au Mari d'une jolie Femme n'a rien moins que lui pour objet. La belle Dumazi l'éprouva bientôt. Le Magistrat, qui la voyoit souvent chez la Marquise, s'étant apperçu qu'elle étoit sensible à ses politesses, & à ses manières galantes, se hazarda enfin à lui faire une déclaration d'amour, dans un moment où il se trouva seul avec elle. Elle en parut plus surprise que fâchée. Pressée, à son tour, de lui faire connoître de quel œil elle voyoit sa passion, elle s'en défendit, mais d'une manière qui lui fit assez comprendre que cet Amour flattoit sa vanité, & ne lui étoit point désagréable.

Il fut aisé au Galant d'en juger ainsi par la conduite qu'elle tint après qu'elle eut reçu sa déclaration. En effet, au-lieu de renoncer sur le champ aux visites qu'elle avoit rendues jusqu'alors à la Marquise, & qui devenoient à l'avenir bien plus dangereuses pour elle, cette Dame, qui favorisoit l'amour de son Frère, s'étoit insinuée si avant dans le cœur de la jeune Procureuse, que celle-ci ne trouvoit de plaisir qu'en sa compagnie. De son côté, le Magistrat, qui ne négligeoit aucun moyen pour venir à bout de sa conquête, par les divers amusements qu'il lui procuroit dans sa maison, la lui avoit rendu si agréable, que la belle Dumazi s'y plaisoit infiniment plus que chez elle. Aussi, loin de supprimer ses visites, le plaisir qu'elle y trouvoit les lui fit encore multiplier, au grand contentement du Galant qui parvint enfin à s'en faire aimer. Quand le gouverneur d'une place est d'intelligence avec l'ennemi, elle est bientôt rendue. Dès qu'un Amant est parvenu à gagner le cœur d'une Femme, il est bientôt maître du reste. Dumazi, qui se trouvoit fort honoré de l'affection du Magistrat & de l'amitié que la Marquise témoignoit à sa Femme, payoit, sans le savoir, toutes ces faveurs d'une manière qui est assez à la mode dans Paris. L'ignorance où il étoit de tout ce qui se passoit, excusoit la parfaite tranquilité où il étoit sur cet Article. Uniquement occupé de ses affaires, dont la multitude lui rapportoit un profit considérable, il ne pensoit à rien moins qu'à sa disgrace, lorsqu'un

qu'un étourdi de Clerc, qui étoit auſſi devenu amoureux de ſa Femme, vint malheureuſement à découvrir tout le miſtère.

C'ETOIT un jeune homme d'aſſez bonne famille, que ſes Parents deſtinoient pour la Robe, & qui, ſelon l'uſage, l'avoient mis chez Dumazi, pour y apprendre tous les détours, toutes les ruſes, toutes les friponneries que la Chicanne peut inventer, & qui ne ſe pratiquent que trop dans le Barreau. Comme l'Etude des Procureurs eſt ſon vrai centre, c'eſt auſſi chez eux qu'on vient apprendre cette ſcience, indigne, à la verité, d'un honnête homme, mais dont la connoiſſance eſt cependant abſolument néceſſaire à un Magiſtrat, ſur-tout pour la bannir de tous les procès, & punir ſévèrement tous ceux qui y ont recours pour conteſter, ou enlever, aux autres des biens ſur leſquels ils n'ont aucun droit. Dupleſſis (c'eſt le nom du jeune Clerc) avoit été placé par ſes Parents chez Dumazi dans cette louable intention; mais l'Amour en ordonna tout autrement.

IL étoit âgé, d'environ dix-neuf ans, d'une figure aſſez aimable, d'une taille avantageuſe, & qui étoit plus verſé dans la lecture des Romans, que dans celle de *Cujas* & de *Bartole*. A peine fut-il entré chez le Procureur que les attraits de ſa jeune Femme le bleſſèrent au vif. La préſomption & la vanité furent toujours le partage de la jeuneſſe. Plein de lui-même, & plus amoureux cent fois, qu'une Coquette, de ſa bonne mine, il s'étoit perſuadé qu'elle devoit faire ſur le cœur de ſa Maitreſſe une impreſſion auſſi forte que celle qu'elle avoit fait ſur le ſien. Cent hiſtoires galantes qu'il avoit entendu raconter à ſes Camarades ſur le compte de Meſdames les Procureuſes, qui ne vivent pas toujours en Lucrèces avec leurs Clercs, augmentoient ſa préſomptueuſe confiance. Peut-être

être auroit-elle été un peu mieux fondée si, malheureusement pour lui, celle-ci n'eût pas déjà disposé de son cœur en faveur du Magistrat, dont je viens de parler. Comme il ignoroit cette galanterie, il débuta auprès d'elle avec cet air d'assûrance que donne la bonne opinion que tous les jeunes gens ont ordinairement de leur petit mérite. Mais il fut fort étonné de voir, que tout ce qu'il put faire, ou lui dire, ne faisoit que glisser sur son cœur. Cent fois il essaya de l'attendrir en sa faveur, & ce fut toujours sans succès. Une pareille froideur ne lui paroissant pas naturel dans une femme de son âge, il soupçonna, avec raison, que cette insensibilité pour lui, ne pouvoit être occasionnée que par quelque heureux Rival qui l'avoit devancé. Alors faisant un peu plus d'attention qu'il n'en avoit fait jusque-là aux démarches de sa Maitresse, il conjectura que les fréquentes visites qu'elle rendoit à la Marquise, ce qui n'est pas ordinaire entre deux femmes d'un état si disproportionné, pouvoient bien cacher quelque intrigue amoureuse, qui étoit cause qu'on ne daignoit seulement pas l'écouter. Résolu de s'assûrer de la verité, voici de quelle manière il s'y prit pour réussir.

    La Marquise avoit une femme de chambre assez jolie pour mériter qu'un jeune homme s'amusât à lui en conter; elle étoit d'ailleurs d'une complexion très amoureuse. Quand la Nature ne lui auroit pas donné ce défaut, l'exemple de sa Maitresse, & ce qui se passoit dans la maison (car on ne se cachoit pas beaucoup d'elle) auroient suffi pour le lui faire contracter. Tels sont les malheureux effets que produit ordinairement le mauvais exemple, contre lequel la vertu même a bien de la peine à tenir. Le moyen d'y résister, quand un penchant naturel nous entraîne vers le mal! Comme la Marquise avoit un procès, dont elle avoit chargé Dumazi, celui-ci, pour lui en donner des Nouvelvelles, se servoit, de tems en tems, de Duplessis qui, par ce moyen, avoit accès dans la maison de cette Dame. Sa figure & sa taille avantageuse avoient même fait quelque impression sur le cœur de la Marquise qui le recevoit avec des marques de distinction, assez significatives s'il y avoit fait attention. Mais uniquement occupé des charmes de sa jeune Procureuse, il étoit si indifférent pour toutes les autres femmes, qu'il ne s'apperçut point de ce que celle-ci ressentoit pour lui. Il ne songea à profiter de l'entrée qu'il avoit chez elle, que pour tâcher de découvrir ce qui s'y passoit, par le moyen de sa femme de chambre. Comme ces sortes de personnes ne sont pas fort difficiles à gagner, lorsqu'elles ont une fois la folie de l'Amour dans la tête, le secret est aussi la chose du monde qui leur coûte le mois à révéler. Duplessis n'eut pas plutôt commencé a jouer auprès d'elle le rôle de soupirant, qu'il apprît toute l'intrigue de sa Maitresse & le commerce galant que le Magistrat avoit avec elle. Il lui étoit aisé, s'il l'eût voulu, de s'en consoler avec la Marquise qui, le voyant fréquenter sa maison plus souvent qu'à l'ordinaire, s'imagina follement qu'elle étoit l'objet de ces fréquentes visites. Dans cette persuasion, elle s'oublia jusqu'au point de lui faire des avances, dont bien des jeunes gens auroient profité. Mais telle est la bizarerie du cœur humain; il dédaigne souvent les choses qui s'offrent à lui, & s'obstine à courir après celles qui le fuyent. Duplessis, loin de répondre aux avances de la Marquise, n'eut pour elle que des sentimens de haine & d'indignation. Ils étoient d'autant plus vifs, qu'il soupçonna, comme il étoit vrai, que cette Dame avoit beaucoup de part à l'intrigue de son Frère dont elle servoit la passion, aux dépens de son amour. Egalement irrité contre ces deux Femmes, & contre le galant Magistrat, il résolut de se venger

ger de ces trois perſonnages ; & comme le dernier étoit, à ſon avis, le plus coupable, ce fut auſſi par lui qu'il voulut commencer ſa vengeance. Le Galant lui en offrit lui-même l'occaſion, peu de tems après, de la manière ſuivante.

Il y a dans le monde une certaine eſpèce de perſonnes, pour qui les plaiſirs même les plus ſenſibles, ceſſent d'être piquants auſſi-tôt qu'ils leur deviennent ordinaires, & qu'ils ne leur coûtent preſque aucune peine. C'étoit préciſément la ſituation où ſe trouvoit le cœur du Magiſtrat à l'égard de la belle Dumazi. La facile & tranquille poſſeſſion de l'objet de ſes deſirs, avoit, pour ainſi dire, emouſſé la pointe du plaiſir qu'elle lui avoit fait d'abord, & il n'y trouvoit plus les mêmes charmes. Pour leur donner donc une nouvelle force, il réſolut de porter l'opprobre dont il couvroit Dumazi, juſque dans ſa propre maiſon. Un voyage, que ce dernier fut obligé de faire, parut au Galant une occaſion très propre pour éxécuter ſon deſſein. Il le propoſa à ſa Belle, ſur qui l'Amour lui avoit donné trop d'empire pour qu'elle pût rien lui refuſer. C'eſt ainſi que les paſſions nous conduiſent inſenſiblement à la plus grande licence, & nous entraînent enfin dans le précipice. Ces deux Amants firent donc la partie de s'aller réjouïr avec la Marquiſe dans une petite maiſon de campagne que Dumazi avoit dans un endroit écarté du fauxbourg Saint Honoré, où il alloit paſſer le tems des Vacances avec ſa Femme, ſes Parents, & quelques-uns de ſes Amis.

Quoiqu'on ſe fût promis de part & d'autre, de tenir cette partie de plaiſir fort ſecrette, Dupleſſis en fut néanmoins preſque auſſi-tôt averti par la femme de chambre de la Marquiſe, qui lui rendoit compte de toutes les infidélités de la Dumazi. Dans le deſir où il étoit de ſe venger, il n'eut garde de manquer une ſi belle occaſion. Le ſuccès
lui

lui en parut d'autant plus infaillible, qu'il avoit déjà pris soin d'inspirer au Procureur de violents soupçons sur la conduite de sa Femme, dont il lui avoit découvert l'intrigue galante avec le Magistrat son Compère. Il les avoit même portés si loin, que Dumazi n'attendoit, pour se venger de l'une & de l'autre, qu'une occasion d'être assûré & convaincu par lui-même de la vérité de ce que son Clerc lui avoit dit, & qui ne lui paroissoit que trop bien fondé.

La partie ne fut donc pas plutôt faite, & le jour pris pour l'éxécuter, que Duplessis en donna avis à son Maître par un Exprès qu'il lui dépêcha sous un autre prétexte. Dumazi, averti de ce qui se tramoit pendant son absence, se rend aussi-tôt à Paris, s'abouche avec quelques Archers du Guet, auxquels il promet une somme d'argent dont il leur paye la moitié d'avance, à condition qu'ils rosseront d'importance, saisiront, & mettront entre les mains de la justice, un Voleur qu'il avoit, disoit-il, appris devoir venir chez lui pour lui enlever ce qu'il avoit de plus précieux. Le marché fait, & le rendez-vous donné pour le soir même, il envoye chercher Duplessis, & va l'attendre dans un Cabaret dont une des fenêtres donnoit sur sa maison de Campagne. A peine y étoit-il entré, qu'il vit arriver la Compagnie qui devoit mettre le comble à son déshonneur. Le grand nombre de lumières dont sa Maison fut bientôt éclairée, les allées & les venues du Traiteur qui avoit été chargé du soin de la bonne chère, ne lui permirent pas de douter de la vérité de ce que Duplessis lui avoit mandé. Aussi ne songea-t'il plus qu'à en tirer une éclatante vengeance. Pour ne point manquer son coup, il attendit que la compagnie fût à table & dans la joye. Alors ayant ouvert doucement la porte de son jardin, dont il avoit une Clef, il y fit entrer ses gens, auxquels il renouvella ses Ordres.

Il resta même avec eux jusqu'au moment qu'il crut qu'il
étoit

étoit tems, de les éxécuter. L'extinction des lumières le lui ayant annoncé, il laissa le soin du reste à Duplessis qui l'étoit venu joindre, & qui auroit été très fâché de ne pas jouër son rôle dans une piéce, dont le spectacle devoit être si doux à sa vengeance. Alors Dumazi, ayant promtement couru à la porte de devant, se mit à fraper en Maître, & comme un homme qui alloit la jetter à bas, si on ne la lui ouvroit sur le champ. Sa Femme, effrayée du bruit qu'il faisoit, & plus tremblante encore pour son Galant, n'eut rien de plus pressé que de le faire promptement évader par la porte du Jardin, dont elle lui donna la Clef, après quoi, s'étant un peu rassûrée, elle fit enfin ouvrir à son Mari qui monta droit à sa chambre, comptant y trouver celui qu'il cherchoit. Mais s'il ne l'y rencontra pas, il ne fut pas long-tems sans avoir de ses Nouvelles. En effet le pauvre Magistrat, qui croyoit s'être échapé, étoit tombé, comme l'on dit, de *Charibde* en *Sylla*. Duplessis, qui l'attendoit dans le jardin, & les Archers du guet, l'ayant apperçu & reconnu à la blancheur de sa chemise (car il étoit presque nud) firent tomber sur lui une si rude gresle de coups de bâton, que, quelque intérêt qu'il eût de ne se point faire connoître, il ne put s'empêcher de crier de toutes ses forces & d'appeller à son secours.

A ses cris, la Marquise, croyant qu'on égorgoit son Frère saute du lit, & vole à la chambre de la Procureuse. Mais quelle fut sa surprise, quand elle y trouva Dumazi couché auprès de sa Femme, & qui feignoit de dormir très profondément! Interdite à ce spectacle, &, d'un autre côté, tremblante pour les jours du Magistrat qui redoubloit ses cris à mesure qu'on redoubloit la bastonade, sa tendresse l'emporta enfin sur son honneur: Quoi! vous dormez si tranquillement, Dumazi, dit-elle en le réveillant, pendant qu'on assassine mon Frère chez vous!...

Votre frère, Madame, repliqua le Procureur, en se frottant les yeux! Hé! comment cela pourroit-il être ? Vous riez sans doute, & voulez m'allarmer ; mais je n'ai ni le tems, ni la force de l'un, ni de l'autre, car je suis si fatigué de mon voyage, que je ne puis que céder au sommeil qui m'accable. Croyez-moi, allez en faire autant de votre côté. Bon soir & bonne nuit.

On a raison de dire que le crime porte souvent avec lui sa punition. La Marquise & la Dumazi étoient plus mortes que vives en voyant, d'une part, l'indifférence du Procureur pour ce qu'on venoit de lui dire, & de l'autre, l'impossibilité où elles étoient de donner à cette douloureuse Catastrophe un tour qui fût tant soit peu vraisemblable. Cependant les cris & la bastonade continuoient toujours. Chaque coup dont on régaloit le galant Magistrat étoit pour sa Sœur, & pour la Dumazi, autant de coups de Poignard qui leur perçoient le cœur. Tranquille dans son lit, le Procureur se délectoit à jouir de leur cruel embarras, dont il ne savoit que trop le véritable sujet. Il auroit souhaité que cette scène eût pû durer jusqu'au jour, pour en donner au peuple de Paris, qui est naturellement goguenard, une seconde, qui l'auroit fort diverti. Enfin la Marquise, craignant que son Frère ne mourût sous le baton, comme il le méritoit, se jette aux pieds de Dumazi, & le conjure de vouloir bien aller à son secours, & lui sauver la vie. Au secours de qui voulez-vous que j'aille, répondit-il en bâillant d'une force qui fit presque trembler toute la chambre ? Dormez-vous, Madame, ou rêvez-vous, de dire qu'on assomme ici Monsieur votre Frère, lui qui en est à plus de deux mille pas, & qui dort, sans doute, actuellement dans son lit, beaucoup plus tranquillement que je ne fais ici ? Que voudriez-vous qu'il fît dans mon jardin à pareille heure, sur-tout sachant,

G ou

ou du moins croyant, que je suis absent de chez moi ? Qu'y seroit-il venu chercher ? Ma Femme m'a dit que vous lui aviez fait l'honneur de venir ici, pour vous réjouir un peu avec elle. A la bonne heure ; il n'y a rien à rédire à cela ; mais est-ce la coûtume, est-ce l'ordre, que des Hommes viennent, de même, la nuit, se divertir à la campagne avec nos Femmes pendant l'absence de leurs Maris ? Monsieur votre Frère sait trop bien les usages du monde pour avoir fait une pareille équipée. Quelle idée prendrois-je d'un si grave Magistrat, si j'étois assez simple pour croire ce que vous me dites-là ?

MAIS vous entendez vous-même ses cris, repliqua la Marquise. Il est vrai que j'entends quelque bruit ; mais ce que vous prenez-là pour les cris de votre Frère, sont ceux des Veaux que l'on mène au marché. Je suis si accoûtumé à entendre les cris de ces Animaux, toutes les fois que je couche ici, que cela ne m'inquiète point, & que je n'y fais pas la moindre attention ; & vous ne devez pas....... Vous vous trompez, mon cher, interrompit sa Femme ; ce ne sont point-là des cris de Veau, mais bien ceux d'une personne que l'on assomme. Ce sera donc, repartit Dumazi, quelqu'un de ces fripons qui vont, la nuit, voler dans les jardins, que les pauvres gens du voisinage prennent tant de peine à cultiver. En ce cas, ils feront très bien de l'étriller comme il le mérite. Je veux être le plus grand Veau de tout Paris si je vais le tirer de leurs mains. Si je me levois, ce ne seroit au-contraire que pour les aller aider ; aussi bien ai-je appris, & je me suis même apperçu qu'il y a un de ces Coquins-là, qui a souvent fouragé dans le mien. Plaise au Ciel que ce soit mon Laron ! Il n'a, en ce cas, que ce qu'il mérite, & cela lui fera perdre l'envie d'y revenir.

VOUS riez de ma douleur, Dumazi, repliqua la Marquiquife irritée, & vous refufez à mon Frère le fecours que je vous demande ici pour lui; mais vous ferez puni, le premier, de votre barbare refus; car dès qu'il fera jour, j'irai me plaindre à la juftice de ce que vous l'avez attiré ici pour le faire affaffiner. Moi, l'attirer ici, Madame, s'écria le Procureur! Moi, le faire affaffiner après tous les bienfaits que j'en ai recus! Une-telle penfée peut-elle entrer dans votre efprit? Je fuis en campagne depuis plufieurs jours; je ne me trouve ici que par hazard; & je vous avouerai même qu'en y arrivant je ne m'attendois nullement de vous y rencontrer avec ma Femme; & j'aurois donné des ordres pour le faire affaffiner chez moi! Que votre Frère foit ici, c'eft ce que je ne puis croire pour les raifons que je viens de vous dire; toutefois, puifque vous perfiftez à me foûtenir que c'eft lui qu'on maltraite de la forte, il m'eft aifé de vous détromper en vous faifant voir le contraire. A ces mots Dumazi fe lève, s'habille, fans trop fe preffer, prend une paire de Piftolets à demi-rouillés, mais encore trop bons pour l'ufage qu'il en vouloit faire, & s'étant muni d'une Lanterne, il defcend dans le Jardin où la Marquife, fa Chambrière, fa Femme & fa Servante le fuivent en tremblant.

CEPENDANT Dupleffis, content de la vengeance qu'il venoit de tirer, laiffa aux Archers du guet le foin de faire le refte. Dès que ceux-ci apperçurent la lumière, & qu'on venoit à eux, pour gagner le refte de leur argent, ils fe faifirent du Magiftrat, refermèrent la porte du jardin & après l'avoir lié & garroté, ils le conduifirent au grand Châtelet, où ils le firent jetter dans un Cachot, comme un Voleur qu'ils venoient de prendre en flagrant délit.

PENDANT que ceci fe paffoit à la Ville, les galantes Commères, plus mortes que vives, avoient fait, en tremblant,

blant, le tour du Jardin avec Dumazi, qui n'y ayant rien trouvé, comme il l'avoit bien prévu: Hé bien, Madame, dit-il à la Marquife, je vous l'avois bien dit; mais vous ne vouliez pas m'en croire! Vous voyez maintenant vous-même ce qui en eft. M'en croirez-vous une autre fois fur ma parole? Convenez avec moi que j'avois raifon, & que votre imagination vous a joué ici un fort vilain tour, en vous faifant prendre la voix de quelque miférable pour celle de Monfieur votre Frère, qui eft un honnête homme, & incapable, affurément, de venir à pareille heure voler les fruits de mon Jardin. Hé! à quel propos en agiroit-il avec moi de la forte? N'en a-t-il pas lui-même autant & plus qu'il ne veut, qui font à fon fervice? Croyez moi, allons tous nous recoucher tranquillement, & employons le refte de la nuit, moi à me remettre de mes fatigues, & vous de votre frayeur. Quoique les deux Commères ne fuffent que trop affûrées que c'étoit la voix du Magiftrat qu'elles avoient entendue, elles n'oferent pas néanmoins contefter d'avantage avec Dumazi qui, content de voir qu'on avoit fi bien fervi fa vengeance, revint fe coucher auffi tranquillement que s'il ne fût rien arrivé. Les femmes en firent autant, chacune de leur côté, attendant le jour avec beaucoup d'impatience, pour fe pouvoir mieux éclaircir du fort du galant Magiftrat. A peine commenca-t-il à paroître, que le Procureur retourna à fes affaires, ce qu'il fit avec tant de diligence, que perfonne ne s'apperçut de fon abfence, qui avoit été auffi courte, qu'elle fut efficace.

CEPENDANT la Marquife & la Dumazi, s'étant levées beaucoup plutôt qu'à leur ordinaire, c'eft-à-dire vers les neuf à dix heures du matin, furent extrêmement étonnées de ne point trouver le Procureur, qui étoit difparu, comme je viens de le dire, dès la pointe du jour. Elles
au-

auroient pris tout ce qui s'étoit passé pendant la nuit pour un veritable songe, si les habits du Magistrat, que la Dumazi avoit cachés à la hâte, lorsque son Mari étoit venu les surprendre, ne les avoient convaincues de la réalité de l'avanture. Pour en savoir au vrai le dénouement, elles s'en retournèrent ensemble à la Ville dans le Carosse de la Marquise, qui vint les réprendre à l'heure qu'elle l'avoit ordonné la vielle. Le premier soin de cette Dame, en arrivant à la Ville, fut de demander des Nouvelles de son Frère. On ne put lui en donner d'autres, si-non qu'il étoit sorti le soir du jour précédent, & qu'on ne l'avoit point encore revu depuis ce tems-là. Ces paroles redoublèrent les inquiétudes, & la frayeur des deux galantes Commères, qui se persuadèrent qu'il avoit été assommé, ou assassiné. Pour s'en assûrer, la Marquise envoya sur le champ sa femme de Chambre voir s'il n'y avoit point quelque Cadavre exposé à *la Morne*. Ayant appris que non, elle fit courir tous ses laquais, & tous ceux de son Frère, chez les Chirurgiens de Paris, pour savoir s'il ne s'étoit pas traîné, ou fait porter, chez quelqu'un d'eux, pour s'y faire penser de ses blessures. N'en ayant pu encore avoir aucune Nouvelle par ce moyen, elles ne doutèrent plus qu'il n'eût été assassiné, & jetté dans la rivière, ce qui leur causa, à l'une & à l'autre, un chagrin qui approchoit du désespoir.

Elles en ressentoient les plus vives atteintes, & toute la famille du Magistrat étoit dans une consternation qu'on peut mieux se figurer que je ne puis la représenter ici, lorsque, quinze jours après, on reçut un Billet par lequel on aprit le triste & déshonorant état dans lequel il se trouvoit. Enfermé, depuis ce tems, dans un des plus noirs cachots de la prison où il avoit été jetté, il éprouvoit, dans toute sa rigueur, le traitement qu'on fait aux Scélérats &

aux Voleurs. Du pain & de l'eau, pour toute fa nouriture, point d'autre lit que la terre couverte de quelques poignée de mauvaife paille, point d'autre compagnie, ni d'autre confolation que celle d'un million de fales infectes, qui le dévoroient tout vivant; Ajoûtez à cela les douleurs cuifantes que lui caufoit un millier de meurtriffures dont fon corps étoit couvert; quelle étrange fituation pour un homme qui n'avoit, pour ainfi dire, vécu jufqu'alors que dans le fein de la volupté, & qui s'étoit plaint, plus d'une fois, que Paris ne lui offroit plus que des plaifirs infipides! Mais quelque douloureufe que fût pour lui cette cataftrophe, la honte de comparoître devant un juge, l'obligation où il fe trouvoit de lui raconter l'occafion, le fujet, & la manière dont fa difgrace lui étoit arrivée, la crainte bien fondée qu'il avoit que fon avanture ne courût déjà par la Ville, & ne paffât à la Cour, & enfin dans tout le Royaume, lui paroiffoient mille fois encore plus cruelles que toutes les douleurs qu'il fouffroit depuis quinze jours. Le Ciel, qui vouloit le punir de fon libertinage, lui fit encore éprouver ce châtiment, le plus fenfible que puiffe effuyer un homme ambitieux. Le billet que la Marquife reçut étoit une fuite de cette étrange humiliation.

En effet il lui avoit été écrit par le Magiftrat même chargé du foin & de l'infpection des prifons. Celui-ci étant venu faire au Châtelet fa vifite ordinaire, & ayant demandé au Geolier, felon l'ufage, s'il n'y avoit rien de nouveau, ce dernier lui annonça la détention du galant Magiftrat, qu'il n'avoit eu garde de reconnoître pour ce qu'il étoit, & dont la difparution avoit occafionné mille hiftoires qui couroient déjà fur fon compte dans la Ville. Comme le tems de cette détention s'accordoit parfaitement avec le jour de la difparution, le Magiftrat excité par fa curiofité, & par un certain preffentiment, demanda à voir ce prifonnier.

Pour

Pour cet effet il fe fit conduire dans le cachot, où il ne fut pas peu étonné de trouver le *Petit Roi de Paris*, dans l'état pitoyable où je viens de le repréfenter. A travers tous les déguifements, que le prifonnier employa pour cacher la véritable caufe de fon infortune, il n'eut pas de peine à la démêler. Le lieu où il lui dit que la fcène s'étoit paffée, la fortune rapide du Procureur, fon abfence, le commerce galant qu'on fçavoit qu'il avoit avec fa Femme, lui firent conjecturer que cette Tragicomique avanture pouvoit bien être un effet de la vengeance qui eft naturelle & permife à tous les Maris du monde contre quiconque les déshonore, de quelque état, & de quelque rang qu'ils puiffent être.

Quoique celle-ci fût des plus complettes, le Magiftrat, qui avoit reçu, en fon particulier, plufieurs fujets de mécontentement, de la part du prifonnier, ne trouva pas encore la pénitence affez forte, & crut devoir profiter de cette occafion pour fe venger auffi de fes propres injures. Tel eft le défaut de prefque tous les hommes, même de ceux qui nous paroiffent équitables & intègres. Souvent-ils ne font tels à nos yeux, que parce que certaines conjonctures ne leur permettent pas de laiffer éclater les paffions, auxquelles ils ne font pas moins fujets que les autres. Sous le fpécieux prétexte de l'amitié, mais réellement, pour lui procurer un affront qu'il favoit bien lui devoir être mille fois plus fenfible que tout ce qu'il avoit déjà fouffert, il ordonna fécrettement aux Geoliers de le retirer du cachot, & de le mettre dans la chambre commune des prifonniers, leur enjoignant de le faire promener, trois ou quatre fois le jour, dans la Cour où les autres ont la liberté de fe récréer enfemble. En même tems il plaignit fort la trifte fituation du galant Magiftrat qu'il accabla de proteftations d'amitié & de fervices, l'affûrant qu'il alloit fur le champ en écrire en Cour, afin, dit-il, d'en obtenir plus promptement fon élar-

élargissement. Pour lui faire mieux valoir ce prétendu service, qui, dans le fonds, étoit un nouveau coup de poignard qu'il lui portoit, il lui fit entendre qu'il se verroit par-là bien plûtôt libre, que si l'on suivoit le cours des procédures ordinaires dont il connoissoit lui-même la rébutante longueur, ajoûtant qu'il croyoit que c'étoit les moindre égards qu'on dût avoir pour le rang qu'il tenoit dans le monde, & pour une personne de son mérite & de sa naissance. On ne pouvoit pas assassiner un homme plus poliment. En conséquence, le Galant fut tiré de son cachot.

On se figure sans peine le triste état où il devoit être, après avoir démeuré quinze jours dans un semblable réduit. La joye qu'il eut d'en sortir, & une espèce d'assûrance de n'être reconnu de personne, tant cette affreuse retraite devoit l'avoir rendu méconnoissable, lui donna d'abord quelque satisfaction; mais elle ne dura pas long-tems, & il la paya bien cher, quelques moments après. En effet la Marquise, sa Sœur, étant venue, l'après-dinée même, pour le voir, & le Geolier, qui avoit apris du Magistrat qui étoit ce prisonnier, l'ayant imprudemment apellé par son nom, il se vit aussi-tôt accablé de huées, de brocards, & d'injures de la part de tous les autres, dont plusieurs étoient injustement détenus par ses Ordres mêmes. La rage qu'il en eut fut si grande, que dès que sa Sœur l'eut quitté, il demanda au Geolier d'être reconduit dans son cachot, aimant mieux, disoit-il, y mourir dans l'horreur des ténèbres, que de se voir la fable & le honteux jouet de ceux avec qui on venoit de le mettre; mais le Geolier lui ayant dit qu'il ne pouvoit lui donner cette satisfaction sans en avoir auparavant reçu l'ordre de ses juges, le remit avec tous les autres prisonniers qui l'ayant reconnu l'accablèrent tous de malédictions, & lui firent des affronts auxquels il fut mille fois plus sensible, qu'il ne l'auroit été à la mort la plus cruelle.

Un de ceux qui lui caufa le plus violent défefpoir, fut d'aprendre que l'hiftoire de fon avanture, que le Magiftrat avoit, felon toutes les apparences, racontée à quelqu'un, couroit la ville, où chacun l'embelliffoit, felon la coûtume, de quelque trait de fa façon. Ce nouvel accident, joint à ce qu'on en avoit écrit en Cour, fut, pour ainfi dire, le coup de grace dont fa mauvaife fortune l'accabla. Il s'en falloit effectivement de beaucoup que la Cour fût alors dans ce goût qu'elle a pris, depuis, pour la galanterie & le libertinage. L'exemple de fageffe, & furtout de fidélité conjugale, que le Souverain donnoit à fes Courtifans, & à tout fon Royaume, fit condamner généralement la conduite du Magiftrat prifonnier, & approuver la vengeance que le Procureur en avoit tirée. Le Miniftre, de la faveur duquel il abufoit depuis long-tems, fut des premiers à l'abandonner. Il le dépouilla de toutes fes dignités, de tous fes emplois & de tous fes biens, ne lui laiffant qu'une très médiocre penfion qui lui fourniffoit à peine de quoi vivre; & comme la Marquife, fa Sœur, avoit conduit toute cette criminelle intrigue, il la fit renfermer, par ordre du Roi, pour le refte de fes jours, dans une maifon de correction. Ils en eurent, l'un & l'autre, un chagrin fi violent, qu'ils en moururent tous les deux, quelques mois après, laiffant à tout Paris, par cette trifte Cataftrophe, un exemple de juftice qui auroit befoin d'y être fouvent renouvellé, pour réprimer le libertinage & la débauche, qui règnent aujourd'hui, prefque impunément, dans cette grande Ville.

Quelque trifte & inftructif que foit le dénouement de cette avanture, il n'aproche point encore, ni pour l'un, ni pour l'autre, de celui qu'eut, à quelque tems de là, un autre évènement dont je fus en quelque façon témoin, & prefque la victime. Auffi le fouvenir ne s'en effacera-t-il jamais de mon efprit. Puiffe-t-il faire la même impreffion fur ceux entre les mains de qui ces Mémoires pourroient tomber un jour! Puiſſe-t-il guérir tout le Genre humain d'une paſſion dont les ſuites ne ſont guéres moins funeſtes que celle dont je viens de parler. C'eſt la Tragique & fatale Avanture, qui termina les jours de l'infortuné Marquis de Ti....ville.

Dans un grand nombre de qualités excellentes qu'avoit ce Seigneur, la Nature, qui nous marque toujours à ſon coin par quelque imperfection, lui avoit donné une paſſion d'autant plus dangereuſe, qu'elle a toujours, tôt ou tard, quelque mauvaiſe cataſtrophe pour ceux qui en ſont poſſédés. C'étoit celle du jeu. Il faut rendre néanmoins cette juſtice au Marquis, que toujours en garde contre lui-même, de ce côté-là, il avoit fait tous les efforts imaginables pour combatre & domter ce dangereux ennemi. Pour éviter même les tentations que le commerce du grand monde lui pouvoit préſenter, il s'étoit retiré dans la principale de ſes terres, ſituée en Normandie, où il n'avoit ordinairement d'autre compagnie que celle de quelques gentils-hommes du voiſinage, auſſi pauvres que nobles, & avec leſquels il ne craignoit point de tomber dans le vice où ſon penchant l'entraînoit. Comme une paſſion ſe combat & ſe guérit d'ordinaire par une autre, ce Seigneur en prit une qui par ſes agrémens l'emporte, dit on, ſur toutes les autres. C'eſt celle de la Chaſſe, paſſion des plus innocentes lorſqu'on ſait lui donner des bornes. Le Marquis en faiſoit ſon principal amuſement, & partageoit le reſte de ſon tems entre les autres plaiſirs que nous offre la vie Champêtre.

Une Terre que mon Oncle avoit dans le voiſinage de la ſienne, & où nous allions paſſer quelques mois de la belle ſaiſon, avoit occaſionné, entre le Marquis & lui, une liaiſon ſi étroite, qu'on pouvoit, en quelque façon,

dire

dire que les deux Châteaux n'en faifoient qu'un. La chofe étoit même fi publique & fi connue, que ceux qui avoient affaire au Marquis venoient le chercher chez nous, lorfqu'ils ne le trouvoient point chez lui, & que ceux qui avoient à parler à mon Oncle, lorfqu'ils ne le rencontroient point au Château, alloient, tout de fuite, chez le Marquis où ils étoient affûrés de le trouver. Cette étroite liaifon étoit une fuite du plaifir que mon Oncle goûtoit à la Compagnie de ce Seigneur, qui étoit en effet extrêmement aimable. Un voyage que quelques affaires l'obligèrent de faire à Paris nous procura le plaifir de l'y voir. Heureux s'il n'avoit jamais mis le pied dans cette grande Ville où il périt de la manière du monde la plus trifte pour un homme de fon rang. Voici de quelle façon la chofe arriva.

Il y avoit alors, dans cette Capitale, deux fameufes Académies de jeu, qu'on auroit pu nommer, à plus jufte titre, deux coupe-gorges Privilégiés. Le premier étoit fous la protection, & dans l'Hôtel même, du Gouverneur de la Ville; & l'autre fous la protection d'un Prince étranger, lefquels rétiroient, tous les deux, des revenus très-confidérables de ce beau Privilège. Dans ces deux nobles Académies fe rendoit régulierement, tous les jours, vers les quatre heures de l'après-dinée, tout ce qu'il y avoit à Paris de joueurs de profeffion, depuis le Prince jufqu'au dernier de fes Valets. Quatre grandes fales, qui étoient diftinguées chacune par le rang & la qualité des joueurs, fuffifoient à peine à la multitude des gens qui y venoient en foule hazarder fur un coup de Dé, fur une Carte, fur un tour de Roulette, toute leur fortune, & celle de leur famille, laquelle y paffoit, quelquefois en un inftant, en d'autres mains. Comme les noms de ces deux Académies n'étoient que trop fameux, le Marquis, après avoir vû toutes les curiosités de cette grande Ville, voulut aussi voir celle-ci; curiosité fatale, & dont mon Oncle tâcha de le détourner. Ce n'est pas qu'il prévît le malheur qui lui en devoit arriver, & que personne n'auroit jamais soupçonné; mais sachant que le jeu avoit été la passion dominante du Marquis, il crut, avec raison, que ce spectacle pourroit la réveiller en lui. Tel est l'empire Tirannique que prennent sur le cœur des hommes les objets de leurs passions. Présentez du Vin à un homme qui l'aime passionnément, faites voir une belle Femme à un autre qui a le cœur tendre, menez un joueur dans un Brelan, ce sera un Miracle s'ils ne succombent pas tous à la tentation. N'allons point là, mon cher Marquis, lui dit mon Oncle, un soir qu'il le pressoit de l'accompagner à l'Hôtel de Soissons; Il y a trop à risquer pour vous. Si vous avez quelque Argent qui vous incommode, vous pouvez vous en débarasser d'une manière qui vous sera plus honorable & infiniment plus utile. Vous n'avez qu'à me le remettre; & je vous promets d'en faire un emploi qui vous attirera autant de bénédictions, que vous donneriez peut-être vous même de malédictions, aux filoux qui vous l'enleveroient infailliblement dans le coupe-gorge où vous voulez aller.

Mon Oncle avoit des raisons d'autant plus solides pour parler de la sorte au Marquis, qu'il savoit qu'il avoit apporté à Paris des sommes très-considérables. Il en avoit destiné une partie à l'achat d'un Régiment pour son Fils qui étoit déjà, depuis quelques années, dans le service. L'autre devoit être employée au payement d'une belle Terre qu'il venoit d'acheter dans sa Province, & dont le possesseur étoit venu résider à Paris. Un discours, & un conseil aussi sage que celui de mon Oncle auroient du faire impression sur le Marquis; mais le premier effet des

passions

paſſions eſt d'aveugler ceux qui en ſont poſſédés. Tout ce qu'il put lui dire, ne fit, au-contraire, qu'irriter encore davantage la ſienne, & il n'eut point de repos qu'il ne l'eût ſatisfaite. C'eſt ce qu'il fit quelques jours après, & il m'y entraîna moi-même au retour d'une promenade que nous avions faite enſemble dans le Jardin des Tuileries.

Comme je n'étois point encore dans un âge qui me donnât droit de lui faire ſur cela des repréſentations, j'y ſuppléai par un air triſte & chagrin que je pris en entrant dans cet Hôtel, ce qui lui fit aſſez connoître que je ne l'y ſuivois pas de bon cœur. Vous ne me paroiſſez pas fort content d'être ici, me dit-il en ſouriant ; apparemment que vous n'aimez pas le jeu. Vous en êtes plus heureux, & je vous en félicite ; mais il faut tout voir, s'inſtruire, & profiter de tout. Il avoit raiſon, & je puis dire ici que c'eſt à lui que je ſuis redevable de la juſte horreur que j'ai toujours eu, depuis, pour cette dangéreuſe paſſion. Rien n'étoit plus capable de me l'inſpirer que le Spectacle que j'eus en entrant, & que je doute pouvoir repréſenter ici dans tout ſon naturel.

Une cinquantaine de joueurs, rangés autour de deux Roulettes, faiſoit voler par poignés les Louis d'Or ſur une machine, qu'on pouvoit nommer à juſte titre la Roue de la fortune. Dans le moment que cette petite Roue étoit en mouvement, mes yeux, ſe promenant ſur les Viſages des Acteurs, y voyoient, peintes d'après nature, toutes les diverſes paſſions dont leurs ames étoient agitées. La crainte & l'eſpérance y paroiſſoient alternativement, & s'évanouiſſoient un moment après, avec le mouvement de la Roue, pour faire place à la joye la plus pétulante, ou au plus affreux déſeſpoir. Ce qui rendoit cette dernière paſſion encore plus vive, & donnoit aux joueurs une difformité qui avoit quelque choſe d'effrayant & d'horrible,

rible, c'eſt qu'ils ne pouvoient ſoulager leur rage, comme font ordinairement les déſeſpérés, par les Jurements, les Blaſphêmes, & les Imprécations, qui étoient deffendues dans ces ruineuſes aſſemblées, ſur peine d'amende, & d'en être honteuſement excluſe. Un Abbé, qui venoit de perdre une ſomme conſidérable, ayant violé la deffenſe, auroit ſubi cet affront, ſans le reſpect qu'on porte partout aux gens d'Egliſe; Mais ce reſpect ne put le garantir d'une remontrance qui lui fut faite à ce ſujet par celui qui étoit chargé de maintenir le bon ordre dans ces vénérables aſſemblées. Par D..., lui repliqua l'Abbé tout en colère, c'eſt nous qui prêchons les autres, & je n'ai pas beſoin de vos ſermons; Tenez, voilà ma bourſe, pourſuivit-il en la jettant ſur la Table; prenez y telle amende qu'il vous plaira, & laiſſez moi, du moins, jurer tout à mon aiſe pour mon argent. La plûpart des aſſiſtants éclatèrent de rire à cette ſaillie, & plus encore lorſque faiſant alluſion à un Sermon qu'il devoit prêcher le lendemain, il s'écria en apoſtrophant le Ciel qu'il regardoit avec des yeux pleins de reſſentiment & d'indignation : Hé, oui, oui, je t'en gagnerai des Ames ! Oui, je t'en gagnerai ; mais ce ſera comme tu me fais gagner ici. Je ne pus m'empêcher de ſourire à cette Apoſtrophe, qui ne ſentoit rien moins que le Dévot.

Si les grimaces & les contorſions furieuſes que je vis faire aux autres ne me donnèrent pas le même plaiſir, du moins elles me furent extrêmement utiles par la foule de réflexions qu'elles me firent faire. Eſt-il poſſible, me dis-je, que des hommes, pour qui le jeu ne doit être qu'un ſimple amuſement, & un délaſſement de l'eſprit, s'y livrent non ſeulement juſqu'à riſquer leur fortune, mais juſqu'à perdre encore la tranquilité, & le repos de leur Ame, qui eſt le plus grand bien dont-on puiſſe
jouir

jouir dans le monde! Quand je vois ces furieux s'arracher les Cheveux, se ronger jusqu'au vif les ongles par dépit, décharger leur rage par de grands soufflets qu'ils se donnent & par les égratignures & les meurtrissures qu'ils se font sur le Visage, je m'imagine voir le portrait de ces Ames damnées, que les Peintres nous répréfentent dans les plus horribles transports du déséspoir, au milieu des plus cruels tourmens de l'Enfer, & déchirées par les plus cuisants remors. O insensés, dis-je en moi-même, sont-ce donc là les délices & les plaisirs que vous procure cet Argent que je vous vois jetter à pleines mains, & dont votre passion fait l'instrument même de votre supplice? Que vous reste-t-il, dans l'affreux déséspoir où je vous vois, si-non de vous aller pendre? Mais malheureusement pour vous, & pour vos familles que vous ruinez, l'infortune qui vous accompagne, & que vous maudissez si mal à propos, ne vous laisse pas de quoi acheter le Cordon qui pourroit finir vos jours & votre misère.

La tristesse de ces réflexions ne m'empêcha point de remarquer que ce spectacle faisoit sur le Marquis une impression bien différente de celle que je ressentois. Les regards avides qu'il jettoit sur le jeu & sur les joueurs, l'intérêt que je voyois qu'il prenoit à leur fortune, l'air de contentement avec lequel il regardoit le malheureux instrument de la ruine des uns & de la fortune des autres, la joye avec laquelle il voyoit rouler sur ces Tables l'Or & l'Argent dont chaque joueur s'empressoit de se défaire, comme s'il eût été empesté, enfin jusqu'aux moindres traits de son Visage, tout exprimoit la satisfaction dont son ame étoit pénétrée. A l'air vif & empressé que je lui remarquai, je ne doutai nullement que, s'il eût été seul, de simple Spectateur, il ne fût devenu sur le champ

champ un Acteur des plus zélés. Ses mains, que je lui voyois porter à sa poche, chaque fois que la Roulette tournoit, exprimoient assez clairement la démangeaison que lui causoit l'argent qui y étoit; mais ma présence, & probablement la crainte d'essuyer encore un Sermon de la part de mon Oncle le retinrent.

Les choses auxquelles l'Ame prend peu de part, nous causent bientôt de l'ennui. Tel étoit, à mon égard, le Spectacle que j'avois devant les yeux; aussi ne songeai-je qu'à le quitter lorsque j'en eus retiré tout le fruit qu'il me parut qu'il doit produire sur tout homme qui fait usage de sa Raison. Mais ma complaisance pour le Marquis, que je ne pouvois arracher de ce malheureux coupe-gorge, m'y fit rester jusqu'à l'heure du souper. Il y auroit, je crois passé toute la nuit, si je ne l'avois averti plusieurs fois qu'on l'attendoit pour cela chez nous. Je vins enfin à bout de l'entraîner au logis. Que ne pûmes nous l'y retenir le peu de tems qu'il avoit encore à demeurer à Paris! Mais sa malheureuse Etoile l'avoit, apparemment, destiné à servir d'exemple à tous ceux qui sont possédés de la passion du jeu. Ce fut le jugement que nous en portames, lorsque, quelques jours après, nous aprimes sa fin Tragique, qui arriva de la manière suivante.

J'ai dit, plus haut, que le Marquis avoit apporté avec lui de grosses sommes d'argent, dont une partie étoit destinée à l'achat d'un Régiment pour son Fils, & l'autre au payement d'une Terre qu'il venoit d'acheter. Comme cette dernière affaire étoit la chose du monde la plus aisée à terminer, il avoit cru qu'il seroit assez tems d'y penser quelques jours avant son départ pour la Province. L'affaire de l'achat du Régiment, qu'il croyoit bien plus difficile, n'étoit pas beaucoup plus longue à expédier. En France, comme ailleurs,

leurs, on trouve toujours un assez grand nombre d'Officiers, à qui le service plaît beaucoup en tems de Paix, mais pour qui il perd beaucoup de ses charmes aux aproches d'une guerre. C'étoit justement la conjoncture dans laquelle on se trouvoit alors, ce qui fit prendre à plus d'un Militaire le parti de la retraite. Ce fut avec un de ceux-là, que le Marquis négocia un Régiment pour son Fils. L'affaire étoit presque terminée, & il ne manquoit plus, pour la conclure, que l'agrément du Roi. Pour l'obtenir, le Marquis devoit se rendre à Versailles, où il m'avoit prié de l'accompagner. Je me rendis, dans cette vûe, chez lui, le matin du jour fixé pour ce voyage. Le Maitre de l'Hôtel où il étoit logé, n'ayant pû me dire s'il étoit levé, parce qu'il étoit rentré la veille fort tard, comme d'ailleurs il n'y avoit point de tems à perdre, je montai sans façon à son appartement, dans le dessein de l'éveiller pour partir. Je le trouvai ouvert, & n'y rencontrai personne. La familiarité avec laquelle nous vivions ensemble, jointe à l'ordre qu'il m'avoit donné de le venir prendre pour partir, me fit avancer vers son lit dont je tirai les rideaux, & où je ne le trouvai point.

Au bruit que je fis, son valet de chambre, qui couchoit près de lui dans un petit cabinet, saute du lit, croyant que c'étoit son Maitre qui se levoit. Lui ayant demandé des Nouvelles du Marquis: Monsieur, me dit-il, au bruit que vous avez fait, j'ai cru d'abord que c'étoit lui qui se levoit; en ce cas il doit être encore au lit. Non seulement il n'y est point, lui répondis-je; mais il ne paroît pas même qu'il y ait couché cette nuit; tu vois en quel état il est? Rouennet (c'étoit le nom du valet) après avoir jetté les yeux sur le lit, & sur toute la Chambre: Que veut dire ceci, poursuivit-il? Voilà les habits de mon Maitre, voilà sa robe de Chambre, voilà ses Perruques & ses Souliers, que peut-il

I être

être devenu ? Attendez, s'il vous plait, un moment, Monsieur; je vais voir si.... A ces mots il me quitte, & après l'avoir inutilement cherché sans le trouver, il me vint dire qu'il ignoroit où il pouvoit être. Il ajoûta qu'il n'auguroit rien de bon de cette abſence; qu'il étoit rentré, le matin, fort altéré, & dans une agitation d'eſprit qu'il ne lui avoit jamais vûe depuis qu'il étoit à ſon ſervice; que s'étant préſenté pour le déshabiller, ſelon ſa coûtume, il l'avoit bruſqué & envoyé ſe coucher, en peſtant & jurant contre ſa mauvaiſe fortune.

Ces dernières paroles me firent naître une idée funeſte, qui malheureuſement ne ſe trouva que trop vraïe. Je la rejetai d'abord, trouvant l'action indigne d'un homme d'un auſſi excellent caractère que l'étoit celui du Marquis. Pour éclarcir cette avanture, je deſcendis, & m'informai de tous les gens de la maiſon, ſi on ne l'avoit pas vû ſortir. Tous m'ayant répondu, que non, je me jette auſſi-tôt dans un Fiacre, & vole à la Place du Carouſel, où je demande ſi l'on n'a pas vû partir pour Verſailles un Seigneur mis de telle & telle façon. Tout le monde m'ayant répondu de même qu'à ſon Hôtel, je prens une chaiſe, & pars dans le moment même pour Verſailles, où je crus qu'il pouvoit s'être rendu ſans ſe reſſouvenir qu'il m'avoit prié de l'y accompagner. Je trouvai en y arrivant la perſonne dont il avoit négocié le Regiment, laquelle l'attendoit avec beaucoup d'impatience pour terminer cette affaire. Après l'avoir inutilement attendu & cherché par-tout, je revins à Paris, & courus d'abord à ſon Hôtel. Point de Nouvelles. Pour en avoir il me vint dans la penſée de me tranſporter dans le malheureux coupe-gorge où je l'avois accompagné deux jours auparavant. Il étoit environ quatre heures, tems où s'aſſemblent les Acteurs de ce ruineux ſpectacle. J'en trouvai un grand nombre qui étoient déjà au rendez-vous,

vous, & qui, en attendant que la Scène s'ouvrît, parloient entre eux des grands exploits qu'ils avoient faits la veille: Parbleu, dit l'un, il faut avouer que ce pauvre Marquis a bien joué de malheur hier au soir? il faut qu'il ait perdu près de cinquante mille écus..... Il a eu tort, interrompit un autre: Pourquoi s'obstiner contre sa mauvaise fortune? Que ne s'est-il retiré deux ou trois heures plûtôt? il auroit sauvé, par cette sage retraite, les deux tiers de ce qu'il a perdu.

MESSIEURS, leur repondit un vieux joueur, dont la face alongée & la taille eslanquée étoient encore plus seches que le misérable habit qui le couvroit, on voit bien que vous n'en êtes encore qu'à votre aprentissage, & que vous ne connoissez ni les attraits, ni la force d'une passion qui l'emporte sur toutes les autres par les agréments qu'y trouvent tous ceux qui s'y livrent sans réserve, & par la violence de l'ascendant qu'elle prend sur nous. Un bon & véritable joueur doit être une de ces Ames intrépides, que la chute même de l'Univers n'est pas capable d'ébranler. Semblable à ces Héros qui, enyvrés de la gloire qu'ils acquereront à ruiner leurs voisins & leurs propres Sujets, ne s'arrêtent pas à considérer qu'ils s'exposent à perdre eux-mêmes leurs propres Etats, un bon & veritable joueur, qui ne doit avoir d'autre objet, d'autre but, d'autre gloire que de ruiner tous ceux avec qui il entre en lice, seroit un homme sans cœur, un homme indigne d'être jamais admis dans notre honorable société, s'il faisoit seulement la moindre attention aux risques qu'il court de perdre son propre bien. Tout Militaire qui craint pour sa vie doit quitter le parti des Armes dont il n'est pas digne, & doit aller s'ensévelir, avec sa poltronnerie, dans la poussière d'un Cloître; tout joueur, qui craint de perdre tout ce qu'il peut posséder dans le monde, est un lâche, un homme indigne de vivre, & qui mérite de perdre tout, dès le premier pas qu'il fait dans cette noble carière. Il y a plus de soixante ans que je la cours, & je ne crois pas que personne l'ait jamais fait avec plus d'intrépidité, plus d'honneur, plus d'insensibilité, plus de persévérance, & plus de gloire que moi. J'ai ruiné & culbuté, de fond en comble, deux cens familles, pour le moins, & il m'est passé par les mains plus de millions que je n'ai d'années. Parvenu par mes nobles travaux au comble de la gloire; chargé, je pourois dire même, accablé des riches dépouilles de mes ennemis, je me suis vû assez opulent pour acheter leurs Terres, leurs Châteaux, leurs Rentes, leur Noblesse, leurs Charges, leurs Emplois & leurs Bénéfices, que la belle passion du jeu leur avoit fait vendre & perdre presque en un même jour; mais un heureux Bas-Normand me dépouilla de tout, il y a environ deux ans, dans un combat opiniâtre que nous eumes ensemble & qui dura trente six heures, cinquante sept minutes, & trois secondes. Il ne m'en est resté depuis que l'espérance, mais une espérance bien fondée, de recouvrer, un jour, le tout avec usure. C'est cette douce espérance qui me fait vivre. Sans elle il y auroit déjà long-tems que je ne serois plus. Elle me soutient au milieu de la plus grande misère, & me fait trouver des ressources pour tenter, de tems en tems, la fortune; mais la bizarre qu'elle est, se plait à éprouver ma constance. Tantôt vainqueur, plus souvent vaincu, je me soumets à ses caprices que j'adore, comme doit faire tout veritable joueur, dans la ferme assûrance qu'elle se lassera à la fin de m'être contraire, & qu'elle me rendra avec usure tout ce que j'ai tenu d'elle, & qu'elle m'a enlevé avec la même rapidité qu'elle me l'avoit apporté. Je croyois toucher hier à cet heureux moment. Vint cinq mille livres que je gagnai au Marquis, me firent conjecturer que j'étois enfin reconcilié avec elle : je comptois le mettre à sec; mais cette faveur étoit réservée à l'heureux Comte de G.....

dont

dont elle a fait, depuis quelques jours, son enfant gâté. Il nous a tous dépouillés ; les uns après les autres, & comme un Héros qui ne cesse de vaincre que lorsqu'il ne se présente plus d'ennemis à combattre, nous l'avons vû sortir, ce matin, chargé de tout l'Or & l'Argent que nous avons vû, toute cette nuit, rouler à grands flots dans cette Académie. Quelle joye pour nous si, pour humilier ce superbe Conquérant, nous pouvions, à notre tour lui enlever toutes ces riches dépouilles ! je ne désespère point d'avoir au premier jour cette douce consolation, qui terminera glorieusement une vie de soixante & dix sept ans, passés dans les laborieux & continuels exercices du Lansquenet, de la Roulette, de l'Ombre, du Pharaon, du Biribi, & autres occupations de cette espèce, qui sont les seules dignes d'un homme aussi avide de la véritable gloire qu'ennemi de l'Oisiveté.

Dans un tems où j'aurois été moins inquiet que je ne l'étois alors, la risible gravité avec laquelle il prononça ce discours, m'auroit peut-être beaucoup réjoui. Jamais en effet en tint-on de plus fou, & s'avisa-t-on jamais d'exalter de la sorte la plus détestable & la plus ruineuse de toutes les passions ? Mais l'absence du Marquis & la crainte où j'étois sur ce qui pouvoit lui être arrivé m'occupoient tout entier. Ce que je venois d'entendre redoubla ma crainte & ma frayeur. Il a perdu tout son Argent, me dis-je ; Qui sait si le désespoir ne l'aura point porté à quelque extrémité funeste ? Je disois plus vrai que je ne pensois. En effet étant retourné pour la troisième fois à son logis, l'Hôte m'abordant, les larmes aux yeux : Ah ! Monsieur, me dit-il, je vous fais chercher par-tout, pour vous donner le plus triste Spectacle que vous ayez peut-être jamais eu ! Depuis ce matin vous cherchez le Marquis, & je suis bien assûré que vous ne l'avez point trouvé. Venez, Monsieur, je vais.

vais vous le faire voir ; mais sur tout, ne vous effrayez point.

A ces mots il me prend par la main, & me conduit dans son grenier. Quoiqu'il m'eût prévenu d'une certaine façon sur ce que j'allois voir, je ne pus m'empêcher d'être saisi d'horreur lorsque j'apperçus le Marquis étendu mort sur le plancher, baigné, ou pour mieux dire, noyé dans son sang, & ayant encore dans son sein la funeste épée dont il s'étoit percé le cœur. Son visage, sur lequel la fureur & le désespoir paroissoient encore dans tout ce que ces deux passions ont de plus affreux, me fit reculer d'horreur & d'effroi, & je m'enfuis avec tant de précipitation, que peu s'en falut que je me rompisse les jambes. J'avois déjà descendu plus de la moitié de l'escalier, lorsque l'Hôte, qui me suivoit, m'arrêta par le bras, & me pria d'entrer dans une chambre qui étoit ouverte, & vis-à-vis de laquelle je me trouvois : je vous avois prévenu, Monsieur, me dit-il, sur le spectacle que vous alliez avoir, dans l'espérance qu'il ne feroit pas sur vous une impression si forte. Ma précaution n'a pas eu le succès que j'en attendois ; souffrez que je vous retienne un moment ici pour vous y remettre de votre frayeur, pour vous donner le secours dont il me paroit que vous avez besoin, & pour vous faire part de mes justes allarmes. Aussi-tôt il appella un de ses Domestiques par qui il envoya chercher un Chirurgien qui me tira aussitôt trois palettes de sang, précaution sage, & qui me sauva sans doute une dangéreuse maladie ; car j'étois tellement saisi, que je ne pouvois respirer qu'avec beaucoup de peine. Je me sentis fort soulagé par ce prompt secours qui fut suivi d'un torrent de larmes, que je repandis sur la triste & malheureuse déstinée du Marquis. Son Hôte y joignit les siennes ; car il avoit pour Monsieur de Ti....ville toute l'estime & toute l'affection qu'on ne pouvoit re-

fu-

fufer à fes excellentes qualités. Après en avoir fait l'éloge, il me demanda fi je ne favois point ce qui avoit pû occafionner un défefpoir fi étrange dans un homme auffi aimable, & me fit part des juftes allarmes que lui caufoit cette mort funefte: Monfieur le Marquis, dit-il eft venu loger chez moi; je fais, & vous ne l'ignorez pas, qu'il a apporté avec lui des fommes très confidérables qu'il a fait tranfporter, hier au foir, je ne fais où. La Calomnie & la Médifance, qui n'épargnent ici perfonne, nous accuferont peut-être de lui avoir donné la mort pour les lui voler. Quelque deftituée de tout fondement que foit cette horrible accufation, le feul foupçon que j'en ai m'allarme, & je crains..... Ne craignez rien, interrompis-je en pouffant un profond foupir; je fçai ce qu'eft devenu cet Or & cet Argent, malheureux inftrument de fa mort. Sur cela je lui racontai ce que je venois d'apprendre à l'Hôtel de Soiffons, d'où le défefpoir l'avoit ramené chez lui pour s'y donner la mort. Je le priai en même tems de vouloir bien tenir fecret ce funefte accident, jufqu'à ce que j'en euffe donné connoiffance à notre famille, & je retournai promptement chez nous.

MON Oncle, que j'y rencontrai le premier, n'eut rien de plus preffé que de me demander des nouvelles du Marquis, & du fuccès de notre voyage à Verfailles. Mes larmes, que je ne pus retenir, & mes fanglots lui annoncèrent le fatal accident arrivé à ce Seigneur, dont je lui racontai la mort Tragique, telle que je venois de l'aprendre & dont je venois d'être, pour ainfi dire, témoin oculaire. Il en fut extraordinairement frapé. Après avoir lui-même déploré le malheureux fort de fon intime ami, il prit delà occafion de me rapeller les folides inftructions qu'il m'avoit données au fujet de la paffion du jeu qui dégénère, prefque toujours, en fureur, dans ceux qui s'y abandonnent.

Vous

Vous en venez de voir, dit-il, en foupirant, la preuve, & les funeftes fuites. O mon cher Neveu, ne les perdez jamais de vûe! Nous allâmes auffi-tôt à l'Hôtel du Marquis où, pour fauver à fa famille & à tous fes amis l'affront que la juftice auroit pû faire au deffunt, en punition de fon attentat fur fa perfonne, mon Oncle prit des mefures pour cacher à tout le monde la véritable manière dont il avoit fini fes jours. Il y réuffit en faifant publier par-tout, qu'il avoit été fubitement emporté par une violente attaque d'Apoplexie. On le crut, & la cérémonie de fon enterrement, qu'on affecta de faire avec une pompe plus qu'ordinaire, acheva d'étoufer tous les foupçons qui auroient pû naître à cette occafion.

Si mon Oncle fut fenfible à la mort du Marquis, cette mort fut pour moi un des plus fâcheux accidents qui me pût arriver. Elle ne lui enlevoit qu'un ami, dont la perte pouvoit fe réparer, au-lieu que je perdois un homme à qui j'étois attaché par des liens bien plus forts que ne font ceux de la fimple amitié, & des mains de qui je comptois tenir inceffamment tout le bonheur de ma vie.

Je m'arrête ici un moment pour adorer les jugements impénétrables de la Divinité dans un évènement funefte, dont les fuites furent fi triftes pour moi. Grand Dieu, qui le permîtes, vous aviez fans doute fur moi des deffeins de miféricorde! Par ce coup, auffi fatal qu'imprévu, vous vouliez me faire connoitre la vanité des chofes d'ici bas, & que j'éprouvaffe moi-même des foibleffes, dont je croyois que l'homme pouvoit aifément fe garantir, quand il le vouloit. Que je m'étois lourdement trompé!

Les foins que mon Oncle avoit pris de mon éducation, & la manière dont j'y avois répondu jufqu'alors, lui faifoient croire qu'il avoit atteint le but qu'il s'étoit propofé en prenant lui-même cette peine. Toujours en garde contre

tre tout ce qui ne s'accordoit pas avec les principes de Morale qu'il nous avoit donnés, sur-tout contre les passions auxquelles la Nature est sujette, & dont la violence cause dans le monde tous les désordres qu'on y voit, je m'étois flatté moi-même d'y passer mes jours dans cette douce tranquilité, dont on dit que tous les hommes jouiroient si la Raison & la Réligion régloient tous leurs mouvements & toutes leurs démarches. Félicité Chimérique, ou du moins incompatible avec l'humanité! En effet pour vivre tranquille, pour être véritablement heureux, il faudroit que l'homme n'eût absolument aucunes passions. Envain on nous dit que la Raison lui a été donnée pour les combatre & les domter. J'avoue qu'il y en a dont elle peut réprimer la violence: mais le moyen de combatre & de repousser un ennemi qu'on trouve aimable, un ennemi que l'on a toujours à ses côtés, un ennemi qui prend insensiblement sur nous un empire que nous sommes les premiers à lui accorder, un ennemi dont notre résistance ne fait bien souvent qu'augmenter les forces, enfin un ennemi dont le Triomphe entre dans l'ordre de la Providence, & concourt avec elle à entretenir & perpétuer dans le monde cette admirable harmonie qu'on y voit régner. Par cet ennemi, aussi terrible qu'aimable, j'entends l'Amour, source délicieuse & empoisonnée de tous les biens & de tous les maux que l'on éprouve dans la vie.

L'Objet qui m'avoit fait ressentir les premières atteintes de cette passion, étoit la charmante Emilie, Fille unique du Marquis de Ti....ville. Si j'écrivois pour d'autres que pour moi, ce seroit ici le lieu où je devrois placer le portrait de cette aimable Fille, en qui l'Amour avoit réuni toutes les graces du Corps & toutes les perfections de l'Esprit, qui peuvent rendre une personne adorable; mais comme son image est si profondément gravée dans mon

K cœur,

cœur, qu'il n'y a pas à craindre qu'elle s'en efface jamais, cette peinture, qui feroit néceſſaire ſi je croyois avoir jamais des lecteurs, devient ici tout-à-fait inutile. Je paſſe donc au plus doux & plus gracieux moment que j'aye jamais eu en ma vie. Ce fut celui qui l'offrit, pour la première fois, à mes yeux. Cette entrevûe ſe fit à un des derniers voyages que nous fimes à la Terre de mon Oncle qui, comme je l'ai dit ailleurs, étoit preſque contigue à celle du Marquis. La belle Emilie, que ſon Père avoit fait élever à Paris dans une eſpèce de communauté conſacrée à l'éducation des jeunes Démoiſelles de qualité, étoit venue, cet Eté-là, à Ti....ville pour achever de s'y rétablir d'une grande maladie, pour la guériſon de laquelle les Médecins lui avoient ordonné d'aller reprendre ſon air natal. Il lui avoit fait un bien infini; & le teint de lis & de roſes qu'elle avoit alors ne laiſſoit pas apercevoir qu'elle eût été malade. La voir & l'aimer fut pour moi la même choſe; triomphe d'autant plus glorieux pour cette aimable perſonne, que quoiqu'il y eût déjà quelque tems que j'étois répandu parmi les Femmes, elles ne m'avoient pourtant point encore fait ſentir les émotions, que les jeunes gens éprouvent ordinairement à la vûe des perſonnes d'un Sexe qui, en général, eſt très ſéduiſant.

Mon Oncle, qui, en me pouſſant dans le monde, m'avoit prévenu ſur ce point eſſenciel, me voyoit avec plaiſir mettre ſes inſtructions en pratique. Par-là je ne prétends pas dire qu'il me crût invulnérable. Il connoiſſoit trop bien le cœur humain, & le mien en particulier, pour ſe perſuader qu'il ſeroit toujours inſenſible. Mais ayant apris par l'expérience, que rien n'amortit plus la première vivacité de l'Amour que la grande fréquentation du Sexe, il s'étoit flatté qu'en me conduiſant par cette route, qu'il avoit tenue lui-même, il me garantiroit des écueils contre leſquels

quels la plûpart des jeunes gens vont fe brifer, en fe laiffant furprendre aux premières apparences qui, dans ces rencontres, font fouvent des plus trompeufes. Pour me faire mieux fentir la folidité de fes principes fur cette matière, il comparoit la fréquentation du beau Sexe à la bonne chère. L'une & l'autre, me difoit-il, nous flatte d'abord agréablement, & nous nous perfuadons qu'il n'y a rien de plus délicieux au monde; Mais l'habitude nous fait bientôt éprouver le contraire. Ces plaifirs, qui nous ont paru d'abord fi piquants, deviennent des plaifirs ordinaires; bientôt nous y fommes indifférents; & enfin ils nous dégoûtent. Raportons-nous en fur cela à l'expérience. Qu'un homme, pourfuivoit-il, fe trouve tous les jours à une Table, fervie avec profufion de tout ce qu'il y a de plus délicat & de plus friand, cette profufion & cette délicateffe, bien loin de provoquer fon appetit, lui ôtent au-contraire bien fouvent celui qu'il a. Il en eft de même à peu près du commerce & de la fréquentation des Femmes. L'impreffion qu'elles font toutes enfemble fur un cœur, au-lieu de l'enflammer, le tient dans une efpèce d'équilibre & d'indifférence, à la faveur de laquelle un homme mène une vie tranquille & gracieufe. C'eft à cette conduite que je fuis redevable de la félicité dont j'ai joui jufqu'à ce jour, & dont je crois que tous les hommes jouiroient s'ils fe conduifoient de même. J'avoue, continuoit-il, qu'il en coûte quelquefois un peu à la Nature, & qu'ils ne font pas tous capables des efforts qu'il faut fe faire pour cela. Il ne feroit pas même avantageux pour la fociété qu'ils le fiffent, & qu'ils renonçaffent tous aux douceurs de l'Amour, ce qui n'eft nullement à craindre; mais cette conduite du moins les mettroit en état de réfléchir, un peu plus qu'ils ne font ordinairement, fur leurs engagements avec les Femmes, & ils ne les contracteroient pas avec cette aveugle précipitation qui est si souvent cause de leur malheur.

Une épreuve de plusieurs années m'avoit fait reconnoître la verité de ces judicieuses maximes; mais je n'avois pas encore vû l'aimable objet devant lequel elles devoient disparoître. Le Marquis, ayant apris que mon Oncle étoit arrivé à sa Terre, n'eut rien de plus pressé que de venir lui rendre visite. Il étoit accompagné de son aimable Fille, qui non seulement m'étoit inconnue, mais dont je n'avois pas même entendu parler jusqu'alors. Il seroit difficile à ma plume d'exprimer ici ce que mon cœur ressentit à cette première vûe. Tout ce que j'en puis dire, c'est que je n'avois encore rien éprouvé de semblable auprès des Femmes que j'avois jusque-là fréquentées. Une douce langueur, qui s'empara de tous mes sens au premier regard qu'elle jetta sur moi, fut comme le prélude de ma défaite. Elle fut si prompte & si visible, que mon Oncle, qui fut lui-même frapé de sa grande beauté, ayant en même tems, jetté les yeux sur moi, s'aperçut sur le champ de l'impression qu'elle venoit de faire sur mon cœur. Il étoit trop raisonnable pour m'en faire un crime. L'Amour est un homage & un tribut qu'il est impossible de refuser à la beauté, surtout dans l'âge où j'étois alors. Que je l'ai bien payé ce tribut, & que je le paye encore tous les jours de grand cœur! Puisse-je le payer de même jusqu'à la fin de mes jours! je n'en connois point de plus doux, ni dont on s'aquitte avec plus de joye. La mienne fut au-dessus de toute expression lorsqu'étant allé, quelques jours après, au Château du Marquis, lequel nous y retint pendant toute la semaine, je m'aperçus plus d'une fois que le cœur de sa charmante Fille étoit à mon égard dans une situation aprochante de celle où étoit le mien.

Qu'on

Qu'on dife, tant qu'on voudra, que l'Amour eft un enfant de l'imagination & du caprice, j'avouerai franchement ici que je n'en crois rien. Je fuis au-contraire très fermement perfuadé que la Providence, qui s'eft chargée d'une manière plus particulière de la conduite des hommes, n'abandonne point à des guides auffi aveugles, qu'ils le font pour la plûpart, le fuccès de ces fortes d'évènements dont dépend le bonheur ou le malheur de leur vie. Il y a plus; c'eft que je fuis convaincu par ce que je reffentis alors involontairement, & qui ne s'eft pas encore démenti depuis d'un feul inftant, que l'homme dans ces rencontres n'eft rien moins que le Maître des mouvements de fon cœur; mais qu'il y a une Puiffance fupérieure qui le détermine & l'attache, dans le moment qu'il y penfe le moins, à l'amour d'un objet préférablement à tout autre. Repandu, comme je l'étois depuis quelques années, parmi un certain nombre de Femmes, dont plufieurs étoient extrêmement aimables, pourquoi, dans un âge où l'on ne refpire que l'Amour, aucune n'avoit elle fait jufqu'alors impreffion fur mon cœur? Pourquoi ce même cœur, infenfible jufque-là, change-t'-il en un inftant, & devient il éperdument amoureux à la première rencontre d'une perfonne que je n'avois jamais vûe? Pour moi; je n'en fçai point d'autre raifon que celle qu'un de nos plus grands Poetes a fi heureufement exprimée par ces beaux vers:

Il eft des nœuds fecrets, il eft des fimpaties,
Par le raport defquels les ames afforties
S'attachent l'une à l'autre, & fe laiffent piquer
Par un je ne fai quoi, qu'on ne peut expliquer

Voilà, me dis-je alors, une de ces heureufes fimpaties, voilà un de ces nœuds fecrets, qui nous lient & nous attachent.

chent à l'objet qui nous eſt deſtiné par la Providence, ſans qu'elle attende, ni nous demande, ſi cet objet nous convient, ou non.

Comme je ne voyois dans ce nouvel attachement rien qui pût le rendre condamnable, je ne fis pas le moindre effort pour m'en deffendre. Hé, quand même je l'aurois voulu, en aurois-je été capable? Outre la douceur infinie que mon cœur y goûtoit, quelle raiſon ſolide aurois-je pû lui oppoſer pour le combattre? La beauté, la naiſſance, le rang, le bien, l'éducation de la charmante Emilie, ſa modeſtie, qui m'annonça d'abord mille vertus que j'y reconnus bientôt, tout la rendoit digne de mon homage. Je me livrai donc tout entier au doux penchant qui m'entraînoit vers elle, & n'y trouvant rien qui ne fût conforme aux loix de l'honneur & de la raiſon, je ne crus pas devoir m'obſerver beaucoup pour cacher ma nouvelle paſſion à mon Oncle & au reſte de ma Famille. Ma diſſimulation, après tout, ne m'auroit pas été d'un grand ſecours avec un homme auſſi éclairé & auſſi pénétrant qu'il l'étoit. Il s'apperçut bientôt de l'état où étoit mon cœur; & comme il ne m'en fit aucun reproche, je regardai ſon ſilence comme une aprobation qu'il donnoit à une inclination, qui n'avoit rien que de louable. En effet ſi c'eſt un mal que de ſe livrer à l'Amour, ce n'eſt que lorſque cette paſſion ne s'accorde pas avec la raiſon, & les loix de l'honneur. Exceptez ces cas, qui, à la verité, ſont aſſez fréquents, l'Amour eſt la plus belle de toutes les paſſions & la plus digne de l'homme. Son cœur, fait pour aimer, ne goûte de vraïe félicité que dans cet exercice, qui lui eſt ſi eſſenciel, qu'il doit faire, dit-on, même après ſa mort, ſon occupation éternelle.

Dans la ſituation, où étoit alors le mien, il ne faut pas demander quels étoient mes amuſements à la campapagne de mon Oncle. Voir la charmante Emilie, l'adorer, lui donner sans cesse des marques de la plus vive & la plus respectueuse tendresse, en recevoir de même de la sienne, voilà à quoi nous employons, non des heures, mais des jours entiers, que l'Amour faisoit passer comme des instants. L'attachement que je pris pour elle devint si fort, que je sentis qu'il me seroit impossible de vivre sans la posséder: aussi n'épargnai-je ni mes soins, ni mes assiduités, pour m'assûrer cette conquête, mille fois plus précieuse à mon cœur, que ne seroit celle de tout l'Univers à un Monarque ambitieux. La manière gracieuse dont Mademoiselle de Ti . . . . ville y répondoit me faisoit assez connoître que, si je ne pouvois être heureux sans elle, de son côté, elle couroit les mêmes risques que moi.

Le Marquis & mon Oncle, qui n'étoient pas à s'appercevoir de notre Amour, témoignoient assez, par leur façon d'agir avec nous, qu'il ne leur déplaisoit pas. Ils nous voyoient ensemble avec la plus grande satisfaction du monde, & bien loin d'en prendre la moindre allarme, ils rioient quelquefois d'un certain embarras où ils nous voyoient lorsque, par hazard, ils nous surprenoient dans quelque tête à tête. Nous rougissions, alors, l'un & l'autre, sans le vouloir, & même sans savoir pourquoi; mais cette rougeur & cet embarras ne faisoient naître dans leur esprit aucun soupçon qui nous fût désavantageux. Telle est la différence qui se trouve entre l'Amour honnête, & celui qui ne l'est pas. Le respect & la bienséance, dont le premier est toujours accompagné, en écartent jusqu'à l'idée même du mal, & ce qui l'annonce dans le second, est, tout-au-contraire, dans l'autre une marque de son innocence & de sa pureté. Nos parents étoient persuadés que le nôtre étoit de cette espèce, & l'excellente éducation qu'ils nous avoient donnée, ne leur laissoit pas

sur

sur cela le moindre doute. Ils le voyoient donc avec plaisir, & comme ils ne desiroient que nous rendre heureux, ils vouloient, avant que de nous unir, nous donner le tems de nous connoître à fonds & de nous aimer. Sage & judicieuse conduite! Si tous les parents en usoient de la sorte, on ne verroit pas tant de mariages mal assortis, ni tant de malheureux Epoux. Deux ans passés dans cette délicieuse épreuve me promettoient un bonheur parfait; je touchois au terme de ma félicité, lorsque la mort Tragique du Marquis, & divers autres évènements, qui en furent la suite, firent presque évanouir toutes mes espérances.

Comme rien ne donne ordinairement plus de vivacité aux plaisirs que le contraste qu'ils forment avec les chagrins dont ils sont presque toujours précédés, pour mieux sentir toute l'étendue de ceux dont je jouis encore actuellement, je veux me retracer ici toutes les peines & les douleurs qu'ils m'ont coûté. La première fut la mort funeste du Marquis dont j'ai rapporté toutes les tristes circonstances. Dans les termes où nous en étions, son aimable Fille & moi, il n'est pas difficile de se représenter combien je dus être affligé de ce fatal accident. Il m'enlevoit un homme de qui j'attendois tout mon bonheur, que je regardois comme un second Père, d'autant plus cher, que les liens de l'Amour, qui m'attachoient à lui, l'emportent toujours infiniment sur ceux de la Nature. A cette affliction s'en joignoit une autre, qui en étoit la suite. Par cette mort je voyois mon bonheur non seulement différé pour quelque tems, mais encore à la veille de m'echaper par une infinité d'Obstacles que je pressentis qu'on y pourroit apporter. Mes pressentiments ne furent pas long-tems à se changer en des réalités.

Nous étions dans la Saison que nous allions, ordinairement,

ment, passer à la Terre de mon Oncle. Comme le Marquis comptoit que les affaires, qui l'avoient amené à Paris, alloient être terminées, nous devions tous partir ensemble. Tout étoit déjà prêt pour ce Voyage, lorsque son désespoir l'enleva de ce monde; ce qui rétarda notre départ. L'Impatience où j'étois d'aller voir la charmante Emilie, pour la consoler dans l'affliction que cette mort devoit lui avoir causée, me fit demander à mon Père la permission de prendre toujours les devants, en attendant que le reste de la famille pût suivre : je vous entends, me dit-il d'un air & d'un ton sérieux qui me glaça. L'Amour vous appelle auprés de Mademoiselle de Ti . . . . ville; mais l'honneur deffend de vous permettre ce Voyage, qui auroit pour vous des suites d'une trop grande conséquence. Je sai la passion que vous avez prise pour cette Démoiselle, que sa vertu rend encore plus aimable, que sa grande beauté. Je l'ai apprise avec plaisir, & l'ai même approuvée. J'ai fait plus encore. Comme je n'ai jamais eu d'autre but, ni d'autre désir en ma vie que celui de vous rendre heureux, persuadé que la possession de cette charmante Personne y contribueroit beaucoup, j'étois sur le point de la demander pour vous à son Père, lorsque sa mort funeste à fait évanouir toutes les espérances, dont vous pouviez vous flatter avec justice. Vous en savez les tragiques circonstances; vous avez des sentiments d'honneur; il n'est par conséquent pas nécessaire que je vous en dise davantage.

Le plus terrible coup de foudre, en tombant sur moi, m'auroit bien moins étonné, que ces désolantes paroles. Elles firent sur moi une impression si forte & si subite, que j'en perdis, pendant quelques moments, l'usage de tous mes sens, ce qui effraya tellement mon Père, qu'il appella aussi-tôt du monde, pour me donner les secours dont j'avois besoin. Mon Oncle accourut des premiers. Ses foins m'ayant fait revenir la connoiſſance, bien loin de l'en remercier comme je le devois: Que ne me laiſſez-vous mourir, lui dis-je; & pourquoi me rappeller à la vie après m'avoir donné le coup de la Mort, comme on vient de faire! Ignore-t-on que la mienne eſt attachée à la poſſeſſion de l'aimable Emilie, & que m'ôter cette douce eſpérance, c'eſt me jetter dans un déſeſpoir mille fois plus violent que celui qui a fait périr le Marquis ? Ah! c'eſt m'arracher le cœur que d'exiger de moi un pareil ſacrifice! Celui de ma vie me coûteroit mille fois moins. Que mon Père en diſpoſe, il en eſt le Maître. C'eſt ſon bien, puiſque je l'ai reçu de lui; mais s'il veut me la conſerver, qu'il n'exige pas de moi que je renonce au ſeul bien, ſans la poſſeſſion duquel elle m'eſt inutile, & même odieuſe! Comme vous n'avez peut-être jamais aimé, vous n'avez, par conſéquent, jamais ſenti avec quelle force l'Amour nous attache à l'objet qui a ſçu nous enchanter. Ah, mon cher Oncle, ajoûtai-je en ſoupirant, ſi vous aviez fait, ſeulement une fois, cette douce épreuve, vous auriez vous-même frémi du diſcours que mon Père vient de me tenir! L'état violent où j'étois ne me permit pas de continuer. Je retombai dans mon évanouiſſement qui fut ſi long, qu'on appréhenda qu'il n'eût des ſuites funeſtes. On eut bien de la peine à me faire revenir, & je me trouvai ſi foible en ſortant de cette criſe, qu'il fallut me porter au lit que je fus obligé de garder pendant pluſieurs jours. Peut-être n'en ſerois-je point relevé ſi, pour m'encourager à reprendre des forces, mon Oncle ne m'eût flatté de quelque eſpérance.

Quoique mon Père ne m'eût laiſſé qu'entrevoir la raiſon d'un changement ſi ſubit, je ne la compris que trop, lorſque mes premiers tranſports eurent fait place à la réflexion. Ce fut alors que j'éprouvai, pour la première

fois,

fois, combien il y a peu de fonds à faire sur l'instabilité des choses humaines. Je me voyois, deux jours auparavant, au comble de mes vœux; je touchois au moment qui alloit assûrer le repos & le bonheur de ma vie; Un accident inopiné précipite toutes mes espérances dans le tombeau, & me prive, tout à la fois, & du Père & de la Fille! .... Mais, disois-je, pourquoi faut-il que le désespoir de l'un me prive de la possession de l'autre ? Cette adorable personne a-t-elle eu la moindre part au malheur de son Père ? Helas ! elle ignore de quelle manière il a fini ses jours, & sans doute qu'elle l'ignorera toute sa vie ! Pourquoi donc seroit-elle la victime d'un désespoir, dont elle n'est pas plus coupable que tout le reste de l'Univers ? Ah! n'est-ce pas déjà une assez grande affliction pour elle d'avoir perdu un Père, dont elle étoit si tendrement aimée, sans qu'elle ait encore la douleur de se voir abandonnée par un Amant, qui peut seul la consoler & lui faire oublier, avec le tems, cette première perte ? . . . . . Mais qu'ai-je fait moi-même, poursuivois-je, pour mériter une si terrible punition! Bien loin d'avoir eu la moindre part à ce funeste accident, que toute la prudence humaine ne pouvoit prévoir, n'ai-je pas fait, au-contraire, tout mon possible pour le prévenir ? Avec qu'elle attention n'ai-je pas écarté tout ce qui pouvoit réveiller en lui le malheureux penchant qui l'a enfin entraîné dans le précipice ? Que n'aurois-je point fait encore pour l'en détourner, s'il étoit possible aux hommes de lire dans l'avenir ? Comme son obscurité est impénétrable, est-il au monde une injustice plus criante, que celle qui nous sacrifie à des évènements auxquels on sait que nous n'avons pas eu la moindre part ? Voilà néanmoins la façon cruelle dont on en agit avec moi ! On connoit mon innocence, on rend la même justice à celle de l'aimable Emilie, & malgré tout cela, on exige que nous

nous sacrifions l'un & l'autre à je ne sai quelle Chimère que l'on nomme honneur, lequel s'oppose, dit-on, aujourd'hui à une Alliance qu'on désiroit il y a quelques jours avec autant d'ardeur que nous. Ah! périssent toutes les loix, toutes les coûtumes, toutes les bienséances du monde, si elles sont aussi injustes que celles auxquelles on veut me soumettre! Non, continuai-je; Non, Adorable Emilie, ni le respect, ni la déférence, que j'ai toujours eu pour les ordres de mes Parents, ne me feront jamais confondre, comme ils le font, l'innocence avec le crime! Vous êtes encore aujourd'hui, quoiqu'il en puissent dire, aussi digne de mes adorations, que vous l'avez toujours été; & si le malheur, qui vient de vous arriver, a causé quelque changement dans votre fortune, c'est à ma vive tendresse à réparer l'injustice du sort que vous n'avez nullement méritée. C'est ainsi que je m'efforçois de soulager la mortelle douleur, dont le discours de mon Père m'avoit accablé.

ELLE étoit si violente, & si visible, que, dans la crainte qu'il eut qu'elle ne me portât à quelque extrémité, il prit, de concert avec mon Oncle, un parti qu'ils jugèrent, l'un & l'autre, très propre à leur dessein, & convenable à ma situation. Ce fut de m'éloigner, le plus qu'ils pourroient, de l'objet de mon amour, dans la persuasion que l'absence & l'éloignement pourroient m'en guérir. J'ai dit plus haut que, voulant me donner une éducation parfaite, mon Oncle, après m'avoir fait passer quelques années dans le grand monde de Paris, s'étoit proposé de me faire faire quelques voyages dans les Païs étrangers, pour achever de m'y instruire. Qu'est-ce en effet qu'un homme qui ne connoit, qui n'a vû que sa ville, que sa Province, &, tout au plus, que sa nation? C'en est assez, il est vrai, pour un Artisan, pour un Bourgeois, & autres

tres gens de cette claſſe; mais il eſt d'autres états dans leſquels ces connoiſſances bornées ne ſuffiſent pas. L'obligation où l'on ſe trouve quelquefois de traiter avec d'autres nations, nous met dans la néceſſité d'étudier & de connoître à fonds leurs caractères, leurs loix, leurs uſages, leurs coûtumes, leurs génies, & juſqu'à leurs modes; car quoique les hommes, pour le fonds, ſoient touts, à peu près, les mêmes dans tous les Etats Policés, néanmoins, pour ne parler que de l'Europe, il y a, parmi les Peuples qui l'habitent, des différences eſſencielles, qui les diſtinguent les uns des autres, & qu'il n'eſt pas permis à certaines perſonnes d'ignorer. Comme le Commerce & la Politique les uniſſent tous les uns aux autres, pour traiter & vivre bien avec eux, il faut abſolument être inſtruit de ces différences, ſans quoi, l'on doit s'attendre de faire de grandes fautes, qu'il eſt quelquefois impoſſible, de réparer. Le Moſcovite, par exemple, & le Portuguais, habitent les deux extrémités oppoſées de l'Europe; le Turc, & l'Anglois, occupent les deux autres. Le Commerce, la Politique, l'intérêt, enfin le beſoin général que tous les hommes ont les uns des autres, lient enſemble ces quatre nations, qui vivent en bonne intelligence les unes avec les autres; mais traiter avec elles comme les Pariſiens font entr'eux, ce ſeroit le veritable moyen d'échouer dans les Négociations, ou de tout gâter.

Quoique j'ignoraſſe encore à quel état la Providence me deſtinoit, lorſque mon Oncle me communiqua, pour la première fois, cette réſolution, cependant, comme je ſentois les avantages que j'en pourrois tirer un jour, je reçus avec beaucoup de joye la promeſſe qu'il me fit, de me faire commencer ces Voyages, auſſi tôt que j'aurois fini ma caravanne de Paris. Tant que mon cœur s'étoit conſervé libre, j'avois toujours regardé ces voyages comme une source de nouveaux plaisirs & d'instructions nouvelles pour moi, & j'attendois avec une espèce d'impatience le tems qu'il avoit fixé pour cela. Mais il n'en fut pas de même, lorsque je me vis dans les fers de la charmante Emilie. Aussi fut-ce un nouveau coup de foudre pour moi, lorsque mon Père m'en fit la proposition. Le respect que j'ai toujours eu pour lui m'empêcha de contrevenir ouvertement aux ordres qu'il me signifia, de me tenir prêt pour le voyage d'Italie; mais je n'en fus pas pour cela plus disposé à lui obéïr. La confiance que j'avois en mon Oncle, & qu'il s'étoit si bien aquise par ses bontés pour moi, me fit espérer que je pourrois conjurer encore ce nouvel Orage. J'employai, pour l'intéresser en ma faveur, tout ce que l'Amour peut inspirer de plus touchant, & lui peignis, avec les plus vives couleurs, le désespoir dans lequel ce nouveau projet étoit capable de me jetter.

Si cette voye ne me réussit pas entiérement, du moins je n'eus pas sujet de me repentir de l'avoir employée. La consolation que j'en reçus fut qu'il en parleroit à mon Père, dont il tâcheroit d'obtenir ce que je lui demandois avec tant d'instances; qu'après tout, s'il n'y réussissoit pas, il espéroit que le tems & ma soumission à ses ordres auroient un effet tout différent de celui que j'apréhendois; que ce voyage m'étoit aussi nécessaire pour achever de me former l'esprit, qu'il seroit utile à ma santé, qui demandoit, disoit-il, que je changeasse un peu d'air; que ce retardement ne nuiroit en aucune façon à mon Amour, puisque, aussi bien, la triste conjoncture dans laquelle se trouvoit Mademoiselle de Ti,...ville, ne me permettoit pas de continuer avec elle un commerce de galanterie, contre lequel on auroit raison de murmurer; que je ne courois aucun risque que d'autres me l'enlevassent pendant mon absence, puisque, outre l'amour qu'elle lui avoit paru avoir pour moi, il ne croyoit pas qu'el-

le

le fût visible pour personne, pendant tout le tems que dureroit le deuil où elle étoit de la mort de son Père; que cette année étant perdue pour mon amour, je devois profiter de cet intervalle pour achever d'apprendre à connoître les hommes; qu'à mon retour je n'en serois que mieux reçu de la charmante Emilie, rien n'étant plus propre, que l'absence, pour donner de nouvelles forces à l'Amour: Vous êtes jeunes encore l'un & l'autre poursuivit-il, & vous n'avez fait encore aucune épreuve, vous, de la légéreté qu'on reproche à son Sexe, elle, de l'inconstance dont on accuse les hommes. Vous vous aimez tous les deux de bonne foi, & vous croyez bonnement que vous vous aimerez toujours de même, parce que vos cœurs sont actuellement dans ces dispositions. L'absence, qui est la véritable pierre de touche pour l'amour, vous fera connoître si le vôtre est réellement ce qu'il vous paroît. Ah, mon cher Neveu, si vous connoissiez le cœur humain, tel que je le connois, & comme vous le connoitrez un jour, bien loin de regarder ce petit délai comme un malheur, vous le regarderiez, au-contraire, comme un expédient que la Providence vous fournit pour éprouver, l'un & l'autre, votre amour! Ce que vous en ressentez tous les deux n'est encore qu'une première étincelle d'un feu naissant, que votre imagination vous représente comme la chose du monde le plus solide & le plus durable; le tems seul vous aprendra ce qui en est. Combien de jeunes personnes voyons-nous, tous les jours, dont les feux, semblables à ceux que l'ardeur du Soleil forme des exhalaisons de la terre, s'allument & se dissipent presque dans le même moment! Qui sçait si le vôtre n'est pas de la même Nature?

Ce n'est pas ce que j'apréhende, mon cher Oncle, lui repliquai-je. Ce qui m'assassine, c'est que mon Père m'a fait entendre que je devois renoncer pour toujours à la posseſſion de l'aimable Emilie; que je me flaterois envain de cette douce eſpérance; enfin que l'honneur ne lui permet plus de conſentir à notre union. Si cette déclaration eſt ſincère & irrévocable, jugez quelle doit être ma douleur, & ce que je dois penſer de ce voyage qu'il ne me fait, ſans doute, entreprendre, que pour me ſéparer à jamais de ce que j'adore; car comme je ne pourrai ſurvivre à cette cruelle ſéparation, je ſuis perſuadé que, de ſon côté, l'adorable Emilie en mourra de douleur.

Je ne me ſerois jamais attendu, reprit mon Oncle en ſouriant, qu'on verroit renaître des *Céladons* dans notre Famille, & des *Artémiſes* dans celle du Marquis. Cette double merveille ſeroit d'autant plus ſingulière, qu'elle n'a jamais exiſté que dans les Romans & les Hiſtoires fabuleuſes. Bon Dieu, que l'imagination des jeunes gens eſt expéditive, ſur-tout quand elle eſt échauffée par l'Amour? Allez, mon Neveu, je réponds de vous, corps pour corps, ſi vous ne mourez jamais, l'un & l'autre, d'autre maladie, que de celle-là. A l'égard de la déclaration que votre Père vous a faite, quoique j'eſpère qu'elle n'aura point d'effet, par la ſuite, je ne puis néanmoins la déſaprouver. Vous ſçavez combien l'honneur nous fut toujours précieux dans notre Famille, à laquelle, grace au Ciel, on ne peut pas reprocher la moindre tache. Je vous ai moi-même élevé d'une manière à ne jamais dégénérer de ſes nobles ſentiments. D'un autre côté vous n'ignorez pas la tache que la mort violente du Marquis vient d'imprimer à la ſienne. Autant que je l'ai pû, je l'ai effacée par les précautions que vous m'avez vû prendre pour la cacher à tout le monde. Il y auroit, ſans contredit, de l'injuſtice à faire retomber ſur ſon aimable Fille les ſuites d'un évènement, auquel elle a eu encore moins de part que vous & moi; mais vous ne connoiſſez pas encore parfaitement le monde. Quelque injuſte

qu'il

qu'il soit dans la plûpart de ses jugements, on est quelquefois forcé à y déférer, du moins pour un tems. C'est le seul parti que vous auriez à prendre, s'il étoit instruit des circonstances de la mort du Marquis, que j'ai pris tant de soin de cacher. Mais heureusement pour vous, tout le monde, & sa Famille même, les ignorent. Tant qu'on n'en saura rien, non seulement il vous est permis d'espérer; mais je me flatte encore de faire révoquer à mon Frère la deffense qu'il ne vous a probablement faite, que parce qu'il a cru que ces circonstances étoient connues de tout le monde. Attendez que le Tems l'ait détrompé. Alors, si vous persistez l'un & l'autre dans votre amour, qui n'en sera que plus vif & plus ardent, je me fais fort d'obtenir de lui le consentement qu'il avoit déjà donné à votre union avec la belle Emilie, & qu'il retire depuis, uniquement pour la raison que je viens de vous dire. Cessez donc de vous affliger de son refus. Par votre Soumission à ses ordres continuez à vous montrer digne de sa tendresse, dont vous obtiendrez avec le tems l'accomplissement de vos désirs. Je ne cesserai point de le solliciter pour vous pendant votre absence ; & j'espère que j'y réussirai. Tantôt vous verrez de vos propres yeux un des moyens que j'ai imaginés pour le détromper, & pour assûrer votre bonheur.

Un Malade, qui a mis toute sa confiance dans un Médecin habile, dont il est tendrement aimé, ne se sentit jamais plus soulagé par les excellents remèdes que celui-ci lui donne, que je le fus par le discours de mon Oncle. Je resolus de suivre ses sages conseils dans cette affaire, qu'il me parut prendre presque autant à cœur que moi-même. Il m'en donna une preuve bien convaincante dès l'après-dinée. En effet étant allés ensemble à l'Hôtel où avoit logé le Marquis, il demanda à parler en particulier au Maître de la maison. Celui-ci, nous ayant fait aussi-tôt entrer dans une sale dont il ferma la porte sur nous, mon Oncle, lui fit raconter de nouveau toutes les circonstances de la mort du Marquis, & lui demanda si quelque autre que lui étoit encore instruit de cette funeste avanture. Je l'ai tenue si secrette, Monsieur, poursuivit l'Hôte, par l'intérêt & la part que j'y ai pris, que son Valet de chambre même ignore la veritable manière dont il a fini ses jours. Nous sommes les seuls au monde, Monsieur & moi, ajoûta-t-il, en me montrant, qui le sachions; & je puis bien assûrer que, de ma part, jamais quique ce soit n'en sera instruit, quand même il m'en devroit coûter la vie.

C'est ce que je viens vous demander, lui dit mon Oncle, au nom de toute sa Famille qui l'ignore elle-même. La tendre amitié que j'ai eu depuis plus de vingt ans pour le Marquis, l'intérêt que je prens à l'honneur de tous ses illustres Parens m'ont engagé à vous venir remercier de votre discrétion, & vous prier en même tems, de vouloir bien accepter cette marque de ma reconnoissance. A cet mots, tirant de sa poche une bourse, dans laquelle il me parut qu'il pouvoit y avoir trois ou quatre cents Louis d'Or, il la lui présenta. Mais l'Hôte, par une générosité qui m'étonna dans un homme de cet état, la refusa constamment, en disant qu'il n'étoit pas de ces gens à qui il faut lier la langue avec des Cordons d'Or. Il ajoûta qu'il avoit été si touché de la mort tragique du Marquis, que, bien loin de la divulguer, il donneroit au-contraire tout ce qu'il possédoit, pour étoufer ce secret, s'il croyoit qu'il y eût quelqu'un dans le monde, qui fût capable de le révéler; que mon Oncle pouvoit & devoit être fort tranquille sur cet article, & que c'étoit pour la dernière fois de sa vie qu'il en ouvroit sa bouche, ce qu'il nous protesta avec serment. Cette dernière sûreté n'étoit pas fort nécessaire pour nous tranquiliſer, après ce dont nous venions d'être témoins. Un homme de cet état, aſſez généreux pour réfuſer, comme il faiſoit, une ſomme ſi conſidérable qu'on lui préſente pour le gratifier & s'aſſûrer de ſa diſcrétion, n'a pas beſoin de donner d'autre preuve de ſa probité. Autant que mon Oncle fut frappé de ce généreux déſintéreſſement, autant fus-je ravi de voir que nous étions les ſeuls maîtres d'un ſecret, dont la découverte auroit été ſi funeſte à mon amour. Je ne doutai pas un inſtant, après cet heureux éclairciſſement, qu'il ne réuſſit, avec le tems, à faire revenir mon Père de la prévention où il étoit, contre mon Alliance avec Mademoiſelle de Ti . . . . ville; mais je ne fus pas plûtôt délivré de cette inquiétude, que je retombai dans une autre, qui ne me cauſa pas moins de chagrin.

Dans tous les Voyages que j'avois faits à la Terre de mon Oncle & à Ti . . . . ville, & dans toutes les viſites que nous nous étions réciproquement rendues, jamais nous n'avions ni vû, ni rencontré le Fils du Marquis. Deux raiſons en étoient cauſe. La première eſt que ce jeune Cavalier avoit un dégoût étonnant pour le ſéjour de la Campagne. La ſeconde eſt que, déſirant s'avancer dans le Service, pour lequel il avoit une forte paſſion, il étoit d'une ſi grande exactitude à ſon devoir, qu'il ne quittoit preſque jamais ſon Régiment. S'il le faiſoit, par extraordinaire, ce n'étoit que pour peu de tems, ſur des ordres réïtérés de ſon Père, & cela, toujours dans la ſaiſon où nous étions de retour à Paris. Comme l'amour de la Fille & l'amitié du Père m'avoient ſuffi juſqu'alors, j'avois été fort peu curieux de m'informer du caractère du Fils, dont le ſufrage ne m'étoit alors nullement néceſſaire. Il n'en étoit plus de même depuis la mort du Marquis. Par ce fatal accident, l'aimable Emilie entroit ſous la tutèle & la

dé-

dépendance de son Frère, qui, selon l'usage & la coûtume de cette Province, alloit avoir sur elle une autorité vraiment Despotique. Si on regarde par-tout comme une espèce de malheur d'être né Fille, on peut dire que c'en est un des plus grands dans la Normandie, sur-tout après la mort des Pères. En effet leurs Frères aînés, non contents d'emporter par la loi presque tous les biens de la maison, par une loi encore plus injuste, ne laissent pas seulement à leurs Sœurs la liberté de disposer d'elles-mêmes, celles-ci ne pouvant le faire que de leur consentement, qu'ils leur refusent presque toujours, parce que, pour leur procurer des établissements convenables, il faudroit que ces Messieurs se désistassent un peu de leurs droits, ce qui n'est pas ordinairement de leur goût. De-là cette prodigieuse quantité de vieilles Filles & de Réligieuses, qu'on voit dans cette Province plus qu'en aucun autre Païs de l'Europe. Ne connoissant donc en aucune façon mon futur Beau-Frère, je craignis, avec quelque fondement, qu'il ne fût pas plus raisonnable sur ce point, que la plûpart de ses Comprovinciaux; ce qui ne manqueroit pas de faire un obstacle insurmontable à mon amour. C'est ce dont je résolus de m'éclaircir avant toutes choses, & ce que je ne tardai pas à exécuter.

La Mort du Marquis, dont mon Oncle l'avoit informé, l'ayant amené à Paris, il n'eut rien de plus pressé que de venir nous remercier des amitiés, qu'il avoit appris qu'il avoit reçues de notre Famille. Jamais Phisionomie ne me frappa plus vivement, que celle de cet aimable Cavalier, que le hazard me fit rencontrer sur le seuil de notre porte, au moment que je sortois du logis. Je n'eus pas besoin de lui demander qui il étoit, ni à qui il en vouloit. La parfaite ressemblance qu'il avoit avec le feu Marquis, que je crus voir devant moi, me le dit assez. De mon côté,
les

les larmes qui coulèrent, malgré moi, de mes yeux en voyant fon équipage funèbre, jointes au compliment de condoléance que je lui fis en l'introduifant dans la maifon, lui firent affez connoître qui j'étois. Il ne me répondit que par de profonds foupirs & par un torrent de pleurs, qu'il répandit en me ferrant étroitement dans fes bras. Aprés avoir ainfi épanché notre douleur dans le fein l'un de l'autre, je le préfentai à mon Père & à mon Oncle, qui frappés tous les deux, comme je l'avois été, de cette reffemblance fi parfaite, crurent d'abord revoir le Marquis. Sa vifite fut courte, comme elles le font toujours dans ces triftes conjonctures. Mais, comme s'il eût voulu s'en dédommager avec moi, il me pria de vouloir bien avoir pour lui la même amitié & les mêmes bontés qu'il fçavoit que j'avois eu pour fon Père, pendant le peu de féjour qu'il feroit à Paris. Je le lui promis, & lui tins parole. J'avois trop d'intérêt de m'en faire un ami, pour manquer une fi belle occafion. Je ne le quittai prefque point pendant tout le tems qu'il fut dans cette ville, où ayant terminé les affaires pour lefquelles il y étoit venu, il partit pour fa terre, où il m'apprit qu'il alloit demeurer avec fa Sœur, jufqu'à ce qu'il eût pris d'autres arrangements.

La connoiffance que j'eus du caractère de ce jeune Marquis pendant le féjour qu'il fit à Paris, & les bonnes efpérances que mon Oncle m'avoit données, achevèrent de diffiper le trouble où avoit été mon cœur. En effet je trouvai dans cette aimable perfonne, les mêmes fentiments & les mêmes difpofitions qui m'avoient gagné l'amitié de fon Père. Raffûré par les marques fincères d'amitié qu'il me donna avant que de partir, je ne doutai point qu'il ne fût, par la fuite, auffi favorable à mon amour. Cette flateufe perfuafion me fit hazarder une démarche que je n'aurois certainement pas faite en toute autre rencontre; mais en amours il est de certains moments, où l'on ne se pique pas toujours de la régularité la plus scrupuleuse.

J'ai dit que mon Père m'avoit ordonné de me disposer à partir pour l'Italie. Ce voyage n'étoit rien moins que de mon goût; toutefois les raisons de mon Oncle, & plus encore les bonnes espérances qu'il m'avoit données m'avoient presque persuadé; desorte que je voyois d'un œil assez indifférent les préparatifs qui se faisoient pour ce départ. Un Valet de chambre & un Postillon, qui devoient m'accompagner, avoient reçu ordre de préparer tout ce qui étoit nécessaire pour le voyage. Déjà même mon Père avoit commencé à expédier des Lettres de recommandation pour toutes les Villes considérables, soit de France, soit d'Italie, dans lesquelles son intention étoit que je fisse quelque séjour. Par-là je compris que l'heure fatale du départ approchoit, & qu'il n'y avoit plus à se flatter de faire revoquer ce voyage. Que l'obéissance est un devoir pénible, même pour les personnes les plus dociles, dans une situation pareille à celle où je me trouvois alors! Combattu d'un côté par l'amour du devoir, déchiré de l'autre par la crainte d'être pour jamais séparé de ce que j'avois de plus cher au monde, je rassemblois à ces malheureux criminels, dont les angoisses redoublent à mesure qu'ils voyent aprocher le jour & le moment de leur suplice. Il faut donc nous séparer, me dis-je dans toute l'amertume de mon cœur; il faut m'arracher de tout ce que j'ai de plus précieux, & aller traîner, à deux ou trois cents lieues de mon adorable Emilie, des jours qui ne peuvent être que malheureux en son absence! Que deviendrai-je, & que deviendra-t-elle elle-même pendant un si long voyage? car je sçai que je pars; mais j'ignore quand il plaira à mon Père de me rappeler de l'espèce d'exil
au-

auquel il m'a condamné ! Sans doute qu'il n'ufe de cette rigueur envers moi, que parce qu'il fe flatte que pendant mon abfence, qu'il fera durer auffi long-tems qu'il voudra, le jeune Marquis difpofera, d'une manière ou d'une autre, de fon aimable Sœur. Ainfi donc je me verrai fruftré pour jamais du feul bien après lequel j'afpire dans le monde ! Ainfi donc je ne la reverrai plus de ma vie ! Cruelle obéiffance, quel facrifice exiges-tu de moi ! Amour, tendreffe, amitié, refpect, qui dois-je écouter ! Qui de vous l'emportera dans mon cœur ? Faut-il perdre pour jamais ce que j'adore ? Faut-il me révolter contre ce que j'honore & que j'aime ? A l'un je dois la vie & tout ce que je fuis; je ne puis la conferver fans l'autre à qui je l'ai confacrée ! Amour, fuggère moi quelque expédient pour accorder les fentiments que tu m'as infpirés avec ce que je dois à la Nature ! Déchiré par ces cruelles penfées, je ne favois à quoi me réfoudre, lorfqu'enfin je pris, le parti de faire un coup de ma tête. Le Ciel me l'infpira, fans doute, puifque c'eft à lui que je dois tout le bonheur de ma vie.

Tout étant prêt, comme j'ai dit, pour mon départ, qui étoit fixé au lendemain, je pris en particulier mon Valet de chambre qui devoit être du voyage, & lui parlai en ces termes. Merville, lui dis-je, nous partons demain pour l'Italie. Si jamais il y eut voyage entrepris à contre-cœur, c'eft affûrément celui qu'on me fait faire. Je ne m'arrêterai point à vous en dire les raifons. Vous les devinez fans peine. Comme vous m'avez toujours fervi avec affection, je n'ai jamais eu rien de caché pour vous. Pourrois-je affez compter fur vous, pour vous mettre de moitié dans l'éxécution d'un projet que je médite ? Monfieur, me repondit-il en fouriant, à vous parler franchement, je ne vous confeille pas de le faire, puifque, malgré l'affection que vous reconnoiffez que j'ai toujours eue pour vous, vous femblez

dou-

douter que je veuille vous en donner de nouvelles preuves. Qui sçait en effet si, au-lieu de vous servir avec zèle & fidélité, comme j'ai toujours fait, je ne serois pas d'humeur à vous trahir aujourd'hui ? Nous sommes sujets à caution, nous autres Normands, & quelque preuve qu'on ait de notre fidélité, on ne doit jamais se confier en nous. Pour moi, quel que soit le projet que vous méditez, je n'en ai point d'autre que celui d'aller à Rome, où je voudrois déjà être pour demander au Pape des pardons capables d'effacer le péché que j'ai commis, en restant pendant quatorze ans au service d'un Maître qui, après avoir éprouvé pendant tout ce tems mon dévouement & mon zèle pour son service, peut me soupçonner encore de n'être pas digne de sa confiance.

Tu l'as toujours eu, lui dis-je, mon cher Merville ; & je ne m'ouvrirois pas à toi, comme je vais le faire, si je ne t'en croyois pas digne. Tu vois que mon Père nous fait partir pour l'Italie, où je t'ai déjà dit que je ne vais qu'à contre-cœur. . . . . Je gage, interrompit-il, que vous prendriez bien plus volontiers la route de Normandie. La Boussole de votre cœur qui est tournée de ce côté-là, vous y feroit trouver beaucoup plus de plaisir ; mais il n'y a rien à faire pour vous cette année ; & le voyage que Monsieur votre Oncle se trouve obligé de faire en Brétagne, pour y ramasser cette riche succession qui vient encore de vous écheoir, nous privera, cet Eté, du plaisir de voir l'aimable Demoiselle de Ti....ville. En revanche, nous allons voir Notre Saint Père le Pape, & les Dames Romaines dont la beauté est fort renommée, mais qui auront, je crois, bien de la peine à l'emporter sur la sienne. Nous reviendrons tous chargés de pardons, dont nous ferons présent à Mademoiselle Émilie, qui vous en aimera encore bien davantage, quoiqu'elle vous aime déjà beaucoup. . . . Mais à propos,

Mon-

Monsieur, est-ce que vous auriez la cruauté de partir pour un si long voyage, sans prendre au moins congé d'elle? Amoureux & poli, comme vous l'êtes, je m'étonne que vous ayez manqué à ce devoir, dont l'omission lui donnera un juste sujet de se plaindre de vous.

Je suis ravi, mon cher, lui répondis-je, de voir que tes pensées s'accordent si bien avec les miennes. C'est aussi ce que j'ai dessein de faire; mais comme mon intention est que ce petit Voyage soit ignoré de tout le monde, & sur-tout de mon Père, pour lui donner le change, & lui faire accroire que j'ai pris la route d'Italie, je serois d'avis que tu m'allasses attendre à Lyon, d'où tu lui feras tenir à Paris les Lettres que je lui écrirai, & que je datterai de divers endroits. Par ce petit artifice il croira que j'y suis moi-même, pendant que j'irai prendre congé de ma chère Emilie, après quoi j'irai te rejoindre pour continuer ensemble notre Voyage. Et c'est-là, reprit Merville, le grand projet dont vous me faisiez d'abord un si grand Mistère? A vous entendre, il sembloit qu'il n'étoit question de rien moins que d'un enlèvement, dans l'éxécution duquel vous vouliez me mettre de moitié. Allez, Monsieur, reposez-vous sur moi de cette bagatelle. Restez à Ti..... ville aussi long-tems qu'il vous plaira. Donnez-moi seulement de l'argent, & je me charge du reste. Je ferai même pour vous, si vous le voulez, le voyage de Rome, & je vous tiendrai si bon compte de tout ce que j'y aurai vû, que, pour peu que vous ayez de mémoire, vous n'aurez pas de peine à faire croire à Monsieur votre Père que vous aurez tout vû de vos propres yeux. Si j'en croyois mon cœur, lui dis-je, je te prendrois au mot; mais ce seroit pousser trop loin la supercherie. Ce n'est même qu'avec peine que j'ai pû me résoudre à celle-ci. Mais que veux-tu? J'aime, tu le sçais & tu as trouvé toi-même

qu'il

qu'il y auroit de l'impolitesse à partir ainsi, sans prendre au moins congé de celle que j'adore. Assûrement, reprit Merville, & je ne vous aurois jamais pardonné cette incivilité. Mais si j'en juge par le passé, mon séjour à Lyon ne sera pas fort court; car vos adieux dureront peut-être plus d'un mois. N'importe, pourvu que j'aye la bourse bien garnie, je tâcherai de ne m'y pas plus ennuyer que vous ne ferez auprès de votre aimable Maîtresse. C'est sur quoi tu peux compter, lui dis-je, comme, de mon côté, je compte sur ta discrétion.

L'EDUCATION
DU JEUNE
COMTE D. B***,
SES
AMOURS AVEC EMILIE DE T***,
ET SES VOYAGES,
SELON SES PROPRES
MEMOIRES,

Où sont recueillis grand nombre d'Histoires Anecdotes modernes, & des Recherches & Decouvertes d'Antiquités très curieuses, accompagnées de plus de cent Estampes des plus beaux Monumens de Rome. Nouvelle Edition, augmentée d'Observations nouvelles sur les Ouvrages de Peinture, de Sculpture & d'Architecture, qui se voyent dans cette Capitale du Monde.

Par Mr. DE RAGUENET.
VOLUME II.

A LONDRES, M DCC LXV.
Chez MOYSE CHASTEL & Compagnie.

L'ÉDUCATION

CONJUGALE,

AMOURS AVEC ÉMILIE DE T***.

MÉMOIRES

LONDRES.

MEMOIRES
DU COMTE DE B***.
CONTENANT
SES AVENTURES,

Un grand nombre d'HISTOIRES & ANECDOTES du Tems très curieuses, ses recherches & ses découvertes sur les Antiquités de la Ville de Rome & autres curiosités de l'Italie.

SECONDE PARTIE.

ETANT aſſûré de la manière dont je viens de le dire, d'un Correſpondant fidelle, je partis le lendemain, & pour donner le change à mes Parents, je feignis de prendre la route de Lyon. Nous arrivâmes, l'aprèsdinée à Sens, où, pour mieux cacher encore mon jeu, j'allai rendre viſite à Monſieur Lang... du G... qui en étoit Archevêque, & grand ami d'une de mes Tantes, chez laquelle je l'avois vû très ſouvent. Ce Prélat me retint à ſouper chez lui, malgré toutes les inſtances & les prières que je pus lui faire de m'en diſpenſer. La Chère fut délicate, comme elle l'eſt, d'ordinaire, chez ces Seigneurs. Pendant tout le repas, la converſation, après avoir d'abord roulé ſur notre Famille, tomba ſur le Voyage que je lui dis que j'allois faire. Il feignit d'envier mon bonheur, m'aſſûrant qu'il ne mourroit point content qu'il n'eût eu cette ſatisfaction. Je lui répondis que je m'étois plus d'une fois étonné, avec tout le Public, qu'il ne l'eût pas déjà fait pluſieurs fois ; que les grands ſervices qu'il avoit rendus à la Cour de Rome, avoient fait juger que celle-ci, en récompenſe, lui auroit donné place depuis long-tems dans ſon ſacré Collège ; j'ajoûtai que cet honneur ne pouvoit lui manquer, à la première promotion, & que je comptois ne point revenir ſans avoir la joye de le voir revêtu de la pourpre Romaine.

On ne pouvoit flatter plus agréablement ce Prélat. Il me raconta lui-même quelques-unes des démarches qu'il avoit faites pour mériter cet honneur. Je me gardai bien de lui faire connoître ce que j'en penſois. Je feignis, au-contraire, de les approuver ; ce qui lui fit redoubler ſes politeſſes & ſes amitiés à mon égard : Je vous ai toujours beaucoup aimé, me dit-il d'un air ſatisfait & content ; Pour vous en donner aujourd'hui des preuves, puiſque vous allez à Rome, je veux vous y procurer tous les agréments que je pourrai. J'ai pour amis dans cette Cour pluſieurs Cardinaux, & autres perſonages d'un très grand mérite, & qui y tiennent les premiers rangs. Je vous donnerai pour eux des Lettres de recommandation, qui ne vous ſeront pas inutiles. Je vous les expédierai demain, après quoi nous irons voir enſemble les curioſités de notre Ville. Quoiqu'elle ſoit aujourd'hui bien déchue de ſon ancienne ſplendeur, on y voit cependant encore des choſes qui méritent l'attention & la curioſité des Voyageurs. Vous leur devez une Viſite ; car
je

je ne vous fais pas l'injuſtice de vous mettre au rang de ces eſpèces de coureurs de païs, qui ſe contentent de parcourir, tout au plus, les rues des Villes par leſquelles ils paſſent, & qui reviennent, ordinairement, de leurs Voyages, beaucoup moins inſtruits que les Poſtillons qui les ont conduits. L'homme d'eſprit, quand il voyage, ne laiſſe rien échaper de ce qui peut être digne de ſa curioſité, & il n'y a guére de Ville, un peu conſidérable, qui ne lui fourniſſe de quoi la ſatisfaire. Puiſque vous allez en Italie, pourſuivit-il, vous devez votre première Viſite à notre Ville, dont la conquête coûta autre-fois bien de la peine au grand *Jules Céſar*, & dont les anciens habitants ſe ſont immortaliſés, dans les ſiécles paſſés, par les Colonies qu'ils ont établies dans ce païs-là, & par la fondation de pluſieurs Villes, auxquelles ils donnèrent leur nom, qu'elles portent encore. Telles ſont les Villes de *Sienne*, de *Sinigaglia*, & pluſieurs autres. D'un autre côté, comme la plûpart de ceux qui font le Voyage d'Italie, y vont principalement pour voir ces Monuments Antiques de la grandeur Romaine, qui ont bravé l'injure des tems, vous trouverez ici de quoi commencer cette curieuſe & ſavante recherche; car ſi nos anciens *Sénonois* ont laiſſé en Italie des monuments encore ſubſiſtants de leur établiſſement dans ce païs-là, nous en avons, de même, ici du ſéjour qu'y ont fait autre-fois les Romains; & c'eſt ce que je me propoſe de vous faire voir demain.

Autant que la politeſſe de G.... m'auroit fait de plaiſir dans toute autre conjončture, autant me fut-elle alors déſagréable. Mon cœur, qui étoit déjà à Ti....ville, dont je comptois prendre la route le lendemain de grand matin, ſouffroit extraordinairement du retardement que le Prélat apportoit, ſans le ſavoir, à ce Voyage. Comme il y auroit eu de l'impoliteſſe à ne pas répondre à ſes preſſantes civilités, je me vis obligé de paſſer encore un jour à Sens. J'en employai la matinée à viſiter la Ville qui ne me parut rien moins que digne des magnifiques éloges que Monſieur de G.... m'en avoit fait. Je ne pus cependant lui refuſer le titre d'Antique, qui ne ſe manifeſte que trop par la petiteſſe de ſes rues, par la vétuſté & la caducité même d'un grand nombre de ſes maiſons, leſquelles tombent preſque en ruine. Sa vaſte étendue ne la rend pas plus recommandable, étant ſi peu peuplée, que l'herbe croit dans la plûpart de ſes rues, ce qui lui donne plus l'air d'un grand Village que d'une Métropole.

A cette vûe je ne pus m'empêcher de faire quelques réflexions ſur l'inſtabilité des choſes de ce monde, & ſur la puérile vanité de ces ambitieux ennemis du genre humain, qu'on a décorés, & qu'on décore tous les jours du beau nom de Conquérants. Voilà, me dis-je, un grand Squelette de Ville, dont la deffenſe & la priſe ont autrefois coûté la vie à bien des milliers d'hommes! Voilà donc le digne objet & le prix de la conquête du premier & du plus grand des *Céſars*, conquête qu'il a lui-même exaltée comme le plus grand de ſes Triomphes! Aujourd'hui le plus ignorant & le plus poltron de nos Officiers de Milices, qui ſe préſenteroit devant cette Place, s'en feroit apporter les cléfs, ſans coup férir! Et voilà quel ſera, dans quelques ſiécles, le ſort de nos Villes fortes, & qui paſſent aujourd'hui pour imprénables, dont la priſe enorgueillit ſi fort les Héros de nos jours! A l'Artillerie, dont le feu infernal fait aujourd'hui plus des deux tiers de leurs conquêtes & de leur bravoure, ſuccédera, peut-être dans la ſuite, quelqu'autre invention, encore plus Diabolique, qui fera regarder leur Héroïſme comme une pure ſottiſe, & mettra les Villes, dont la priſe les bouffit

au-

aujourd'hui d'Orgueil, au rang de celle de Sens, & de plufieurs centaines d'autres auffi fameufes autre-fois, qu'elles font aujourd'hui méprifées de nos gens de guerre, qui feroient très fâchés de leur faire l'honneur de s'arrêter devant elles. Voilà néanmoins ce que la folie des hommes regarde comme le plus grand dégré de gloire auquel un Général, un Prince, un Monarque puiffent parvenir! N'eft-elle pas bien fondée; ne merite-t-elle pas bien qu'on lui facrifie, comme l'on fait, des centaines de milliers d'hommes? . . . . mais je reviens chez mon Archevêque.

Il étoit dans fon cabinet, où l'on me fit entrer. Je le trouvai qu'il achevoit d'expédier les Lettres qu'il m'avoit promifes la Veille. Il me les remit, en me difant qu'elles me feroient d'une grande utilité. Vous ne fauriez croire, ajoûta-t-il, combien eft trifte la fituation d'un étranger dans la plus grande Ville, lorfqu'il fe trouve fans ce fecours. La plus belle, la plus agréable, la plus charmante nous étale envain tous fes attraits. Ils ne nous frappent que foiblement, fi nous n'avons pas auprès de nous quelqu'un, qui nous en faffe connoître tout le prix & toute la beauté. C'eft une verité dont vous avez pu vous convaincre par l'exemple d'une infinité d'étrangers qui viennent à Paris, & qui ne s'en retournent pas dans leur païs, auffi contents de cette Ville qu'ils s'étoient flattés de l'être en y arrivant. Ce n'eft pas que cette Ville ne renferme dans fon fein, & dans fes environs, des beautés & des agréments dans tous les genres. Mais c'eft une efpèce de Labyrinthe dans lequel il faut qu'un Voyageur les cherche, & il a befoin pour cela d'un conducteur qui les lui indique, & qui lui en faffe remarquer tout le mérite. Rome, beaucoup moins brillante que Paris, n'a rien qui frappe d'abord un étranger accoûtumé au fracas, au mouvement perpétuel, au fafte & au Luxe de cette dernière Ville.

le. Il croit voir, en y entrant, une eſpèce de grand Cloître habité par des Prêtres & des Moines de toutes les couleurs, occupés les uns & les autres d'affaires qui ne demandent pas beaucoup de mouvement. D'ailleurs la modeſte & louable ſimplicité du Souverain Pontife, qui y règne actuellement, & qui a banni de ſa Cour tout ce qui peut ſentir le Faſte & le Luxe, donne aujourd'hui à cette Ville, autre-fois la Maîtreſſe du monde, un air qui ne plaît pas beaucoup à nos François, qui s'attendent à toute autre choſe. Là ils ne trouvent, ni Bals, ni Maſcarades, ni Comédies, ni Opéra; point de ces Aſſemblées bruyantes, point de ces Parties de plaiſir, point de ces Cercles, dans leſquels la bagatelle, la médiſance, & l'Amour, qui ſont ſi fort du goût de nos compatriotes, tiennent alternativement leurs ſéances; point de ces Réjouiſſances, ni de ces Fêtes brillantes que donnent ſi fréquemenent à Paris les Miniſtres de toutes les Cours de l'Europe, qui s'efforcent, en ces rencontres, de l'emporter par leur magnificence, les uns ſur les autres. A Rome, ſur-tout ſous le Pontife régnant, tout reſpire la modeſtie & la ſimplicité. Si le Luxe y paroit quelque-fois, il eſt en quelque façon, ſantifié par l'uſage que l'on en fait, je veux dire par la Réligion qui étale, à certains jours, ſur ſes Autels, autant de magnificence & de richeſſes qu'on en voit dans les Cour des plus grands Rois.

Mais ſi cette grande Ville n'a point le turbulent éclat qu'on voit dans beaucoup d'autres, elle a des plaiſirs & des beautés d'une autre nature, auxquelles une perſonne qui a de l'eſprit & du goût, n'eſt pas moins ſenſible. Outre qu'elle renferme dans ſon ſein tout ce que les Beaux-Arts ont jamais produit de plus parfait, c'eſt-là que la Peinture, la Sculpture, & l'Architecture, tant anciennes que modernes, étalent à l'envi leurs plus beaux

Chef-

Chef-d'œuvres, qui méritent & attirent l'attention de tous les Curieux de l'Univers. Dans ces superbes Ouvrages, dont quelques-uns, encore entiers, ont bravé les injures & la fureur du tems qui détruit tout, & dans les précieux restes des autres, on voit des Monuments qui, après deux mille ans & plus de durée, font en quelque façon revivre les grands hommes par qui, ou en l'honneur de qui ils ont été élevés, & qui nous instruisent de leur Histoire. A cette conversation muète succède celle des Savants de toutes les espèces, qui sont en grand nombre dans cette Ville, & qui ne laissent rien à désirer aux étrangers curieux de s'instruire. C'est à ces derniers que je vous adresse ; & je suis persuadé que vous en serez très content. Je les ai vû, pour la plûpart, à Paris, où une louable curiosité les avoit attirés, & où je leur ai rendu tous les services qu'on doit aux gens de mérite. J'ai toujours entretenu, depuis, avec eux un commerce de lettres, dont je suis très satisfait. J'espère que vous le serez encore plus de leurs personnes. Quoique la plûpart soient Ecclésiastiques, vous ne devez pas croire qu'ils soient pour cela ennemis des plaisirs. Ils vous procureront tous ceux que l'honneur peut permettre ; & je suis persuadé que vous n'en prenez point d'autres. Je sai l'excellente éducation que vos Parents vous ont donnée, & vous en avez trop bien profité pour en perdre jamais le fruit. Le Voyage qu'ils vous font faire, & qui seroit fort dangereux pour tout autre, principalement le faisant seul, ne fera que lui donner un nouveau lustre. Sur-tout, point d'Amourettes, ajoûta-t-il en souriant ; elles sont sujettes à de tristes & de fâcheux accidents dans le païs où vous allez, & les Pères, ainsi que les Maris, n'entendent pas raillerie, comme chez nous, sur cet article. Si le Prélat avoit pu lire dans mon cœur, il se seroit sûrement dispensé de

me

me prévenir fur ce dernier point. En effet il étoit trop poffédé de l'Amour de ma charmante Emilie, pour qu'aucune autre perfonne de fon Sexe pût y trouver place. Je le remerciai néanmoins & de fes bonnes recommandations & de fes bons avis, & lui promis de faire ufage de l'un & de l'autre.

Un Laquais étant venu l'avertir qu'on avoit fervi, nous defcendimes enfemble pour nous mettre à table. Comme j'étois attendu, le diner fut encore beaucoup plus magnifique que n'avoit été le fouper de la veille. La profufion, la délicateffe, & la propreté y régnoient. Pour que la Compagnie fût affortie à la magnificence du feftin, le Prélat y avoit fait inviter quelques-uns des principaux de la Ville, & les membres les plus diftingués de fon Chapitre. La féance que nous fimes a table fut affez longue. Peut-être l'auroit-elle été davantage fi l'Archevêque ne fe fût reffouvenu qu'il m'avoit promis, la veille, de me faire voir les curiofités de fa Ville. Lui ayant dit que j'avois employé toute la matinée à la parcourir: Et nos Antiquités Romaines reprit-il; leur avez vous fait l'honneur de les vifiter? Lui ayant répondu que non: Hé-bien, pourfuivit-il, nous allons les vifiter enfemble. Ce fera pour vous, lorfque vous verrez celles de l'ancienne Capitale de l'Univers où vous allez, une occafion de vous reffouvenir de moi. Nous montâmes auffi-tôt en caroffe, & allâmes à quelque diftance de la Ville, vifiter ces précieufes réliques de l'Antiquité. Elles confiftent dans quelques reftes d'anciens Edifices que l'on dit que *Jules Cæfar*, le premier des Empereurs Romains, y fît bâtir, lorfqu'il fît la conquête de ce païs. Le Prélat me fit remarquer, comme une grande rareté, fur le rivage de la rivière d'*Tone*, une Maifon fur la porte de laquelle on lifoit cette infcription Latine, *Carcer Cæfaris*. L'édifice répondoit parfaitement à cette

in-

inscription, & avoit l'air d'une véritable prison, auprès de laquelle celle du *Petit Châtelet* de Paris, qu'on dit avoir autrefois été le Palais de l'Empereur *Julien*, surnommé *l'Apostat*, lorsqu'il n'étoit encore que Gouverneur des Gaules, pourroit passer pour un Louvre. Le Prélat néanmoins me parut si enchanté de ce vieux cachot, qu'il n'auroit pas tenu à lui que, pour le conserver à la postérité, on le revetit, comme la Miraculeuse *Sancta Caza* de Lorette, d'un autre bâtiment de la plus superbe Architecture.

NOTRE visite achevée, nous revinmes au Palais Archi-Episcopal où il voulut me retenir encore à souper; mais je m'en dispensai sur la nécessité où j'étois de partir le lendemain de grand matin. Je n'attendis pas le jour pour exécuter la résolution que j'avois prise de me rendre *incognito* auprès de ma chère Maitresse, afin de prendre congé d'elle. Je partis la nuit même, & fis une si grande diligence, que j'arrivai le lendemain au soir à la Terre de mon Oncle.

JE n'étois pas à cinq cents pas du Château, & j'entrois dans une des Avenues qui y conduit, lorsque j'entendis, à quelque distance de ma chaise, un Cliquetis d'épées, & la voix d'une personne qui se deffendant avec beaucoup de courage, reprochoit à ses agresseurs leur infame lâcheté, l'obscurité de la nuit, qui commençoit à tomber, & que les arbres redoubloient encore, m'empêcha de discerner ce que ce pouvoit être; mais la pitié que j'ai toujours eu pour les malheureux, jointe à un certain pressentiment que j'eus alors, me fit tourner sur le champ du côté où j'avois entendu le bruit & cette voix qui ne m'étoit point inconnue. Arrivé près du champ de bataille, j'apperçus trois scélérats, qui pressoient vivement un jeune Cavalier qui me parut être aux abois. Ils l'auroient, sans doute sacrifié à leur lâche brutalité, si son courage, son adresse à manier l'épée, & un gros arbre contre lequel il s'étoit adossé, ne lui eussent fourni les moyens de deffendre long-tems sa vie dans un combat si inégal. Il étoit sur le point de la perdre, tant la fatigue l'avoit épuisé, lorsque le Ciel me conduisit à son secours.

AUSSI-TÔT que je l'apperçus, je sautai de ma chaise, & courus, l'épée à la main, vers ses assassins que j'accablai de mille reproches. Ils ne firent aucune impression sur ces misérables qui, redoublant leurs efforts contre le jeune Cavalier, lui portèrent un coup qui le renversa presque à mes pieds. Je les crus mort, ce qui me mit dans une espèce de fureur dont je ne fus pas le maître. Sans considérer le péril auquel je m'exposois, je fondis avec impétuosité sur son assassin, qui eut le bonheur & l'adresse de parer le coup. Je lui en portai un second qui le blessa au bras & le mit hors de combat. Les autres ayant pris sa place, & étant venus fondre tous les deux à la fois sur moi, ils m'auroient fait périr infailliblement, si Laval (c'est le nom de mon Postillon) attiré par le péril où il prévit, que je devois être, ne fût accouru à mon secours. Un coup de pistolet qu'il tira en l'air déconcerta un peu les assaillants, qui commencèrent à réculer. Il en tira un second dont il fracassa l'épaule d'un de ces malheureux. Le troisième, ne se trouvant plus alors en état de nous tenir tête, s'enfuit à toutes jambes. Il fut aussi-tôt suivi par ses deux compagnons qui, quoique blessés, eurent néanmoins assez de force & de bonheur pour échaper à la mort qui les menaçoit, & qu'ils méritoient.

LAVAL vouloit que nous les poursuivissions, pour les sacrifier à notre vengeance. Nous en serions venus aifément à bout, car outre mon épée, & un grand coutelas dont il étoit armé, il lui restoit encore deux Pistolets de poche, sans lesquels il ne se mettoit jamais en route. Je
l'en

l'en empêchai, & lui repreſentai que, puiſque l'humanité nous avoit fait prendre la deffenſe d'un infortuné, qui étoit tombé entre leurs mains, comme nous les avions mis hors d'état de nous nuire, il valoit beaucoup mieux voir promtement ſi nous pouvions encore lui donner du ſecours. Je vins auſſi-tôt vers l'endroit où j'avois vu tomber ce Cavalier. L'obſcurité ne me permit par de diſcerner les traits de ſon viſage. Tout ce que je pus connoître à ſon habillement, & à la fineſſe de ſon linge, c'eſt que ce devoit être un homme d'un certain rang. Comme il ne me donnoit aucun ſigne de vie, je crus que le dernier coup que ſes aſſaſſins lui avoient porté, avoit été celui de la mort. Pour m'en éclaircir, je lui pris le bras & lui tâtai le poux. Il l'avoit ſi foible, que je le crus mortellement bleſſé. Je lui portai auſſi-tôt la main ſur la poitrine où je ne trouvai aucune bleſſure; mais l'ayant portée, un peu plus bas, je la retirai toute teinte du ſang qu'il perdoit en abondance. Pour l'arrêter, & refermer la bleſſure, en attendant que nous puſſions faire mieux, Laval me donna ſa cravate à laquelle je joignis mon mouchoir. Ayant ainſi bandé la bleſſure, il alla chercher à quelques pas de-là, ma chaiſe, dont il avoit lié les Chevaux à un arbre, & ſur laquelle nous mîmes le moribond, après quoi nous prîmes la route du Château de mon Oncle.

Si l'on fut étonné de m'y voir arriver avec un homme mourant que je tenois entre mes bras, je le fus encore bien plus moi-même lorſque, dans ce moribond, je reconnus le jeune Marquis de Ti . . . ville. A ce triſte Spectacle je fus ſur le point de m'évanouïr; mais quelques goutes d'eau de Meliſſe qu'on me donna, me remirent en état de donner au Frère de ma tendre Amante tous les ſecours dont il avoit beſoin. Mon premier ſoin fut d'envoyer ſur le champ un des Domeſtiques du Château chercher à Rouen,

dont

dont nous n'étions éloignés que de quelques lieues, un des plus habiles Chirurgiens, avec ordre de faire la plus grande diligence. En attendant qu'il vînt, je fis porter dans mon lit le jeune Marquis, dont le triste état m'attendrit jusqu'aux larmes. Un Cordial que je lui fis prendre, lui ayant rendu la connoissance, il ouvrit les yeux & les tournant vers moi, sa surprise fut égale à celle où j'avois été un moment auparavant, lorsqu'il me vit à ses côtés le visage tout baigné de pleurs. Revenu de son étonnement, il voulut se lever pour m'embrasser, & me témoigner sa reconnoissance; mais outre qu'il n'en avoit pas la force, je l'en empêchai. Alors colant mon visage sur le sien que j'arosai de mes larmes, je lui exprimai par mes soupirs & par mes sanglots combien j'étois sensible au funeste accident qui venoit de lui arriver. Grand Dieu! que les mouvements de deux cœurs qui s'aiment, sont expressifs! Qu'ils sont tendres & délicieux! Celui du Marquis & le mien, confondus l'un avec l'autre, goûtoient un plaisir inconnu à la plûpart des hommes, parce qu'il y en a très peu qui s'aiment sincérement. Nous restames dans cette attitude touchante pendant quelque tems, après quoi il voulut me raconter sa funeste avanture; mais ayant reconnu à sa voix qu'il étoit extrêmement foible, je le priai de remettre ce recit au lendemain, & de me permettre de lui donner tous les secours qu'il pouvoit espérer du plus tendre & du plus sincère ami qu'il eût dans le monde. Je ne l'éprouve que trop, mon cher Comte, reprit-il en soupirant. Ce qui me fait le plus de peine, c'est que, si je reviens du péril dont vous m'avez en partie délivré, je ne pourrai jamais vous exprimer assez l'obligation que je vous en ai. Cependant, poursuivit-il, ajoûtez encore une grace à celles que vous avez déjà bien voulu me faire. C'est d'épargner à ma chère Sœur les inquiétudes mortelles que ce funeste accident pourroit

lui

lui caufer, lorfqu'elle ne me verra point revenir ce foir au Château. Vous avez le cœur trop tendre, & trop d'efprit, pour qu'il foit néceffaire de vous dire comment vous devez vous y prendre pour ne la point allarmer. Je lui répondis qu'il devoit-être tranquille fur cela, & que j'y avois déjà pourvû. En effet une de mes premières attentions, en arrivant, avoit été de recommander le fecret à tous les gens de la maifon, & de dépêcher Laval vers Mademoifelle de Ti. . . . ville, pour lui dire que j'avois retenu fon Frère ce foir-là, & peut-être pour quelques jours. Comme la chofe étoit affez ordinaire du vivant du feu Marquis, j'avois pris cette précaution pour épargner à cette chère moitié de ma vie des allarmes capables de la défefpérer. Le jeune Marquis m'en fit des remerciments, dont il auroit pû fe difpenfer, s'il avoit pû lire dans le fonds de mon cœur. Cette attention de fa part pour fon aimable Sœur me fit un plaifir infini. Je jugeai par-là qu'il avoit pour elle des fentiments d'amitié & de tendreffe, qui ne font pas des plus communs dans cette Province, pour les raifons que j'ai dit ailleurs. J'en tirai un bon augure pour mon Amour; & l'évènement vérifia bientôt mes conjectures.

Cependant le Chirurgien que j'avois envoyé chercher, arriva. Ayant vifité la bleffure du Marquis, il nous rendit la vie à l'un & à l'autre, en nous affûrant que non feulement elle n'étoit point mortelle, mais qu'il ne s'en reffentiroit pas même dans quelques jours. Il lui mit le premier appareil, & nous le retinmes jufqu'au lendemain. J'aurois voulu qu'il ne nous eût point quitté jufqu'à fon parfait rétabliffement; mais le grand nombre de malades qu'il avoit à Rouen, & qui ne lui permettoient pas de s'en éloigner plus long-tems, joint aux nouvelles affûrances qu'il nous donna, qu'il n'y avoit pas le moindre péril à craindre, fit que nous ne le retinmes pas davantage. Je ne le laiffai

fai néanmoins partir qu'àprès lui avoir fait promettre qu'il viendroit tous les jours voir le Marquis, à quoi il fut très exact.

Quelque empreſſement que j'euſſe de voir l'aimable Emilie, l'amitié cependant l'emporta, en cette rencontre, ſur l'Amour; & malgré les aſſûrances du Chirurgien, je ne voulus point quitter d'un moment le Marquis juſqu'à ce que je fuſſe convaincu par moi-même, qu'il n'y avoit effectivement rien à craindre de ſa bleſſure. Dès que j'en fus aſſûré par mes propres yeux, tout mon cœur ſe porta auſſi-tôt vers ſon adorable Sœur, & je ne pus réſiſter plus long-tems au déſir que j'avois de la voir. J'en demandai la permiſſion à ſon Frère. Pour lui cacher le véritable motif de ma Viſite, je pris pour prétexte l'inquiétude où elle pourroit être, ſi elle étoit plus long-tems ſans recevoir de ſes Nouvelles, que je ne ſerois pas fâché de lui porter moi-même, s'il vouloit bien m'accorder cette faveur : Cette faveur, reprit-il en ſouriant ! Hé, mon cher & tendre ami, continua-t-il, après tout ce que vous avez fait pour moi, eſt-il quelque choſe au monde que je vous puiſſe refuſer ? Je vous dois la vie; comptez que, tant que j'en jouirai, je me ferai toujours un devoir d'aller au devant de tout ce que je croirai, qui pourra vous faire le moindre plaiſir. Cependant comme ma chère Sœur pourroit s'allarmer en ne me voyant point avec vous, je ſuis d'avis de lui marquer par un billet, dont vous voudrez bien être le porteur, qu'une affaire très preſſante m'ayant contraint de partir ſur le champ pour Rouen, où je ferai peut-être obligé de paſſer quelques jours, je la prie ne ſe point inquiéter de mon abſence, pendant laquelle vous voudrez bien lui tenir compagnie. On ne pouvoit flatter mon cœur par un endroit plus ſenſible : auſſi aprouvai-je fort l'ingénieux ſtratagême du Marquis.

Il

Il n'eut pas plutôt écrit son billet, que je partis pour me rendre auprès de ma chère Amante. L'Amour me prêta ses ailes pour voler vers cet autre moi-même. Je la trouvai dans un déshabillé qui, quoique lugubre, relevoit encore la blancheur & l'éclat de son teint. J'en fus si vivement frappé, que m'étant approché d'elle pour lui présenter le billet de son Frère & lui faire mon compliment de condoléance, ma langue & ma bouche me refusèrent leur ministère. Soit qu'elle ne s'attendît point à ma visite, soit qu'elle fût étonnée de ne point voir le Marquis avec moi, soit enfin que l'Amour eût fait sur elle la même impression que sur moi, elle demeura interdite pendant quelques moments. Enfin ayant jetté sur moi un de ces regards tendres qui échapent aux Amants passionnés, sans même qu'ils y pensent, ses beaux yeux laissèrent couler quelques larmes, qui furent occasionnées par des mouvements confus de douleur & de joye, qu'elle sentit dans le même instant. C'est ce qu'elle me témoigna quelques moments après, lorsqu'étant entrés en conversation, je lui rappelai les plaisirs innocents que l'Amour nous avoit fait goûter ensemble les années précédentes, & ceux qu'il nous préparoit lorsque la mort inopinée du Marquis étoit venue les traverser. Nous allions être pour jamais heureux, lui dis-je! L'Hymen alloit combler nos Vœux, & m'assûroit la possession de votre adorable personne! Hélas, que mon sort a bien changé de face depuis ce tems! Il ne me reste plus que des espérances, dont j'ignore qu'elles seront les suites. N'importe, elles me seront toujours infiniment précieuses, tant que je pourrai me flatter que je règne dans votre cœur. Peut-être le Tems qui opère les plus grands changements, ramenera-t-il les choses au point où elles étoient. Je l'attendrai avec patience, pourvû que ce même tems, qui détruit tout, me conserve dans votre cœur place que vous avez bien voulu m'y donner, & que mon ardent amour m'y a juſtement acquiſe.

Quel tems prenez-vous, me répondit-elle en ſoupirant, pour m'entretenir de votre paſſion! Plongée dans la plus profonde douleur, dont vous n'ignorez pas la juſte cauſe, ſuis-je en état d'être ſenſible à toute autre choſe! La mort d'un Père tendrement aimé, & que je pleure encore tous les jours, ne laiſſe preſque point à mon cœur d'autres ſentimens que ceux de la triſteſſe. Elle m'a enlevé un des plus chers objets que j'euſſe dans le monde. Quand je n'aurois pas cette ſolide raiſon pour le regretter, vous n'ignorez pas le changement que cette mort a fait dans mon état & dans ma fortune. S'il n'avoit pas ſeul tout mon cœur, & ſi, de ſon vivant, vous le partagiez avec lui, c'étoit de ſon conſentement & de ſon aveu. Comme le plus ardent de ſes déſirs étoit de me voir heureuſe, dans la perſuaſion où il étoit que je ne pouvois manquer de l'être avec vous, il étoit preſque auſſi content que nous de l'amour qu'il voyoit que nous avions pris l'un pour l'autre. Mais pouvons-nous nous flatter aujourd'hui du même bonheur? Dans la dépendance où je me trouve actuellement, puis-je compter qu'un Frère, qui tient mon ſort entre ſes mains, aura pour moi les mêmes bontés, & voudra bien ſacrifier à la félicité de ſa Sœur une partie de ſa fortune? vous ſavez la coûtume & la loi de notre Province. Elles ne nous laiſſent pas même la liberté de diſpoſer de notre cœur. Si le mien continue de vous aimer, comme je ne ſens que trop que ſon penchant l'y entraîne, qui m'aſſurera que ce Frère verra ma paſſion pour vous du même œil que mon Père? S'il ne l'agrée pas, s'il s'y oppoſe, à quels chagrins affreux, à quel mortel déſeſpoir ne ſerai-je pas alors expoſé? Je vous aimerai, je vous adorerai ; & toute ma paſſion, tout mon amour, n'aboutiront peut-être qu'à aller pleurer

au

fonds d'un Cloître, pendant toute ma vie, & le Père & l'Amant que le même coup de la Parque m'aura enlevés. Triste & cruelle destinée! Coup fatal, qui mettra peut-être dans le même Tombeau les trois personnes du monde, qui se sont le plus tendrement aimées; car je ne doute point que cette triste séparation ne fît sur vous le même effet qu'elle feroit sur moi. Non, votre cœur, dont je connois toute la tendresse, ne pourroit y résister. La constance dont il se pique, la vivacité & la pureté de vos sentimens, ne me permettent pas de penser que vous soyez du nombre de ces prétendus Amants, qui se consolent bientôt auprès d'une autre de la perte qu'ils ont fait d'une Maîtresse. Par-là jugez, mon cher Comte, ajoûta-t-elle en soupirant, du péril auquel notre amour se trouve exposé, & de ce qu'il a à craindre.

RIEN; ma chère Emilie, lui répliquai-je, si vous continuez à m'aimer, comme je vous adore. Vous le savez, l'Amour surmonte les plus grands Obstacles. Au reste je me flatte que vous retrouverez dans le Marquis un second Père, qui se fera un plaisir de concourir à notre félicité. Je n'ai pas l'honneur de le connoître encore à fonds, mais à en juger par les sentimens que je lui ai vus jusqu'ici, je le crois bien éloigné d'être infecté de cette avarice, qui allarme votre amour. Après tout, quand il suivroit avec vous la loi de votre Province à la rigueur, pensez-vous que ce fût un Obstacle capable d'empêcher notre union? Puisse mon amour n'en point rencontrer d'autres! Il est trop pur pour être souillé par des sentimens aussi bas, que le sont ceux de l'intérêt. C'est uniquement à votre cœur, c'est à la possession de votre chère & aimable personne qu'il aspire. Tout le reste n'est pas pour lui d'un prix qui mérite la moindre de ses attentions; & mon amour ne vous le pardonneroit jamais, si vous me soupçonniez seulement d'une pareille lâcheté.

Je remarquai que ces dernieres paroles, que je prononçai avec toute la vivacité d'un Amant paſſionné, firent un ſenſible plaiſir à la charmante Emilie. Elle me demanda, avec un empreſſement mêlé de joye, ſi je connoiſſois le caractère de ſon Frère, & ſi je croyois qu'il ne s'oppoſeroit point à notre amour. Hé quelles raiſons, lui dis-je auroit-il pour le faire? Les motifs qui l'avoient fait approuver par Monſieur votre Père, ſont encore aujourd'hui les mêmes ; & comme il eſt ſa vivante image, je ne doute point que nous ne retrouvions en lui le même fonds de bonté. Je crois déjà m'en être apperçu rapport à moi, & je me perſuade que de vôtre coté vous n'avez point juſqu'à préſent eu ſujet de vous plaindre de lui. De me plaindre, reprit avec vivacité Mademoiſelle de Ti.....ville! Helas! bien au-contraire, je n'ai que des louanges à lui donner! Je vois avec plaiſir qu'il fait tout ce qu'il peut pour tâcher de me faire oublier la perte, que nous avons faite l'un & l'autre ; mais il n'eſt qu'un moyen pour y réuſſir, & je tremble, à vous parler franchement, qu'il ne veuille pas pouſſer la complaiſance juſques à ce point.

Une prompte rougeur, qui ſe répandit ſur ſon Viſage en prononçant ces dernières paroles, me fit auſſi-tôt ſentir toute la force de ce qu'elle venoit de me dire. Je me jettai à ſes pieds pour la remercier de ſes bontés, & la prier d'y vouloir bien toujours perſiſter. Elle me releva en me préſentant ſa belle main, que je baiſai reſpectueuſement. Alors changeant de converſation, elle ſe plaignit de ce que ſon Frère n'étoit pas venu avec moi s'aquitter de la commiſſion dont il m'avoit chargé, ajoûtant qu'elle auroit été bien aiſe de recevoir de lui quelques ordres au ſujet de quelques petites affaires, qui étoient ſurvenues dans ſon Domeſtique pendant ſon abſence. A cela je répondis que la choſe lui avoit été impoſſible, que j'eſpérois qu'elle ne ſeroit

roit pas long-tems sans le revoir; qu'en attendant, si elle avoit quelque chose de pressé à lui faire savoir, elle pouvoit l'en informer par Lettres, & que je me chargeois de les lui faire tenir. Elle agréa ma Politesse, dont le principal but étoit de me procurer de nouveaux prétextes pour les autres visites que je comptois lui rendre. Etant donc entrée dans son cabinet, elle lui écrivit une Lettre dont je me chargeai de lui apporter moi-même la réponse. Hélas! je ne m'attendois pas que cette commission, qui me faisoit tant de plaisir, me dût être aussi douloureuse qu'elle le fut.

De retour au logis je remis au Marquis la Lettre de sa Sœur, dont il me demanda des Nouvelles avec un empressement qui me fit beaucoup de plaisir. Ne s'est-elle point apperçue, me dit-il, des petites ruses que nous avons employées pour la tromper? Personne n'a-t-il eu l'indiscrétion de lui apprendre le fâcheux accident qui me sépare d'elle? Je connois sa sensibilité pour moi; Helas! elle seroit morte de douleur, si elle m'avoit vû arriver chez nous dans le triste état où j'étois, lorsque vous avez eû l'amitié & l'attention de me faire transporter ici. J'en aurois moi-même été au désespoir; car outre les liens du sang qui m'attachent à elle, sa vertu & sa sagesse me la rendent extrêmement chère. Enchanté de lui entendre ainsi faire l'éloge de celle que j'adorois, je saisis cette occasion de sonder un peu ses sentimens pour cette aimable Sœur. Je n'eus pas sujet de me repentir de ma curiosité. Par tout ce qu'il m'en dit, je reconnus qu'il avoit pour elle une affection & une tendresse paternelle; ce qui ranima toutes mes espérances. Croiriez-vous, mon cher Comte, poursuivit-il, que c'est cette même vertu & cette sagesse qui ont occasionné le fâcheux accident, où je serois infailliblement péri sans vous? C'est ce que je vous promis, l'autre jour, de vous raconter. L'état où je me trouve me permet de le faire aujourd'hui, sans craindre de

P 3 m'inm'incommoder. Ecoutez le recit de la plus grande lâcheté qui se soit peut-être jamais faite dans le monde, & apprenez par-là de quels excès les personnes les plus nobles sont capables, lorsque la noblesse de leurs sentiments ne repond pas à celle de leur naissance.

Dans les différents Voyages que vous êtes venu faire à la terre de Monsieur votre Oncle, il n'est pas à présumer que vous n'ayez point entendu parler du jeune Comte de C.... C'est un Cavalier, environ de notre âge & Seigneur d'une très belle terre, qui n'est qu'à deux lieues de celle-ci. Né de Parents illustres, auxquels il ne ressemble guére, il seroit, sans doute, à souhaiter pour eux que cette espèce de Monstre n'eût jamais vû le jour. En effet par ce que je vai vous raconter, vous verrez qu'il n'a aucun de ces sentiments qui caractérisent la véritable noblesse, & sans lesquels elle n'est qu'une pure & ridicule Chimère. Un Frère aîné, qui avoit hérité, selon la coûtume, de tous les biens de son Père, ne lui avoit laissé d'abord d'autre ressource pour subsister avec quelque honneur dans le monde, que le parti des Armes. Dans cette vûe ses Parents le firent recevoir dans le corps des Mousquetaires, Ecole excellente pour le Militaire, mais que l'on peut appeller aussi l'Ecole du Libertinage & de la Débauche. Si vous en exceptez sa dextérité à manier l'épée, j'ignore si le Comte a fait de grands progrès dans la science des armes; mais ce que je puis bien assûrer, c'est qu'il n'est jamais sorti de cette école de plus grand débauché. La plus sale crapule, un goût décidé pour les plus infâmes débauches, une prodigalité qui lui a fait dissiper, en moins de deux ans, plus de la moitié de son bien; voilà en racourci le portrait du Comte de C.... devenu l'aîné de sa famille par la mort prématurée de son Frère qui n'a point laissé d'Enfans, ses Parents lui firent quitter le service, & le rappellèrent dans sa terre,

où

où il fixa fon féjour. Il y apporta tous fes vices dont il a infecté tous les Vilages des environs, n'y en ayant prefque aucun où il n'ait laiffé des traces & des monuments vivants de fon Libertinage. Pour le tirer de cet infame train de vie, qui le menacoit d'une ruine totale, fa Famille ne trouva point d'autre moyen de lui conferver ce qui lui reftoit de bien, que de le marier au plutôt, dans la perfuafion que cet engagement le retireroit du Vice. Mais malheureufement pour fes Parents, la vie fcandaleufe du Comte l'avoit tellement décrié chez tous les honnêtes gens, qu'ils ne vouloient pas même en entendre parler.

Un de fes Oncles, grand ami de feu mon Père, crut qu'en confidération de leur amitié, il le pourroit réfoudre à lui laiffer époufer ma Sœur. Prenant donc l'occafion d'une grande chaffe que mon Père donna aux Gentils-hommes du voifinage, quelques mois avant fon départ pour Paris, il vint au Château avec fon Neveu, fans paroître avoir d'autre deffein que de prendre part à cette partie de plaifir. Le hazard, ou pour parler plus jufte, le malheur voulut que ma Sœur fe trouva auprès de mon Père, au moment qu'ils y entrèrent. Le Comte ne l'eut pas plutôt vûe, que frappé de fa beauté, il en devint eperdument amoureux. Il témoigna à fon Oncle la forte impreffion qu'elle avoit faite fur fon cœur, & le pria inftamment de vouloir bien lui obtenir la permiffion de venir fréquemment l'affûrer de fes civilités. Celui-ci fe hazarda de faire cette demande; mais toute la réponfe qu'il reçut de mon Père, fut, qu'il le prioit lui-même, non feulement de ne ramener jamais fon Neveu dans fa maifon, mais de lui fignifier encore qu'il fe gardât bien d'y mettre jamais les pieds, s'il ne vouloit pas s'expofer à quelque affront; que comme il n'ignoroit pas la vie qu'il menoit, il ne prétendoit pas que ni fa Maifon ni fa Fille fuffent déshonorées par la

fré-

fréquentation d'un pareil Débauché; enfin que ce ne feroit qu'à cette condition qu'ils resteroient amis. Mon Père étoit homme de résolution. Son ami, qui le connoissoit sûr ce pied-là, ne douta point qu'il ne le fît comme il venoit de le lui dire; c'est pourquoi il avertit son Neveu de ne pas pousser la chose plus loin, attendu qu'il n'y avoit rien à faire pour lui de ce côté-là.

CETTE déclaration ne fit qu'irriter l'amour du Comte; mais par une singularité des plus inconcevables, & qui montre jusqu'où va la corruption de son cœur, & la dépravation de ses mœurs, cette nouvelle passion ne l'empêcha point de continuer ses débauches. Peut-être étoit-ce pour faire une espèce de diversion à son Amour. Quoiqu'il en soit, tant que mon Père vécut, il n'ôsa pas aller contre ses Ordres, qu'il lui avoit fait notifier par la bouche de son Oncle. Mais il n'eut pas plutôt apris sa mort, & mon Voyage à Paris, que sa passion se trouvant beaucoup moins gênée par ce double incident, il s'imagina qu'il pouvoit la faire éclater aux yeux de ma Sœur, & se hazarder de lui en faire la déclaration. C'étoit assurément bien prendre son tems, & faire voir qu'il étoit fort versé dans les usages du monde. Je vous laisse à penser, mon cher Comte, si elle fut étonnée de recevoir une pareille visite, & plus encore pour un semblable sujet. Elle la reçut comme elle le devoit, c'est-à-dire, d'une manière à lui faire perdre l'envie de lui en rendre à l'avenir de semblables. Il revint néanmoins la voir une fois. Il en fut encore plus mal reçu; mais comme ma Sœur le vit déterminé à continuer ses poursuites, elle écrivit à son Oncle, le priant de lui deffendre une fréquentation très mescéante à tous égards, surtout dans les tristes circonstances où elle se trouvoit. Les répréfentations de l'Oncle n'ayant rien opéré sur le Neveu, elle m'écrivit à Paris où j'étois, pour m'informer de ce
qui

qui fe paffoit, me priant de la venir délivrer au plutôt des pourfuites de cet infâme, dont la fréquentation déshonoroit notre maifon. Je partis fur le champ pour Ti . . . . ville, où je ne fus pas plutôt arrivé, qu'il vint m'y rendre vifite. Je ne pus la refufer à un homme de fon rang; mais je me promis bien que ce feroit la première & la dernière. Après le compliment ordinaire de condoléance, il me demanda des Nouvelles de ma Sœur, & la permiffion de lui faire la révérence. Je la lui refufai poliment; & fur ce qu'il s'obftinoit à la voir, je le priai de fa part, & de la mienne, de ne point penfer à elle, & de la laiffer un peu plus tranquille qu'il n'avoit fait par le paffé; j'ajoûtai qu'il y avoit affez d'autres perfonnes dans fon voifinage, qui ne demanderoient pas mieux que de recevoir fes vifites; qu'il favoit trop les ufages du monde pour ignorer que les triftes conjonctures dans lefquelles nous nous trouvions, ma Sœur & moi, ne nous permettoient pas d'en recevoir de plus d'une année; qu'ainfi j'efpérois qu'il ne prendroit point en mauvaife part que nous nous conformaffions à cet ufage indifpenfable.

Le Comte ne me parut pas fort content de ce compliment, que je lui fis d'un air des plus férieux. Soit qu'il fentît la force de mes raifons, auxquelles il n'avoit rien à oppofer, foit qu'il regardât comme un affront le refus que je lui faifois, il me quitta auffi-tôt fans me dire un feul mot. Je ne fus pas fort fenfible à cette brufquerie. Elle me fit au-contraire d'autant plus de plaifir, que je crus qu'elle nous alloit débaraffer de lui pour toujours. J'étois dans cette perfuafion lorfqu'un de mes Domeftiques me vint avertir qu'il mettoit tout en ufage pour corrompre mes gens, afin qu'ils lui procuraffent, la nuit, & à mon infçu, l'entrée de ma maifon. Il me montra même une bourfe pleine de Louis dont le Comte lui avoit fait préfent dans cette vûe.

Après

Après l'avoir loué de son zèle pour moi, je le grondai fort d'avoir accepté cette bourse. Je l'ai prise, Monsieur, continua ce Domestique, pour avoir en main une preuve convaincante de la vérité de ce que je vous dis. Il ne tiendra qu'à vous de vous en assûrer encore par d'autres voyes : j'ai fait mon devoir ; & mon zèle & mon attachement pour vous n'auront rien à se reprocher de ce qui en pourroit arriver.

CE procédé me parut si indigne d'un homme de condition, que j'eus de la peine à le croire. Pour m'en assûrer, j'interrogeai séparément tous mes Domestiques, qui me confirmèrent la même chose. Je fus si irrité de cette lâcheté, que je résolus d'en tirer une éclatante vangeance, si le Comte étoit si hardi que d'éxécuter cet infâme projet. Pour le mettre dans tout son tort, je lui écrivis auparavant, que j'étois instruit des tentatives qu'il faisoit pour s'introduire, à mon insçu & comme un suborneur, dans ma maison ; que je n'avois pû croire d'abord qu'un homme de sa naissance fût capable d'une pareille action ; mais qu'il ne m'étoit plus permis d'en douter après les preuves que j'en avois. J'ajoûtai que, comme j'étois instruit de son dessein, je le priois, avant que d'en venir à l'éxécution, de vouloir bien examiner avec attention la hauteur des fenêtres, & la profondeur des fossés de mon Château.

LA réponse qu'il fit à cette Lettre, fut un désaveu de tout ce que je lui reprochois. Feignant lui-même d'ignorer ce qu'il tramoit, & qu'on m'avoit découvert, il me répondit, qu'il n'avoit jamais pensé un seul instant aux choses que je lui imputois ; qu'il y avoit toute apparence que je m'étois trompé d'adresse, en lui faisant remettre la Lettre qu'il avoit reçue ; qu'il savoit parfaitement que chacun étoit maître chez soi, & qu'il n'étoit pas homme à vouloir entrer chez les gens, comme un voleur, & encore moins à
en

en fortir par les fenêtres, qu'enfin il régardoit tout ceci comme un conte fait à plaifir, & imaginé par des Domeſtiques flateurs, qui avoient apparemment cru ſe faire par-là un mérite auprès de leur Maître. Ce défaveu ne m'empêcha pas de prendre toutes les précautions que la prudence me put ſuggérer, pour prévenir l'affront que ce débauché pourroit faire à ma Famille. Je rechaufai le zèle de mes gens par l'eſpoir des récompenſes que je leur promis, & les engageai à rédoubler leur Vigilance.

Ces précautions n'eurent aucun effet, parce que le Comte renonça à ſon projet; mais ce ne fut que pour en former un autre digne de toute la noirceur de ſon ame. Ce fut celui de m'aſſaſſiner, ce qu'il auroit exécuté ſans vous. Je n'avois garde de le ſoupçonner de cette ſcélérateſſe. Je croyois au-contraire que, voyant ſon premier projet découvert, il ſe conſoloit de la perte de ma Sœur dans les bras de ſes dignes Maitreſſes. Occupé de mes affaires, je ne penſois à rien moins qu'à lui, lorſque revenant, il y a trois jours, de chez un de mes fermiers avec lequel je venois de régler quelques comptes, je fus fort étonné de me voir aſſailli, près d'une des avenues de votre Château, par ce lâche qui, dès qu'il m'apperçut, dit à deux ſcélérats qui l'accompagnoient: le voici; c'eſt lui-même; *Tue, Tue, point de quartier.* Frapé d'une rencontre ſi imprévue, je n'eus que le tems de mettre l'épée à la main. Ces ſcélérats m'auroient ſans doute envelopé, & s'en étoit fait de moi, ſi faiſant un ſaut en arrière je ne me fuſſe adoſſé contre un arbre, près duquel je venois de paſſer, & qui me garantit des coups d'épée que je vis que deux de ces lâches cherchoient à me porter par derrière, pendant que le Comte m'attaquoit par devant. Infame, lui dis-je en me deffendant, ce n'étoit donc pas aſſez pour toi d'avoir cherché à déshonorer ma Sœur; ta lâcheté &

ta scélératesse t'ont porté à me venir assassiner moi-même, parce que j'ai voulu la garantir de cette ignominie ! mais ne te flatte pas de m'oter la vie impunément. Tant qu'il me restera quelque force dans ce bras, je l'employerai pour t'arracher la tienne qui déshonore ta Famille, & tous ceux que tu fréquentes. Le Ciel est trop juste pour permettre que je périsse par les mains d'un lâche tel que toi, & pour te laisser mettre le comble à tous les crimes par un pareil assassinat.

La fureur qui me transportoit ne me permit pas de voir toute la grandeur du péril dans lequel je me trouvois. Je n'en fus point effrayé, & soûtins long-tems tous les assauts de ces trois scélérats. Vous pouvez juger des efforts qu'il me fallut faire pour me tirer d'un pas si hazardeux. Le péril devenoit encore plus grand à mesure que l'Obscurité de la nuit augmentoit. Accablé, épuisé, & succombant à la fatigue, je n'y pouvois plus tenir, lorsque le Ciel vous envoya à mon secours. Ces scélérats ne vous eurent pas plutôt apperçu, que la rage leur faisant redoubler leurs coups, le Comte m'en porta un qui me renversa par terre. Je ne doute point que ces infâmes n'eussent achevé de me poignarder avec leurs épées, si vous n'étiez pas venu fondre sur eux avec votre Postillon. Non content de me délivrer & de me vanger, vous m'avez encore sauvé la vie par les secours que votre charité me donna sans me connoître. Grand Dieu, s'écria le Marquis en m'embrassant avec transport, Souverain Protecteur de l'innocence, qui m'avez envoyé cet Ange tutelaire, pour me conserver la vie, faites naître quelque occasion où je puisse lui faire voir, dans toute son étendue, ma vive reconnoissance !

Il se passe dans le cœur humain des mouvements qu'il est presque impossible de bien répréfenter. La raison en est que,

que, agité tout à la fois de diverses passions, on ne sait bien souvent lequel de ces mouvements on doit commencer à dépeindre. Comme ils agissent tous en même tems, & qu'on ne peut les réprésenter que successivement, on ne sauroit donner de leurs effets qu'une image très imparfaite. Tel fut l'état où je me trouvai après le reçit du Marquis. Touché, d'une part, des sentiments de reconnoissance & de tendresse qu'il me faisoit paroître, & dont je devois attendre ma félicité; animé, de l'autre, par une espèce de fureur, dans laquelle m'avoit mis le procédé infâme de ces trois scélérats; enfin enchanté de la vertu & de la sagesse qu'avoit fait éclater, en cette occasion, le digne objet de mon Amour, je me voulus du mal d'avoir arrêté le zèle de Laval, qui vouloit que nous délivrassions la société de ces trois Monstres. Rien ne nous étoit plus aisé. Deux avoient été blessés, & le troisième n'étoit pas en état de nous résister.

CEPENDANT comme la brutalité du Comte pouvoit encore être funeste au Marquis, & porter quelque coup fatal à mon Amour, je lui conseillai de le dénoncer, comme un Assassin, à la justice, qui en feroit un châtiment exemplaire. Ma proposition le fît sourire. A la justice, me dit-il? Oui vraiment, de pareils gens ont beaucoup de crainte & de respect pour la justice! Hé! quand ils en auroient, pensez-vous, ajouta-t-il, que les Parents de celui-ci, qui occupent les premières places dans le Parlement de Rouen, ne le soustrairoient pas à la rigueur du Châtiment qu'il mérite ? Voici ma justice, continua-t-il en me montrant son épée qui étoit à quelques pas de lui sur une chaise: c'est elle qui me donnera la satisfaction qui m'est due. Ce lâche ne lui échappera pas, & je le chercherai si long-tems, qu'il faudra bien que je le trouve, fût-il caché dans le centre de la Terre. Je souris, à mon tour, de cette vivacité, dont il ne put lui-même s'empêcher de rire.

Nous en étions en cet endroit de notre converfation, lorfque le Chirurgien arriva. Lui ayant fait quelques reproches fur ce qu'il étoit venu beaucoup plus tard qu'à fon ordinaire, il s'excufa en nous difant que, pendant qu'il étoit en chemin, il avoit été enlevé par trois ou quatre perfonnes qui paroiffoient très afligées, & qui alloient le chercher à Rouen, pour venir vifiter un jeune Gentilhomme qui étoit dans un état pitoyable, dont il étoit impoffible de le tirer. Il a eu, nous dit-il, l'épaule fracaffée il y a quelques jours d'un coup de feu, & par l'ignorance de celui qui l'a traité, cette bleffure l'a conduit aux portes de la Mort. Je ne lui ai point diffimulé fon état. Il m'a paru moins effrayé de cette trifte nouvelle, qu'affligé du malheur d'un jeune Seigneur, dont il n'a point ceffé de plaindre le trifte fort. Dieu foit loué! dis-je tout bas au Marquis; le Ciel vous a déjà vangé d'un de vos ennemis. Il eft jufte, & ne laiffera pas le crime des autres impuni. Le Chirurgien ayant enfuite vifité fa bleffure, la trouva prefque entièrement refermée, & nous affûra qu'il feroit dans peu de jours en état de reprendre fes exercices Ordinaires.

Dans la joye que j'en eus, je dis au Marquis que je croyois qu'il étoit inutile de diffimuler plus long-tems à fa Sœur l'accident qui lui étoit arrivé, & l'état actuel où il fe trouvoit. Si elle l'apprend par d'autres, lui disje, comme cela pourroit arriver par une fuite des remords de celui de vos affaffins dont votre Chirurgien vient de nous parler, cette nouvelle eft capable de la faire mourir de douleur, au-lieu qu'en la lui annonçant avec les ménagements néceffaires, & l'affûrant par fes propres yeux de l'état ou vous êtes, non feulement elle ne fera pas fur

elle

elle une impreſſion ſi forte, mais elle nous ſaura même bon gré de la lui avoir cachée. Le Marquis approuva ma penſée & me pria de lui porter un billet, par lequel il l'invitoit à nous venir joindre.

Je me rendis a Ti.... ville avec toute la diligence d'un Amant qui vole vers ce qu'il aime. Mais, ô Ciel! qu'elle fut ma conſternation lorſqu'en arrivant au Château j'y trouvai tous les Domeſtiques en larmes. Ayant demandé qu'elle pouvoit être la cauſe d'une déſolation ſi générale, j'appris d'un Laquais, que Mademoiſelle de Ti.... avoit diſparu depuis le matin, avec ſa Femme de Chambre, ſans qu'on ſçut ce qu'elles étoient devenues l'une & l'autre; que tout ce qu'on en ſavoit, c'eſt qu'on avoit entendu des cris confus de Femmes à une des extrémités du Jardin, & que lorſqu'on y étoit accouru, l'on n'avoit trouvé perſonne; enfin qu'on ne faiſoit que s'appercevoir, dans le moment, de leur diſparution, après les avoir inutilement cherchées dans tous les appartemens, & tous les environs du Chateau; ce qui faiſoit conjecturer qu'elles avoient été toutes les deux enlevées.

La foudre la plus terrible, en tombant ſur ma tête, m'auroit moins ému, que je le fus à cette effrayante Nouvelle. J'en ſerois tombé à la renverſe, ſi celui qui me la racontoit, ne m'eût ſoûtenu, lorſqu'il me vit chanceler. La douleur, ou pour mieux dire, le déſeſpoir qui s'empara de mon cœur, me mit dans un état où j'eus beſoin de ſecours. Pour me les donner, on me tranſporta dans une des Sales du Chateau. C'étoit juſtement celle où j'avois entretenu, la veille, mon adorable Emilie. Ce reſſouvenir, joint à ce qu'on venoit de m'apprendre, me jetta dans un déſordre, qui me rendit preſque méconnoiſſable à ceux qui s'empreſſoient de me ſecourir. Ils n'en ignoroient pas la cauſe. Tous ſçavoient la paſſion

que

que j'avois pour leur charmante Maîtresse qu'on venoit de m'enlever. Ce que le Marquis m'avoit raconté, la veille, du Comte de C.... ne me permit pas de douter un moment, qu'il ne fût encore l'exécrable Auteur de ce nouvel attentat. Il ne manquoit plus à sa scélératesse que de déshonorer encore la Sœur. La rage dans laquelle me jetta cette affreuse idée, pensa me porter aux derniers excès. Je le dis à ma honte, peu s'en falut qu'elle ne me portât à attenter sur moi-même, pour mettre fin au tourment que je soufrois. Je tirai mon épée dans ce détestable dessein; mais ceux qui étoient auprès de moi me l'ayant arrachée des mains, & la raison m'étant revenue quelques moments après: je serois bien insensé, me dis-je, de me sacrifier pour le crime d'un autre! grand Dieu, m'écriai je, pardonne ce premier mouvement à un cœur aveuglé & déchiré par la violence de sa passion! Non, ce n'est pas dans mon sein, mais dans celui de l'infame Comte, que cette épée doit-être plongée! Il ne peut trop verser de sang pour laver l'affront, qu'il a fait à la vertu la plus pure qui soit peut-être sur la Terre. Revenu ainsi à moi-même, j'ordonnai aux Domestiques du Marquis de ramasser tout ce qu'il pouvoit y avoir d'armes dans le Chateau, & de monter à Cheval & j'envoyai à celui de mon Oncle un Laquais porter le même ordre à mes gens, en récommandant, sur-tout, le secret, de peur que si le Marquis venoit à être informé de ce nouveau malheur, il ne retombât dans quelque facheux accident.

Mes ordres ayant été exécutés avec tout le secret & toute la diligence que j'avois recommandé, je rassemblai, en moins d'une heure, vingt cinq Cavaliers qui se trouvèrent armés, comme l'on dit, jusqu'aux dents. La chose paroîtra d'autant moins étonnante, que le Château du Marquis, & celui de mon Oncle, étant assez éloignés du
Vi-

Village, pour se garantir des divers accidents qui peuvent arriver, en ce cas, de la part des voleurs qui se retirent assez souvent dans les bois du voisinage, il y avoit dans chacune de ces maisons une espèce de petit Arsénal, où l'on étoit sûr de trouver de quoi se deffendre contre ces misérables, qui se gardent bien même d'en approcher, lorsqu'ils savent qu'ils ne le féroient pas impunément. Ayant donc été joint par ce petit corps de Cavalerie, je le partageai en trois, donnant la conduite du premier à Laval, dont je connoissois le courage & l'intrépidité; je chargeai le Valet de Chambre du Marquis, garçon extraordinairement attaché à son Maître, du soin du second; & je me mis à la tête du troisième.

Dès que je leur eus donné les ordres qu'ils devoient suivre, nous partimes, chacun de notre côté, nous répandant dans la Campagne, cherchant par-tout, & arrêtant toutes les personnes que nous rencontrions, pour leur demander des nouvelles de ce que nous cherchions. Nous courumes long-tems sans pouvoir découvrir la moindre trace de la route que le Comte avoit tenue. Après avoir ainsi couru les champs pendant cinq ou six heures, un bois que j'apperçus à peu de distance du chemin où nous étions, me fit soupçonner que le Comte, pour dérouter ceux qui le pourroient suivre à la trace, auroit bien pû prendre cette route. Je tournai aussi-tôt avec ma troupe de ce côté-là, pour y continuer mes recherches. A peine avions-nous fait quelques cent pas dans ce bois, que j'entendis le son d'un cor de Chasse, & les cris d'une meute de Chiens qui poursuivoient un Cerf. Je me porte aussitôt vers l'endroit d'où venoit le bruit. Alors un des chasseurs, me croyant de la Compagnie, accourut à moi pour me demander qu'elle route le Cerf avoit pris. Je l'ignore, lui répondis-je; mais j'en poursuis un qui, si je le rencontre,

tre, ne mourra que de ma main, & de la mort la plus cruelle qu'on puisse faire souffrir aux plus grands Scélérats. Il y a cinq ou six heures que je le cours; ne pouriez-vous point, Monsieur, m'en montrer la trace? Vous obligeriez par ce service le plus malheureux de tous les hommes.

J'étois si agité, & si transporté, en lui tenant ce discours qu'il crut que j'extravaguois: Est-ce donc un si grand mal, Monsieur, me dit-il en souriant, que d'avoir perdu la trace d'un Cerf? Faut-il pour cela traiter ce pauvre Animal de scélérat, & le menacer de la mort la plus cruelle s'il tombe sous vôtre main? Quel mal vous a-t-il fait? Est-ce pour lui un crime digne de plus grands suplices que de se servir, pour sauver sa vie, de l'agilité de ses jambes, & d'employer à cet effet toutes les innocentes ruses que la Nature lui a apprises? Nous ne nous entendons point, Monsieur, lui répondis-je. Vous me parlez de Cerf, & moi je vous parle d'un infâme Ravisseur après lequel je cours. Ne pourriez-vous point m'en donner des nouvelles? Vous me rendriez le plus grand service qu'aucun mortel puisse recevoir, & qui seroit payé par une reconnoissance éternelle . . . . . Touchez là, Monsieur, reprit mon Cavalier en me présentant la main. Non seulement je puis vous indiquer, & même vous livrer ce que vous cherchez, mais vous faire trouver encore un trésor des plus précieux, après lequel je ne doute pas que vous ne couriez avec encore plus d'ardeur. Venez, le plaisir que je vais vous faire, me sera mille fois plus sensible que celui de la chasse. En est-il effectivement un qui égale celui de soulager un honnête homme qui est dans la peine? Votre douleur & votre abbatement me font présumer que vous courez après votre Amante, où après votre Epouse. Je connois trop l'Amour, & j'ai reconnu trop de mérite dans l'aimable personne qui est l'objet du vôtre, pour vous laisser souffrir l'un & l'autre plus long-tems; suivez-moi.   A

A ces mots il tourne la bride de son Cheval, & nous primes ensemble une route qui nous conduisit dans un endroit des plus écartés du bois. Je trouvai en y arrivant deux Cadavres étendus sur la terre, & qui nageoient presque dans le sang qui couloit encore de leurs blessures. Voilà, Monsieurs, me dit alors mon conducteur; Voilà, selon toutes les apparences, ce que vous cherchez; voilà l'infâme Comte de C.... le plus scélérat de tous les hommes, qui vous enlevoit Mademoiselle de Ti.... ville. Vous devez le reconnoître, à-moins que la fureur & les horreurs d'une mort violente, qui sont peintes sur son visage, ne vous le rendent méconnoissable. Son crime, joint à sa vie débordée, à donné tant d'horreur pour sa personne à tous les honnêtes gens, que, bien loin de plaindre son sort, qu'il n'a que trop mérité, sa mort tragique, & celle du Compagnon de ses débauches & de ses crimes, n'a pas seulement interrompu notre partie de chasse. Hé, ne doit-on pas en effet plutôt se réjouir que s'atrister d'avoir délivré le Païs d'une espèce de Monstre qui le désoloit! Ce doit être un spectacle bien agréable pour vous de voir que, sans tremper vos mains dans son sang, le Ciel a pris soin de votre vengeance. Je vous raconterois volontiers de quelle manière cette tragique avanture est arrivée, si je ne croyois pas que ce recit vous fera beaucoup plus de plaisir dans la bouche de celle que nous avons arrachée de ses mains, & que vous trouverez à une lieue d'ici dans l'Abbaye de F..... où elle a demandé d'être conduite, & où elle a été escortée par une partie de nos chasseurs.

Après l'avoir mille & mille fois remercié, j'allai rejoindre ma troupe que je renvoyai sur le champ à Ti.... ville, ou j'avois fixé le rendez-vous pour le soir, pour y porter la nouvelle de la découverte que je venois de faire. Je pris auſſi-tôt la route de l'Abbaye où j'avois appris que s'étoit retirée l'aimable Emilie. Il étoit preſque ſoir lorſque j'y arrivai. Ayant demandé à la voir, on me répondit que cela ne ſe pouvoit, parce que s'étant fait ſaigner à ſon arrivée, elle s'étoit miſe au lit. J'approuvai fort cette ſage précaution, & ne fis pas la moindre inſtance pour la voir dans la crainte de l'incommoder. Cependant comme j'étois bien aiſe de la tirer des inquiétudes, dans leſquelles un accident ſi triſte & ſi inopiné devoit l'avoir jettée, j'écrivis à la hâte un petit billet dans lequel je lui fis ſavoir mon arrivée, & combien j'étois ſenſible à ſon incommodité, auſſi-bien qu'au fâcheux évènement qui l'avoit cauſée. Ce billet lui ayant été porté ſur le champ, ſa reponſe fut qu'elle alloit deſcendre dans le moment au Parloir, où l'on me fit entrer.

Il faut avoir été Amant, & Amant paſſionné, pour ſentir toute l'étendue du plaiſir que je goûtai dans ces momens. Il redoubla encore à la vûe de Mademoiſelle de Ti.... ville qui ne me fît pas long-tems attendre. La paleur de ſon teint me fît d'abord connoître qu'elle avoit été extrêmement émue de tout ce qui s'étoit paſſé. Je n'en fus point étonné : on l'auroit été pour un bien moindre ſujet. Quel bon Ange vous a conduit ici, mon cher Comte, me dit-elle, en me regardant tendrement ! je vous revois donc enfin après avoir eſſuyé pour vous les plus vives & les plus tendres allarmes ! Mais comment avez-vous déjà pû ſavoir que j'étois dans cette retraite ? Mon Frère eſt-il inſtruit, comme vous, du funeſte accident qui m'y a conduite ? L'en avez-vous informé ſur le champ ? Ah ! pourquoi ne vous êtes-vous pas trouvés ce matin l'un & l'autre au Château ? Mais que dis-je, hélas ! La bonté du Ciel ne l'a pas permis. La tendreſſe de mon Frère, & votre Amour pour moi, vous auroient été funeſtes à tous les deux.

deux. Vous m'auriez, fans doute, voulu arracher l'un & l'autre à mon infâme Ravisseur, qui résolu de combler la mesure de ses crimes, vous auroit peut-être tous deux sacrifiés à sa brutalité, comme il a voulu en user envers mes libérateurs. C'est à ces derniers que vous devez votre chère Emilie, que, sans eux, vous n'auriez vraisemblablement jamais revue. Ce sont eux, sans doute, qui vous ont appris que j'étois ici; & l'Amour vous y a fait voler aussi-tôt pour me consoler & me secourir.

Je lui répondis que ces deux motifs m'avoient conduit à l'Abbaye de F.... Hélas, ajoûtai-je en soupirant, je ne m'attendois pas, en partant de chez moi, que je ferois une si longue course, ni pour un si triste sujet! Mon amour au désespoir, en apprenant votre malheur n'a pas balancé un moment sur le parti qu'il devoit prendre. Vingt cinq Cavaliers, rassemblés & armés sur le champ, se sont joints à moi pour venir laver dans le sang de votre infâme ravisseur l'outrage qu'il a voulu faire à votre vertu. Le Ciel nous a prévenus. Il devoit cette justice à votre innocence. C'est une satisfaction qu'il m'a ôtée, & une occasion de faire éclater à vos yeux la grandeur & la violence de mon Amour.

En ai-je jamais douté un seul moment, reprit-elle; & votre arrivée n'en est-elle pas encore une preuve des plus convaincantes? Autant que j'ai été sensible à la disgrace que je viens d'essuyer; autant, & plus encore, le suis-je à l'empressement avec lequel vous êtes accouru à mon secours, si le Ciel, qui protège toujours l'innocence, vous a prévenu, il ne vous a pas fait perdre pour cela le mérite de la démarche que votre tendresse pour moi vous a fait faire. Mon cœur, qui voit par-là ce qu'il doit espérer de vous, en conservera une éternelle reconnoissance, & vous y gravera avec des traits que rien ne fera jamais, capable d'effacer. Mais vous n'en resterez pas-là, sans doute mon cher Comte; je présume que vous voudrez bien encore me rendre à ma famille, à qui une plus longue absence causeroit de justes allarmes, & le Ciel vous a conduit ici pour cela fort à-propos.

Je n'avois garde de manquer cette occasion de témoigner à Mademoiselle de Ti.... ville, combien d'une part elle m'étoit chère, & combien j'étois sensible, de l'autre, à cette marque qu'elle me donnoit de sa grande confiance en moi. Telle est la différence des impressions que fait la même passion dans le cœur des hommes; différence fondée sur les divers motifs qui l'ont fait naître. L'aimable Emilie regardoit comme le plus grand des malheurs le voyage forcé, qu'elle venoit de faire avec le Comte de C..... dont la compagnie étoit à ses yeux le plus mortel affront qu'il eût pû lui faire; & cette même personne, si sensible, si délicate sur les moindres apparences, se confie, & demande à être accompagnée dans son voyage par un homme, qui devoit lui paroître d'autant plus dangereux que ce Comte, qu'elle ressentoit pour lui la plus vive tendresse. Est-ce Caprice; est-ce aveuglement; est-ce bizarerie dans l'Amour? Non, c'est une justice que deux véritables Amants rendent réciproquement à la pureté des sentiments de leur cœur, & à la respectueuse estime qu'ils ont l'un pour l'autre.

Avec une personne dont elle auroit été moins assûrée, la charmante Emilie auroit, sans doute, exigé pour s'en retourner dans sa Famille, que son Frère eût été de ce voyage. Elle n'y pensa seulement pas, apparemment pour les raisons que je viens de dire; ce qui m'épargna un mensonge officieux, dont il ne m'auroit été guère possible de me dispenser. Je lui demandai donc quand elle souhaitoit que je la reconduisisse au Château. Elle vouloit partir dès

le

le lendemain ; mais lui ayant repréfenté qu'après la violente émotion qu'elle avoit eûe, il étoit à-propos, & même néceffaire, qu'elle fe tranquilifât quelques jours, pendant lefquels on verroit le tour que prendroit l'affaire de la mort tragique du Comte, elle fe rendit à mes repréfentations.

RASSURE' par mes propres yeux, & un peu remis des mortelles allarmes que j'avois eûes pendant cette fatale après-dinée, je pris congé d'elle, & retournai à Ti.....ville où je trouvai tout le monde auffi joyeux qu'on y étoit affligé lorfque j'en étois parti. Je me rendis tout de fuite au Château de mon Oncle, où je trouvai le Marquis qui s'impatientoit fort de ne me point voir encore de retour. Il craignoit que la brutalité du Comte ne m'eût auffi joué quelque mauvais tour. Ce fut ce qu'il me témoigna dès qu'il me vit entrer dans fa chambre. Je le remerciai de la bonté de fon cœur, & lui appris qu'il n'avoit plus rien à craindre déformais de ce fcélérat, qui avoit enfin trouvé, dans une mort tragique, la fin & la punition de tous fes crimes, auffi-bien que le digne complice de fa lâcheté. Les auriez-vous tués tous les deux, reprit-il avec vivacité, & aurois-je encore cette obligation à ajoûter à toutes celles que je vous ai déjà ? Hélas ! le Ciel ne m'a donc pas jugé digne de purger la Terre de ces trois Scélérats. Il l'en a purgée lui-même, lui répondis-je, fans que ni vous, ni moi, y ayons eu aucune part. C'eft un reproche de moins que nous aurons à nous faire l'un & l'autre ; car quoique ces fortes d'actions foient des actes de juftice dans des cas pareils à celui-ci, toutefois comme la paffion y entre toujours pour quelque chofe, elles ne font pas auffi abfolument irrépréhenfibles aux yeux de l'Etre fuprême, qui s'eft particuliérement réfervé la vengeance des crimes, & qui en eft même jaloux. Quoiqu'il en foit, j'ai vû votre ennemi &

son Compagnon, étendus par terre, sans vie, & dans un état qui vous auroit fait horreur. Le Marquis auroit fort désiré que je lui eusse fait le récit de ce tragique événement; mais comme la nuit étoit fort avancée, que j'avois besoin de repos, que d'ailleurs j'aimois mieux qu'il l'apprît de la bouche même de sa Sœur, il n'ôsa m'en prier.

Le Chirurgien étant venu le panser, le lendemain, nous apprit la mort du Gentil-homme, dont il nous avoit parlé deux jours auparavant, & celle du Comte de C.... & d'un autre de ses Compagnons de débauches. Je tremblois qu'il n'allât entamer le récit de ce dernier évènement, & ce qui l'avoit occasionné. Il n'en auroit pas fallu davantage pour rouvrir, peut-être, la blessure du Marquis qui étoit sur le point de se refermer, & dont la guérison seroit peut-être devenue beaucoup plus difficile & plus dangereuse. Je lui fis un signe qu'il entendit; & pour repondre laconiquement aux instances qu'il lui faisoit de lui raconter cette dernière histoire, il lui dit, que tout ce qu'il en savoit, c'étoit qu'il avoient été tués tous les deux dans une partie de chasse. Il semble que cette nouvelle fut un beaume salutaire qu'on auroit versé sur la blessure. En effet le Chirurgien, l'ayant visitée, la trouva presque entiérement guérie. Dans la crainte mal fondée qu'il eut de m'être à-chargé plus long-tems, le Marquis voulut quatre jours après, s'en retourner chez lui. Il me remercia, dans cette vûe, de la manière du monde la plus polie, des bons traitements que je lui avoir faits dans sa maladie. Je ne demande qu'une grace au Ciel, ajoûta-t-il en m'embrassant avec toute la tendresse d'une Frère & d'un veritable Ami: c'est de me procurer bientôt une occasion de vous prouver par quelques services, proportionnés à ceux que vous m'avez rendus, toute l'étendue de ma reconnoissance. Je vous dois la vie, que vous m'avez sauvée,

vée, & qui eſt le premier & le plus grand de tous les biens, jugez s'il eſt quelque choſe au monde que je puiſſe vous refuſer.

Ces ſentiments, qui partoient du fonds de ſon cœur, flattoient trop mon Amour, pour n'en pas connoître tout le prix, & les avantages que je pourrois en tirer ; mais je ne crus pas devoir le faire encore paroître, étant bien aiſe qu'il ſçût auparavant les autres obligations qu'il m'avoit, & qu'il les apprît d'une autre bouche que de la mienne. Enfin ayant abſolument voulu partir pour aller réjoindre ſa Sœur qu'il croyoit à Ti.....ville : voudrez-vous bien me permettre lui dis-je, d'aller avec vous ? Ma Compagnie ne vous y ſera peut-être pas inutile. Vous me ferez honneur & plaiſir, repliqua-t-il ; mais, ajoûta-t-il après un moment de réflexion , eſt-ce que vous ſoupçonneriez qu'il y auroit encore quelque choſe à craindre pour moi dans ce petit voyage ? Ne m'avez-vous pas dit, & le Chirurgien auſſi, que mes lâches ennemis étoient morts ? Nous vous l'avons dit, lui répondis-je ; & c'eſt la pure vérité; mais vous ne ſavez pas encore toutes leurs ſcéléreteſſes. O Dieu, s'écria-t-il ! ſeroit-il auſſi arrivé quelque choſe de funeſte à ma chère Sœur ? Ces infâmes auroient-ils profité de mon abſence pour..... N'ayez aucun allarme à ſon ſujet, interrompis-je. Le Ciel n'abandonne pas ainſi l'innocence à la merci des méchants. Si vous avez quelque impatience de la réjoindre, elle n'en a pas moins de vous revoir. Votre abſence, aſſez longue, a allarmé ſa tendreſſe, auſſi auroit-elle volé chez nous pour ſe raſſûrer par ſes propres yeux, ſi une petite indiſpoſition qui lui étoit ſurvenue ne l'en eût empêché. Elle ne ſera pas, ſans doute, peu étonnée lorſqu'elle apprendra la véritable cauſe de cette abſence, que nous lui avons diſſimulée; mais vous ne le ſerez peut-être guére moins de ce qu'elle vous racontera. Ce

S   ſera

fera pour vous un nouveau sujet d'admirer encore la protection visible de la Providence sur les personnes vertueuses..... Ah, mon cher & fidelle Ami, s'étria le Marquis! je présume, sur ce peu de paroles, que ma Sœur aura aussi essuyé quelque violence de la part de ce Scélérat, & que son honneur .... je vous ai déjà dit, lui répliquai-je, que vous n'aviez aucun sujet de vous allarmer de ce côté-là. Sa vertu, son honneur, sont à couvert de toutes les violences d'un homme qui, d'ailleurs, n'existe plus depuis cinq ou six jours. Je l'ai vûe depuis ce tems; & je vous l'aurois emmenée si de solides raisons, qu'elle vous dira elle même, ne m'en avoient empêché. Allons vite la voir, reprit-il avec vivacité; car je suis extrêmement inquiet sur ce qui la regarde, & ne cesserai point de l'être que je ne l'aïe vûe.

IL vouloit sur le champ monter à Cheval; mais comme notre voyage devoit-être beaucoup plus long qu'il ne le croyoit, que peut-être il n'auroit pas été assez fort pour en soûtenir la fatigue, & que d'ailleurs mon intention étoit de ramener avec nous sa chère Sœur, je fis préparer un des Carosses de mon Oncle, dans lequel nous montâmes tous deux, après nous être munis d'un bon déjeuner. Nous primes ensemble la route de Ti....ville. Il fut un peu étonné, en y arrivant, de n'y point trouver la charmante Emilie. Comme il en demandoit des nouvelles à ses Domestiques. Vous ne vous attendiez pas, lui dis-je, mon cher Marquis, d'apprendre en arrivant ici que Mademoiselle de Ti....ville se seroit retirée dans un Convent. Ma Sœur dans un Couvent, me dit-il avec surprise! Hé! qui peut l'avoir obligée à prendre si brusquement ce parti, sans m'en avoir seulement fait la moindre confidence? Lui ai-je jamais donné le moindre sujet de mécontentement, qui pût occasionner une pareille démarche de sa part? Hélas! elle n'a jamais reçu, de la mienne, que des marques de la

plus

plus vive tendreſſe! Allons, continua-t-il, allons promptement la retirer de cette ſolitude, où l'on ne manqueroit pas de dire que je l'aurois réléguée, pour ne point partager avec elle des biens auxquels la Nature, & plus encore l'Amitié, lui ont donné autant de droit qu'à moi. Je fus charmé de voir dans le Marquis des ſentiments ſi tendres, ſi juſtes, & ſi raiſonnables pour ma chère Amante. J'en conclus que, ſi l'Amour me favoriſoit d'une part, la Fortune, de l'autre, ne me ſeroit pas contraire. Hé ſavez-vous, continua-t-il, dans quel Couvent elle s'eſt retirée? Non ſeulement je le ſai, lui répondis-je; mais je l'y ai été voir & l'ai aſſûrée que je vous y conduirois moi-même pour la ramener ici ... Partons donc ſur le champ, me dit-il, & allons promptement la chercher. Nous remontâmes auſſi-tôt en caroſſe pour nous rendre à l'Abbaye de F.... où nous arrivâmes environ ſur le Midi.

Mon deſſein étoit de prévenir d'abord ma chère Amante ſur cette entrevûe; mais le Marquis ne m'en donna pas le tems. A peine fut-il deſcendu, qu'il ſe fit annoncer à ſa Sœur, qui ſe rendit auſſi-tôt au Parloir. Il me ſeroit difficile de bien exprimer ici la joye qu'elle reſſentit en nous voyant tous les deux. Elle ſe plaignit tendrement à ſon Frère de ce qu'il l'avoit ſi bruſquement abandonnée, & l'avoit par-là, en quelque manière, expoſée au danger qu'elle avoit couru, & dont la Providence l'avoit miraculeuſement délivrée. M'ayant enſuite demandé ſi j'en avois inſtruit le Marquis, je lui répondis que n'ayant ſçu moi-même la choſe, que d'une manière fort imparfaite, j'avois crû qu'il vaudroit mieux qu'il l'apprît de ſa propre bouche. Ah! s'écria le Marquis, mes preſſentiments ne m'ont point trompé, & je gage que le Scélérat de Comte aura voulu attenter à l'honneur de ma Sœur, comme il a fait à ma vie!....
A votre vie, mon Frère, interrompit-elle toute émue! Oui,

ma chère Sœur, repliqua le Marquis; & vous voyez devant vous, ajoûta-t-il en me montrant, celui à qui j'en suis doublement redevable. Sans lui, sans son bras, sans ses secours charitables, vous n'auriez plus de Frère. Non seulement il m'a sauvé de la fureur de mes lâches assassins, mais pendant dix ou douze jours que j'ai passés dans le Château de son Oncle, où il me fit conduire, j'ai reçu de son amitié tous les soins & tous les secours dont j'avois besoin dans l'état déplorable où il m'a rencontré, & dont sans lui je ne serois jamais revenu. Voilà le premier & le plus grand de mes bienfaiteur, car y a-t-il quelque bien au-dessus de la vie? Jugez, ma Sœur, si nous devons bien l'aimer l'un & l'autre.

C'ETOIT donc là, reprit la charmante Emilie en répandant des larmes mêlées de joye & de tristesse, c'étoit donc là le véritable sujet de ce prétendu voyage avec lequel vous m'avez amusée! Si nous avons dissimulé avec vous, ma chère Sœur, repliqua le Marquis, ce n'a été que pour vous épargner pendant tout le tems les allarmes & la douleur que vous auroit causé cette nouvelle, si vous l'aviez apprise dès le premier moment. Au reste si vous trouvez qu'en cela j'aye fait quelque mal, en voici le cher complice, poursuivit-il en me montrant. C'est par ses conseils que j'en ai agi de la sorte avec vous, & nous n'avons en cela consulté tous les deux que la tendresse & l'amitié. C'est donc aussi par une suite de cette même amitié pour vous, repliqua la charmante Emilie, qu'il vous a caché le malheur qui m'est arrivé, pendant que vos blessures vous retenoient au Château de son Oncle. O mon cher Frère, qu'on est heureux quand on a de pareils Amis; & que je crois qu'ils sont bien rares aujourd'hui dans le monde! Aussi nous doivent-ils être mille fois plus chers & plus précieux que nous-mêmes, reprit le Marquis. Pour moi, je le proteste tefte à la face du Ciel & de la Terre, il n'eft rien au monde qui égale la reconnoiffance que j'en conferverai toute ma vie; & je ne doute point, ma Sœur, que votre cœur ne foit pénétré des mêmes fentimens; mais ajoûta-t-il, racontez moi donc par quel accident vous vous trouvez ici; car je me perfuade que vous n'y êtes pas venue de propos délibéré, & le peu que m'en a dit notre cher Comte m'a fait aflez connoître qu'il n'y a que la violence, qui ait pû vous faire prendre ce parti. Je n'attends pour vous en inftruire, lui dit Mademoifelle de Ti.... ville, que le récit que je vous prie de me faire du malheur qui vous eft arrivé à vous-même, & dont je preffens déjà que le mien a été une fuite. Cela eft jufte, lui répliqua le Marquis. Alors il fe mit à lui raconter la lâche perfidie du Comte de C.... telle que je l'ai rapportée ci-deffus, & il la termina par de nouveaux éloges qu'il donna à ma générofité. J'y fus d'autant plus fenfible, que je reconnus qu'ils partoient d'un cœur vraiment pénétré de la plus vive reconnoiffance.

PENDANT que le Marquis racontoit fa trifte avanture, je remarquai dans les yeux de l'aimable Emilie, qu'elle reffentoit beaucoup de joye de tout ce qu'elle apprenoit que j'avois fait pour lui dans cette rencontre. O mon cher Frère, lui dit-elle avec tranfport lorfqu'il eut achevé fon recit, eft-il quelque récompenfe dans le monde qui puiffe dignement payer des fervices pareils à ceux que Monfieur le Comte nous a rendus! Je dis nons; car ce n'eft pas feulement envers vous que la générofité de fon cœur a éclaté. Il n'a pas tenu à lui que je ne lui euffe, en mon particulier, d'auffi grandes obligations que vous; & fi la bonne volonté, lorfqu'on s'eft mis en devoir de l'éxécuter, à tout le mérite de l'action même, fachez que je lui fuis, en quelque façon, redevable de l'honneur, comme vous lui devez la vie. Vous en conviendrez lorfque je vous aurai raconté ce qui m'eſt arrivé depuis le triſte moment de notre ſéparation.

Il y avoit deux jours, dit-elle, que je n'avois reçu de vos Nouvelles, ce qui m'inquiétoit beaucoup, lorſque Monſieur m'apporta de votre part le billet, par lequel vous me marquiez votre prétendu voyage à Rouen. Je le crus, & dans cette idée j'étois aſſez tranquille, lorſque le Scélérat de Comte, qui ſe flattoit apparemment de vous avoir ôté ſi lâchement la vie, croyant ne plus rencontrer d'obſtacle à ſes deſirs, entreprit de les ſatisfaire, & prit des meſures qu'il crut infaillibles pour en venir à bout. Vous ſavez que, depuis quelques ſemaines, je prenois les eaux de Forges pour ma ſanté, & que conformément à l'ordonnance du Médecin, j'avois coûtume de me promener tous les matins pendant une heure dans quelqu'une des Allées de nos Jardins. Le Comte de C.... qui en avoit apparemment été inſtruit, trouva cette occaſion favorable pour l'exécution de l'infâme projet qu'il méditoit. J'étois à me promener ſelon ma coûtume, dans celle de nos Allées qui aboutit au grand chemin, lorſque ma Femme de chambre apperçut, au bout de cette Allée, quelques Cavaliers proprement mis qui en paſſant jettèrent les yeux ſur nous, & nous ſaluèrent fort civilement. La curioſité, qui eſt, dit-on, aſſez naturelle à notre Sexe, porta cette Fille à m'engager à pouſſer notre promenade juſqu'au bout de cette Allée, dont nous n'étions pas fort éloignées. J'y conſentis, ſans penſer qu'il pût nous en arriver le moindre mal. En effet qui jamais ſe le feroit imaginé ? J'étois même ſi éloignée de le penſer, que me trouvant près de la Grille qui ferme cette Allée, & en ayant par hazard la clef ſur moi, la même curioſité me la fit ouvrir pour ſavoir quels pouvoient être les Cavaliers que nous venions de voir paſſer, & qui nous avoient ſaluées avec tant de politeſſes. Je m'avançai

pour

pour cet effet un peu dans le grand chemin; mais à peine avions nous fait trois ou quatre pas, que nous nous vîmes tout à coup envelopées par une troupe d'hommes masqués qui sortirent d'une embuscade où ils s'étoient cachés. Nous fîmes tout ce que nous pumes pour nous débarasser de leurs mains, & regagner l'Allée; mais ces Scélérats, nous ayant pris entre leurs bras, nous enlevèrent, & nous transportèrent toutes les deux dans une grande chaise de poste, qui se trouva à quelques par de-là.

L'HORREUR dont nous fûmes saisies l'une & l'autre nous fit jetter des cris épouvantables, qui auroient attiré tous les Domestiques du Château, si on leur eût laissé le tems d'accourir à notre secours. Mais a peine fûmes-nous dans cette fatale voiture, que le Postillon qui étoit chargé de la conduire, poussa ses chevaux à toute bride. Nous étions déjà à plus d'une lieue du Château, lorsque les cris que nous ne cessions point de jetter, attirèrent enfin à la portière un des principaux Cavaliers qui, comme tous les autres, avoit le visage couvert d'un masque. Il l'ôta pour nous parler, & nous dit que nos lamentations & nos cris étoient des plus inutiles, & que ce foible secours ne me rendroit pas à ma Famille; que du reste je n'avois rien à craindre de sa part, & qu'il ne nous feroit fait aucun mal; qu'il s'étoit vû forcé, par la violence de la passion qu'il avoit prise pour moi, de recourir à cette voye pour s'assûrer la possession d'une personne qu'il adoroit, & sans laquelle il lui étoit impossible de vivre; enfin que je ne devois imputer cette violence qu'à l'exclusion que mon Frère lui avoit donnée de sa maison, & au refus qu'il avoit fait de son alliance.

RIEN ne peut égaler la suprise & la colère où je fus, lorsque dans mon Ravisseur je reconnus l'infâme Comte de C.... il n'est point de reproches, d'injures, d'invecvectives, de malédictions dont je ne l'accablasse. Le Scélérat n'en fit que rire, en me disant que je changerois bientôt de langage, & qu'après tout il se soucioit fort peu de la colère & des injures des Femmes. La diligence, ou pour mieux dire, la rapidité avec laquelle rouloit la chaise dans laquelle nous étions, ne me permit pas de continuer à parler à ce Monstre, dont la vûe avoit redoublé mon horreur pour son infâme procédé. Mon unique ressource étoit dans mes soupirs, dans mes larmes, & dans mes cris, dont j'espérois que le Ciel seroit touché. Je me flatois que, dans le premier Village où nous passerions, il nous susciteroit quelque deffenseur qui nous arracheroit de ses mains ; mais je fus trompée dans mon espérance. Non seulement nous n'entrâmes dans aucun, mais je remarquai que ce Scélérat, accoûtumé, selon toutes les apparences, à ces sortes de crimes, faisoit prendre à son Postillon des routes détournées, & très peu fréquentées, de manière que, dans cinq heures de chemin, nous ne rencontrâmes pas une seule personne.

Par une suite du Plan qu'il s'étoit fait, ayant apperçu un Bois, sur sa droite, il nous fit tourner de ce côté-là. Mais c'étoit là, sans doute, que la Justice Divine l'attendoit pour le punir de tous ses crimes. En effet l'horreur de cette solitude ayant encore redoublé celle que me causoit déjà ma déplorable situation, je me mis à m'en plaindre au Ciel en jettant des cris perçants. Ils parvinrent jusqu'aux oreilles d'une troupe de Chasseurs, qui étoient à quelque distance de nous, & qui, entendant la voix d'une Femme qu'ils crurent qu'on alloit assassiner, accoururent à toutes brides, au nombre de dix-huit ou vingt personnes. Je redoublai alors mes cris. Aussi-tôt un jeune Gentil-homme de la troupe, s'étant approché du Comte, que son masque lui fit soupçonner, avec raison, de quelque mauvais

des-

deſſein, le pria fort civilement de vouloir bien lui dire ce que ſignifioient les cris qu'il nous voyoit jetter, & ce qu'il prétendoit faire de nous. Il ajoûta que ceci avoit tout l'air d'un enlévement, que ſa Compagnie n'étoit pas d'humeur de ſouffrir, d'autant qu'un des premiers devoirs de la Nobleſſe étoit de deffendre l'honneur des Dames.

TOUTE la réponſe que le Comte fît a cette courte harangue fut un coup de Piſtolet qu'il tira ſur celui qui venoit de la lui faire, & qu'il manqua. Cette brutalité fut une eſpèce de ſignal donné pour la mort de cet infâme. En effet le jeune Gentil-homme ne l'eut pas plutôt vû porter la main ſur un de ſes Piſtolets, qu'il ſe ſaiſit auſſi-tôt des ſiens, & lui en lâcha dans la tête un coup qui le renverſa par terre. Un des Compagnons du Comte étant accouru pour le ſécourir ou pour le venger, le jeune Gentil-homme lui lâcha ſur le champ ſon ſecond coup de Piſtolet, dont il fut pareillement renverſé auprès de lui. Auſſi-tôt ſautant de deſſus ſon Cheval, avec une agilité extraordinaire, il vint l'épée à la main, fondre avec impétuoſité ſur ces deux Scélérats, & la leur ayant plongé pluſieurs fois dans le ſein, il les laiſſa ſans vie. Je craignis que cette double mort ne fût le prélude d'une Bataille ſanglante. En effet tous les autres Gentils-hommes, indignés de la brutalité du Comte, avoient ſaiſi leurs armes, & ſe diſpoſoient à faire main baſſe ſur tous les gens de ſa ſuite; mais ceux-ci, voyant leur Chef mort, ne jugèrent pas à propos de l'imiter, encore moins de le venger. Tous prirent la fuite juſqu'au Poſtillon; de ſorte que, grace à la généroſité de mes braves deffenſeurs, je me vis à l'abri des dangers auxquels la brutalité du Comte m'avoit expoſée. Je les en remerciai mille & mille fois, de la manière du monde la plus énergique. Votre nom, que je leur appris,

re-

redoubla leur empreſſement à me ſécourir, & leur horreur pour le Comte de C.... qu'ils reconnurent après que le jeune Gentil-homme, qui l'avoit tué, lui eut arraché le maſque qui couvroit ſon Viſage. Loin de plaindre ſon ſort, toute la Compagnie marqua de la joye de voir le païs délivré de cette eſpèce de Monſtre, qui l'infeſtoit.

Ne ſachant où j'étois, & ayant beſoin d'un prompt ſecours, en attendant que je puſſe vous informer l'un & l'autre de ma triſte avanture, je leur demandai ſi je ne pourrois pas trouver un Azile quelque part dans le voiſinage. Tous m'offrirent auſſi-tôt leurs Maiſons, & tous les ſécours dont je pouvois avoir beſoin ; mais ne voulant ni les déſobliger, ni leur être incommode, je m'informai d'eux s'il n'y avoit pas dans les environs quelque Couvent de Réligieuſes. Ils m'apprirent qu'il y en avoit un de Bernardines, à une demi-lieue de-là, & ſur ce que je leur témoignai que je ſerois bien aiſe d'y aller, tous s'offrirent, avec empreſſement, de m'y conduire. Il reſtoit une difficulté qui m'embarraſſoit. J'ai dit que le Poſtillon du Comte avoit pris la fuite des premiers. Il s'agiſſoit de le remplacer. Ce fut l'ouvrage d'un moment. En effet à-peine eus-je prononcé ces deux mots! *Hé qui conduira la chaiſe?* que je vis ſauter ſur un des Chevaux le jeune Gentil-homme qui venoit de me délivrer de mon infâme Raviſſeur, & qui voulut abſolument ſe charger de la conduire. Ayant été Page chez la Reine, il étoit, dit-il en riant, en état de s'aquitter, au beſoin, de cette commiſſion, auſſi-bien qu'aucun de meilleurs Poſtillons de ſa Majeſté. Toute la Compagnie le loua beaucoup de ſa généreuſe Galanterie; & la Chaiſe ayant auſſi-tôt pris le chemin de cette Abbaye, la plûpart de ces Meſſieurs m'y eſcortèrent, racontèrent à l'Abbeſſe le malheur qui venoit de m'arriver, me recommandèrent à cette Dame, & s'en retournèrent enſuite achever leur partie de chaſſe.

Un des premiers ſoins de l'Abbeſſe fut de me procurer tous les ſecours dont j'avois beſoin. Je fus ſaignée ſur le champ; on me mit au lit où je reſtai juſque vers le ſoir, que Monſieur le Comte ayant appris par hazard à Ti....ville, ce qui m'y étoit arrivé, & conduit par l'amitié qu'il a pour nous depuis long-tems, vint me voir dans cette retraite, où après bien des courſes, & bien des mouvements, il avoit appris enfin que j'étois. Il me parut fâché de voir qu'un autre eût eû la gloire de venger l'injure faite à notre Famille par le Comte de C.... & pour laquelle il s'étoit auſſi-tôt mis en Campagne avec un zèle & une ardeur, à laquelle on ne ſauroit donner trop d'éloges. Le croiriez-vous, mon cher Frère, ajoûta-t-elle, qu'en moins d'une heure de tems, il mit ſur pied une eſpèce de petite armée avec laquelle il courut après mon Raviſſeur, qui auroit infailliblement péri par ſes mains, ſi la choſe n'eût pas été déjà faite, lorſqu'il le trouva dans le Bois, où mes libérateurs lui apprirent le lieu de ma retraite. Oui, Monſieur le Comte, pourſuivit-elle en m'addreſſant la parole, quoique je fuſſe, lorſque j'eus l'honneur de vous voir ici, à couvert du péril qui vous avoit fait voler à ma deffenſe, je ne vous en regarde pas moins comme un de mes libérateurs, & ne vous en ai pas moins d'obligation. Le hazard en a préſenté l'occaſion à d'autres qui m'ont rendu, ſans me connoître, & par ſimple commiſération, un ſervice que j'attendois, & que j'aurois immanquablement reçu de votre amitié, s'il vous eût été poſſible de deviner ce qui ſe paſſoit en votre abſence. Dès que vous l'avez appris, vous avez volé pour m'arracher des mains de mon Raviſſeur, & venger mon injure; un cœur reconnoiſſant n'a pas toujours beſoin de ſervice actuel, pour exciter ſa gratitude; La volonté ſeule, miſe en éxécution, lui ſuffit, parceque le succès ne dépend pas toûjours de nous. Voilà, mon très cher Frère, poursuivit la charmante Emilie; voilà la triste avanture qui m'a conduite dans cette retraite. Les jours que j'y ai passés depuis mon arrivée ne me fournissent rien autre chose que beaucoup d'attention, de politesses, & de grandes marques d'affection, que j'y ai reçues de l'Abbesse & de ses Réligieuses.

Jamais recit n'excita dans mon cœur plus de mouvements différents, que celui que je venois d'entendre. La crainte, l'amour, la haine, la colère, l'espérance, la compassion, enfin toutes les passions m'agitèrent tour-à-tour; mais j'en sentis naître une qui m'avoit été jusqu'alors inconnue, & qui par sa vivacité l'emportoit sur toutes celles que j'avois jamais éprouvées. Dieu! que les hommes sont à plaindre lorsqu'ils ont le malheur d'en être atteints! Elle trouble leur raison, emprisonne leurs plus doux plaisirs, & les rend capable des plus grands excès, lorsqu'ils s'abandonnent à ses accès furieux. C'est la jalousie dont je veux ici parler; Monstre détestable, qui ne marche que trop souvent à la suite de l'Amour. Plus cette dernière passion est violente dans un cœur, & plus il est, dit-on, pour l'ordinaire, susceptible de l'autre. Etrange & humiliante condition de la Nature humaine! Elle trouve le plus grand & le plus cruel des supplices, même dans ce qui fait son plus grand & son plus sensible plaisir sur la Terre!

Par tout ce que j'ai rapporté jusqu'ici de mes Amours avec Mademoiselle de Ti . . . . ville il est aisé de juger que je l'adorois. J'étois même si occupé de ma passion pour elle, que je ne croyois pas que tout l'Univers ensemble pût m'offrir des plaisirs plus vifs & plus piquants que celui que je trouvois à l'aimer & à en être aimé. La vivacité avec laquelle je m'étois livré à ce doux penchant

chant étoit une espèce d'yvresse, qui me rendoit insensible à toute autre chose; enfin je ne concevois pas qu'un plaisir, ni qu'un état si délicieux pussent jamais être troublés par aucune autre passion; mais j'éprouvai bien le contraire pendant le recit de Mademoiselle de Ti.... ville. A peine nous eut-elle raconté la manière noble & généreuse, dont le jeune Gentil-homme l'avoit délivrée de son Ravisseur, & la façon galante dont il s'étoit offert de la conduire, & l'avoit effectivement conduite à l'Abbaye de F..., que je sentis s'élever tout-à-coup dans mon cœur un trouble violent que la Jalousie y excita. Par un mouvement qui tenoit de l'extravagance, & dont je rougis encore toutes les fois que je me le rappelle, je sentis mon chagrin des plus cuisants de ce que Mademoiselle de Ti.... ville étoit redevable à tout autre qu'à moi de sa délivrance. Comme je connoissois la bonté de son cœur, je craignis qu'un si grand service n'obtînt pour son libérateur une place dans ce même cœur, que je voulois occuper tout entier. Une folle & visible présomption me fit même désirer qu'elle se fût laissée enlever jusqu'aux extrémités de la Terre, pour avoir le mérite & la gloire de l'aller arracher des bras de son Ravisseur; fut-il jamais plus grande extravagance! je la portai néanmoins encore plus loin. J'allai jusqu'à m'imaginer que ce jeune Gentil-homme pouvoit bien avoir déjà pris ma place dans le cœur de mon Amante, & je me figurai que c'étoit pour cette raison que je n'avois point eû de ses nouvelles, pendant les trois ou quatre jours que j'avois été sans la voir. Quelque ridicule que fût cette pensée, je trouvois de quoi la justifier dans la manière avantageuse dont elle venoit de nous parler de son libérateur, dans l'importance du service qu'il lui avoit rendu, & dans la reconnoissance qu'elle lui en devoit.

Toutes ces pensées me mirent dans une agitation

si violente, que ne pouvant y résister, je pris un prétexte pour sortir un moment. Ce fut pour aller trouver la Tourrière du Couvent à laquelle je demandai plusieurs fois si, depuis mon Voyage, personne n'étoit venu demander, ou voir, Mademoiselle de Ti . . . . ville. Cette Fille m'ayant protesté que non, je me sentis extrêmement soulagé, & condamnai tout aussi-tôt les sentiments injurieux que j'avois eûs de ma chère Maitresse. A l'air triste, & sombre, que ces noires idées m'avoient fait prendre malgré moi, succéda un air de gayeté, qui m'étoit ordinaire lorsque je me trouvois auprès d'elle . . . . Ah, je suis ravie, Monsieur le Comte, me dit-elle alors en souriant, de vous revoir dans votre état naturel. L'air sombre & lugubre que je vous ai vû pendant quelques moments m'avoit allarmée. Je craignois que la fortune, qui nous a si cruellement persécutés, mon Frère & moi, ne vous eût aussi suscité quelque disgrace depuis votre dernière visite. Je n'en ai point d'autre, Mademoiselle, lui répondis-je, que celle d'avoir manqué la faveur après laquelle vous m'avez vû courir avec tant d'ardeur & de zèle, & qu'un autre m'a enlevée. Vous n'en avez pas pour cela perdu le mérite, reprit-elle ; & je crois que je vous ai fait assez connoître quels sont sur cela mes sentiments. Ces dernières paroles, jointes à ce que je venois d'apprendre, retablirent la tranquilité dans mon cœur. Je rougis de ce qui venoit de s'y passer, & j'aurois été au désespoir que Mademoiselle de Ti . . . . ville en eût seulement eû le moindre soupçon.

Nous partîmes tous ensemble l'après-dinée pour nous rendre à Ti . . . . ville, où nous arrivâmes heureusement. Je voulois continuer ma route ; mais le Marquis, qui ignoroit que j'eusse quelque affaire pressée, me fit tant d'instances pour m'engager à passer quelques jours chez lui, que je
ne

ne pus le lui réfuser. Pour dire la verité, je le défirois avec encore plus d'ardeur que lui. C'étoit le vrai moyen de m'aſſûrer du cœur & de la poſſeſſion de ſon aimable Sœur, & de me raſſaſier du plaiſir de la voir, plaiſir dont j'allois être privé peut-être pendant pluſieurs années. On ne peut rien ajoûter à l'attention qu'il eut de me procurer tous ceux que ſa ſituation lui permettoit. Ce qui m'y rendoit extrêmement ſenſible, étoit de voir que tous les bons traitements que j'en recevois partoient d'un cœur, qui m'étoit entiérement dévoué. Mais de tous ces plaiſirs celui qui me touchoit encore le plus, étoit celui que j'avois de voir à tous les moments du jour mon adorable Emilie, dont je reconnus que ce que j'avois fait pour elle, & pour ſon Frère, avoit encore redoublé la tendreſſe. Qu'on eſt heureux quand on peut s'attacher ainſi, par les biens de la reconnoiſſance, les perſonnes, auxquelles on tient déjà par ceux de l'Amour! Nos deux cœurs, unis par de ſi douces & de ſi fortes chaînes, ſe juroient, preſque à chaque inſtant, de ne jamais ſe ſéparer; & nous ne nous laiſſions point de nous le redire ſans ceſſe.

Le Marquis étoit trop attentif à étudier tout ce qu'il croyoit pouvoir me faire plaiſir, pour ne pas s'appercevoir que celui auquel j'étois le plus ſenſible, étoit d'être en la Compagnie de ſa chère Sœur. Il en conclut, avec raiſon, qu'elle ne m'étoit pas indifférente. En nous obſervant de plus près, il s'apperçut bientôt que nous étions épris l'un de l'autre. Pour en être encore plus ſûr, il prit en particulier Laval, auquel il demanda ce qui en pouvoit être. Ce fidelle Domeſtique fit d'abord quelque difficulté de le lui déclarer, ignorant quelles pouvoient être ſes intentions; mais le Marquis les lui ayant laiſſé entrevoir, il lui avoua que, depuis pluſieurs années, j'aimois paſſionnément Mademoiſelle de Ti . . . . ville. Il ajoûta que le feu Marquis,

qui

qui avoit approuvé cet Amour, étoit fur le point de me la donner en mariage, lorfque la mort l'avoit enlévé ; que ce funefte contre-tems avoit fait une fi forte impreffion fur moi, que mes Parents, en craignant les fâcheufes fuites, avoient pris le parti de me faire faire le voyage d'Italie, pour faire diverfion à ma douleur ; qu'il y avoit déjà plus de quinze jours que nous étions partis de Paris pour faire ce Voyage ; mais qu'au-lieu de prendre le chemin de Rome, j'avois pris, à l'infçu de ma Famille, celui de Ti....ville, où le Ciel nous avoit conduits, fans doute, pour le fauver du danger dans lequel il s'étoit trouvé. Le Marquis s'étant ainfi affûré de ma paffion pour fon aimable Sœur, recommanda le fecret à Laval, auquel il promit une récompenfe s'il étoit fidelle à le lui garder.

J'IGNOROIS qu'il étoit fi bien inftruit de mes Amours, lorfque, quelques jours après, il me propofa de l'accompagner dans une Vifite qu'il vouloit aller rendre, & qu'il devoit au jeune Gentil-homme qui avoit arraché la charmante Emilie des bras de fon Raviffeur. Je pafferois avec juftice, me dit-il, pour le plus ingrat & pour le plus incivil de tous les hommes, fi je n'allois pas le remercier chez lui d'un fervice auffi grand que celui-là. Comme je me flatte, & qu'il m'a paru, que vous prenez beaucoup de part à tout ce qui nous regarde, ne ferez-vous pas auffi bien aife de joindre, en cette occafion, votre reconnoiffance à la nôtre ? L'air embaraffé, & le ton ému avec lequel je le priai de me difpenfer de cette Vifite, lui fit affez connoître qu'elle n'étoit nullement de mon goût, & lui confirma tout ce que Laval lui avoit dit de ma paffion, dont il s'étoit lui-même apperçu. Envain aurois-je voulu la lui diffimuler plus longtems. L'Amour eft une de ces chofes qu'on ne peut tenir long-tems cachées. Il nous trahit, & fe découvre par les efförts mêmes que l'on fait, pour le dérober aux yeux de tout le
mon-

monde. Je le vois bien, me dit le Marquis; la Compagnie de la Sœur vous fait plus de plaisir que celle du Frère. Je n'en suis point jaloux. Sa beauté, & plus encore sa vertu, méritent bien que vous lui donniez la préférence. Allez donc lui tenir Compagnie pendant le tems que j'irai m'aquitter auprès de son Libérateur de ce que la Politesse & la Reconnoissance exigent de moi. La manière dont vous voyez que j'en agis ici envers vous, mon cher Comte, vous doit faire assez connoître l'estime que je fais de votre chère personne. Ne perdez par un moment. Vous serez assez long-tems sans vous voir, pendant que vous serez en Italie; & je sai combien une si longue absence doit coûter à deux personnes qui s'aiment.

Par ce discours je connus qu'on l'avoit instruit de tout ce qui me concernoit, & qu'il étoit par conséquent inutile de le lui dissimuler plus long-tems. Je le lui avouai donc, & lui répétai tout ce qu'on lui avoit déjà dit a mon insçu. L'air sérieux, qu'il affecta de prendre en m'écoutant, me fit croire que cet aveu ne lui avoit pas fait de plaisir. Je ne m'étonne plus, me dit-il, que vous ayez refusé du m'accompagner chez le Baron de Gonneville. Vous craignez peut-être de rencontrer encore en lui un Rival. Ce qu'il a fait pour ma Sœur est en effet un Titre, qui lui donneroit de grands droits sur son cœur, si sa beauté avoit fait la même impression sur le sien, que sur le vôtre. C'est ce que j'ignore, & dont la visite que je vais lui rendre m'instruira bientôt. Il ne me paroit pas que vous soyez fort curieux d'être témoin d'un pareil éclaircissement. En ce cas, je ne vous presse plus de m'y accompagner. Vous passerez, sans doute, auprès de ma Sœur de moments plus doux. Mais quelle haute idée ne faut-il pas que j'aye de votre vertu & de la sienne, pour vous laisser ainsi seul avec elle, après l'aveu que vous venez de me faire? Jugez par-là, mon cher Comte, si je vous connois l'un & l'autre à fonds,

& de l'eſtime que je fais de vous. Je le remerciai mille fois de ſes bontés, & lui proteſtai que je ſerois au déſeſpoir de m'en rendre jamais indigne. Je l'eſpère, me repliqua-t-il; & étant auſſi-tôt monté à Cheval, il partit, me laiſſant dans l'incertitude ſur le ſort qu'il réſervoit à mon Amour.

Dans cette triſte ſituation, j'allai rejoindre Mademoiſelle de Ti . . . . ville, à qui je racontai ce qui venoit de ſe paſſer. Cette aimable fille, me voyant affligé, employa, pour me conſoler & me raſſûrer, tout ce que l'Amour peut inſpirer de plus tendre. Pouvez-vous vous allarmer ainſi ſans ſujet, me dit-elle? Si mon Frère n'approuvoit pas notre Amour, vous auroit-il envoyé, comme il a fait, auprès de moi? Atiſeroit-il lui-même un feu qui n'eſt déjà que trop ardent, s'il ne le voyoit pas avec plaiſir? Livre-t-on ainſi, en quelque façon, à un Amant paſſionné, un objet qu'il idolâtre, lorſqu'on eſt réſolu de le lui refuſer. Hé, quand il voudroit en agir auſſi cruellement avec vous, après les obligations que nous vous avons aujourd'hui l'un & l'autre, pourroit-il le faire ſans ſe rendre coupable de la plus affreuſe ingratitude? Le Ciel, qui approuve des nœuds, qu'il a ſans doute lui-même formés, ne l'a-t-il pas mis dans l'impoſſibilité de vous rien refuſer? Me l'auroit-il rendu, ce cher Frère, & ce ſeroit-il ſervi de vous pour lui ſauver la vie, afin qu'il me l'ôtât lui-même; car enfin, je ne vous le diſſimulerai point, me priver de vous, ou me donner à un autre, ce ſeroit m'enfoncer un Poignard dans le cœur. Ce cœur eſt tout à vous. Les droits que vous y avez aquis ne lui permettent pas de vivre, ni ſans vous, ni pour d'autre que pour vous. C'eſt cette douce & flatteuſe eſpérance qui m'a ſoûtenue juſqu'ici au milieu des funeſtes angoiſſes, par leſquelles le Ciel m'a fait paſſer depuis deux mois. Il a voulu ſans doute, & veut encore, éprouver par-là notre conſtance, pour nous rendre plus ſenſible & plus précieuſe
la

la félicité, à laquelle il nous a destiné en nous unissant pour jamais l'un à l'autre. C'est ainsi que mon adorable Emilie s'efforçoit de dissiper les allarmes que la violence de mon Amour me causoit. Elle réussit à rétablir le calme dans mon cœur, mais il n'y régna pas long-tems.

IL fut de nouveau troublé par l'arrivée de son Libérateur qui vint, deux où trois jours après, au Château, rendre la visite que le Marquis lui avoit faite. Il demanda à voir Mademoiselle de T.... ville, qui n'auroit pû, sans impolitesse, & sans ingratitude, lui refuser cette satisfaction. Ce fut encore un nouvel assaut que mon Amour, ou pour mieux dire, ma jalousie eut à soûtenir. La bonne mine du jeune Baron de Gonneville, sa taille avantageuse, ses manières polies & galantes, mille belles qualités qu'annonçoit un extérieur prévenant, me jettèrent dans des allarmes que j'eus toutes les peines du monde à cacher. Elevé à la Cour dès son enfance, il avoit parfaitement profité de cette excellente école. Il s'y étoit si bien conduit, qu'il avoit été gratifié, en sortant de Page, d'une Compagnie; & par une rencontre assez singulière, il se trouva qu'il avoit été plusieurs fois dans les mêmes Garnisons que le Marquis; ce qui avoit formé entr'eux deux une liaison, que la dernière avanture de Mademoiselle de Ti.... ville ne fit que resserrer encore davantage. Cette liaison, & la visite du Baron firent naître dans mon cœur mille soupçons qui le déchirèrent cruellement. Sa Phisionomie aimable & prévenante, son esprit vif & brillant, ses façons engageantes, son procédé généreux envers mon Amante, la reconnoissance qu'elle devoit en avoir, tout me fit voir en lui un Rival dangereux, qui pouroit m'enlever dans la suite, ou du moins me disputer, un cœur dont je travaillois depuis plusieurs années à m'assûrer la possession.

IL est vrai que je venois de recevoir des assûrances que

ce cœur étoit tout à moi ; mais qu'on s'allarme aifément quand on aime! La crainte continuelle où l'on eft, que le bien, après lequel on afpire, ne nous échape, eft une efpèce de boureau qui nous tourmente fans ceffe, & contre lequel il n'y a que la poffeffion qui puiffe nous raffûrer. Malheureufement pour moi, je ne pouvois me flatter de lever fi-tôt les obftacles qui s'oppofoient à mon bonheur. Le Deuil du Marquis & de fa Sœur, mon Voyage d'Italie, l'oppofition de mon Père, que le tems feul & les inftances de mon Oncle pouvoient lever, enfin l'inconftance naturelle au Sexe, tout m'allarmoit, tout me troubloit, tout m'inquiétoit.

Que l'homme eft ingénieux à fe tourmenter foi-même, ou plutôt, que la félicité après laquelle il court ici bas eft mêlée d'amertume & de traverfes! Je venois de me regarder comme le plus heureux des mortels, comme je l'étois en effet; & une imagination, une chimère empoifonne, un moment après, le plaifir auquel j'avois été fi fenfible! j'étoufai, autant qu'il me fut poffible, & renfermai dans mon cœur ces honteux mouvements que la jaloufie y excitoit, & que j'aurois voulu, pour tout ce que je poffédois au monde, pouvoir en chaffer. Ne fuis-je pas fou, me difois-je, après les affûrances que l'adorable Emilie m'a données de fon Amour, de me mettre de pareils phantômes dans la tête! Que diroit cette chère & tendre Amante, fi elle me croyoit feulement capable d'avoir pour elle des fentiments, qui dans le fonds lui font fi injurieux ? Ah! gardons-nous bien de les lui faire jamais paroître! Ce feroit le vrai moyen de s'attirer fon indignation & fa haine, & de la perdre pour jamais; car y a-t-il dans le monde une feule femme raifonnable qui voulût s'unir avec un jaloux par des liens indiffolubles, tels que font ceux du mariage ? Je fus donc tout le premier à condamner mon extravagance.

RIEN

Rien ne contribua plus à m'en guérir, que ce que je sentis un moment après, & qui doit apprendre aux hommes combien ils doivent se défier des chimères, que la jalousie leur met ordinairement dans l'esprit pour les tourmenter. C'est que ce prétendu Rival, qu'elle m'avoit représenté comme un homme si rédoutable à mon Amour, étoit lui-même marié depuis environ trois mois à une des plus aimables Dames de la Province, qu'il aimoit passionnément, & qui lui avoit fait une fortune considérable. On peut juger par-là si mes soupçons jaloux avoient le moindre fondement solide. Combien de gens, attaqués de la même maladie, se livrent-ils à mille & mille imaginations qui ne sont pas plus fondées, & qui néanmoins leur font souffrir les plus cruels tourments, qu'il ne font aussi que trop souvent endurer à l'innocent objet de leur jalousie! Puisse cet exemple contribuer à les guérir d'un mal dont les cruelles atteintes, que j'ai éprouvées, surpassent tout ce qu'on en peut dire!

Cependant le tems de mon départ approchoit; car enfin un plus long séjour à Ti.... ville m'auroit rendu coupable aux yeux de mon Père, s'il avoit été instruit de ma désobéissance. Quelque violent que fût mon Amour, j'aurois été au désespoir qu'il m'eût brouillé avec lui. Ce n'auroit pas effectivement été le moyen de réussir dans le projet dont mon Oncle s'étoit flatté, qui étoit de me faire épouser, à mon retour, la charmante Emilie. Une Lettre qu'il m'écrivoit à Lyon, où il me croyoit, & que me renvoya Merveille, à qui j'avois donné ordre de m'aller attendre dans cette Ville, me fit connoître qu'il étoit enfin tems de me séparer de ma chère Maitresse. Il n'est pas difficile de se figurer combien cette séparation devoit-être douloureuse de part & d'autre. L'aimable Emilie ignoroit encore le voyage que je devois faire. Je tremblois de
le

le lui annoncer; j'aurois voulu me le cacher à moi-même. Le Marquis, qui en étoit inftruit, non feulement m'épargna cette douleur, mais il y joignit encore la plus grande faveur qu'il pût me faire. Après avoir fondé en particulier les fentiments de fa Sœur pour moi, & ayant reconnu qu'ils étoient tels que je les lui avois déclarés, la veille de mon départ, il me tint, en fa préfence, ce difcours qui fera toujours préfent à ma mémoire, quand je vivrois des milliers d'années.

Puisqu'enfin vos affaires ne vous permettent pas de refter plus long-tems avec nous, il ne feroit pas jufte, dit-mon cher Comte, que nous vous laiffaffions partir d'ici comme vous y êtes venu. Votre Amour vous a conduit ici pour nous fauver l'un & l'autre. Je vous dois la vie, & ma Sœur vous eft, en quelque façon, redevable de fon honneur, pour la deffenfe duquel vous avez fait tout ce qu'on peut faire. Des bienfaits de cette nature méritent des récompenfes extraordinaires. Après avoir long-tems cherché comment je pourrois m'acquitter envers vous, je n'en ai trouvé qu'un moyen qui pût vous être agréable, c'eft de partager avec vous ce que je poffède . . . . Ah! mon cher Marquis, interrompis-je, auriez-vous crû mon cœur capable d'être fenfible à un vil intérêt . . . . Ecoutez-moi jufqu'au bout, continua-t-il. Si je vous propofois fimplement la moitié de mon bien, je croirois faire infulte à votre générofité. Je fais que vous avez le cœur trop bien placé pour accepter cette offre, qui d'ailleurs feroit encore infiniment au-deffous de ce que je vous dois; Mais j'y joins un tréfor qui en relévera, fans doute, le prix & le mérite à vos yeux. C'eft la main de ma chère Sœur, qui vous a déjà fait préfent de fon cœur, comme vous lui avez donné le vôtre depuis long-tems. Si je favois dans le monde quelque chofe qui pût vous faire plus de plaifir, &

qu'il

qu'il fût en mon pouvoir de vous le procurer, m'en coûtat-il tout mon bien, m'en coûta-t-il tout mon sang, je consacrerois à cela l'un & l'autre avec la même ardeur & le même zèle, qui vous a fait exposer à tout, pour nous sauver tous les deux des dangers que nous avons courus. Ma chère Sœur ne m'en dédira point. Je connois sa tendresse pour vous, comme je connois la vôtre pour elle, & ce n'est que sur cette assûrance que je vous la présente en qualité d'Epouse. Si les tristes conjonctures dans lesquelles nous nous trouvons me l'avoient permis, comme je ne doute point que vos Parents ne soient encore, à cet égard, dans les mêmes dispositions où ils étoient, lorsque la mort nous a enlevé notre Père, nous consommerions sur le champ, de concert avec eux, cette grande affaire ; mais vous savez que la bienséance nous lie sur cela les mains encore pour plus d'une année. Cependant comme quelqu'un de ces accidents imprévus, auxquels la vie est tous les jours exposée, pourroit m'ôter l'occasion de m'acquitter envers vous, je n'ai point voulu m'exposer à remporter de ce monde une stérile reconnoissance. De quelque manière qu'il plaise à la Providence de disposer de moi, je mourrai votre beau-Frère. En voici le gage & l'assûrance, poursuivit-il en me présentant une grande & magnifique boëte d'Or, qu'il me pressa d'accepter. Puisse ce présent, ajoûta-t-il vous faire ressouvenir long-tems de moi, comme je me souviendrai de vous, tant qu'il me restera un soufle de vie !

Je fus si surpris, & même si saisi, de ce bonheur inespéré, que je n'eus pas la force de répondre sur le champ à un discours si gracieux. Les larmes de joye qui coulèrent de mes yeux, jointes à un certain tressaillement que je sentis dans mon cœur, me coupèrent la voix, lorsque je voulus parler. Attendri d'ailleurs par la présence de ma chère Amante, dont le Marquis venoit de m'assûrer la possession, fion, j'étois dans une espèce d'extase qui me ravissoit tous les sens. Cette aimable fille, que son Frère avoit fait asseoir à mes côtés, le coude négligemment appuyé sur la Table, cachoit d'une main ses beaux yeux qui répandoient quelques larmes, que la joye faisoit sans doute aussi couler. Un aimable pudeur, qui s'étoit répandue sur tout son Visage, y relevoit encore l'éclat de ses charmes. O ciel! qu'elle étoit adorable dans cet état & dans cette attitude!.... Qui vous verroit ainsi l'un & l'autre, & ne vous connoîtroit pas, nous dit le Marquis en souriant, vous croiroit tous les deux dans la plus grande affliction du monde; mais je connois vos cœurs à fonds, je lis ce qui s'y passe, & je vois avec une satisfaction infinie que ces larmes & ces soupirs, qui vous ôtent à tous les deux l'usage de la parole, ne procèdent que de l'excès de votre joye. Il en est des transports de celle-ci, comme des excès de la douleur. Ces deux passions sont muettes l'une & l'autre, lorsqu'elles sont à un certain point. Allons donc, reprenez vos esprits, & revenez à vous. Vous, mon cher Frère (car je ne vous donnerai plus à l'avenir d'autre nom) prenez la main de ma Sœur, & regardez-là, des ce moment, comme votre Femme; & vous, ma chère Sœur, regardez dorénavant Monsieur le Comte, comme votre Epoux. Puissiez-vous être aussi heureux, & aussi contents, tous les jours de votre vie, que je suis assûré que vous l'êtes en ce moment!

A ces dernières paroles je sortis de l'espèce d'anéantissement, où la joye m'avoit mis d'abord. J'avançai ma main en la présentant à ma charmante Emilie, qui de son côté me présenta la sienne. Je la baisai avec des transports dont son Frère fut charmé. Je l'étois encore bien plus du bonheur qu'il venoit de me procurer; & ce qui me le rendit encore plus piquant, c'est que ma chère Amante me parut y être aussi sensible que moi. Les larmes de joye qui

ve-

venoient de couler de ses yeux, y avoient fait place à une douce langueur, à travers laquelle on voyoit briller l'excès de son Amour. Les tendres regards qu'elle jetta sur moi me pénétrèrent jusques au fonds du cœur, où elle excita les plus doux transports.

CONTENT des assûrances que le Marquis venoit de me donner, & uniquement occupé de mon bonheur présent, je ne faisois point attention à la magnifique boëte qu'il m'avoit présentée, ni à ce qu'elle pouvoit contenir. Il m'en fit ressouvenir. Je l'ouvris aussi-tôt, & y trouvai le portrait de Mademoiselle de Ti . . . . ville qui y étoit représentée avec tous les charmes qui la rendoient si aimable. Voilà, me dit-il, un présent qui vous consolera un peu de l'absence de votre chère Epouse, en attendant que le tems vous réunisse pour ne vous plus jamais séparer. Ensuite tirant un grand papier qui étoit dans le fonds de la boëte ; pour cet Acte-ci, ajoûta-t-il, il pourra contribuer à me conserver dans votre amitié la place que je vous prie de vouloir bien m'y garder. C'est à vous deux maintenant à en assûrer la validité par votre signature ; & en même tems il me présenta la plume. Ayant jetté les yeux sur cet écrit, je vis que c'étoit un contract par lequel il me donnoit sa Sœur en mariage avec la moitié de tous les biens qu'il possédoit. Nous voulûmes lui faire sur cela nos très humbles remerciments. Tout celui que j'exige de vous, nous dit-il, c'est que vous mettiez, l'un & l'autre, votre nom au bas de cet Acte en signe d'acceptation. Nous ne nous fîmes pas prier davantage. Je présentai la plume à Mademoiselle de Ti . . . . ville qui, après avoir signé, me la remit de la manière du monde la plus gracieuse. Je signai après elle, & le Marquis en fit autant. Alors il fit entrer deux Notaires qui étoient dans la chambre voisine, & qui achevèrent de donner à cet Acte toute l'autenticité dont il pouvoit avoir befoin: Cette piéce m'ayant été enfuite remife par le Marquis, nous paffames le refte de la journée dans la joye & les plaifirs que pouvoient nous permettre les circonftances dans lefquelles nous nous trouvions. C'eft ainfi que fe firent nos fiançailles, & que, par la petite fupercherie que je fis à mes Parents, je m'affûrai, à leur infçu, de la poffeffion du charmant objet qui devoit faire le bonheur de ma vie.

S'IL m'étoit doux, d'une part, d'avoir fait cette précieufe acquifition, c'étoit, de l'autre, un fupplice bien rude pour moi d'annoncer à ma chère Amante notre féparation, dont la durée devoit être fi longue. Ne me fentant pas affez de force pour prendre fur moi cette commiffion, je priai le Marquis de vouloir bien s'en charger, & de lui annoncer cette nouvelle, de manière qu'elle ne lui fût point trop douloureufe. Il me le promit. M'étant donc contenté de la laiffer dans l'idée où elle étoit que je ne retournois que pour quelques femaines à Paris, d'où je reviendrois enfuite paffer l'Eté, felon notre coutume, à la terre de mon Oncle, je pris congé d'elle, après lui avoir laiffé mon Portrait que j'avois eu la précaution de faire tirer, & une bague affez riche que je portois au doigt, la priant de garder l'un & l'autre, comme un gage de mon Amour & de l'alliance que nous venions de contracter enfemble.

JE partis le lendemain pour Paris, après avoir fort recommandé aux Domeftiques de mon Oncle le fecret fur le Voyage que je venois de faire. Le Marquis, à qui j'avois fait confidence de la petite tromperie que la violence de mon Amour m'avoit fait faire, avoit pris la même précaution avec les fiens; deforte que je fus fort tranquille fur ce fujet. Le fecret fut en effet fi bien gardé, que ma Famille ne fçut rien de ce Voyage, ni de tout ce qui s'y étoit paffé, que lorfqu'il fut tems de l'en inftruire. Arrivé à Paris, j'en partis tout de suite pour Lion. Il étoit tems que j'y arrivasse. Les Amis, pour lesquels mon Père m'avoit donné des Lettres de recommandation, en avoient déjà reçu d'autres, par lesquelles il leur demandoit de mes nouvelles. Un accident que je feignis m'être arrivé dans la route excusa mon rétardement. Je passai près d'un Mois dans cette belle & grande Ville, qui ne reconnoit que Paris au dessus d'elle. Elle peut passer, avec justice, pour une des plus considérables de l'Europe, tant par sa grandeur & par le nombre de ses habitants, que par sa richesse. C'est aussi une des plus anciennes, puisqu'elle compte plus de deux mille ans, depuis qu'elle fut fondée par les Romains qui y établirent une de leurs Colonies. Les Antiquités dont on y trouve encore quelques vestiges, font voir qu'elle étoit, sous ces Maîtres du monde, aussi brillante & aussi considérable, pour le moins, qu'elle l'est aujourd'hui. J'en visitai, en me promenant, quelques restes, qui montrent seulement que ces grands monuments ont existé. Le tems, qui détruit tout à la fin, & plus encore le grand nombre de révolutions que cette Ville a essuyées, en ont fait disparoître & la forme & la figure, desorte qu'on n'y connoit presque plus rien. Je ne vis qu'un monument qui se soit conservé en entier, & qui est également respectable, & par lui-même, & par la dignité de son Auteur. C'est la harangue que l'Empereur *Claudius* fit au Senat de Rome en faveur des *Lyonnois*, lorsqu'il étoit *Censeur*. Cette piéce est gravée sur une Table antique de Bronze, partagée en deux colonnes. Elle fut trouvée l'an 1528, & se conserve dans le Vestibule de l'Hôtel de Ville, où je la lus, d'un bout à l'autre, avec beaucoup de satisfaction.

COMME les plaisirs marchent ordinairement à la suite des richesses, celles que le Commerce jette dans cette ville, en procurent de toutes les espèces à ses habitants. L'Opéra, la Comédie, les Bals, les Assemblées, le Jeu, les Caffés, enfin tous les plaisirs qu'on peut desirer, font de Lion un second Paris. On a même, dans cette première Ville, un avantage qu'on n'a point dans l'autre. C'est qu'étant èloignée de la Cour, on n'y voit point ce fol entêtement pour le Luxe qui ruine, ou met à l'etroit, tant de Familles. Deux mille écus de rente à Lion, en valent plus de dix mille à Paris, desorte que tel particulier vit-là comme un petit Prince, dont le revenu ne sufiroit pas à Paris pour le seul entretien de ses Domestiques & de son Carosse. Je trouvai dans les Amis, auxquels mon Père m'avoit recommandé, des personnes d'un commerce & d'une société agréables, qui me procurèrent tous les plaisirs qu'on pouvoit prendre dans leur Ville: J'y aurois été plus sensible, sans doute, si mon cœur eût été plus libre; mais éloigné de l'objet de mon Amour, qui m'occupoit sans cesse, il me sembloit que ces plaisirs, qui avoient eu pour moi tant d'agrémens, les avoient tous perdus. Une Lettre que je reçus du Marquis de T... ville, m'y rendit absolument insensible pendant quelques jours. Il me marquoit qu'il s'étoit acquité auprès de sa Sœur de la commission dont je l'avois chargé, mais que, quoiqu'il lui eût annoncé mon départ pour l'Italie avec tout le ménagement possible, cette nouvelle lui avoit néanmoins causé tant de chagrin, qu'elle en étoit tombée malade, qu'il espéroit cependant que cet accident n'auroit point de fâcheuses suites.

A cette triste nouvelle peu s'en fallut que je ne prise la poste sur le champ pour retourner à Ti.... ville. Je l'aurois fait, malgré toutes les remontrances de Merville, qui me représenta les conséquences de cette démarche, si une seconde Lettre, que je reçus, quelques jours après, de Mademoiselle de Ti.... ville elle-même, ne m'eût rassûré sur sa situation. C'étoit la première que j'eusse jamais
re-

reçu d'elle. () Dieu! qu'elle étoit tendre! L'Amour l'avoit lui-même dictée. Les larmes de joye & de tendresse que je répandis en la lisant, dissipèrent les allarmes mortelles que m'avoit causé celle de son Frère. Je fis réponse à l'un & à l'autre dans les termes les plus expressifs que la plus tendre Amitié & l'Amour le plus ardent puissent fournir. Pour n'être plus exposé à l'avenir à de pareilles allarmes, je les priai très instamment tous deux, & surtout ma chère Amante, de me donner de leurs nouvelles, au moins, tous les huit jours, comme je ne manquerois pas de leur donner des miennes, tant que dureroit mon absence, dont j'abrégerois la durée autant qu'il me seroit possible. Ils me le promirent par une réponse qu'ils me firent & que je reçus, quinze jours après à Montpellier, où j'étois alors. L'exactitude avec laquelle nous nous acquitâmes, de part & d'autre, de notre promesse, ne contribua pas peu à dissiper les chagrins que cause l'absence à des personnes qui s'aiment tendrement.

DÉSQUE j'eus vû à Lion tout ce qui peut satisfaire la curiosité d'un Voyageur qui cherche à s'instruire, j'en partis pour me rendre à Montpellier, Ville du Languedoc, la plus considérable après Toulouse qui en est la Capitale. Les Etats de la Province, qui y étoient alors assemblés, m'en firent trouver le séjour très-agréable. La brillante Cour du Prince de Dombes qui, en qualité de gouverneur, présidoit à cette Assemblée, les Députés de la Noblesse & du Clergé de la Province dont elle étoit composée, une multitude de Gentils-hommes & d'autres personnes riches, qui ne manquent pas de se rendre pendant ce tems à Montpellier, y amennent ordinairement avec eux les jeux & les plaisirs. Ce n'étoit que Bals, que Parties de plaisirs, que Comédies, & autres Amusements, qui, joints à l'humeur gaye des habitants, donnoient à cette Ville un air qui n'avoit rien de Provinvincial. Mais une des choses qui m'y frappa davantage, ce fut l'enjouement & la grande liberté du Sexe, enjouement d'autant plus piquant, qu'il est toujours accompagné de beaucoup de sagesse. J'en vis une preuve bien convainquante dans la personne d'un jeune Anglois, dont je vais inférer ici la tragique Avanture, afin d'en conserver le souvenir.

Tout le monde sait que la Ville de Montpellier est principalement renommée en France & dans les païs voisins, pour son Ecole de Médicine. Cette Ecole, qui a formé de très grands hommes, & fort habiles dans cette science, y attire non seulement un grand nombre de François, mais aussi d'Etrangers, qui viennent y faire leur cours de Médecine. Un jeune Anglois, fils d'un des Médecins de S. M. Britannique, y avoit été envoyé dans cette intention; mais il s'appliqua beaucoup moins à l'étude de cette science, qu'à faire sa Cour au beau Sexe, dont les manières libres & enjouées étoient beaucoup plus de son goût, que tous les préceptes d'Hipocrate, de Gallien, & de Paracelse. Jeune, beau, bienfait & riche, avantages qui préviennent ordinairement les Belles en notre faveur, il s'imagina qu'il n'en trouveroit point à Montpellier, dont le cœur pût résister à ses attaques. Dans cette vaine persuasion, pour rendre sa conquête plus brillante, il choisit Mademoiselle de N.... qui étoit une des plus aimables & des plus belles personnes de la Ville. Il ne lui fut pas difficile de s'introduire chez elle. La grande liberté avec laquelle on vit à Montpellier, y ouvre toutes les portes à tous les honnêtes gens, qui y sont présentés par quelque personne de connoissance. Celle de Mademoiselle de N... fut ouverte par cette voye au jeune Anglois qui, par une vanité assez ordinaire à son âge, se fit passer pour le Fils d'un Milord. Il y fut reçu d'une manière convenable à cette qualité, c'est-à-dire, comme un homme dont la fréquentation ne pouvoit être qu'honorable;

&

& il se comporta pendant quelque tems d'une façon à le faire croire. Mais la passion violente qu'il prit pour cette Belle, ne lui permit par de soûtenir long-tems ce caractère. Comme il n'étoit point encore bien au fait de la coûtume du païs, il prit les manières libres & enjouées de Mademoiselle de N . . . . pour des marques d'Amour, & résolut en conséquence de donner quelques assauts à sa vertu. Elevé dans l'Ecole de *West-minster*, où la jeunesse est extrêmement débordée, il en avoit apporté tout le libertinage à Montpellier, où il eut pour lui des suites très funestes. En effet ayant voulu prendre avec cette Demoiselle des libertés contraires à son honneur, il en fut reçu d'une manière à lui faire perdre l'envie d'en prendre à l'avenir de pareilles avec des personnes de sa sorte. Moins sensible à ce mauvais traitement qu'a l'exclusion qu'elle lui avoit donnée, il n'y eut point de ressors qu'il ne fit jouer pour tâcher de rentrer dans ses bonnes graces; mais n'ayant pû en venir à bout, il prit une résolution vraiment digne de son caractère & de son éducation. Ce fut de publier par-tout, qu'il avoit obtenu tant de faveurs de Mademoiselle de N . . . ., qu'il s'en étoit enfin dégoûté pour passer à d'autres Amours.

Le bruit de cette infamie ne fut pas plutôt parvenu jusqu'à cette Demoiselle, qu'elle résolut de venger son honneur, que cet insolent outrageoit d'une manière si cruelle. Outrée, avec justice, de cet affront, elle crut que rien n'étoit capable de le laver, que le sang de celui qui le lui avoit fait. Pour mieux assûrer sa vengeance, elle la dissimula pendant quelque tems, au bout duquel elle apprit que son infâme calomniateur avoit eu une querelle fort vive avec un autre Anglois, *Jacobite*, que ses Parents avoient aussi envoyé étudier à Montpellier. Cette avanture parut à Mademoiselle de N . . . . très favovorable pour l'exécution du deſſein qu'elle rouloit dans ſa tête. Elle écrit donc auſſi-tôt, au nom du *Jacobite*, un billet par lequel elle mande au jeune Anglois de ſe trouver en armes le lendemain, dans un endroit qu'elle lui indiquoit, pour lui faire raiſon des inſultes qu'il lui avoit faites ; de s'y rendre ſeul & ſans témoins, afin qu'on ne pût pas les ſéparer, comme on avoit déjà fait ; & pour que l'affaire fût plus promptement terminée, qu'elle ſe décideroit au Piſtolet, & non à l'Epée.

CE billet ayant été porté par un inconnu au prétendu Milord, celui-ci, qui ne ſoupçonnoit rien de la vengeance qu'on lui réſervoit, fit reponſe qu'il ne manqueroit pas de ſe trouver au rendez-vous, à l'heure marquée. Il s'y rendit en effet & s'y trouva le premier. Mais qu'elle fut ſa ſurpriſe quand, au-lieu du *Jacobite* qu'il attendoit, il vit arriver Mademoiſelle de N . . . ! Elle ne dura pas longtems ; car après lui avoir reproché en peu de mots l'infamie de ſon procédé envers elle, cette Héroïque Fille, lui voyant ajoûter encore la raillerie à ſes précédentes inſultes, en fut ſi piquée, ainſi que du refus qu'il fit de ſe battre avec elle, que lâchant auſſi-tôt un de ſes Piſtolets, elle lui fit voler la cervelle, après quoi elle rentra dans la Ville, d'un air auſſi tranquille & auſſi content, que ſi elle fût revenue d'une partie de promenade. Cette tragique Avanture étoit arrivé à Montpellier le jour même que j'y entrai.

CE ne fut pas la ſeule action Héroïque de cette aimable Fille. Elle en fit une ſeconde qui en mérite pas moins d'éloges, & que voici. La mort du jeune Anglois ayant été bientôt divulguée, comme on ſavoit qu'il avoit eu querelle avec le *Jacobite*, ce dernier fut ſoupçonné de l'avoir tué, & fut en conſéquence arrête ſur le champ. La Demoiſelle de N . . . en ayant été informée, & ne voulant pas qu'un homme innocent portât la peine d'une Action

qu'elqu'elle venoit de faire, alla auſſi-tôt ſe dénoncer elle-même au Juge, lui raconta la choſe, comme elle s'étoit paſſée, & ſe rendit d'elle-même en priſon, où elle reſta quelques jours. Comme l'inſulte qu'elle avoit reçue de l'Anglois, étoit auſſi publique que ſanglante, les Juges, ne trouvant aucun crime dans ſon action, la renvoyèrent chez elle comblée des éloges, que méritoient ſa ſageſſe & ſon courage Héroïque. J'ai appris depuis qu'un d'eux, auſſi enchanté de ſa vertu que de ſa beauté, l'avoit épouſée, & lui avoit fait une fortune conſidérable.

A cette eſpèce de prodige j'en joindrai ici, en paſſant, un ſecond, que je vis dans la même Ville. Ce fut un Evêque (Charles Joachim Colbert) qui avoit ſacrifié à l'Amour de la Verité, & à ſon Dévoir Paſtoral, non ſeulement toutes les eſpérances de fortune, dont ſa naiſſance & ſon rare mérite pouvoient le flatter, mais celle même dont il jouiſſoit. Il étoit dans la diſgrace de la Cour, ou pour mieux dire, du Cardinal Miniſtre. Elle lui avoit été attirée par une certaine Société Réligieuſe, très-puiſſante, qui n'eſt que trop connue, & contre la Doctrine de laquelle il s'étoit déclaré avec la plus grande & la plus ſaine partie de l'Egliſe de France. Celle-ci, pour l'en punir, lui avoit fait retrancher tous les revenus de ſon Evêché, qu'elle s'étoit fait donner, & dont elle jouiſſoit depuis plus de dix ans. Ce Prélat n'en étoit pas demeuré moins ferme dans ſon Dévoir; ce qui avoit encore augmenté pour lui l'eſtime & le reſpect de tous ſes Diocéſains, dont il avoit ſçu gagner les cœurs par une conduite vraiment Epiſcopale. Telle eſt la récompenſe que le Ciel donne, dès ce monde, à la ſolide vertu: les Méchants peuvent, il eſt vrai, la perſécuter, mais jamais la faire haïr, ni lui ôter l'eſtime & la vénération qu'elle mérite.

APRÈS avoir paſſé quelques ſemaines aſſez agréablement

ment à Montpellier, je me rendis de-là à Marseille, où je ne m'arrêtai que quatre jours, pour voir ce qu'il y avoit de curieux. Lorsque j'eus visité l'Arsenal & les Galères que S. M. tient en cette Ville, je n'y trouvai plus rien qui mérite la curiosité du Voyageur, si ce n'est peut-être la gayeté extraordinaire de ses habitants, que l'on voit, presque à chaque heure du jour, danser au milieu des rues, exercice qu'ils aiment passionnément. Mais pour aimer la joye, ce Peuple n'en est ni plus poli, ni plus civil. Peut-être le grand commerce que les Marseillois ont avec les Nations du Levant, dont les manières sont tout-à-fait opposées aux nôtres, leur donne-t-il cet air d'impolitesse, auquel nos François, en général, sont peu accoûtumés. A cette raison je crois pouvoir en ajoûter encore une autre, fondée sur l'épreuve que j'en ai faite. J'avois remarqué dans mon Voyage qu'à mesure, que je m'éloignois de Paris, les habitans des Villes par lesquelles j'étois passé, s'éloignoient aussi, plus ou moins, de cette Urbanité, qui est comme naturelle à ceux de cette Capitale: Or comme les Marseillois en sont à plus de cent soixante & dix lieues, je fus beaucoup moins surpris de voir qu'ils n'eussent presque aucune de nos manières.

A l'égard de celles des habitants de Gènes, où j'arrivai quelques jours après, je les trouvai si insuportables, que je n'ai plus été étonné du peu d'estime, que j'ai vû que l'on avoit par-tout pour ces Républiquains. Si l'on a donné à leur Capitale le fastueux titre de *Superbe*, je ne doute nullement qu'on ne l'ait plutôt fait pour exprimer par ce mot le caractère de ses habitants, que pour marquer la magnificence de ses édifices, qui ne la distinguent en aucune façon des Villes ordinaires. Et comme l'Orgueil est le premier, le plus grand, & comme le Père de tous les autres Vices, on peut dire avec vérité,

que

que les Génois, en général, remplissent par les leurs toute l'étendue de la signification de ce terme. Avares à l'excès, cette passion les rend capables de sacrifier au moindre intérêt le peu de probité qu'ils pouroient avoir; Durs & impitoyables pour tout autre que pour eux-mêmes, ils voyent d'un œil sec la misère de leurs propres Concitoyens, & la regardent même comme une chose qui leur est glorieuse, en ce qu'elle flatte leur vanité; Dévôts jusqu'à la superstition, ils ne font aucun scrupule d'exercer les plus criantes usures, & de commettre les plus noires trahisons; Galants en apparence, tout leur amour, sur-tout dans les jeunes-Gens, n'aboutit qu'à la plus sale débauche; Jaloux jusqu'à la brutalité, le plus lâche assassinat fait périr chez eux le plus honnête-homme du monde, qui n'aura pas seulement pensé, ni à leurs Femmes, ni à leurs Filles, ni à leurs Maitresses; enfin, pour achever ici leur portrait, tout ce qui passe pour Vice dans tous les autres Païs du monde, est regardé à Gènes comme une Vertu, ou du moins, comme une Gentillesse.

J'Avois souvent entendu parler des défauts de cette Nation; j'avois lû ce que les plus anciens Historiens en ont écrit, & qui s'accorde assez avec ce qu'en disent nos Voyaguers modernes; mais j'avois crû que les uns & les autres avoient outré la matière. Ce que j'en vis de mes propres yeux me détrompa, & je les reconnus tels que les uns & les autres nous les ont réprésentés. J'avouerai que je fus étonné de trouver, dans une Nation si voisine de la nôtre, des mœurs si peu dignes d'un Peuple civilisé. Après avoir long-tems cherché la cause d'une corruption si peu naturelle, je la trouvai, en partie, dans le peu de soin que les Génois prennent de l'Education de leurs Enfans, & dans le mépris qu'ils affectent pour leur Jeunesse. Uniquement occupés de leur Commerce, qui eſt l'âme & le nerf de cette République ; dévorés d'ailleurs par une ſordide Avarice, qui leur fait retrancher les dépenſes les plus néceſſaires, ils abandonnent le ſoin de leur Enfance à un Domeſtique, qui leur laiſſe faire tout ce qu'ils veulent ; heureux encore quand il ne leur apprend pas le mal qu'ils ignorent ! A Gènes, encore plus qu'en Hollande, on n'a jamais ſçu ce que c'eſt que Précepteur & Gouverneur. Si quelqu'un, par un excès de générofité & de tendreſſe Paternelle, prend la réſolution extraordinaire de donner à ſes Enfans ce qu'ils appellent de l'Education, ne croyez pas qu'il le faſſe ſous ſes yeux, ou dans quelque Académie, ni même dans quelque Collège tant ſoit peu renommé. Non, cela entraîneroit, à leur avis, trop de dépenſe, & diminueroit d'autant le tréſor qu'ils travaillent à amaſſer. Une Ecole de Village, dans laquelle une eſpèce de Païſan enſeigne, à bon marché, à lire, à bien écrire, à calculer, à tenir les Livres de Commerce, & autres choſes pareilles ; Voilà les Académies des Génois ; Voilà toutes leurs Sciences ; Voilà toute leur Education. Qu'on juge après cela des grands Perſonnages, qui doivent ſortir de pareilles Ecoles. Ce n'eſt pas qu'ils n'ayent naturellement de l'eſprit & des talents ; mais ce ſont des fonds qui, n'étant point cultivés, ne leur ſervent, pour l'ordinaire, qu'à être encore plus méchants, parce que la mauvaiſe Education qu'ils ont reçue, eſt cauſe qu'ils en uſent mal.

Une ſeconde cauſe des Vices qu'on reproche avec juſtice aux Génois, eſt le mépris qu'ils font de la Jeuneſſe, avec laquelle les gens d'un certain âge ſe gardent bien de ſe mêler. Quoique ce ſoit celui de tous les âges, où l'on a le plus beſoin de conſeils, un homme de cinquante ans ſe croiroit déshonoré à Gènes, s'il en fréquentoit un de vingt, ou de vingt-cinq. La raiſon qu'on allègue dans ce Païs-là pour

juſ-

justifier une conduite si extraordinaire, c'est, dit-on, que la Jeunesse y est fort libertine. Hé, comment ne le seroit-elle pas, puisque tous ceux qui pourroient l'instruire & la conduire dans les sentiers de la Sagesse & de la Vertu, la regardent avec mépris & la fuyent ! Est-il étonnant qu'un Vaisseau sans Pilote, & abandonné à la violence des Vents & à la fureur des Tempêtes, aille se briser contre les écueils? La fougue des Passions produit les mêmes effets sur le cœur humain, lorsqu'il n'est pas conduit par la Raison & par la Sagesse qui sont, ordinairement, les fruits de l'âge & de l'expérience. Toute l'occupation de cette Jeunesse ainsi abandonnée à elle-même, est de n'en point avoir ! Or tout le monde sait, & les jeunes Génois en sont une preuve vivante, que l'Oisiveté est la Mère de tous les Vices.

Enfin une troisième & dernière cause des Vices que l'on remarque dans cette Nation, est le peu de fréquentation qu'elle a avec les autres, chez qui elle pourroit apprendre à s'en corriger. Voyager chez les Etrangers, pour en étudier les mœurs, les usages, & s'instruire de leurs bonnes qualités, pour en profiter soi-même, est une chose qui ne se pratique point chez les Génois. On en peut donner deux raisons, leur Orgueil & leur Avarice. Se croyant la Nation du monde la plus parfaite, ils regardent toutes les autres, comme étant beaucoup au-dessous d'eux; & la dépense qu'entraînent toujours les Voyages, est absolument incompatible avec leur Caractère avare & vilain. Aussi lorsqu'il s'en trouve quelqu'un qui est sorti du païs, pour étudier le monde & se façonner, ils appellent cela, sortir des règles, se distinguer mal à propos ; & bien loin d'estimer un tel homme, les autres, à son retour, le regardent comme un sot, qui a employé son Argent à des choses qui leur paroissent inutiles, & même ridicules. Voilà le portrait naturel des Génois tels que je les ai vûs, & tels qu'ils feront probablement encore long-tems, s'ils continuent de tenir la même conduite. Au reste je ne prétends pas dire par-là, qu'il n'y ait, comme partout ailleurs, quelques honnêtes-gens parmi eux; mais ils y sont en petit nombre; & c'en est toujours assez pour faire une exception à la corruption générale, qu'on reproche très justement à cette Nation. Je n'y ai vû que deux bonnes qualités auxquelles on ne pourroit donner trop de louanges, si la Vertu en étoit le principe. C'est leur extrême Sobriété, & l'aversion qu'ils ont pour le Luxe; mais malheureusement, l'un & l'autre est une suite de leur sordide Avarice; ce qui leur en ôte tout le mérite.

Par ce détail il est aisé de juger que je ne goûtai pas beaucoup de plaisir dans la fréquentation, que j'eus avec Messieurs les Génois; mais j'en fus bien dédommagé par l'agréable séjour que je fis à Sienne, Ville considérable du Duché de Toscane, où je me rendis en sortant de Gènes. Si tous les Peuples du monde ressembloient à ceux dont je viens de faire le portrait, les Voyages seroient non seulement inutiles, mais encore très pernicieux pour la Jeunesse, & le premier conseil que je donnerois à nos François seroit de ne jamais souffrir que leurs Enfans sortissent du Païs; mais s'ils ressembloient tous au Siennois, je voudrois qu'ils les envoyassent tous chez eux, pour y apprendre la science du monde, & la véritable manière de jouir agréablement de la vie, dont on ne jouit nulle part aussi délicieusement que dans ce païs-là. Sienne, qui est la Capitale d'un de trois petits Etats, qui composent le grand Duché de Toscane, & auquel elle a donné son nom, est sans contredit une des plus charmantes Villes d'Italie par sa situation, par la bonté, & la pureté de l'air qu'on y respire, par la fertilité de son terroir, mais bien plus encore par le caractère

re aimable, par l'esprit, l'enjouement, la politesse, & l'humeur extrêmement sociable de ses habitants. Fondée, environ deux cens ans avant la naissance de J. C., par une Colonie de Gaulois *Sénonois*, qui vinrent en Italie sous la conduite du célèbre *Brennus*, lequel saccagea Rome & fit trembler long-tems la République Romaine, cette Ville semble avoir transmis de siécle en siécle à ses habitans cette franchise & cette aimable cordialité, qui faisoit, dit-on, le caractère de la nation Gauloise. Ce n'est pas seulement entr'eux qu'ils font éclater ces bonnes qualités; elles s'étendent jusque sur les Etrangers mêmes, qui y sont attirés par leurs manières civiles & gracieuses.

Sur le portrait qu'on m'avoit fait en France de l'humeur sombre, jalouse, & dissimulée des Italiens, & sur ce que j'en avois vû moi-même à Gènes, je ne comptois pas beaucoup profiter de mon Voyage, ni trouver beaucoup de plaisirs parmi cette Nation. Le séjour que je fis à Sienne m'en fit porter tout un autre jugement. A peine y fus-je arrivé, qu'en moins de huit jours, je me vis répandu parmi tout ce qu'il y avoit de plus considérable & de plus aimable dans la Ville. Je crus d'abord que c'étoit un effet des bonnes recommandations que l'on m'avoit données; mais j'appris dans la suite, avec beaucoup de plaisir, qu'ils en usoient de même envers tous les Etrangers qu'ils en jugent dignes; & comme ils ont tous naturellement beaucoup d'esprit, ils s'apperçoivent dès la première Visite, si un homme mérite les caresses & les amitiés, qu'ils sont disposés à lui faire. Pour peu qu'ils l'en trouvent digne, ils en agissent alors avec lui comme on peut faire avec le meilleur de ses Amis, le tout sans aucune affectation, ni aucun air qui ressente la contrainte. On attribue cette politesse & cette affabilité extraordinaire des Siennois envers les Etrangers, à la haine irréconciliable qu'ils ont pour les Florenrentins, qui les ont foumis à leur domination; car autrefois ils formoient un Etat Libre & Républicain. Et comme ils cherchent à fe diftinguer en tout ce qu'ils peuvent des Florentins, ils fe font toujours étudiés depuis à l'emporter par leur affabilité envers les Etrangers. Cette vengeance, qui eft des plus fpirituelles & des plus délicates, ne manque pas de porter coup. En effet comme ceux-ci, en fortant de Sienne, vont toujours à Florence pour y voir la Cour du grand Duc, accoûtumés aux belles manières des Siennois qu'ils viennent de quitter, ils ne peuvent s'empêcher de méprifer fouverainement les Florentins, qui font le Peuple le plus fuperbe, le plus avare & le plus infupportable de toute l'Italie après les Génois. Voilà ce qu'on peut appeler une vengeance des plus rafinées. Il faut être auffi fpirituel que les Siennois pour l'avoir imaginée, & auffi délicat qu'eux pour en goûter la douceur. A cela près, que le Monde feroit un féjour agréable fi les habitants de chaque païs fe piquoient ainfi, à qui l'emporteroit les uns fur les autres, pour la politeffe & la cordialité!

Parmi les excellentes qualités que je reconnus dans les Siennois, j'en remarquai trois principales qui les diftinguent particuliérement du refte des Italiens. La première eft leur Amour pour les Sciences, qu'ils ont préfque toujours cultivées. Auffi ont-ils dans leur Ville tout ce qui eft néceffaire pour cela; Collèges, Univerfité, Académie, Bibliothèques, habiles Profeffeurs, favants Académiciens. Avec le fonds d'efprit qu'ils ont naturellement, avec de pareils fecours, & l'application qu'ils y donnent, il n'eft point du tout étonnant qu'ils y réuffiffent, ni qu'ils ayent eû parmi eux un fi grand nombre de Perfonages illuftres dans tous les genres. Jamais Vile en Europe n'en a produit une fi grande quantité. Elle a donné la naiffance à
plu-

plusieurs Saints de l'un & de l'autre Sexe, à neuf Papes, qui sont *Nicolas* II. *Gregoire* VII. *Alexandre* III. *Pie* II. *Pie* III. *Marcel* II. *Paul* V. & *Alexandre* VII., à un grand nombre de Cardinaux, d'Archevêques, d'Evêques, de Jurisconsultes, de gens de Lettres, & autres. Les Dames mêmes auxquelles, par un préjugé aussi ridicule qu'il leur est injurieux, on a interdit, presque par-tout, l'étude des Sciences, se distinguent à Sienne par l'application qu'elles y donnent, sur tout aux Belles Lettres : Aussi sont-elles admises, comme les hommes, dans l'Académie, où elles brillent quelque-fois plus qu'eux par la vivacité de leur esprit, & par la beauté de leurs productions. Il n'y a pas jusqu'aux Bourgeois de cette Ville qui ont aussi une Académie, qu'ils ont nommée *li Rozzi*. Cette Académie n'est destinée qu'à l'étude des Comédies en prose, qu'ils aiment passionnément & qu'ils représentent ensuite pour le divertissement du public. J'ai assisté avec beaucoup de plaisir à la représentation de quelques-unes de ces piéces, qu'ils exécutent avec beaucoup de vivacité. Ils y expriment les différents caractères d'un air si naturel, qu'on les prendroit, à les voir, pour les Originaux mêmes qu'ils jouent. Enfin il n'y a pas jusqu'aux Païsans qui n'aient de l'esprit dans ce Païs-là ; ce qui paroit par les fréquents *impromtus* qui leur échapent, lorsqu'ils sont dans la joye, chose qui leur arrive fort souvent ; car ils l'aiment naturellement, suivant en cela l'exemple que leur en donnent leurs Maîtres & leurs Maitresses.

La seconde qualité qui me fait beaucoup estimer les Siennois, c'est leur tempérance & leur frugalité. En effet, quoiqu'ils ayent des vins excellents, & à très bon marché, ils n'aiment cependant point à boire. Ils regardent même, avec un juste mépris ceux qui sont sujèts à ce Vice. Cette Vertu règne aussi dans leurs repas, dans lesquels.

quels on ne voit jamais ni profufion , ni même de fuperfluité. Ils mangent peu ; mais ce qu'ils mangent eft bon ; & lorfqu'ils invitent quelqu'un, c'eft fans façon ; ce qui fe pratique même dans les meilleures maifons. Ce qu'ils fervent eft fort bien apprêté, bien entendu ; & ils joignent feulement à leur ordinaire quelque plat choifi & délicat. Ils penfent, & avec juftefſe, que ce n'eft pas avoir envie de voir fouvent les gens, que de les régaler avec une profufion, dont on n'eft pas en état de foûtenir long-tems la dépenfe, & que la véritable amitié n'exige point ces ruineufes & inutiles cérémonies.

A ces deux excellentes qualités j'en joindrai une troifième, qui rend leur fociété extrêmement agréable ; c'eft le penchant qu'ils ont tous pour la galanterie, dont ils fe font un des plus aimables amufements. Ce penchant leur paroit fi naturel, qu'ils regardent comme un imbécille & un ftupide, tout homme qui n'a pas une intrigue amoureufe. C'eft à cet agréable pafſe-tems que l'on doit attribuer l'union charmante avec laquelle ils vivent entr'eux, cette gayeté, cet enjouement & cette urbanité que n'ont point ordinairement des perfonnes, qui ne s'occupent qu'à l'étude des Sciences. Les Siennois favent corriger l'un par l'autre. Partageant tout leur tems entre ces deux occupations, ils donnent le matin à l'étude, & le refte du jour, avec une partie de la nuit, à la galanterie. Cet amufement ne fe pratique pas moins par les Dames, que parmi les Cavaliers, dont la conquête leur eft d'autant plus aifée à faire, que ce font les plus belles Femmes qui foient dans toute l'Italie. Mais ce qui rend leur compagnie mille fois encore plus aimable c'eft leur efprit qui, étant orné & cultivé par la lecture & par l'étude, l'emporte d'ordinaire fur celui des Hommes par fa vivacité, & fes agréables faillies. On en peut dire autant de leur mémoire qui eft fi prodigieufe, que

bien

bien souvent il leur suffit d'avoir lû un livre une seule fois, ou d'avoir entendu un sermon avec attention, pour le savoir par cœur. Si c'est une suite de la grande application qu'elles donnent à l'étude; où si c'est un talent particuliérement effecté aux femmes de ce Païs-là, c'est ce que je ne puis décider. Tout ce que j'en puis dire, c'est que j'ai souvent été témoin de ce que j'écris ici. Une chose que j'ai encore plus admirée dans cet aimable Sexe, & que je n'ai pas toujours rencontrée ailleurs, c'est la bonne union & la parfaite intelligence dans laquelle ces Dames vivent les unes avec les autres. Point de jalousies, point de médisances dans les Assemblées qui se tiennent alternativement chez elles, & où les Cavaliers, & même les Etrangers de leurs connoissance, sont parfaitement bien reçus. Enfin on ne remarque dans les Dames Siennoises presque aucun des défauts qu'on reproche à leur Sexe, & qui rend nos Cercles quelque-fois si ennuyeux aux personnes, qui ont du goût & du discernement. Dans ces Assemblées, les unes s'amusent à de petits concerts de Voix & de Simphonie, pendant que les Cavaliers divertissent les autres par de petits jeux Galants, ou expriment à leurs Belles d'une manière tout-à-fait agréable, la violence de leur passion. L'Assemblée, qui commence sur le soir & dure jusqu'à minuit, étant finie, chaque Cavalier reconduit sa Dame chez elle; & celles-ci, en leur souhaittant le bon soir, leur donnent rendez-vous pour le lendemain dans l'endroit où l'on doit s'assembler.

Je trouvai cette façon de vivre tout-à-fait agréable, & bien éloignée de l'idée que l'on a ordinairement de la contrainte & de l'Esclavage, dans lequel on dit que les Italiens tiennent les Dames. Il est vrai que je ne les ai vû jouir qu'à Sienne de cette grande liberté, dont il est presque inoui qu'elles aient jamais abusé. Il est encore vrai que ce Privilège ne s'étend qu'aux Femmes mariées; car pour les jeunes Demoiselles, on les tient, avec raison, éloignées de cette familiarité & de ce commerce galant, qui pourroient être trop dangereux pour de jeunes personnes. Mais si les Dames jouissent dans la Ville d'une si grande liberté, ce n'est encore rien en comparaison de celle qu'elles ont à leurs Campagnes. Comme le séjour en est beaucoup plus riant & plus guai, elles y vivent aussi sans aucune espèce de contrainte. Elles n'y sont présque jamais sans grande Compagnie, & y tiennent les mêmes Assemblées que dans la Ville. Les Jeux d'amusement, les plaisirs de la Promenade, ceux de la Table, de la Chasse aux Oiseaux, dont elles prennent le divertissement aussi bien que les hommes, les Conversations galantes, les petits rendez-vous, le tout entre-mêlé, de tems en tems, de quelques lectures amusantes & instructives; voilà quelles sont leurs occupations dans cet aimable séjour. Ces plaisirs sont d'autant plus délicats que jamais le crime ne les accompagne, ce qui n'est rien moins que rare dans les autres contrées de l'Italie, où la jalousie des Maris tient les Femmes enfermées sous la cléf, sans les laisser voir à qui que ce soit. Par cette conduite, tout opposée, les Siennois font voir leur prudence & leur sagesse, & combien ils sont persuadés de la verité des maximes d'un de nos plus fameux Poëtes Comiques, qui dit que

Le Sexe aime à jouir d'un peu de liberté; *
On le retient fort mal par trop d'austérité,
Et les soins défiants, les Verroux & les Grilles
Ne font point la vertu des Femmes, ni des Filles.
C'est l'honneur qui les doit tenir dans le Devoir,
Non la sévérité que nous leur faisons voir.
C'est une étrange chose, à le dire sans feinte,
Qu'une Femme qui n'est sage que par contrainte.

En-

* Moliere, dans son *Ecole des Maris*.

En vain sur tous ses pas nous prétendons régner;
Son cœur, son tendre cœur, est-ce qu'il faut gágner,
Et l'on ne doit tenir, quelque soin qu'on se donne,
Son honneur guéres sûr aux mains d'une personne,
A qui, dans les désirs qui peuvent l'assaillir,
Il ne manqueroit rien qu'un moyen de faillir.

Si, à l'exemple des Siennois, tous les Italiens étoient bien convaincus de ces Vérités; si en conséquence, ils en agissoient comme eux avec leurs Femmes, ils en vivroient mille fois plus heureux, leurs Femmes les chériroient tendrement, & leur honneur ne courroit entre leurs mains aucun de ces hazards qui, malgré toutes leurs précautions, leur font faire si souvent naufrage. Qu'ils se rappellent l'exemple de la première Femme, dont elles sont toutes sorties. Celle-ci n'auroit jamais, dit-on, été tentée de toucher au fruit de l'Arbre de la Science du bien & du mal, s'il ne lui avoit pas été si sévérement défendu.

C'EST une remarque fort judicieuse que fit sur ce sujet une de ces aimables Dames qui m'avoit pris, selon la coûtume, pour son Cavalier, & qui à cette occasion, me donna une preuve de ce que j'ai dit, un peu plus haut, de l'esprit & de la grande mémoire des Dames Siennoises. Cette Dame étoit l'Epouse d'un noble Siennois, à qui j'avois été recommandé & qui m'avoit procuré la connoissance de tout ce qu'il y avoit de plus distingué dans la Ville. Elle avoit beaucoup d'esprit, & aimoit passionnément les Belles Lettres, à l'étude desquelles elle s'étoit fort appliquée. Elle entendoit & parloit parfaitement les langues Françoise & Latine, excelloit dans la Poësie Italienne, & avoit composé un grand nombre d'excellentes piéces, qui lui avoient mérité une Place honorable dans l'Académie des *Intronati*. Un jour que j'étois à sa Campagne & que nous nous entretenions ensemble sur cette matière, lui ayant récité les vers que je viens de transcrire, elle les trouva parfaitement beaux; & les pensées lui en parurent aussi justes, que flatteuses pour son Sexe. Les exclamations par lesquelles elle témoignoit combien ce petit morceau de notre Poésie lui plaisoit, excitèrent la curiosité des autres Dames qui étoient avec nous, & qui lui demandèrent quel étoit le sujet de son admiration. Elle le leur dit; mais comme celles-ci n'entendoient point la langue Françoise, elles ne purent partager ce plaisir avec elle. La Compagnie étoit occupée à toute autre chose, lorsque cette Dame, qui s'étoit éclipsée sans que je m'en fusse apperçu, rentra, quelques moments après, dans l'Assemblée, ayant en main ses Tablettes qu'elle remettoit dans sa poche. La voyant rentrer, j'allai au devant d'elle, & me doutant de quelque chose, je lui dis en riant que la vûe de ses Tablettes m'annonçoit quelque nouvelle production de sa part. Non, non, me dit-elle en souriant; mais comme je n'ai pas voulu laisser échapper le beau morceau de Poésie que vous m'avez fait le plaisir de me réciter, je viens de le transcrire. Je me plaignis galamment de ce qu'elle ne m'avoit pas procuré l'occasion de lui rendre ce petit service, dont je me serois acquité avec beaucoup de joye. Je ne vous l'ai point demandé, reprit-elle, parceque cela n'étoit pas nécessaire. En effet l'ayant priée de vouloir bien me prêter un moment ses Tablettes, pour voir s'il ne lui étoit pas échappé quelques Vers, je ne fus pas peu étonné de voir qu'il n'y manquoit seulement pas une Virgule. Mais ce qui me surprit encore davantage, fut qu'à la suite de ces Vers François, j'en vis un pareil nombre d'Italiens, qui exprimoient, presque mot pour mot, ceux que je venois de lire, & qui même, en quelques endroits, l'emportoient, pour la beauté, sur l'Original. O pour le coup, lui dis-je, vous me permettrez de régaler la

Com-

Compagnie de cette charmante traduction! Elle voulut s'y opposer; mais un des Cavaliers, entendant notre petite contestation, la termina en se saisissant des Tablettes. Aussi-tôt il se mit à lire tout haut cette excellente traduction, que les Dames entendirent avec autant de plaisir, qu'elle fit d'honneur à celle qui venoit de la faire. Ce fait, & plusieurs autres de cette Nature dont je fus temoin, confirment ce que j'ai dit de l'esprit & de la mémoire extraordinaire des Dames de Sienne.

Par le détail que j'ai fait ci-devant de mon Caractère, il est aisé de juger que je me plaisois beaucoup en la Compagnie de personnes si aimables; aussi y passai-je près de trois mois. J'en employai les premiers jours à voir les curiosités de cette Ville, ses Edifices, ses Places, ses Fontaines, & sur-tout sa Cathédrale qui, après l'Eglise de S. Pierre de Rome, est la plus belle de toute l'Italie, étant toute incrustée de marbre, dehors & dedans, & d'une Architecture assez belle, quoique Gothique. Le reste de mon tems étoit partagé entre la fréquentation des personnes les plus aimables de la Ville, & l'étude de la langue Italienne. Je l'avois apprise assez imparfaitement à Paris; & comme Sienne est l'endroit de toute l'Italie, où on la parle le mieux, je résolus de m'y perfectionner. La Dame dont je viens de parler, & chez qui j'allois régulièrement tous les jours, s'offrit galamment de me l'enseigner elle-même. Je ne pouvois tomber en de meilleurs mains, car elle la parloit dans la dernière perfection, & avec des graces infinies. Elle s'acquitta de cet emploi avec d'autant plus de zèle & de succès, que l'inclination qu'elle avoit prise pour moi, augmentoit encore en elle le désir qu'elle avoit de m'être utile en quelque chose. J'aurois été le plus ingrat de tous les hommes, si j'avois refusé la mienne à une personne si aimable. L'effort d'ailleurs auroit été trop violent pour

un

un cœur naturellement tendre comme le mien. Peut-on en effet refuser son amitié à ce qui est véritablement aimable? Non sans doute. Quoique nous ne ressentissions rien de plus l'un pour l'autre, nous ne laissions pas de nous traiter d'Amant & de Maitresse, selon la mode du Païs. J'en faisois auprès d'elle toutes les fonctions extérieures, & je m'en acquitois avec d'autant plus de plaisir, que, comme elle avoit quelque ressemblance avec mon adorable Emilie, je croyois rendre à cette autre moi-même tous les petits Dévoirs, qui sont d'usage dans la Galanterie. Jamais tems ne coula si rapidement, ni si agréablement pour moi, que celui que je passai dans cette charmante Ville. Je lui donne, avec justice, cette Epithète qu'elle mérite encore bien plus pour la Politesse, la Courtoisie, l'Humeur franche, gaye, & enjouée de ses habitants, que pour la beauté de ses Edifices, de ses Palais, de ses Places, de ses Fontaines, la propreté de ses Rues, & la beauté de ses Environs.

QUELQUE délicieux que m'en parût le séjour, je me disposois néanmoins à la quitter, pour continuer ma route, lorsqu'un évènement que je vais rapporter, non seulement m'engagea à y rester encore quelques jours, mais me procura même un des plus gracieux Voyages, qu'on ait peut-être jamais fait en Italie. Ce fut l'arrivée du Prince de Lorraine, nouveau grand Duc de Toscane, & aujourd'hui Empéreur, & de la Princesse Marie Thérèse d'Autriche, son Illustre Epouse. Ce Prince, que son Mérite, sa Naissance, la Fortune, & l'Amour ont élévé, depuis, au comble des Grandeurs, venoit de succéder à Jean Gaston de Médicis, dernier grand Duc de Toscane, mort sans postérité. Déjà Gendre de l'Empereur Charles VI, dont il venoit d'épouser la Fille ainée, à qui ce Monarque avoit fait assûrer & garantir par toutes les Puissances de l'Europe,

la

la fucceffion de tous fes Etats Héréditaires, il pouvoit fe flatter des plus belles Efpérances; & ces Efpérances ne fe font point trouvées fauffes. Pour répondre aux défirs de fes nouveaux Sujets, ce Prince leur avoit promis de fe rendre inceffamment dans fon Duché, & fon illuftre Epoufe avoit demandé & obtenu de l'Empereur la permiffion d'aller voir, par la même occafion, les Etats que la maifon d'Autriche poffède en Italie.

Comme cet augufte & aimable Couple y étoit attendu, on leur fit par-tout, à leur arrivée, la plus magnifique réception. La Ville de Florence, Capitale de toute la Tofcane, n'épargna rien pour faire à fon nouveau Souverain une entrée digne de lui & de fon augufte Epoufe. Les autres Villes de ce grand Duché, & de toutes celles de la Lombardie en firent autant; mais il n'y en eut point qui y réuffit mieux que les Siennois. Ce fut encore par une fuite de cette jaloufie fecrette qu'ils ont contre les Florentins, fur lefquels ils s'efforcent toujours de l'emporter dans tout ce qu'ils font. Jamais je ne vis de Fêtes fi brillantes, fi magnifiques, & d'un fi bon goût. Tout accoûtumé que j'étois à ces fortes de Spectacles, que j'avois vû en très grand nombre à Paris, je ne pus m'empêcher d'admirer celui-ci, & fur-tout le bel ordre avec lequel ces Fêtes s'exécutèrent. Il ne m'en fallut pas davantage pour connoître le ridicule du préjugé dans lequel font la plûpart de nos Parifiens, qui fe perfuadent qu'il n'y a que leur Ville dans le monde, où l'on excelle dans ces fortes de chofes. J'en dis autant de l'idée où ils font qu'il n'y a point, dans l'Univers, de Païs qui l'emporte fur le leur pour la fine & délicate Galanterie; Préfomtion auffi fotte qu'elle eft fauffe. Les Dames de Paris, que j'avois affez fréquentées, ne me parurent que des Ecolières auprès de celles de Sienne, & nos petits Maîtres François, de vrais Badauts auprès de leurs Galants. Enfin la nombreuse & brillante Cour du nouveau Duc, la somptuosité de ses Equipages, la multitude des Seigneurs & des Officiers de sa suite, qui sembloient avoir pris à tâche de renchérir les uns sur les autres par la magnificence de leur train, tout cela me fit voir, d'une manière bien sensible, que la Cour de Versailles n'est pas la seule, comme se l'imaginent encore nos Compatriotes, où l'on voit régner la magnificence & le bon goût.

Mais dans tout ce brillant Spectacle l'objet qui me frappa le plus, fut la grande Duchesse elle-même. Belle de ses propres beautés, je veux dire, de celles où l'Artifice n'a aucune part, elle avoit une de ces Phisionomies aimables & prévenantes qui, dès qu'on les voit, inspirent le Respect, l'Amour, & la Vénération. L'éclat de son teint, la parfaite régularité de ses traits, ses yeux vifs & pénétrants, son air affable, son port majestueux, tout annonçoit en elle les qualités Héroïques qui ont fait depuis, & font encore aujourd'hui, l'admiration de toute l'Europe. J'avouerai que j'en fus si vivement frappé, qu'au moment même que j'écris ceci, son Auguste image m'est encore aussi présente que lorsque je la vis dans cette pompeuse Cérémonie. J'avois souvent entendu parler de cette aimable Princesse à mon Père, qui avoit eu tout le tems de la voir & de la connoître à la Cour de Vienne, où il avoit été envoyé en Ambassade; mais tout ce qu'il m'en avoit dit n'approchoit point encore de ce dont mes yeux furent alors témoins. Attiré, bien moins par la curiosité, que par un certain plaisir que je prénois à la voir, tant qu'elle fut à Sienne, je ne manquai aucune des occasions où je pouvois me satisfaire. Un jour que j'assistois à son diner, avec un grand nombre de personnes qui y étoient venues par le même motif que moi, comme je me rassasiois, pour ainsi dire, du plaisir de la contempler, le hazard voulut que ses

re-

regards tombèrent fur moi. Le refpect me fit auffi-tôt baiffer les yeux; mais je ne laiffai pas de remarquer qu'elle continuoit de me regarder avec beaucoup d'attention; comme l'on fait ordinairement lorfqu'on voit une perfonne que l'on croit reconnoître. Enfin lorfqu'elle m'eut confidéré pendant quelque tems, elle dit au Prince fon Epoux quelques paroles que je n'entendis pas, & qui lui firent, à fon tour, jetter les yeux fur moi. Je les baiffai de nouveau, & commençois à m'inquiéter, ne fachant à quoi cela pourroit aboutir, lorfque ce Prince, après m'avoir regardé fixement, dit à la grande Ducheffe; Madame, c'eft lui-même, ou je ferois fort trompé, & auffi-tôt il fe tourna pour parler à un de fes premiers Officiers, qui étoit derrière fon fauteuil.

J'avouerai que fes regards & ces paroles me cauferent une petite émotion. Elle augmenta lorfqu'un moment après, l'Officier dont je viens de parler, vint me demander, de la part de fon Alteffe, fi je n'étois pas le Comte de B.... je lui répondis qu'oui, & fis en même tems une profonde révérence au Prince & à la Princeffe, qui y répondirent de la manière du monde la plus gracieufe. Je croyois en être quitte, & me rétirer avec tous les Affiftants, lorfque le diner feroit fini; mais au moment que je fortois de la Sale, le même Officier vint m'annoncer que leurs Alteffes me demandoient. J'étois alors avec le Mari de la Dame Siennoife dont j'ai parlé ci-deffus, lequel ne fut pas moins étonné que moi de cette honorable Ambaffade. Je le quittai auffi-tôt pour fuivre ce Seigneur; & comme j'avois fouvent entendu parler à mon Père du cérémonial qui fe pratique à la Cour de Vienne, quoiqu'il foit fort différent de celui de Verfailles, je parus devant le Prince la Princeffe & toute leur Cour, comme un homme qui n'étoit nullement Novice fur cet Article. On ne peut rien ajoûter à l'accueil gracieux qu'ils me firent : Vous ne vous attendiez peut-être pas, Monſieur, me dit la Princeſſe, d'un air qui m'enchanta, de trouver ici des perſonnes qui vous y reconnoîtroient. Jugez ſi nous ſommes bons Phiſionomiſtes, le Prince & moi. Nous ne vous avons pas plutôt apperçu, que nous avons d'abord deviné l'un & l'autre qui vous éciez ; & comme j'étois grande amie de Madame votre Mère, à qui vous reſſemblez parfaitement, je vous ai envoyé chercher pour vous en demander des nouvelles.

Après avoir temoigné à la Princeſſe combien j'étois ſenſible à cet honneur, je répondis à toutes les queſtions qu'elle me fit, tant ſur ma Mère, que ſur ma Famille, & ſur ce qui me concernoit en particulier. A l'égard de ce dernier point, je lui appris que l'heureux hazard, qui me procuroit l'honneur de rendre mes profonds reſpects à leurs Alteſſes, étoit un Voyage que mon Père me faiſoit faire en Italie, pour y voir tout ce qu'il y a de curieux. Le même motif, reprit-elle m'a fait entreprendre le même Voyage; il ne tiendra qu'à vous de profiter de l'occaſion. J'eſpère, ajoûta-t-elle en ſouriant, que notre Compagnie ne vous déplaira pas; vous en pouriez trouver de plus mauvaiſe. Et jamais de plus honorable, Madame, lui répondis-je auſſi-tôt, en mettant un Genouil en terre & baiſant, en même tems, la main du grand Duc qui étoit auprès d'elle. Ce Prince avoit connu particuliérement mon Père, qu'il avoit vû à la Cour de Vienne pendant ſon Ambaſſade, & dont il me demanda auſſi des nouvelles. Quand je l'eus ſatisfait . . . . Soyez donc prêt à nous ſuivre dans quatre jours, reprit la grande Ducheſſe. Je ſuis charmée que le hazard me procure cette occaſion de marquer par-là à Madame votre Mère l'eſtime que je conſerve pour ſa perſonne, & dont vous me ferez plaiſir de l'aſſûrer par la première Lettre, que vous

lui

lui écrirez. Après avoir remercié leurs Altesses, le plus respectueusement qu'il me fut possible, de l'honneur qu'ils daignoient faire à notre Famille, je me retirai afin d'aller tout disposer pour mon départ.

Comme je ne m'attendois pas de voyager à la suite d'une Cour aussi brillante que l'étoit celle du grand Duc, il s'en falloit de beaucoup que je ne fusse en état d'y figurer. J'avois des habits assez propres, mais modestes, tels qu'ils conviennent à un Voyageur. Mais comme j'allois paroître sur un grand Théatre, où il s'agissoit de faire honneur à ma Famille, & à ma Nation, j'en fis promptement faire deux des plus magnifiques. J'en fis chamarer quelques-uns des plus beaux, & j'en donnai quelques autres à Merville, qui étoit à peu près de ma taille, afin qu'il pût paroître avec plus d'éclat. Par la même raison je louai quatre grands Laquais, auxquels je donnai une fort belle Livrée, aussi bien qu'à Laval; je fis acheter plusieurs Chevaux & une Calèche des plus brillantes; en un mot je me mis en équipage de Cour. Une Lettre de crédit que j'avois sur un Banquier de Livourne, lequel avoit ordre de me compter tout l'Argent que je lui démanderois, fournit à toutes ces dépenses, que je prévis bien que mon Père ne condamneroit pas. Il étoit pour cela trop instruit des usages du grand monde. En effet ce fut la première chose qu'il me recommanda dans la reponse qu'il me fit à la Lettre, par laquelle je l'avois informé sur le champ de ce qui venoit de m'arriver. Il en fut si charmé, qu'il écrivit sur cela au grand Duc une Lettre de remerciment. Ma Mère en écrivit une pareille à la Princesse; & j'eus l'honneur de leur présenter ces deux Lettres, dont ils me parurent très satisfaits.

Je le fus encore bien plus des bons traitements que je reçus de leurs Altesses, pendant tout le Voyage que je fis à la suite de leur Cour, & qui fut pour moi des plus gracieux.

cieux. Outre la joye que je reſſentis de voir par-tout voler, pour ainſi dire, tous les cœurs ſur le paſſage de ces deux illuſtres Epoux, outre les fêtes magnifiques & les réjouiſſances ſans nombre, qui ſe donnoient dans tous les lieux où ils paſſoient, j'eus encore, le plaiſir de voir en détail, & à mon aiſe, tout ce qui s'y trouve de plus curieux. Piſe, Florence, Parme, Plaiſance, Pavie, Milan, Crémone, Mantoue, en un mot toutes les Villes un peu conſidérables de la Toſcane & de la Lombardie m'étalèrent, à l'envi, tout ce qui pouvoit contenter ma curioſité. Enfin comblé d'honneurs & de plaiſirs, je puis dire ici que jamais perſonne ne voyagea en Italie avec plus de ſatisfaction. J'en témoignai mille fois ma reconnoiſſance au Prince & à la Princeſſe qui, après avoir ainſi parcouru & viſité leurs Etats, s'en rétournèrent à Vienne. Comme ce Voyage imprévu m'avoit extraordinairement écarté de la route que je m'étois d'abord propoſé de prendre, après m'être défait du train & des équipages que j'avois pris à Sienne, je me rendis par le chemin le plus court à Rome, où j'arrivai ſur la fin du Mois de Septembre.

Fin de la Seconde Partie.

M E-

L'EDUCATION
DU JEUNE
COMTE D. B***,
SES
AMOURS AVEC EMILIE DE T***,
ET SES VOYAGES,
SELON SES PROPRES
MEMOIRES,

Où sont recueillis grand nombre d'Histoires Anecdotes modernes, & des Recherches & Découvertes d'Antiquités très curieuses, accompagnées de plus de cent Estampes des plus beaux Monumens de Rome. Nouvelle Edition, augmentée d'Observations nouvelles sur les Ouvrages de Peinture, de Sculpture & d'Architecture, qui se voyent dans cette Capitale du Monde.

Par Mr. DE RAGUENET.
VOLUME III.

A LONDRES, M DCC LXV.
CHEZ MOYSE CHASTEL & Compagnie.

MEMOIRES
DU COMTE DE B***.
CONTENANT
SES AVANTURES,

Un grand nombre d'HISTOIRES & ANECDOTES du Tems très curieuses, ses recherches & ses décou-vertes sur les Antiquités de la Ville de Rome, & autres curiosités de l'Italie.

TROISIEME PARTIE.

E toutes les Villes du Monde il n'y en a point, sans contrédit, dont le premier aspect soit plus triste pour un homme qui a lû les Poëtes & les Historiens Latins, que celui de cette Capitale. Les descriptions magnifiques que les uns & les autres nous en ont laissées dans leurs écrits, les superbes titres de *Maitresse*, de *Reine*, de *Déesse de la Terre*, d'*Azile*, de *Temple* de *Merveille*, d'*Abrégé du Monde*, & quantité d'autres noms fastueux qu'ils lui ont prodigués, l'étendue qu'il ont donnée à l'enceinte de ses Murs, que quelques-uns disent avoir été de cin-

quan-

quante mille pas, c'est-à-dire de près de dix sept lieues de circuit ; le nombre prodigieux, & presque incroyable, de ses Habitants, que l'Historien Tacite fait monter jusqu'à sept millions, sous l'Empire de l'Empereur *Claudius*, & quelques autres jusques à quatorze ; ce qu'ils ont écrit de la magnificence de ses Bâtiments, de ses Palais, de ses Temples, de ses Théatres, de ses Places, de ses Cirques, de ses Amphitéatres, de ses Basiliques, de ses Jardins, de ses Statues & autres Ornements publics ; ce qu'ils ont dit du *Tibre*, qui traverse aujourd'ui une partie de cette Ville, & qu'ils nous ont répresenté comme le plus grand & le plus célèbre Fleuve qui soit dans l'Univers ; enfin tout ce qu'on lit dans ces Ecrivains m'avoit donné une si haute idée de la grandeur & de la magnificence de cette Ville, que je m'étois imaginé, en partant de Paris, qu'une année entière ne me suffiroit pas pour voir & examiner en détail toutes ces beautés. Jamais je ne reconnus d'une manière plus sensible les tristes Vicissitudes, auxquelles toutes les choses d'ici bas sont sujettes, que je le fis en voyant dans son entier cette Ville, que je découvris de dessus une Montagne, qui n'en est qu'à un demi-mille, & sur laquelle je m'arrêtai assez long-tems pour la considérer tout à mon aise. De ce point de vûe, Rome me parut ce que l'ancienne *Troye* devoit paroître aux yeux des Grècs, quelques jours après qu'ils l'eurent ruinée, c'est-à-dire, une vaste Enceinte de Murailles, qui feroit sans doute un Ville des plus considérables, si elle étoit remplie de Bâtiments ; mais dont il n'y a guéres que le tiers qui soit habité. Les deux autres ne m'offrirent que des Mazures, des Amas de ruines, des Jardins, des Vignes, de vastes Champs, les uns ensémencés, les autres incultes ; de-sorte qu'on pourroit dire de cette Ville, ce qu'un de ses plus fameux Poétes a dit de l'enceinte de *Troye*, après sa destruction : *Hic seges est* ubi

Ro-

Roma fuit. Le *Tibre*, que j'avois déjà passé en plusieurs endroits, & dont ces Ecrivains nous ont donné une si pompeuse & si fausse idée, ne me parut qu'une Rivière très ordinaire, & qui n'a, tout-au-plus, que la moitié de la largeur de la *Seine.* C'est une Rivière dont les eaux, toujours troubles & rougeâtres, ne sont bonnes à rien, & qui par ses fréquents débordements & les ravages qu'elle cause, peut être regardée comme le fléau de cette Capitale. Enfin si l'on en excepte la magnifique & superbe Eglise de St. Pierre, dont le Dôme, où la Coupole, semble s'élever dans les nues, & que par cette raison, on découvre de fort loin, Rome me parut dans ce point de vûe tout autre que je ne me l'étois figurée.

Comme je n'y devois pas être pour un jour, ni pour un Mois, j'avois eu la précaution de faire prendre les devants à Merville, à qui j'avois donné ordre de m'y louer une maison propre & commode. Ayant pris quelques jours pour me délasser des fatigues du Voyage, (car depuis Mantoue, jusqu'à Rome, j'avois presque toujours couru la poste) j'allai visiter ensuite les personnes auxquelles j'étois recommandé. Je commençai, comme il étoit naturel, par le Cardinal de T . . . notre Ambassadeur en cette Cour, pour lequel l'Archevêque de Sens m'avoit donné une Lettre. Ce Prélat, qui venoit d'être créé Cardinal, à la réquisition du Chevalier de S. Georges, Prétendant au Trône d'Angleterre, me fit tout l'accueil imaginable, & poussa la civilité jusqu'à me presser d'accepter un appartement dans son Hôtel; faveur dont je le remerciai le plus poliment qu'il me fut possible. Je ne fus pas moins bien reçu des autres personnes à qui j'étois recommandé, & que je reconnus bientôt pour des gens d'un vrai mérite. Quelque réservés que Messieurs les Italiens soient ordinairement avec les Étrangers, je n'eus pas plutôt fait connoissance avec ceux-ci, ci, qu'ils en agirent avec moi comme l'on fait par-tout avec ſes amis & avec des perſonnes que l'on conſidère. Toutes leurs maiſons me furent ouvertes, en tout tems & à toute heure; leurs Femmes & leurs Filles, qu'on tient dans ce Païs-là fort reſſerrées, eurent la permiſſion de ſortir, quand elles le voudroient, de leurs appartements, & de venir augmenter la bonne Compagnie; ils me mirent de toutes leurs parties de plaiſirs, & m'en procurèrent de toutes les eſpèces. Les Savants auprès deſquels l'Archevêque de Sens m'avoit donné des récommandations, m'ouvrirent leurs Cabinets, m'offrirent leurs Bibliothèques; enfin il n'y en eut pas un qui ne me promît de m'accompagner, & de m'aîder de leurs lumières, dans la Viſite que je me propoſois de faire des curioſités qui ſont encore en grand nombre dans cette Ville & dans ſes environs, & qui y attirent la plûpart des Etrangers qu'on y voit.

Dans la ſituation où étoit alors mon cœur, il n'y a point de doute que, ſi la choſe eût été poſſible, je ne me fuſſe diſpenſé de ce Voyage avec bien du plaiſir ; mais n'ayant pu déſobéir, je me fis une vertu de la néceſſité où je me trouvois d'exécuter les ordres de mon Père, & je ne penſai qu'à profiter de la dépenſe qu'il vouloit bien faire pour moi en cette rencontre. Quelque involontaire qu'eût été mon Voyage, je m'étois déjà apperçu de l'utilité qu'on retire de cette ſorte de dépenſes, lorſqu'on à l'eſprit d'entrer dans les vûes de ceux qui les font pour nous inſtruire & nous façonner dans le commerce du monde. J'étois déjà revenu d'un grand nombre de préjugés, & ſur-tout d'une ſotte Vanité, à laquelle notre Nation eſt plus ſujette que toute autre. J'avois appris à connoître un peu les différents Caractères des hommes; car de tous les Peuples du monde il n'y en a point chez qui cette variété ſe faſſe plus ſenſiblement remarquer qu'en Italie. Comme cette partie de l'Eurorope est partagée en un assez grand nombre de petits Etats indépendants les uns des autres, on trouve aussi parmi les habitants de chaque contrée des Humeurs, des Caractères, des Usages, des Modes, & des Coûtumes particulières, qui les différencient les uns des autres. Les Génois, les Piémontois, les Florentins, les Siennois, les Parméfans, les Vénitiens, les Romains, les Napolitains, les Siciliens, font tous Italiens; néanmoins tous ces Peuples-là se ressemblent en très peu de choses. Chacun d'eux a ses bonnes & ses mauvaises qualités qui lui sont particuliéres; desorte qu'on peut dire que la fréquentation qu'on a avec eux est une espèce de livre vivant, dans lequel on apprend à connoître le Genre-humain tel qu'il est. Pour peu qu'on ait de raison, d'esprit, & de goût pour la vertu, rien de plus utile que cette connoissance. Je l'éprouvai moi-même par la suite, & ma Famille vit avec plaisir, à mon retour, que j'en avois profité.

ROME étant le Centre, & comme la Capitale de toute l'Italie, elle renferme dans son sein une partie de ce qu'il y a de plus noble & de plus distingué; ce qui fait que tout le monde s'y pique d'une grande Politesse. D'ailleurs la Cour du Pape, auprès duquel tous les Princes Catholiques tiennent des Ambassadeurs, le sacré Collège des Cardinaux, dont plusieurs vivent en Princes, enfin le concours des Etrangers, que la dévotion ou la curiosité y attire, donnnent un certain brillant à cette Ville, dont il me parut que, sans cela, le séjour seroit fort triste. En effet si l'on en excepte les personnes, dont je parle, qui par leur Luxe & leur Dépense font vivre la moitié des habitants, le reste n'est composé que de Prêtres, de Moines, & de Réligieuses, tous gens plus propres, comme l'on sçait, à ruiner une Ville qu'à l'enrichir.

QUOIQU'ON ne puisse pas dire que Rome soit une ville de plaisirs, on ne peut pas dire non plus qu'ils en soient bannis; mais il s'en faut de beaucoup qu'ils y aient cette vivacité qu'ils ont en beaucoup d'autres endroits, & surtout en France. La Galanterie même y règne comme partout ailleurs, mais avec plus de circonspection & plus de Mistère; ce que les Romains regardent comme l'assaisonnement de cet agréable plaisir. En cela ils font voir qu'ils ont plus de goût, plus d'esprit & plus de délicatesse que nos François. Ce genre de Galanterie ne plairoit sans doute pas à nos petits-Maîtres, qui semblent ne fréquenter les Dames que pour avoir le plaisir de publier leurs conquêtes. Le goût des Romains est tout-à-fait différent; plus ils sont favorisés de leurs Belles, & plus ils tiennent leurs intrigues secrettes; en quoi ils sont mille fois plus raisonnables que ces étourdis, qui semblent n'avoir d'autre but dans leur Galanterie que de déshonorer, par la pétulance de leur langue, les Femmes qu'ils fréquentent: aussi est-ce une des raisons pour lesquelles la vûe & la fréquentation de cet aimable Sexe leur est interdite dans ce Païs-là; & l'on ne sauroit désaprouver en cela la conduite des Italiens. Comme ces Messieurs avoient remarqué que je n'avois point sur cet Article-là le défaut de ma Nation, ils en agissoient tout autrement avec moi. Leurs Femmes, leurs Filles, leurs Parentes étoient de toutes nos Assemblées; on s'y réjouissoit ensemble, & chacun s'en retournoit chez soi très content.

A ces récréations innocentes en succédoient d'autres qui ne l'étoient pas moins. C'étoit celles des Spectacles & de la Musique, deux plaisirs auxquels j'ai toujours été extrêmement sensible. Tout le monde sait que de toutes les Nations il n'y en a point qui excelle dans ces deux Arts comme les Italiens; aussi est-ce de leur Païs que le reste de l'Europe tire ses plus habiles Décorateurs & ses plus savants Musiciens. On en sera moins étonné lorsqu'on

sau-

saura qu'ayant eu de tout tems une forte passion pour ces deux Arts, ils s'y appliquent beaucoup, & y réussissent mieux que tout autre. Il y a à Rome deux sortes de Spectacles, les uns dévôts, les autres profanes. Par ces derniers j'entends l'Opéra, la Comédie, les Bals, les Mascarades, & les autres divertissements du Carnaval. Ces derniers ne sont que pour l'Hiver & le Printems. La raison en est que, dès-que les premières Chaleurs de l'Eté commencent à se faire sentir dans cette Capitale, où, par je ne sai quel préjugé, elles sont regardées comme mortelles; chacun s'enfuit à la Campagne, d'où l'on ne revient que vers la fin du mois de Septembre. Pendant l'intervalle de ces trois ou quatre mois on peut dire que Rome est un vrai Désert, n'étant alors habitée que par les Moines, les Réligieuses, les Prêtres, & par ceux qui n'ont pas le moyen d'aller passer cette saison à la Campagne. Je me sçus donc très bon gré d'avoir passé agréablement, & employé utilement ailleurs un tems que j'aurois perdu dans cette Ville, où je n'aurois trouvé aucune des personnes auxquelles j'étois adressé. Et quel agrément un Etranger peut-il avoir dans une Ville, quand il n'y a aucune connoissance? Comme l'on ne revient que successivement de la Campagne, c'est ce qui fait que l'Opéra, la Comédie, & les autres divertissements, ne recommencent qu'avec l'Hiver. Mais les Romains se dédommagent de cette abstinence par des Spectacles dévôts, qui se réprésentent alternativement pendant toute l'année dans les Eglises. Ils les nomment Oratoires, Expositions, & *Presepio*, ou Crêches. Les sujets sur lesquels ils roulent, sont toujours des sujets de dévotion, & la plûpart tirés de quelque Histoire de l'Ancien, ou du Nouveau Testament. On y trouve tout à la fois tout ce que la Peinture a de plus frapant, la Musique, de plus harmonieux, les Mécaniques, de plus ingénieux & de plus hardi, & l'on ne peut rien ajoûter au brillant éclat des Illuminations. Ces Spectacles s'éxécutent quelque-fois aux dépens de quelque Cardinal ou de quelqu'autre Seigneur dévot, qui en régale le Public, & le plus souvent par les Moines mêmes dans l'Eglise desquels ils se répréſentent, & qui font pour cela des dépenſes aſſez conſidérables. Mais quoiqu'il leur en puiſſe coûter, ces derniers en ſont rembourſés avec uſure par l'Argent que chaque Spectateur leur donne volontairement. La paſſion extraordinaire que les Italiens ont eu de tout tems pour les Spectacles, fait que perſonne ne manque à fréquenter ceux-ci. Hommes, Femmes, Enfans, Citadins, Étrangers, c'eſt une affluence de monde d'autant plus grande qu'on en eſt quitte pour ce que l'on veut donner; Mais les plus pauvres croiroient faire un très grand péché s'ils ſortoient de ce Spectacle ſans jetter dans de grands baſſins, qui ſont placés exprès en divers endroits de l'Egliſe, quelque piéce d'Argent, plus ou moins conſidérable. Comme les Dames, qui d'ailleurs ſont fort gênées en Italie, ont une entière liberté de fréquenter ces dévôts Spectacles, elles ne manquent pas auſſi d'y aller le plus ſouvent qu'elles peuvent. Souvent même ils ſervent de rendez-vous à celles qui ont quelques intrigues Galantes à l'inſçu de leurs Maris. C'eſt ainſi que les paſſions trouvent moyen d'abuſer de tout, même des choſes les plus innocentes. Quoiqu'il en ſoit les Moines en profitent; & comme rien ne coûte quand on eſt Amoureux, Dieu ſçait ſi les Dames & les Cavaliers qu'ils attirent en grand nombre, font tomber abondamment dans leurs baſſins la riche pluye après laquelle ils ſoupirent. Les Révérens Pères Jéſuites ſont ceux qui ordinairement réuſſiſſent le mieux dans ces ſortes de Spectacles, dont ils tirent des ſommes très conſidérables, qu'ils employent enſuite (du moins le faut-il croire pieuſement) *à la plus grande gloire de Dieu.*

A.

A considérer la chose en elle-même, & selon le monde, je ne crois pas qu'il y ait de mal à cela; mais bien des Gens ne la trouvent pas séante à des Réligieux, qui font, comme eux, profession publique d'une pauvreté Evangélique. Pour moi, qui ne me suis jamais piqué de Rigorisme, je m'amusois quelquefois à ces Spectacles, sans m'embarasser du motif qui engage les Moines à les donner au public. Celui qu'ils allèguent est, que par-là ils réveillent, disent-ils, sa dévotion, & le détournent de la fréquentation des Spectacles profanes. A la bonne heure; toute-fois, sans prétendre fouiller dans les consciences, j'ai rémarqué plus d'une fois que ce n'étoit guére que la Curiosité & l'Amour du plaisir, qui y attiroit les Spectateurs; & je n'ai jamais oui dire, ni vû, que personne en soit sorti, ni plus dévot, ni meilleur qu'il n'étoit en y entrant. Une seule chose qui me parut condamnable dans ces Spectacles, & que je voudrois que l'on en retranchât, c'est l'exposition du S. Sacrement, qui fait toujours, pour ainsi dire, l'Acte principal de la piéce. La confusion inséparable de la multitude, les irrévérences qu'elle occasionne parmi des Gens qui ne sont occupés qu'à admirer la magnificence des Décorations, l'éclat merveilleux des Illuminations, le jeu surprenant des Machines, l'excellence de la Musique qui ne cesse point de se faire entendre, enfin le bon goût qui règne dans toute l'Ordonnance de ces Spectacles, tout cela me paroissoit s'accorder assez mal avec les sentiments de Respect & d'Adoration, dont on doit être pénétré à la vûe de la Majesté Divine. Mais chaque païs à ses Usages & ses Coûtumes. J'ajoûterai seulement ici, que j'avois déjà remarqué dans les autres Villes d'Italie, que le Peuple de ce païs-là, familiarisé, pour ainsi dire, avec Dieu par les expositions présque journalières qu'on y fait du plus sacré de

nos

nos Mistères, l'honore beaucoup moins qu'on ne fait dans les autres endroits, où elles font beaucoup moins fréquentes. En cela, comme en bien d'autres choses, il n'y a rien que de fort ordinaire & de très naturel. On s'accoûtume, on se familiarise insensiblement avec ce que l'on voit tous les jours, & cette familiarité mène à l'indifférence, si quelquefois elle ne va pas jusqu'au mépris.

La coûtume de tous les Etrangers qui viennent à Rome est de courir, dès le lendemain de leur arrivée, à la superbe Eglise de S. Pierre, dont le Dôme, posté dans les nues, annonce la magnificence de cet Edifice, bien longtems avant que l'on arrive dans cette Capitale. Un rafinement de plaisir me fit différer cette Visite. Je commençai au-contraire, par voir à Rome tout ce qu'il y a de plus commun; ensuite promenant, comme par dégrés, ma curiosité sur des objets un peu plus beaux, je la fis passer aux plus magnifiques, dont la vûe me fit un plaisir infini. J'avois remarqué très souvent à Paris que, pour n'avoir pas tenu cette conduite, quantité d'Etrangers qui y étoient venus pour admirer les beautés, qui sont en assez grand nombre dans cette Ville, les manquoient pour la plûpart, parce que, commencant par les plus magnifiques, les autres objets qu'ils voyent ensuite, quoique parfaitement beaux, ne font plus alors sur eux qu'une impression très superficielle. Le Louvre, le Palais & les Jardins des Tuilleries, l'Hôtel vraiment Royal des *Invalides*, sont les premiers sur lesquels se jettent leur curiosité & leur admiration. De-là elle les transporte dans les Palais de Versailles, Marli, Meudon, Saint Cloud, Chantilli, Choisi, Fontaine-bleau, ces Chefs-d'œuvres de l'Art & de la Nature, où l'œil & l'esprit se rassasent, pour ainsi dire, de la vûe d'une infinité de choses, qu'ils ne peuvent se lasser d'admirer. Leur curiosité les ramène à Paris pour conpour continuer d'en voir les beautés; mais la plûpart ne leur paroissent plus alors que des objets ordinaires, sur lesquels ils daignent à peine jetter les yeux. Il en est de même de ces magnifiques & délicieuses Maisons de plaisance, qui sont en si grand nombre dans les environs charmants de cette Capitale, & qui ne sont plus que de jolis vuide-bouteilles aux yeux de gens, qui ont commencé par se rassasier de tout ce que l'Art & la Nature, réunis ensemble, peuvent offrir de plus parfait & de plus merveilleux. Il me semble qu'on pouroit comparer ces sortes de Voyageurs à des hommes sans jugement qui, voulant goûter le plaisir de la bonne Chère, commenceroient par se remplir de tout ce qu'il y a de plus friand & de plus délicat, se rassasieroient des plus excellents Vins de Bourgogne, de Champagne, & autres, & finiroient leur repas par la piéce de Bœuf, & par les Vins ordinaires.

Pour moi je tins à Rome, comme je l'ai dit, une conduite tout-opposée. Je commençai par y visiter les choses les plus communes, d'où je passai à de plus belles, & j'arrivai enfin aux plus magnifiques, dont la vûe me fit alors un plaisir inexprimable. La lecture que j'avois faite des Anciens Historiens & Poétes Latins, m'avoit donné une si grande idée de cette Ville, dans laquelle je me trouvois, que rien ne m'y paroissoit indigne de ma curiosité. Mon imagination même en étoit si vimement frappée, que les moindres objets qui s'offroient à ma vûe, avoient pour moi des charmes infinis, sur-tout lorsqu'ils avoient une apparence d'Antiquité. Une Maison étoit-elle vieille & prête à tomber, trouvois-je en mon chemin quelques ruines Antiques, dont Rome est remplie, je m'imaginois aussi-tôt voir les restes d'un Palais de quelque Empereur Romain, ou de quelque Temple, ou de la Maison de quelqu'un de ces grands

Hommes, que l'Histoire ou leurs admirables Ouvrages ont rendu si célèbres.

Je ne sçai si c'est l'air de Rome, ou la fréquentation qu'on a avec ses habitants, qui produit naturellement cet effet; mais je n'y eus pas passé quinze jours, que je me sentis une passion violente pour ces sortes de recherches. Je la sentis naître à la première vûe de ces deux admirables Colonnes de *Trajan* & d'*Antonin* surnommé le *Pieux*, ou le *Débonaire*; restes magnifiques de deux belles & grandes Places, que ces deux Empereurs avoient bâties en ces deux endroits, & ornées de Portiques, de Basiliques, de Temples, & autres superbes Edifices que le Temps a détruits, & qui sembloient devoir être éternels, comme le sera la mémoire de ces deux grands Princes. Je passai deux heures entières à considérer chacun de ces monuments, que le Temps a respectés. Je le fis avec d'autant plus d'assûrance & de liberté, que j'avois appris qu'on ne peut faire de plus grand plaisir aux habitants de Rome, que d'admirer les précieux restes de l'ancienne Splendeur de leur Ville. En cela ils sont bien différents de mes compatriotes, que j'ai vû très souvent se moquer des Etrangers, lorsqu'ils les voyent s'arrêter quelques moments, pour considérer quelques-uns de nos plus beaux morceaux d'Architecture, dont ils ne connoissent eux-mêmes ni le prix, ni la beauté.

La première de ces Colonnes, qui fut élevée à la mémoire de l'Empereur *Trajan* par *Adrien* son Successeur, & par le Sénat & le Peuple de Rome, a cent quatorze pieds de haut, sans y comprendre la base ou le pied-d'estal, sur lequel elle est portée. Au bas d'un des côtés de ce pied d'Estal est une porte, par laquelle on monte un Escalier de Marbre, de 185 dégrés taillés dans les blocs même qui forment la Colonne. Cet Escalier conduit jusqu'au haut de cet Edifice, lequel est éclairé intérieurement par 45 Crénaux,

ou

ou pétites fenêtres. Sur le faîte de cette Colonne étoit autre-fois la Statue Colossale de ce grand Empereur, en bronze doré, tenant en sa main une Urne d'Or, dans laquelle *Adrien* fit enfermer ses cendres après sa mort. Cette Statue, que le tems a fait disparoître, a été remplacée par une autre de même grandeur, de même métal, & dorée de même, réprésentant le Prince des Apôtres, que le Pape *Sixte V.* un des premiers réparateurs des Antiquités Romaines, y fit élever, l'an 1589.

Si cet Ouvrage est admirable par sa hauteur & par la matière qui le compose, il l'est encore infiniment plus par la beauté des bas-reliefs, dont il est orné depuis le haut jusqu'au Chapiteau de la Colonne. Sur la base, outre l'inscription, on voit, sur les divers côtés, des Trophées dressés en l'honneur de ce Prince, & plusieurs Figures réprésentant la Victoire & la Renommée qui, la trompette à la bouche, annoncent les exploits & la gloire de cet Empereur. Depuis le bas jusques en haut, la Colonne est ornée d'autres bas reliefs qui montent en ligne Spirale, & dans lesquels on compte plus de deux mille cinq cents Figures d'Hommes, presque tous dans des attitudes différentes, sans compter celles des Femmes, des Chevaux, des Elephants, des Armes, des Machines de Guerre, & une infinité d'autres qui forment une variété d'objets, qu'on ne peut voir sans être saisi d'admiration. Il semble que l'habile Sculpteur qui a autre-fois gravé toutes ces Figures, ait voulu qu'il n'en échapât pas une seule aux yeux des Spectateurs. En effet, quoique cette Colonne soit extrêmement haute, toutes ces figures, même celles qui approchent le plus du Chapiteau, paroissent de la même grandeur que celles qui sont les plus proches de la base, quoiqu'il y ait néanmoins, dans la réalité, une très grande différence. On peut juger par-là combien les Romains étoient autre-fois versés dans la science de l'*Optique*, & en savoient bien obſerver toutes les règles dans leurs Ouvrages. Ce nombre presque infini de Figures, qui paroissent animées, représente diverses expéditions Militaires. On y voit des Armées qui se mettent en marche, des Passages de Rivières, des Campements, des Sacrifices, l'Empereur *Trajan* qui harangue ses Soldats, des Batailles, des Victoires, des Trophées, des Siéges ; le tout exécuté par une même main, & avec une Variété qu'il est difficile d'exprimer.

Dans cette multitude d'objets que je ne pouvois me lasser de contempler, je m'arrêtai à en considérer particuliérement deux, qui méritent une attention singulière pour leur admirable beauté. Ce sont deux Actions étranges dont l'Histoire Romaine nous a conservé la mémoire. La première est celle des Femmes des *Daces*, auxquels l'Empereur *Trajan* fit la guerre, & dont il triompha deux fois. On y voit ces Femmes, animées par la Fureur & la Vengeance, qui, le flambeau à la main, brûlent tout-vifs quelques Soldats & Officiers Romains, que leurs Maris avoient faits prisonniers. L'autre est l'Action de ces mêmes *Daces* qui, dans la crainte de tomber dans l'Esclavage, & pour ne pas survivre à la perte de leur Liberté, après avoir mis le feu à leur Ville, s'empressent de se donner la mort. Au milieu d'une foule de ce Peuple on voit un de leurs Chefs, qui leur présente un Vase rempli de poison, & tous étendent les bras, à l'envi les uns des autres, pour le prendre, sans en être détournés par le triste & effrayant Spectacle d'une multitude de leurs Compatriotes, qu'on voit tomber morts, ou mourants, à leurs pieds, après avoir avalé ce funeste breuvage. Comme le règne de ce grand Empereur, qui dura près de vingt ans, ne fut presque qu'une suite de Guerres, qu'il eut avec les *Arméniens*, les *Parthes*, les *Osthæniens*, les *Arabes*, les *Assiriens*, les *Perses*, les
Da-

Daces, & les Peuples de la *Colchide*, qu'il foumit tous avec beaucoup de gloire, il n'eſt pas étonnant que tant de Victoires ayent fourni une vaſte & abondante matière au favant & habile Sculpteur, qui les a ſi admirablement repréſentées ſur cette Colonne.

Au reſte cette piéce n'eſt encore qu'un échantillon des autres Edifices que ce Prince fit bâtir à Rome, des riches dépouilles qu'il avoit remportées fur ces Ennemis, & dont cette Colonne n'eſt que les moins conſidérable. Un des principaux, & qui, joint à fes vertus, à immortaliſé ſon nom parmi les Romains, étoit une grande & magnifique Place, dont cette Colonne occupoit le centre, & qui étoit environnée de grands Portiques pour la promenade & la commodité du Peuple, d'un Baſilique, ou Palais où l'on rendoit la Juſtice, d'un Temple magnifique dont les Statues, les Colonnes, le Toit, & tous les autres Ornements étoient de bronze doré, auſſi bien que toutes les Statues, dont tous les autres Edifices étoient pareillement ornés. La magnique Maiſon de ce Prince, dans le parvis de laquelle on voyoit ſa Statue Equéſtre, qui étoit auſſi de bronze doré, un ſuperbe Arc de Triomphe de Marbre, à quatre faces égales, que le Sénat fit élever à ſa gloire, & un Temple qu'il lui fit bâtir après ſa mort; enfin la beauté & la magnificence de cette Place, à laquelle les Romains, par reconnoiſſance, donnèrent ſon nom, & pour la conſtruction de laquelle ce Prince avoit fait combler une vallée, & aplanir une partie du mont Quirinal, ſur lequel elle étoit bâtie, afin qu'on pût voir de plus loin tous les Edifices dont elle étoit ornée, cette magnificence, dis-je, fit une ſi vive impreſſion ſur l'Empereur *Conſtantin II*. lorſqu'il vint à Rome, que ce Prince, en arrivant à cette Place, ne put s'empêcher de dire, comme le rapporte *Ammien-Marcellin*; que la Renommée, qui ſe plaît toujours à amplifier les choses, n'avoit pû exprimer la grandeur & la beauté de cette Ville. Le même Ecrivain ajoûte que, considérant ensuite la Statue Equéstre de *Trajan*, qui étoit dans cette Place, & ce Prince s'étant vanté de pouvoir faire jetter en fonte un Cheval pareil à celui-là, *Hormidas*, Fils du Roi de Perse, qui suivoit sa Cour en qualité d'Otage, lui dit; *Je le crois Seigneur; mais il faudroit auparavant lui bâtir une écurie pareille à* celle-ci.

La Colonne d'*Antonin* le *Pieux*, ou le *Débonaire*, que je vis quelques jours après, étoit de même au centre d'une belle Place bâtie par cet Empereur, qui paroit avoir pris pour modèle celle de *Trajan*, auquel il succéda vingt ans après. Cette piéce est en effet dans le même goût. Elle est en Limace, comme la première. Les bas reliefs dont elle est ornée depuis le bas jusqu'en haut, réprésentent, non ses Triomphes, le règne de ce vertueux Prince ayant été des plus pacifiques, mais ceux de *Marc Aurèle Antonin*, surnommé *le Philosophe*, son Fils adoptif & son Successeur, lequel éléva ce monument à sa mémoire, y renferma ses cendres dans une Urne d'Or, avec sa Statue en bronze doré, pareille à celle de *Trajan*. Le temps & les diverses Révolutions, sur-tout les Incendies, qui ont été autre-fois très fréquents à Rome, avoient fort endommagé cette Colonne; mais le Pape *Sixte V*. la fit réparer en 1589. par un Sculpteur très habile, nommé *Pietro Sancti Bartoli*, & mettre dessus la Statue, en bronze doré, de l'Apôtre Saint *Paul*. Une grande partie des bas reliefs dont elle est ornée, quoique faits par une main moderne, sont d'une grande beauté, & imitent parfaitement l'Antique. On y voit comme dans celle de *Trajan*, les diverses expéditions de *Marc Aurèle Antonin*, sur-tout celle qu'il fit contre les *Marcomans*, dont il triompha.

Un des morceaux Historiques, que les dévôts y admirent

le

COLOMNE D'ANTONIN. P. 206.

COLVMNA ANTONINI

le plus, est le Miracle, vrai ou supposé, * opéré, dit-on, par la Légion, qui fut appellée pour cela *fulminante*, & dont ils racontent ainsi l'Histoire. On dit que l'Armée de ce Prince se trouva un jour assiégée de si près par les Barbares que, selon toutes les apparences humaines, elle ne pouvoit pas leur échapper. Ce qu'il y avoit encore de plus cruel pour elle, c'est qu'elle manquoit d'Eau, & que les Chaleurs étoient des plus excessives. Dans cette extrémité, l'Empereur & ses Soldats payens invoquèrent leurs Dieux pour obtenir de l'eau. De leur côté les Chrétiens, qui étoient en assez grand nombre dans son Armée pour former une Légion, demandèrent à Dieu la délivrance d'un si grand danger. Le Ciel exauça les vœux qu'on lui faisoit, fit tomber dans le Camp des Romains, une pluye qui les rafraîchit, & sur les ennemis des foudres & des éclairs qui leur firent prendre la fuite. Quoiqu'il en soit de cet évènement, dans lequel je crois qu'il n'y a qu'un Dévot qui puisse trouver du Miraculeux, il est admirablement bien représenté sur la Colonne, où l'on voit les Soldats altérés élever en l'air, les uns leurs Casques, les autres leurs Boucliers, ceux-ci leurs Mains, ceux-là les premiers Vases qu'ils rencontrent, pour recevoir l'eau que le Ciel leur envoye, & qu'on voit boire aux autres avec une avidité, qui exprime leur altération extraordinaire. Il paroit au reste que cette Colonne, qui tomboit presque en ruines lorsque *Sixte V*. la fit réparer, étoit autre-fois plus haute qu'elle n'est

---

* Presque tous nos bons Critiques révoquent en doute ce prétendu Miracle, dans le récit duquel on ajoûte quantité d'autres circonstances fabuleuses, qui en démontrent visiblement la supposition. On peut voir sur cet évènement ce qu'en ont écrit Mr. *De Valois*, sur le Livre V. de l'Histoire Ecclésiastique d'*Eusèbe* Ch. 5. & le P. *Pagi*, dans sa Critique des Annales de *Baronius*, sur l'an 174.

n'est aujourd'hui, puisque tous les anciens Historiens, & autres Ecrivains qui en ont parlé, lui donnent 175 pieds de haut, sans y comprendre la base, & 41 fenêtres, le tout composé de 28 blocs de Marbre, qu'on doit juger par-là être d'une belle grosseur.

Mais quelle qu'elle soit, elle n'approche point encore de celle d'un autre bloc de Marbre de douze pieds en quarré, qui servoit de pied-d'estal à une seconde Colonne de Marbre gravit Oriental, rouge, qui fut pareillement élevée à la Mémoire de ce bon Prince & de l'Impératrice *Faustine*, sa Femme, après leur mort, dans un autre endroit du champ de *Mars*. Cette piéce, qui étoit demeurée enterrée pendant plusieurs siècles, & dont on ne voyoit, tout au plus, que le tiers, fut tirée en 1705 avec son pied-d'estal, sous le Pontificat de *Clement* XI. du milieu d'un jardin où elle se trouvoit. Comme cette Colonne est toute unie, on avoit ignoré pendant tout ce tems quel monument ce pouvoit être, jusqu'à ce que ce Pape ayant fait enlever toute la terre qui étoit autour, on la trouva encore sur sa bâse aussi ferme que si elle venoit d'y être élevée. On y trouva & on y lit encore cette inscription. Divo Antonino Pio, Antoninus Augustus, et Verus Augustus, Filii. Tout le monde sçait qu'*Antonin* le *Pieux* avoit adopté *Marc Aurèle*, son Gendre, à condition que celui-ci adopteroit *Lucius Verus* son petit Fils, & que ces deux Princes, après sa mort, gouvernèrent ensemble l'Empire avec une union dont on n'a point vu d'exemple, & qui dura jusqu'à la mort de ce dernier, lequel mourut d'Apoplexie quatre ans après. Sur la face opposée à celle de l'inscription on voit en bas reliefs l'Apothéose, ou consécration, d'*Antonin* le *Pieux*, & de *Faustine*, sa Femme. Sur les deux autres côtés sont réprésentées des courses de Soldats à pied & à Cheval, qui portent des Etendarts

darts, dans lesquels on lit le nom d'*Antonin*, selon l'usage qui se pratiquoit dans ses sortes de cérémonies. **Clement** XI. ayant fait enlever cette Colonne de l'endroit où elle étoit, par son principal Architecte, nommé le Chevalier *Fontana*, parent de ce célèbre *Fontana*, dont *Sixte V*. se servit pour enlever & dresser les deux fameux Obélisques dont je parlerai dans la suite de ces Mémoires, la fit transporter, à grands fraix, à la *Curia Innocenzana*, où elle est restée couchée depuis ce tems. L'intention de ce Pape étoit de la faire élever au milieu d'une magnifique Place, qu'il avoit dessein de faire bâtir dans l'endroit où est la Fontaine de *Trevi*; mais les grandes sommes, qu'on lui demanda pour l'éxécution de cette entreprise, l'en dégoutèrent. La même raison, ou quelque autre que j'ignore, a été cause que cette admirable piéce qui, sans y comprendre sa báse, est longue de cinquante pieds, n'a point été mise jusqu'à ce jour dans la Place qu'elle mérite, & où elle ne feroit pas un des moindres Ornements de Rome.

La vûe de ces trois Monuments, & sur-tout ce que me dirent du dernier quantité de personnes des plus dignes de foi, qui avoient vû enlever cette Colonne de son ancienne place, me fit faire une réflexion que j'inférerai ici. C'est que le terrain de Rome s'étant considérablement exaucé en un grand nombre d'endroits par les débris des Edifices de cette Ville qui a été tant de fois ruinée, pillée, saccagée & incendiée, il n'est pas étonnant que tant de belles Antiquités y soient restées ensévelies. Cette dernière Colonne, qui se trouvoit comme étoufée par plus de trente pieds de terre qui la couvroient, en est une preuve. Elle occupoit le centre d'une Place qu'on a découverte en creusant, & dont on a enlevé quelques grands carreaux de pierres Tiburtines, de quatre pieds en quarré. Le dessein de l'Architecte *Fontana* étoit

étoit de faire enlever tout ce pavé, qui fembloit avoir été fait pour durer autant que le Monde, de faire pareillement enlever les fondements fur lefquels étoit pofé le Piédeftal de la Colonne, & dans lefquels on n'auroit pas manqué de trouver, à l'ordinaire, des Médailles fort curieufes; mais les peines infinies que l'on eut à brifer quelques morceaux de la Maçonnerie le força d'abandonner fon entreprife. Combien d'autres Monuments antiques, & de la même beauté, qui décoroient vraifemblablement cette belle Place, y font & y refteront encore enfévelis pendant plufieurs fiécles; car comme on a bâti beaucoup de Maifons fur ce terrain, on n'a pas ôfé pouffer plus loin la recherche, par la crainte des funeftes accidents qui en feroient infaillement arrivés! Combien d'excellentes Statues des plus fameux Romains, que l'Empereur *Augufte* fit autre-fois tranfporter dans cet endroit pour en débarraffer le *Capitole* & les rues qui y conduifoient, dont elles occupoient prefque toute la Place; enfin combien d'autres magnifiques Monuments attendent fous trente pieds de terre dans cet endroit, & dans beaucoup d'autres, que le Temps, ou quelqu'autre Révolution, ait abbatu les Edifices, qui les cachent depuis fi long-tems aux yeux des Curieux! Pour fe convaincre de la vérité de cette réflexion, il ne faut que jetter les yeux fur la defcription que j'en ai vû à Rome, & que je placerai ici.

CHARME' de ces premiers objets, je réfolus bien de ne pas en demeurer-là, mais de fatisfaire ma curiofité au fujet des Antiquités que je favois être encore en affez grand nombre dans cette Ville. Je me propofai même de porter mes recherches fur ce fujet auffi loin que je pourrois. J'avois tout ce qu'il me falloit pour cela, rien à faire que de l'Argent à dépenfer, par conféquent tout mon tems à moi, une connoiffance paffable de l'Hiftoire Romaine, &

ce

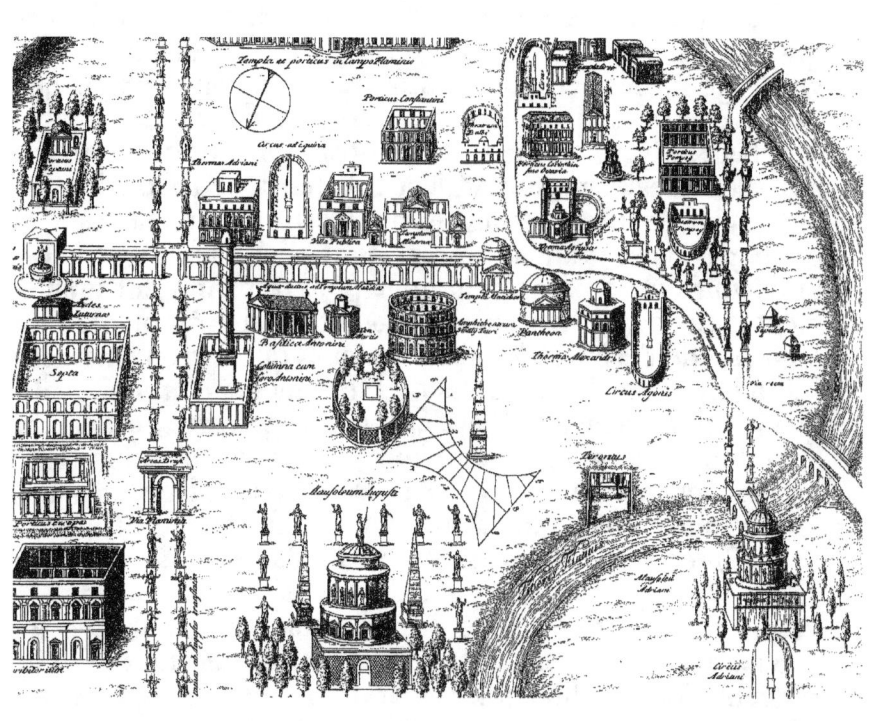

ce qui étoit encore bien plus avantageux pour moi, des hommes favants, très difpofés à me fervir dans cette curieufe recherche. Je fus redevable de la connoiffance de ces derniers à l'Archevêque de Sens dont la recommandation me les avoit procurés. Tous approuvèrent ma réfolution, à l'occafion de laquelle ils me donnèrent beaucoup de louanges, & ils s'offrirent de m'y feconder de tout leur pouvoir. Je ne leur eus pas plutôt rendu compte de ce que j'avois déjà vû, qu'un d'eux (c'étoit le favant & aimable Monfieur *Affemani*) me fit auffi-tôt voir quelques anciennes Médailles, qui conftatoient l'Autenticité de ces Monuments, & de plufieurs autres qui furent encore élévés à la gloire des deux grands Princes, dont je viens de parler. Ravi de voir que je prenois du goût pour cet innocent amufement, ce favant Antiquaire voulut bien m'apprendre la manière de déchifrer les abbrévations, qui fe trouvent dans les infcriptions de ces fortes de Monuments, & qui expliquent ordinairement le Sujet qui y eft répréfenté, le Temps, la Perfonne par qui, ou en l'honneur de qui tel Edifice fut, ou bâti, ou réparé. A cette grace il voulut bien en ajoûter une autre que je lui demandai. Ce fut de me permettre de deffiner quelques-unes de ce Médailles, & quelques autres Antiquités très curieufes qu'il avoit, & dont il s'étoit formé un des plus beaux Cabinets. Deux de fes Amis, qui n'en étoient pas moins bien fournis que lui, m'ayant fait la même grace, par ce moyen je parvins, en m'amufant, à me faire moi-même un petit Cabinet, qui me fut d'un très grand fecours dans les recherches que je m'étois propofé de faire. Quand je n'en aurois pas retiré cet avantage, j'aurois toujours été affez dédommagé de ma peine par le plaifir qu'elles me procurèrent, & qu'elles font à tous les Amateurs de l'Antiquité. En effet, outre les grandes lumières qu'elles jettent fur l'Hiftoire Ancienne, ne, les Médailles nous réprésentent, en petit à la verité, mais d'une façon nette & très distincte, quantité de superbes Monuments, qui n'existent plus depuis plusieurs siécles, dont on regrette beaucoup la perte, & qu'on y voit reparoître avec un plaisir infini. Cette dernière raison, qui m'engagea à entreprendre ce petit travail, m'engage aussi à en inférer quelques-unes dans ces Memoires, que je n'écris, comme je l'ai dit, que pour mon instruction & mon amusement. *

Qui

* Pour la commodité des personnes qui n'entendent pas le Latin, on a mis ici en François l'explication de ces Médailles. 1. *Basilique Ulpienne*, ainsi appellée du nom de *Trajan*, qui se nommoit *Marcus Ulpius Trajanus*. 2. Une des faces de la Place de *Trajan*. 3. Arc de Triomphe élevé à sa gloire par le Sénat. 4. Colonne en Limace, qui porte encore aujourd'hui son nom, dont on a vû la description ci-dessus. 5. Temple bâti en l'honneur de ce Prince par le Sénat, après sa mort. 6. La Basilique *Emilienne*, bâtie par *Marcus Emilius Lepidus*. 7 & 8. deux Temples dédiés à *Mars le Vengeur*. 9. Temple de *Jules Cesar*. 10. Temple bâti en l'honneur d'*Auguste* par Tibère son Successeur. 11. Le même Temple, rebâti par *Antonin*. 12. Temple en l'honneur de l'Impératrice *Faustine*. 13. Arc de Triomphe de *Caracalla*. 14. Temple de *Jupiter Capitolin*. 15. Autre de *Jupiter Tonant*. 16. Colonne Rostrale en l'honneur d'*Auguste*. 17. Arc de Triomphe en l'honneur de *Néron*.

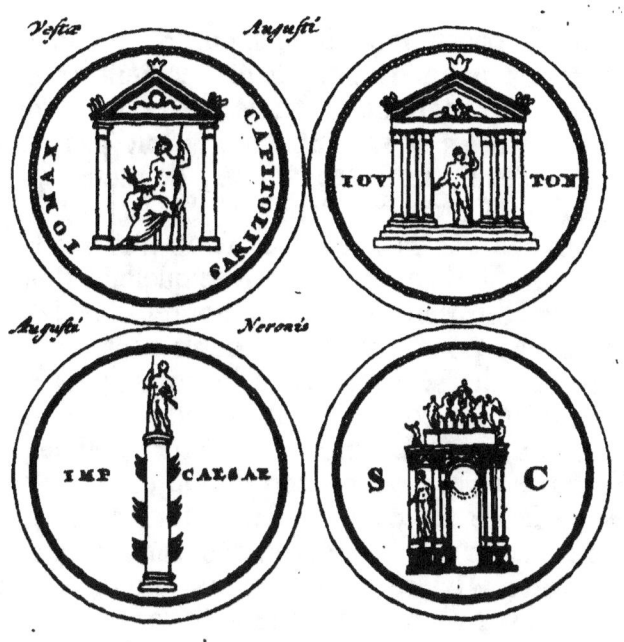

Qui chercheroit à Rome des Antiquités & des Monuments de la Splendeur de cette Ville, du tems des premiers Romains, ressembleroit à ces chercheurs de la Pierre Philosophale, ou à un François qui croiroit trouver, à force de recherches, la beauté & la magnificence de Paris & de Versailles, dans le plus misérable Village de la Picardie. Rome en effet, pendant près de deux siécles, ne fut rien autre chose. Fondée par *Romulus*, vers l'An du Monde 3250, c'est-à-dire, 754 avant J. C. elle ne fut d'abord habitée que par quelques Bergers & Païsans, auxquels se joignit un grand nombre de Bandits, & autres gens de cette sorte, que *Romulus* y attira des Païs voisins, en leur promettant fa protection, & l'impunité de leurs crimes. Tels furent les premiers Ayeux de ces fiers Romains, qui par la suite se rendirent Maîtres de présque tout l'Univers. Celui qui les y rassembla ne valoit pas, sans doute, mieux qu'eux ; aussi étoit-il né, de même que *Remus* son Frère, du Commerce criminel & sacrilège que leur Mère, nommée *Rhea Silvia*, & selon d'autres Ecrivains, *Ilia*, qui étoit Vestale, avoit eu avec quelque Soldat. Les Poétes & les Historiens Romains, honteux de l'origine de leur fondateur, pour l'illustrer, débitèrent par la suite, que ce Soldat fut le Dieu Mars lui-même ; & *Plutarque* fait sur ce sujet un conte, dont on ne peut s'empêcher de rire & de rougir *. La mort de cette Vestale, qui fut enterrée toute vive en expiation de son crime, devoit être suivie de celle de ses deux Enfans qui furent jettés dans le *Tibre* ; mais ayant été réjettés sains & saufs sur les bords de cette Rivière, un Berger, nommé *Faustulus*, qui les y trouva, en eut pitié, & les ayant emportés chez lui, les donna à élever à sa Femme, appellée *Laurentia*, à qui la vie débordée qu'elle menoit avec les Bergers du Païs, avoit fait donner le surnom de *Louve*. De-là vint, par la suite, le conte qu'on lit dans les Historiens & les Poétes Latins, de la fameuse & miraculeuse Louve, par laquelle ils publièrent que ces deux jumeaux furent alaités. Toute ridicule qu'est cette Fable, les Romains en étoient néanmoins si persuadés, qu'on la trouve dans tous leurs écrits, & réprésentée dans un grand nombre de leurs Monuments antiques qu'on voit encore aujourd'hui.

S'IL

* Dans son Traité des *Hommes Illustres*, à l'Article de *Romulus*.

ROME TELLE QU'ELLE FUT FONDÉE PAR ROMULUS.

Roma Romuli in Palatino condita quam et quadratam Constituerunt.

DU COMTE DE B***. *III. Part.* 215

S'IL y avoit quelque chose qui pût donner à cette Fable la moindre apparence de Vérité, ce seroit, à mon avis, le Caractère féroce de ces deux Enfans. En effet à peine furent-ils devenus grands, qu'ils cherchèrent querelle à tous les Bergers du Voisinage, aussi-bien qu'à ceux avec qui ils vivoient; ce qui alla si loin que *Faustulus* se vit obligé de les chasser de chez lui. Ces deux Avanturiers ayant appris, on ne sait comment, que leur Mère étoit Fille de *Numitor*, petit Roi d'*Albe*, qui en avoit été chassé par *Amulius*, son Frère, lui allèrent offrir leurs services, tuèrent *Amulius*, leur Oncle, & rétablirent *Numitor* qui, pour toute récompense, leur donna une troupe de Païsans, avec lesquels il les envoya chercher fortune dans quelqu'autre endroit de l'Italie. *Romulus* ayant choisi pour s'établir le Mont *Palatin*, y bâtit, pour ses Païsans, une espèce de Village, que de son nom il appella *Rome*.

La fondation de cette Bicoque qui, dans son origine, & pendant près de deux siécles, ne fut qu'un amas confus de pauvres & misérables chaumières, fut ensanglantée par le meurtre de *Remus*, que *Romulus* tua de sa propre main pour une cause des plus légères. Le Ciel punit ce crime énor-

énorme, en permettant que ce premier Fondateur de l'Empire Romain fût lui-même mis en piéces, trente huit ans après, par les Sénateurs qui mécontents de la manière Tirannique dont il gouvernoit, le maſſacrèrent dans une Aſſemblée où il les avoit appellés. Pour cacher au Peuple ce juſte châtiment, & prévenir les troubles qu'il auroit pû occaſionner, chacun d'eux emporta chez ſoi, ſous ſa robe, un morceau de ſon Cadavre, publiant que les Dieux l'avoient enlevé de deſſus la Terre pour l'admettre en leur Compagnie. Cette Impoſture fut appuyée par un certain *Proculus*, qui, ayant fait aſſembler le Peuple, lui dit que *Romulus* lui étoit apparu avec une Majeſté toute divine, & qu'il lui avoit prédit la future grandeur de Rome, dont il ſeroit le Protecteur, ajoûtant qu'il vouloit être reconnu & adoré comme un Dieu, ſous le nom de *Quirinus*. Il n'en fallut pas davantage pour perſuader le Peuple, qui lui dreſſa auſſi-tôt des Autels, ſur leſquels il lui offrit des ſacrifices. Telle fut la première Origine des Apothéoſes, qui devinrent ſi fréquentes, dans la ſuite, chez les Romains ; cérémonie par laquelle ils mirent un aſſez grand nombre de leurs Empereurs, & même de leurs Impératrices au rang des Dieux & des Déeſſes, & à qui, en conſéquence, ils rendirent les honneurs Divins. Le Tems n'a reſpecté que fort peu de Monuments qui ayent quelque rapport à l'Hiſtoire de ce premier Fondateur de l'Empire Romain, encore lui ſont-ils poſtérieurs de pluſieurs ſiécles. Je n'en ai vû que deux, dont le premier eſt une Médaille frappée en ſon honneur par C. *Memmius*, Edile de Rome, qui, le premier de ſon tems, célébra des jeux en l'honneur de *Cérès*.

TEMPLE DE ROMULUS ET DE REMUS.

ROMVLI ET REMI TEMPLVM

RESTES DU TEMPLE DE ROMULUS ET REMUS SOUS URBAIN VIII.

ROMVLI ET REMI TEMPLVM,
Prout extabat antiquitus ante Vrbani VIII. Pont: Max. instauratione

ROME AUGMENTÉE PAR ROMULUS ET TATIUS.

LE CAPITOLE SOUS LES PREMIERS ROIS DE ROME.

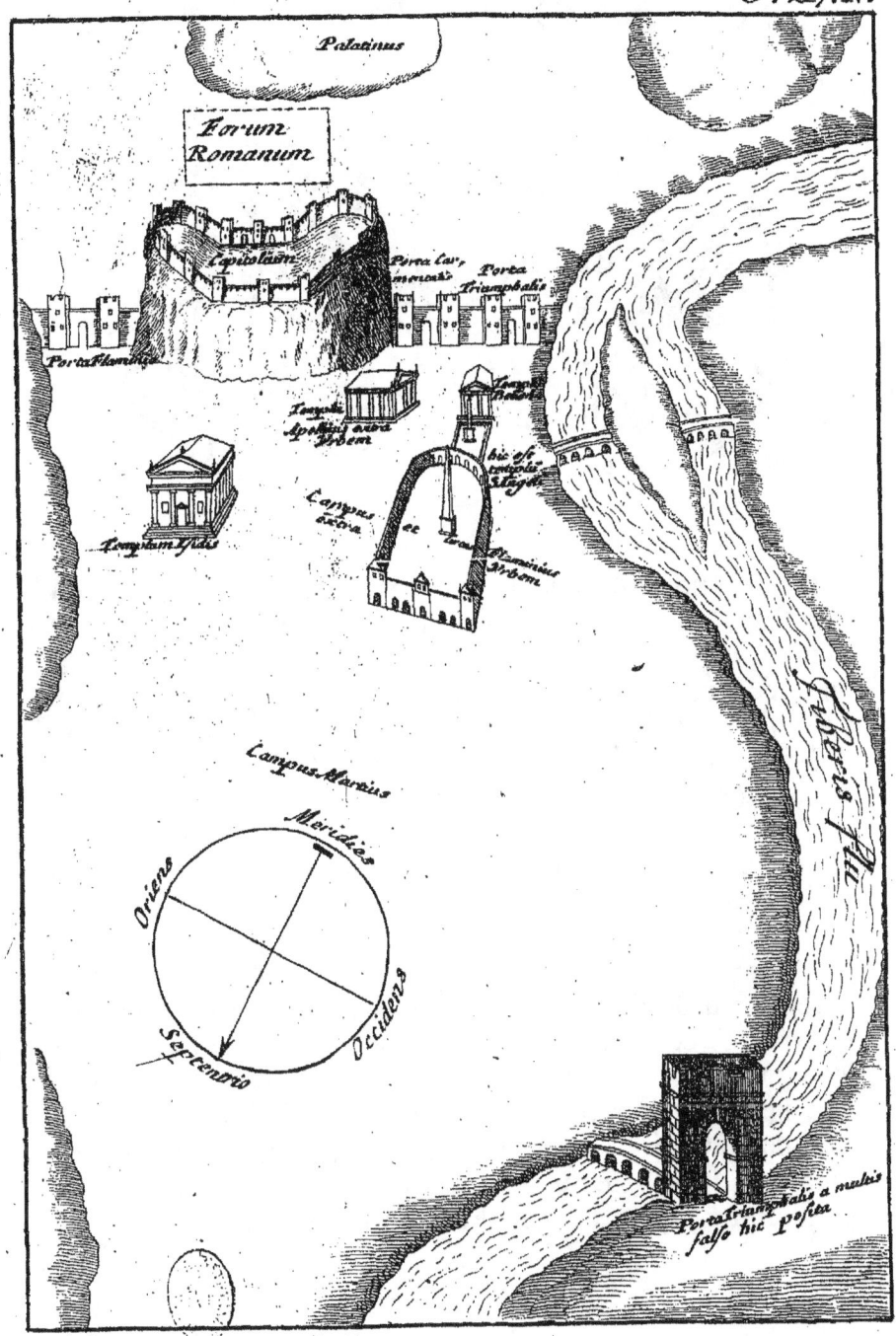

Le second Monument, que le Tems a respecté, est un des Temples que les Romains lui bâtirent, conjointement avec son Frère *Remus*, dans la splendeur de leur République, & que les Chrétiens convertirent depuis en Église. Le voici tel qu'il étoit du tems des premiers, & l'état, où il étoit encore vers le milieu du siécle dernier, avant que le Pape *Urbain VIII*. l'eût fait réparer.

Cependant l'Azile & l'impunité que *Romulus* avoit accordée à tous ceux qui voudroient venir s'établir dans sa petite Ville, lui ayant attiré un grand nombre d'habitans, & les guerres qu'il fit aux Rois du voisinage, dont il enleva les Sujets pour en peupler sa nouvelle Colonie, l'obligèrent bientôt d'augmenter & d'élargir l'enceinte de Rome. C'est ce qu'il fit, en joignant au Mont *Palatin*, sur lequel elle étoit bâtie, celui du Capitole, où il construisit une espèce de Forteresse, pour se mettre à son tour à couvert des incursions de ces Voisins, auxquels il en donnoit lui-même un si bel exemple. Après avoir pourvû à la subsistance de son Peuple, auquel il donna d'abord à défricher les Ter-

Terres qui étoient les plus proches de Rome, & enſuite celles qu'il enleva à ſes Voiſins, il choiſit les plus déterminés d'entr'eux, dont il ſe forma un corps de Milice avec lequel il continua ſes brigandages. L'exemple du Souverain fit prendre inſenſiblement aux Romains du goût pour ce genre de vie, de-ſorte qu'avec le temps ils devinrent préſque tous guerriers ou brigands, termes qui, dans la verité, ne ſignifient que la même choſe. Mais quelque envie qu'ils euſſent d'étendre leur domination auſſi loin qu'ils pouvoient, il s'en fallut de beaucoup qu'ils y fuſſent auſſi habiles & auſſi heureux qu'ils le furent dans la ſuite. En effet toutes leurs Conquêtes, dont leurs Hiſtoriens font tant de bruit, n'aboutirent après 245 ans de guerre, qu'ils firent ſous le gouvernement de leurs Rois, qu'à former en Italie un petit Etat à peu près de l'étendue du Duché de *Parme*, ou de celui de *Mantoue*.

L'IMPUDICITE' d'un des fils de *Tarquin*, ſurnommé le *Superbe*, ayant fait abolir la Royauté chez les Romains, le Gouvernement Républicain, qu'ils adoptèrent, ne leur fut pas plus favorable ſous leurs premiers Conſuls. Ce ne fut, au-contraire, pour eux, pendant l'eſpace de plus de cent ans, qu'une ſuite & un enchaînement de malheurs & de déſaſtres. Tous leurs Voiſins, à leur tour, leur tombèrent ſur les bras, leur enlevèrent tout ce qu'ils avoient uſurpé, & environ 500 ans après la fondation de leur Ville, ils eurent la douleur de la voir réduite en cendres, préſque tout leur Sénat & la plus grande partie de leurs Citoyens égorgés par les *Gaulois*, qui ſe rendirent maîtres de tout leur païs, & réduiſirent le peu d'habitants qui y reſta, à la dernière & la plus grande des miſères. Les Romains furent long-tems à ſe remettre de ces affreux déſaſtres; ils en virent néanmoins à bout, & firent tant qu'après 480 ans de guerre, ils ſe virent maîtres de toute l'Italie, dont Rome devint la Capitale.

Deux sanglantes guerres, que leur jalousie & leur ambition leur firent entreprendre contre les *Carthaginois*, dont la République étoit alors le plus brillant & le plus puissant Etat qui fût dans le monde, les replongèrent dans de nouveaux malheurs. Le fameux Annibal, après avoir gâgné contre eux quatre grandes Batailles, dans l'une desquelles il périt un si grand nombre de Romains, que ce Général envoya à *Carthage* trois boisseaux pleins des anneaux des seuls Chevaliers, qui restèrent sur le champ de Bataille, vint aux portes de Rome, menaçant cette Capitale d'un sort pareil à celui qu'elle avoit essuyé de la part des *Gaulois*. Enfin après cent dix-huit ans de guerre, pendant lesquels ces deux Républiques eurent alternativement du dessus & du dessous, la fortune se déclara pour celle de Rome, qui fit succomber sa rivale. Par cette Victoire, qui mérita au grand *Scipion* le glorieux titre d'*Afriquain*, qu'il transmit à sa Famille, les Romains se virent maîtres de la Sicile, de la Sardaigne, de toute l'Espagne, & de toutes les côtes de l'Afrique.

Depuis ce tems ce ne fut plus pour eux que Triomphes & que Victoires par-tout où ils portèrent leurs Armes. La terreur que ces succès & leur courage répandirent partout, fit rechercher leur alliance, ou leur amitié, à tous les Souverains qui ne voulurent pas se voir totalement dépouillés de leurs Etats, & qui se rendirent pour cet effet leurs tributaires. Ceux qui ne voulurent pas subir ce joug, après avoir vû leur Païs désolé & épuisé par la guerre, eurent la douleur de le voir passer sous la domination Romaine, & d'être eux-mêmes conduits, chargés des chaînes, à Rome, où ces féroces Vainqueurs, après les avoir fait servir d'ornement à leur Triomphe, leur faisoient expier, par une mort aussi honteuse que cruelle, la généreuse audace qu'ils avoient eu de se deffendre contre leurs usurpations. Une partie de leurs Sujets, non moins infortunés que leurs Princes, étoient traînés de même en Esclavage dans cette Capitale, où on les vendoit, comme on fait aujourd'hui les Nègres sur les côtes d'Afrique. Là ils étoient employés pendant toute leur vie aux travaux les plus rudes, & aux emplois les plus vils, ou servoient de divertissement au Peuple, devant lequel, on les faisoit combattre, tantôt les uns contre les autres, tantôt contre les animaux les plus cruels, à la fureur desquels on les exposoit. C'est ainsi qu'après six cents ans de rapines, de brigandages, & de guerre, les Romains parvinrent à former un Empire, qui ne fit encore que s'agrandir sous leurs Empereurs, & qui s'étendit enfin presque par toute la Terre.

Un des plus précieux avantages qu'ils retirèrent de ces conquêtes, & sur-tout de celle qu'ils firent de la *Grèce*, fut la connoissance des beaux Arts & des Sciences, qu'ils avoient jusqu'alors ignorés, & qui firent bientôt changer de face à la Ville de Rome, laquelle, pendant ce long intervalle de tems, s'étoit considérablement peuplée & agrandie. Les riches dépouilles qu'ils avoient enlevées aux Peuples vaincus, les grands tributs que la République tiroit de leurs Etats, les habiles gens qui vinrent s'établir chez eux de toutes parts, firent, pour ainsi dire, prendre à cette Ville une nouvelle forme. Les vieux Temples furent alors abbatus, comme étant trop simples & trop rustiques, pour faire place à d'autres plus dignes de la Majesté des Dieux. Les Places furent embellies de Portiques, de Basiliques, & autres Edifices publics, que l'on construisit selon les règles de la bonne Architecture, & qui furent ornés d'une multitude de ces admirables Statues *Grecques*, que l'on avoit enlevées & transportées dans cette Capitale. L'eau du *Tibre*, n'étant plus digne de désaltérer ces Superbes Vainqueurs qui, pendant plus de cinq cents ans n'en avoient point bû d'autre, on en fit venir de fort loin de beaucoup

Colomne ROSTRALE élevée à la gloire du Consul DUILIUS.

coup plus délicate, pour laquelle on conſtruiſit de Magnifiques Aqueducs, & de ſuperbes Fontaines. Pour flatter la vanité des Vainqueurs, & enflammer le courage des autres, on éléva des Colonnes *, des Trophées, & des Statues en leur honneur, car on ne ſavoit point encore alors ce que c'étoit que les Arcs de Triomphe; témoin la Colonne Roſtralé, que l'on voit encore aujourd'hui au *Capitole*, & qui fut élevée à la gloire du Conſul *Duilius*, qui commanda la première Flotte que les Romains euſſent jamais miſe en Mer, & qui défit celle des *Carthaginois*; témoins les Trophées de *Marius*, qu'on voit dans le même endroit, & qui furent élévés à la gloire de ce Conſul pour avoir triomphé des *Cimbres* & des *Teutons*.

Si les Romains ſe fuſſent bornés à la conſtruction de ces Edifices, qui ne tendoient qu'à l'utilité du public, qu'à l'embelliſſement de leur Ville, & à animer le courage de leurs Citoyens par la vûe des honneurs, qu'on décernoit à ceux qui ſe ſignaloient à la guerre, Rome ne nous offriroit pas, à la vérité, un ſi grand nombre de Monuments magnifiques; mais ſon Empire ſe feroit plus long-tems ſoûtenu, & peut-être ſubſiſteroit il encore aujourd'hui. Malheureuſement pour elle, ſes Richeſſes & les Conquêtes qu'elle fit en Aſie, corrompirent le cœur de ſes habitants, & introduiſirent parmi eux le Luxe Aſiatique. Il commença par ſe gliſſer parmi les Grands qui, oubliant les chaumières de leurs Ancêtres, voulurent être logés auſſi magnifiquement que les Dieux, & être obéïs & ſervis comme eux. Pour ſubvenir à ces dépenſes & parvenir à ce but, on brigua les charges qui menoient par dégrés au Conſulat; dignité qui équivalant à celle de Roi, en donnoit toute l'autorité & la

puiſ-

* Voyez ci-après la figure répréſentant le Réſervoir ou Regard de l'Eau appellée *Martia*, au deſſus duquel ces Trophées étoient anciennement placés.

puissance. Ce règne, passager à la vérité, conduisoit toujours au gouvernement de quelque vaste Province, dont on revenoit toujours comblé de Richesses. Mais comme il se trouvoit parmi les Grands beaucoup plus d'ambitieux, qu'il n'y avoit de Charges à donner, ceux qui les manquoient rémuoient Ciel & Terre pour s'en venger, & perdre ceux qui les avoient desservis, ou ceux qui l'avoient emporté sur eux. Il se trouva même parmi ces ambitieux des Citoyens assez dénaturés & assez hardis, pour former le projet de s'emparer à perpétuité du Gouvernement par la voye des Armes. De-là les Factions, les Cabales sanglantes, les Guerres Civiles qui déchirèrent si cruellement la République, laquelle après avoir long-tems vû ses Enfans s'égorger, les uns les autres, pour le choix de leurs Tirans, se vit enfin asservie à *Jules Cæsar* qui, sous le titre d'Empereur, s'empara de toute son autorité, qu'il transmit à ses Successeurs.

AUGUSTE, qui leur succéda, pour éblouir les Romains sur la perte de leur Liberté, & leur faire oublier les cruautés qu'il commit pendant son Triumvirat, s'appliqua à embellir leur Ville. Comme son siécle fut celui des Sciences & des Beaux Arts, on les vit fleurir sous son règne qui dura cinquante-six ans. Non content des magnifiques Ouvrages qu'il fit construire dans cette Ville, ce Prince exhorta encore tous ceux qui pouvoient le faire, à suivre en cela son exemple; & tous les Grands aussi-tôt, pour lui faire leur Cour, se signalèrent à l'envi les uns des autres par la construction de quelque superbe Edifice. De-là cette multitude de magnifiques Monuments bâtis sous son règne, aussi-bien que sous celui de ses Successeurs, qui présque tous l'imitèrent plus ou moins en ce point, pendant près de trois cents ans, & mirent la Ville de Rome dans le point de beauté, de grandeur & de magnificence, où on la voit dans les plans & descriptions que je joins ici.

C'EST

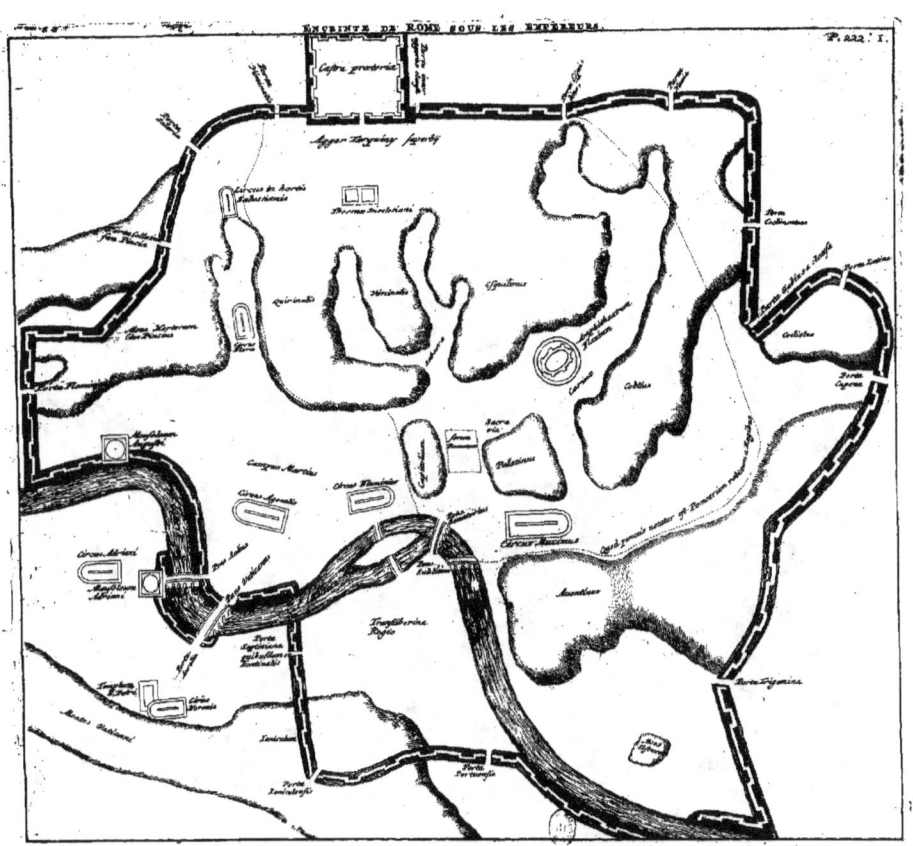

SITVS ET AMBITVS VRBIS ROMAE A CAESARIBVS AMPLIATVS.

PROPERTIVS. *Omnia Romana cedant, MIRACVLA terræ.*
Natura hic posuit, quidquid VBIQVE fuit.

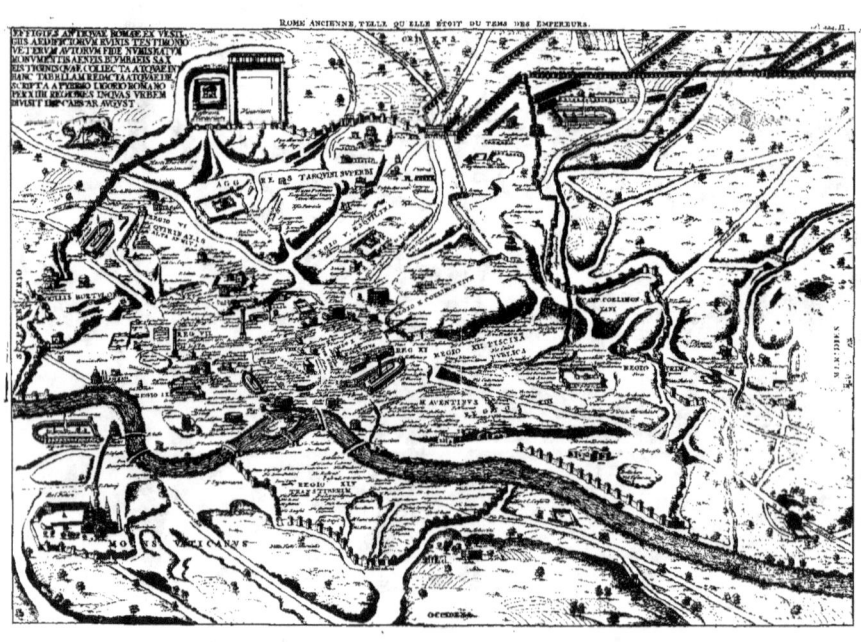

TERIS CAPITOLII ADVMBRATA MAGNITV
Tacitvs. *Capitolii Arcem ne magnis quidem exercitibus expugnabilen*
sodorvs *Capitolia celsa conscendere hoc est humana ingenia superat*

C'est dans ce point de vûe que la doit confidérer tout Voyageur, qui en veut rechercher & examiner les Antiquités. Mais il ne doit pas s'attendre d'y trouver la centième partie de ce qui y étoit autre-fois, n'y ayant peut-être point de Ville dans le monde qui ait effuyé plus de défaftres. Auffi eft-ce ce qui doit nous rendre bien précieux ce qui nous en refte, & qui ne fe feroit pas fans doute confervé jufqu'à nos jours, fi ces Monuments n'avoient pas été auffi folidement bâtis qu'ils l'étoient. Une autre raifon qui doit en relever encore le prix, eft que, c'eft à ces précieux reftes que nous fommes redevables du rétabliffement de la belle Architecture & de la Sculpture, dont le goût étoit abfolument perdu, mais qu'on vit enfin renaître, dans le quinziéme Siécle, en Italie, d'où il s'eft enfuite répandu dans toute l'Europe.

Pour me former une idée jufte de la grandeur de Rome, dont on m'affûra que les Murs étoient aujourd'hui les mêmes, qui avoient été rebatis par *Beliffaire* fur les fondements de ceux, dont l'Empereur *Aurélien* avoit fait enfermer cette Ville, je pris un jour pour en faire moi-même le tour. Comme j'avois lû dans un ancien Hiftorien, qui a écrit fous l'Empire de *Dioclétien* & de *Conftance Chlore*, que fon enceinte étoit de cinquante mille pas, ce qu'il m'auroit été impoffible de faire à pied en un feul jour, je réfolus de prendre pour cela une Calèche; ce que j'exécutai. Je fus accompagné dans ce petit Voyage par Monfieur N.... grand ami de Monfieur Affemani, qui me le donna pour me faire remarquer & m'expliquer, en chemin, tout ce qui mériteroit mon attention. Étant donc allé pour cet effet le prendre chez lui de grand matin, il fut étonné de me voir de fi bonne heure, en habit de Campagne, avec une Voiture. Il crut que quelque affaire, ou quelque partie de plaifir, m'avoit fait changer de deffein, & que je venois le prier de

re-

remettre à un autre jour la visite, que nous nous étions proposé de faire ensemble. Je le détrompai en lui disant que c'étoit au-contraire pour cela que je m'étois rendu chez lui si matin, & que j'avois pris cette Calèche, parceque je ne me sentois pas assez de forces, non plus que lui, pour faire à pied, en un seul jour, cinquante milles de chemin. Hé, quel Voyage allons nous donc faire, reprit-il ?- Le tour des Murailles de Rome, lui dis-je, auxquelles Vopiscus, dans son Histoire, donne cette étendue ; & à vous dire le vrai, je trouve que ce n'est pas encore trop pour loger quinze millions d'habitants, que des Ecrivains respectables assûrent qu'elle a eu autrefois. Quinze millions d'habitants dans Rome, s'écria Monsieur N.... Hé bon Dieu! jamais l'Italie toute entière n'en eut un pareil nombre, même dans les siécles les plus brillants de la République, ou de l'Empire! Hé! comment auroit-on pu renfermer tant de personnes dans une seule Ville ? Comment auroit-on pu les y faire subsister ? il auroit fallu pour cela des Magasins aussi grands que Rome même. Soyez persuadé d'avance, Monsieur le Comte, & vous en serez aujourd'hui convaincu par vos propres yeux, que les endroits des anciens Historiens, où on lit de semblables Hiperboles, ou *Gasconades*, comme vous les appellez en France, ont été falsifiés par les Copistes, qui nous ont transmis leurs ouvrages ; ce qui a pû arriver de deux manières. La première, qui est très innocente, & qui arrive encore très souvent aujourd'hui, en prenant les chifres les uns pour les autres, ce qui étoit d'autant plus aisé que les Romains n'avoient point de caractères particuliers, pour marquer leurs nombres, mais se servoient pour cela des Lettres Capitales de leur Alphabet: Or rien de plus ordinaire que de prendre dans un Manuscript, quelquefois mal écrit, une Lettre pour l'autre. Les différentes Erreurs & les Variantes que

l'on

l'on rencontre préfque à chaque pas dans ces fortes d'ouvrages, prouvent la vérité de ce que je vous dis. La feconde caufe de cette falfification n'eft pas fi excufable fans doute, puifqu'elle eft un effet de la malice & de l'ignorance, ou du peu d'efprit de quelques-uns de ces Copiftes qui, croyant par-là donner une idée extraordinaire de la grandeur de Rome, ont pris plaifir à en étendre l'enceinte & à multiplier les habitants autant qu'il leur a plû, fans s'embaraffer ni de la vérité, ni même confulter la vraifemblance.

Ce n'eft pas feulement à l'égard de notre Ville qu'ils en ont agi ainfi, continua-t-il. Ceux qui nous ont copié & tranfmis les Ouvrages de Strabon, ont fait la même chofe à l'égard de la Ville de Carthage, cette Rivale de Rome, à laquelle ils ont aufli donné une enceinte de quarante cinq milles, c'eft-à-dire, de quinze lieues de France. Pour moi, bien loin d'ajoûter la moindre foi à ces Hiperboles, & à quantité d'autres de cette nature, qui fe trouvent aujourd'hui dans les écrits des Anciens, qui ne les y ont certainement jamais mifes, je crois qu'il en étoit de la grandeur de cette dernière Ville, qui étoit la Capitale du plus grand Etat qui fût alors fur la Terre, à peu près comme de la nôtre qui, du temps des premiers Empereurs, étoit au moins d'un tiers plus petite qu'elle n'eft aujourd'hui; ajoûtez encore que, dans le tems de fa plus grande Splendeur, & même fous l'Empereur *Aurelien* qui lui donna l'enceinte qu'on lui voit encore aujourd'hui, à la réferve de quelque augmentation qu'y ont fait les Papes, Rome n'eut jamais cinq cents mille habitants. La Démonftration en eft aifée à faire. Je ne veux pour cela que mettre cette Ville en parallelle avec votre Capitale, dont j'ai eu, comme vous, la curiofité de faire le tour, dans le Voyage que je fis en France il y a neuf ou dix ans. Je ne crois pas que depuis ce temps fon enceinte foit diminuée: Or de l'aveu de tout le monde, & comme je l'ai moi-même éprouvé, Paris a deux lieues de Diamètre, & huit ou neuf de circonférence. On y comptoit alors vint huit à trente mille maifons, & environ fept cents mille habitants, dont on peut dire que près des deux tiers font logés affez à l'étroit. La raifon en eft, que la cherté du terrain a été caufe que l'on n'a donné à la plûpart des Maifons qu'une étendue très médiocre, incommodité dont on s'eft dédommagé en leur donnant jufqu'à fept ou huit étages les uns fur les autres. En fuppofant que nos Romains étoient logés comme le font aujourd'hui vos Parifiens, il s'enfuivroit que la Ville de Rome, dont l'enceinte, du temps même d'*Aurelien*, n'avoit pas dix mille, qui font trois lieues & un tiers de France, étoit environ de la moitié plus petite que n'eft Paris, & qu'elle ne pouvoit par conféquent contenir que la moitié des habitants de cette dernière Ville. C'eft une vérité démontrée, & que perfonne ne peut contefter.

MAIS en voici d'autres qui ne font pas moins certaines & qui vont étrangement diminuer le nombre de nos anciens habitants. Malgré fa vafte étendue, on peut dire que les rues de Paris, pour la plus grande partie, font plutôt étroites que larges. J'en excepte cependant celles des Fauxbourgs qui, la plûpart, n'ont point ce défaut; auffi font-elles beaucoup plus modernes. A ce que j'ai déjà dit de vos maifons, j'ajoûte que vos Places, qui ne font pas en fort grand nombre pour une fi grande Ville, y ont toutes un air étranglé. Pour les Eglifes, de quelque côté qu'on les regarde, elles font toutes étoufées par un nombre prodigieux de Bâtiments qui leur font contigus. Enfin fi l'on en excepte trois ou quatre maifons Royales, quelques Palais de Princes, & quelques Hôtels habités par des Maltotiers, on ne fçait ce que c'eft

que

que d'avoir des Jardins derrière sa maison dans cette grande Ville. Venons présentement à notre ancienne Rome, & nous allons voir tout à coup disparoître près de la moitié des trois cents cinquante mille habitants, que nous avons vû qu'elle pouvoit tout au plus avoir.

Par la Lecture qu'il m'a paru que vous avez fait de nos anciens Historiens, vous avez sans doute apris qu'autre-fois les maisons de Rome étoient presque toutes isolées, ou séparées de touts côtés les unes des autres, ce qui avoit été ainsi ordonné & pratiqué, pour empêcher ou du moins arrêter le progrès des Incendies, qui y ont été très fréquents. Par cette raison on donnoit à ces maisons le nom d'Isles (*Insulæ*). Chaque maison donc ainsi bâtie avoit quatre espaces, ou espèces de rues, assez larges pour que la flamme, en cas d'embrasement, ne pût passer, ni se communiquer, de l'une à l'autre: Or vous pouvez vous imaginer quel espace de terrain devoient emporter toutes les maisons d'une Ville construites dans ce goût. Ajoûtez à cela celles des Sénateurs, de tous les Magistrats, des riches Citoyens, des gens de Fortune qui étoient en très grand nombre à Rome, & que Sénèque & plusieurs autres, qui écrivoient de son tems, comparent à des Villes pour la vaste étendue qu'elles avoient; joignez à cela les Palais, les Thermes, ou Bains des Empereurs, que ces mêmes Ecrivains appellent des Provinces à cause de leur prodigieuse enceinte. Joignez y encore les Places publiques, dont tous les anciens Historiens nous ont laissé de si magnifiques descriptions, les Basiliques, tous les Temples, les Chapelles & les Autels sans nombre, (car tous les Dieux de la Terre, excepté le véritable, étoient adorés à Rome,) les Bosquets qui leur étoient consacrés, les Cirques, les Théatres, les Hipodromes, les Amphithéatres qui contenoient, les uns quarante, les autres soixante, ceux-ci quatre-vingt-dix, & enfin jusqu'à trois cents quatre-vingt-cinq mille perſonnes, qui y regardoient, aſſiſes à leur aiſe, les Spectacles qu'on leur donnoit; les Naumachies, ou lieux où l'on répréſentoit des Combats Navals pour divertir le Peuple; cinq ou ſix Camps, dans leſquels, comme dans autant de Forterefſes, étoient logés trente ou quarante mille Soldats avec leurs Officiers. Trouvez-moi après cela dans Rome, me dit-il en riant, de la place pour loger vos quinze millions d'Habitants. Quand les maiſons auroient eu cinquante ou ſoixante Etages, les uns ſur les autres, cette Ville auroit encore été trop petite au moins de la moitié. Auſſi non ſeulement eſt il certain qu'elle ne les a jamais eu, non plus qu'aucune Ville du monde, mais je crois que c'eſt encore lui faire beaucoup de grace que de lui en laiſſer deux cents mille; & par la deſcription que nous en ont donné tous les plus anciens Ecrivains, il eſt impoſſible qu'elle en ait eu beaucoup davantage.

Au reſte par cette démonſtration je ne prétens pas accuſer, ni convaincre de faux quelques Auteurs anciens, qui ont pu faire monter beaucoup plus haut le nombre des Habitants de Rome. S'ils les ont multipliés au point que nous le voyons aujourd'hui dans leurs Ecrits, ce n'eſt, vraiſemblablement, que parce qu'ils ont compris dans ce nombre les habitants de pluſieurs Bourgs & Villages très conſidérables, qui étoient dans les environs, où les Romains avoient de magnifiques maiſons de Campagne & de grandes Métairies, dans leſquelles ils entretenoient des milliers d'Eſclaves pour la culture de leurs terres, & dont ces Ecrivains n'auront apparemment fait qu'un ſeul & même corps avec les habitants de Rome, où ceux-ci venoient préſque tous les jours en très grand nombre. C'eſt ainſi que, lorſque j'étois à Paris, j'ai ſouvent vu vos Compatriotes incorporer à cette Capitale les Villages du Roule, de Charonne, de Gentilli, de Piquepuce, & quelques autres, par la ſeule
rai-

raison que tous ces Villages sont aujourd'hui présque tous contigus à cette grande Ville. Peut-être en étoit-il autrefois de même de celle Rome; mais les choses, depuis ce tems, ont bien changé de face. Reduite aujourd'hui à son ancienne & véritable enceinte, elle a perdu tous les Bourgs & Villages qui l'environnoient, & qui tous ensemble pouvoient former une enceinte, sans contrédit, sept ou huit fois plus grande que la sienne. Tous ces Bourgs & Villages sont disparus depuis bien des siécles sans qu'il en soit resté le moindre Vestige; & c'est encore une espèce de Miracle qu'elle n'ait pas elle-même éprouvé le même sort, après les désastres sans nombre qu'elle a essuyés avant & depuis la chute de ce vaste Empire, dont elle étoit le centre & la Capitale. Après tout ce n'est pas la grandeur de l'enceinte de Rome qui y attire aujourd'hui les Etrangers, & qui excite leur curiosité, mais les restes qu'on y voit encore de son ancienne Magnificence. On trouve en bien d'autres endrois de grandes Villes, remplies de Peuple; mais la belle Antiquité ne se trouve en Original que dans celle-ci. C'est une vérité dont tout le Monde convient, lorsqu'on l'a exactement visitée.

Je fus un peu étonné d'entendre un Romain parler si modestement d'une Ville, que présque tous ses habitants mettent infiniment au-dessus de toutes celles qui ont jamais existé. C'est en effet la maladie générale du peuple de Rome qui, pour tout l'or du monde, ne retrancheroit pas un seul homme des quinze millions d'habitants, qu'il prétend qu'elle a eu autrefois. Encore moins souffriroit-il qu'on diminuât d'un seul pouce l'enceinte des cinquante mille pas qu'on lui a donnés. La chose étant ainsi que vous venez de me la démontrer, dis-je à Monsieur N.... Voilà bien de la fatigue, du tems, & du chemin d'épargné; mais je n'en suis encore que plus satisfait; car comme je ne doute point que votre Ville n'ait auſſi quelques curioſités dans ſes environs, j'en aurai plus le loiſir de les examiner. Je le priai en même tems, s'il ne lui étoit point ſurvenu quelque affaire, de vouloir bien m'accompagner dans cette viſite. C'eſt bien mon intention, repliquat-il, & je m'en fais un plaiſir des plus agréables. J'ai été trop ſenſible à celui que m'ont fait, en pareil cas, vos aimables Compatriotes, lorſque j'étois à Paris, pour ne leur en pas marquer ma vive reconnoiſſance en votre perſonne. Mais avant que d'entreprendre cette courſe, nous commencerons par prendre des forces. Comme il eſt encore matin, vous êtes ſans doute encore à jeun; & les Médecins de ce païs-ci diſent que l'air de la Campagne eſt très mal ſain, lorſqu'on le prend en cet état. A peine achevoit il ces mots, qu'un Laquais vint nous ſervir du Chocolat. Nous le primes, après quoi, étant montés enſemble dans ma Calèche, nous ſortimes par la Porte appellée *del Populo*, & qui ſe nommoit autrefois *Flaminia*; tournant enſuite ſur la droite nous cotoyames les murs de Rome.

Si l'Antiquité ſeule peut rendre une choſe reſpectable, il n'y a peut-être point de Murailles dans le Monde qui méritent plus de vénération que celles de cette Capitale. Elles ſont en effet des plus vieilles. Auſſi prétend on qu'elles ont douze ſiécles d'Antiquité, ayant dit-on été rébâties ſur leurs anciens fondements par *Béliſaire*, ce fameux général des Armées de l'Empereur *Juſtinien*, plus célèbre encore par ſa cruelle diſgrace que par ſes nombreux Exploits, qui firent rentrer l'Italie ſous la domination de cet Empereur, après qu'il en eut chaſſé les *Goths* qui l'avoient poſſédée, ou pour mieux dire, ravagée pendant trente-huit ans. Pour mettre à l'avenir Rome à couvert de leur pillage, il en releva les Murs qu'ils avoient
abba-

LE MUR QUI PANCHE, APPELLÉ MURO TORTO

MVRVS OBLIQVVS VVLGO DICTVS MVRO Torto

abbatus, & les fortifia, de diſtance en diſtance, par des tours quarrées qu'on y voit encore, & qui ſont aſſez proches les unes des autres. Quelques-unes de ces Tours ſont aujourd'hui habitées par des Hermites, les autres par des Femmes de mauvaiſe vie, & le reſte par les Chats huants, les Corbeaux & les Hiboux, qui y vivent fort tranquillement avec leurs nombreuſes Familles. Tout ce que j'y vis de plus ſingulier, & que mon conducteur me fit remarquer, fut un Angle, ou Coin du Mur, auquel les Romains ont donné le nom de *Muro Torto*, lequel s'eſt détaché du reſte de l'Ouvrage, ſans s'écrouler, ni tomber par terre, vers laquelle il eſt néanmoins tellement panché, que l'on croit qu'il y va tomber à chaque moment. Il y a cependant déjà pluſieurs ſiécles qu'il eſt dans cette ſituation ſingulière; ce qui fait dire au Peuple, que l'Architecte qui a bâti cette muraille, l'a exprès conſtruite de la ſorte en cet endroit, pour faire admirer ſon addreſſe & la ſolidité de ſon Ouvrage. J'avois entendu faire le même conte au Peuple de *Piſe*, au ſujet de la Tour panchante que l'on voit dans cette Ville, ce qui ne provient ſans doute, dans l'un & dans l'autre cas, que de ce que le Terrain ſur lequel ces deux Ouvrages ont été bâtis, s'eſt affaiſſé depuis. A l'égard de la ſolidité du Mur dont je parle, il faut qu'en effet la maçonnerie en ſoit excellente pour avoir réſiſté pendant pluſieurs ſiécles à la péſanteur de ſa maſſe, qui devroit depuis long-tems l'avoir entraîné par terre. Mais on ſait que c'eſt une qualité qu'avoient tous les Edifices des Romains, ce qui eſt cauſe qu'ils ſe ſont plus long-tems conſervés que beaucoup d'autres.

En continuant notre promenade nous arrivâmes à la Porte, autrefois nommée *Nomentana*, & à laquelle on a donné depuis le nom de *Pia*, en Mémoire du Pape *Pie IV*.

IV. qui l'a fait rebâtir. Comme je ne cherchois dans ce petit voyage que des Monuments antiques, mon deſſein étoit de paſſer outre ſans m'arrêter à conſidérer cette Porte, dont j'avois remis la viſite à une autre-fois, lorſque Monſieur N. . . . dit à notre cocher de tourner à gauche. Surpris de le voir nous détourner de la route que je m'étois propoſé de tenir, je le regardai comme pour lui demander où il m'alloit conduire. Je connois vôtre goût, me dit-il, & je ſçai ce que vous cherchez; ainſi ne ſoyez point étonné ſi j'ai pris la liberté de vous écarter un peu de votre chemin pour vous le procurer. Je le remerciai de ſon attention, & comme le chemin que nous venions de prendre ſe nommoit autre-fois la *Via Nomentana*, il m'entretint, à cette occaſion, des grands chemins de l'Ancienne Rome, dont il me décrivit fort ſçavamment la ſtructure, la magnificence & la longueur extraordinaire, m'aſſûrant qu'il y en avoit pluſieurs qui conduiſoient juſqu'aux extrémités les plus réculées de l'Empire Romain. Je l'écoutai avec d'autant plus de plaiſirs, que j'avois vû de mes propres yeux, de *Civita Caſtellana*, un magnifique reſte de la *Via Flaminia*, qui me confirmoit tout ce qu'il me diſoit. Je ſuis bien aiſe ajoûta-t-il, que vous ayez été temoin oculaire de la vérité de ce que je vous dis. Par-là vous jugerez un peu plus favorablement de nous autres Romains, que ne font bien des Etrangers qui, n'ayant jamais rien vû, ni même lû, nous regardent comme de vrais Charlatans, lorſque nous leur parlons des anciennes beautés de notre Ville. Vous allez dans le moment en voir encore une nouvelle marque.

Comme il achevoit ces mots, il fit arrêter la Calèche vis-à-vis d'une Egliſe, dans laquelle nous entrâmes un inſtant après. C'étoit celle de S. Conſtance, que l'on confond aſſez ſouvent avec celle de S. Agnès *extra Muros*,

par-

BEAUX RESTES D'UN TEMPLE CONSACRÉ À BACCHUS.

Pars Templi Bacco olim dicati nunc S. Constantiæ extra portā piam

parce qu'elle est dans la même enceinte & qu'elle en est une Annexe. Je n'eus pas de peine à reconnoître à sa structure, & plus encore à sa beauté, que c'étoit un ancien Temple. Celui-ci est rond, comme l'étoient la plûpart de ceux des Romains, & surmonté d'un petit Dôme, soûtenu par vingt-quatre belles Colonnes de Marbre Granit, placées deux-à-deux. Ce qui me fit encore le plus de plaisir fut de voir, pour la première fois de ma vie, des peintures à fresque des Anciens Romains. Elles sont dans le plafond de la voute, & font voir le bon goût qu'ils avoient pour la peinture. Une seconde chose qui ne m'en fit pas moins, fut la vûe d'un Sépulcre de Porphire, fait d'une seule pierre, & d'une grandeur prodigieuse. Il est orné de petites figures du Dieu Bacchus, auquel Monsieur N.... m'assûra que ce Temple étoit autre-fois consacré, & de grapes de raisin travaillées avec une délicatesse & un art d'autant plus admirables, que le Prophire est une Pierre si dure, que le ciseau de nos Artistes d'aujourd'hui n'y sauroit mordre. La Tombe qui couvre ce Sépulcre, & qui est ouverte par le milieu, est aussi d'une seule pièce, & de la même Pierre. On y voit quantité d'ornements en bas reliefs, & une troupe de Bacchantes célébrant les Orgies, les unes tenant des Serpents dans leurs bouches, & les autres conduisant un Bouc. Ce Temple a été anciennement converti en Eglise, & dédié à S*e*. *Constance*, une des Filles de l'Empereur *Constantin*. On raconte que cette Sainte Princesse, que l'Empereur son Père avoit fiancée à un des Généraux de ses Armées, nommé *Gallicanus*, & qui a été mis aussi au nombre des Saints, ayant été attaquée d'une infirmité incurable, en fut guérie par l'intercession de S*e*. *Agnès*, à qui elle bâtit par reconnoissance l'Eglise qu'on voit a côté, avec un Monastère dans lequelle elle se retira & finit saintement ses jours.

APRE'S avoir confidéré ce Temple avec toute l'attention que fa beauté méritoit, nous remontâmes dans notre Calèche & régagnâmes la Porte *Pia*, le long de laquelle nous continuâmes de cotoyer les murailles de la Ville. M'étant apperçu, à quelques pas de-là, qu'elles étoient d'une autre ftructure, ainfi que les Tours, qui étoient beaucoup plus hautes & paroiffoient bien plus fortes, je demandai à mon conducteur, s'il favoit la raifon de cette différence. Ce que vous voyez ici, me répondit-il, eft l'ancien Camp des Soldats Prétoriens, qui compofoient autrefois la garde des Empereurs & qui étoient l'élite des troupes Romaines. Ils étoient autre-fois logés & répandus dans les différents quartiers de la Ville; mais *Séjan*, ce fameux favori de *Tibère*, qui les commandoit en chef, les raffembla tous dans ce lieu, où il leur fit bâtir un Magnifique Hôtel, qui reffembloit à une petite Ville. Le prétexte qu'il prit pour cela fut, que ces Soldats ainfi difperfés dans la Ville, s'y livroient à la débauche & à d'autres excès, comme l'on dit que faifoient à Paris vos Moufquétaires, avant que Louis XIV. les eût raffemblés, & comme renfermés, dans les deux Hôtels qu'il leur a fait bâtir. Cet ambitieux Favori fit entendre à fon Prince, qu'éloignés de la Ville & de la vie débordée qu'on y menoit, il feroit beaucous plus aifé de leur faire obferver à la rigueur la difcipline Militaire; qu'étant ainfi réunis en un feul Corps, il ne leur falloit qu'un inftant pour recevoir & éxécuter auffi-tôt fes ordres, & que par-là on en tireroit beaucoup plus de fecours qu'on ne faifoit auparavant, lorfqu'ils étoient difperfés aux quatre coins de Rome. Sous prétexte de les tenir toujours en haleine, il fit bâtir autour de cet Hôtel les Tours & les Fortifications que vous y voyez encore, où ils faifoient leurs factions & tous les autres exercices Militaires, comme s'ils euffent été à l'armée, ou dans quelque Place de Guerre.

CAMP des COHORTIS PRETORIENNES.

CASTRA A VIMINALI AD PORTAM ESQVILINAM

re. Mais ces motifs apparents, comme nous l'apprend l'Historien Tacite, en cachoient d'autres bien plus réels & bien différents. La véritable raison, dit-il, qui engagea *Séjan* à les rassembler dans ce Camp, étoit qu'il vouloit avoir ces Soldats à touts moments sous sa main pour éxécuter ses Ordres, & par la considération de leurs forces & de leur nombre (car ils faisoient un Corps de dix mille hommes) leur augmenter le Courage, & d'un autre côté inspirer encore plus de terreur à ceux à qui il se rendoient redoutables. De plus par la construction de cette Forteresse il s'étoit voulu faire à lui-même un Azile contre les revers de la Fortune, & s'étoit flatté qu'en cas d'accident il pouroit s'y cantonner & s'y deffendre. Mais ce fut en vain; car son insolence & ses crimes lui ayant fait perdre la faveur de son Prince dont il avoit si cruellement abusé, il fut livré avec toute sa Famille aux Bourreaux qui en firent justice. Quoiqu'il en soit, on trouvoit dans ce Camp tout ce qui étoit nécessaire à la subsistance, au logement, & à l'entretien des gens de Guerre, un Arsénal, un Cirque pour y faire leurs exercices Militaires, des Corps de Gardes, des Magasins, un Temple, des Bains pour les Officiers, des Fontaines, & un Aqueduc qui y portoit l'eau; mais de tout cela il n'est resté que l'enceinte extérieure que vous voyez, ce Corps de troupes ayant été cassé par l'Empereur *Constantin*, tant pour les punir de leurs fréquentes mutineries, qui avoient été si fatales à l'Empire & à un grand nombre de ses Prédécesseurs, que parce qu'elles avoient embrassé le parti de *Maxence* son Concurrent.

On est importun quand on est curieux, dis-je à Monsieur N.... je suis charmé de vous entendre, & de la bonté avec laquelle vous avez bien voulu m'instruire sur ce que je viens de voir; mais je crains aussi de vous fatiguer. Cependant voici une Porte & des ruines, que je ne saurois me résoudre à passer, sans vous prier encore de m'expliquer ce que ce peut être. Je serois très fâché contre vous, reprit-il, si je croyois que vous me parlassiez sérieusement. Craindre de me fatiguer en conversant avec vous, & en vous instruisant de ce que vous désirez savoir ! Hé ! n'est-ce pas dans cette vûe que je suis venu avec vous, & ne vous ai-je pas dit que je m'en faisois un plaisir sensible ? Laissons donc là les compliments, & venons à ce que vous me demandez. Ce que vous voyez ici est la plus ancienne & la plus belle Porte de Rome. Aussi l'appelloit-on par excellence la grande Porte, nom qu'elle conserve encore dans celui de *Majeure*, qu'on lui donne aujourd'hui. Vous en admirez, ajoûta-t-il, la Grandeur, la Masse, & la Soli-

LA GRANDE PORTE, NOMMÉE AUTREMENT NAEVIA.

PORTA NAEVIA MAIOR COGNOMENTO IN FORMIS AQVAE CLAVDIAE

lidité. Il falloit qu'elle fût ainsi construite, non seulement pour soûtenir encore le poids des eaux de trois Aqueducs, dont les Canaux passoient par dessus, & dont vous voyez ici les tristes débris. Celui qui fut bâti par l'Empereur *Claudius*, qui étoit le plus beau & le plus long de tous, est le seul qui nous reste de quatorze de ces magnifiques ouvrages qui conduisoient, de dix, vingt, quarante & même de soixante milles, dans cette Capitale, vingt sortes d'eaux venant de différents endroits, plus ou moins éloignés, & dont quelques-unes formoient de petites Rivières. Toutes ces eaux étoient portées en l'air sur de grandes Arcades de briques dans des canaux Maçonnés de même, & si hauts & si larges qu'un homme a Cheval y pouvoit courir au Galop fort à son aise, & dans un péril, ou un besoin pressant, s'échapper ainsi de la Ville & s'enfuir ailleurs, sans être apperçu de personne. Aussi *Bélisaire*, dont nous avons parlé ci-dessus, craignant

que les *Goths*, qui menaçoient Rome, ne s'avisassent de surprendre la Ville & d'y entrer secrettement par cette
voye,

voye, fit fortifier tous les endroits, par lesquels il crut qu'ils pouvoient tenter cette entreprise. Mais si cette précaution mit la Ville à couvert de toute surprise de ce côté-là, les *Goths*, pour s'en venger, & croyant forcer les Romains à se rendre, détruisirent présque tous ces Aqueducs, dont l'eau faisoit tourner dans la Ville, un grand nombre de Moulins, après avoir déjà servi à d'autres usages. Peut-être auroient-ils réussi dans leur dessein, s'ils avoient eu affaire à un Général moins habile; mais celui-ci le fit échouer, en faisant sur le champ construire d'autres Moulins sur des Batteaux, qu'il fit placer au milieu du Tibre. Ils étoient à peu près de la même structure que ceux que vous avez à Paris dans certains endroits de la Seine. C'est ainsi, mon cher Comte, que ces Barbares détruisirent, dans une seule Campagne, des Ouvrages qui avoient coûté des sommes immenses, & dont la solidité auroit bravé les injures du Tems, peut-être jusqu'à la fin du monde. Vous pouvez vous en convaincre par ce qui nous est resté de celui de *Claudius* dans la Ville, où il paroit présque encore dans toute sa beauté. Ces restes précieux vérifient ce que tous nos Anciens ont écrit de ces grands & solides Ouvrages, qu'ils ont regardés comme une des plus grandes Merveilles de Rome.

Je reconnus, quelques jours après, la vérité de ce qu'il me disoit, en visitant l'endroit qu'il venoit de m'indiquer, ainsi que dans deux autres Monuments qu'il me fit voir. Le premier étoit un Regard, ou Réservoir dans le quel se rendoit l'eau que l'on nommoit *Martia*, & sur le haut duquel étoient les Trophées élévés en l'honneur de *Marius*, qui ont été transportés depuis au Capitole. Le second n'étoit que la réprésentation d'un magnifique Monument, découvert & démoli sur la fin du XVI. siécle, par une autre espèce de Barbares, qui n'ont guéres moins fait de ravages que les *Goths* dans les anciens Édifices de Rome. C'étoit

une

REGARD, OU RESERVOIR DE L'EAU APELLÉE MARTIA.

CASTELLVM AQVAE MARTIAE

une partie confidérable d'un de ces Aqueducs, qui fut trouvée fous terre, en creufant les fondements du portail de l'Eglife du Collège Romain. Cet Edifice, qui avoit plus de trente pieds de haut, étoit tout revêtu de marbre, & orné des colonnes canelées, ainfi que de Statues, de la même matière. Il méritoit, fans doute, de reparoître aujour dans tout fon éclat, & il feroit aujourd'hui un des beaux Ornements de Rome; mais malheureufement le terrain où il fut trouvé, avoit été donné par le Pape à des Réligieux, & ces fortes de gens, auffi peu jaloux du bien public, qu'ils le font de leurs intérêts particuliers, bien loin de conferver cette précieufe Antiquité, en enlevèrent les Statues, les Colonnes, & toutes les piéces de Marbre, qu'ils vendirent très cher à des Curieux, brilèrent la Maçonnerie dont ils employèrent les matériaux à la conftruction d'un Portail de leur Eglife, & crurent faire au public un préfent encore beaucoup plus confidérable qu'il ne le méritoit, en faifant graver la figure de ce précieux Monument, que le Tems avoit refpecté pendant quinze cents ans, & que leur Avarice leur a fait détruire. Cette découverte, qui depuis ce tems a été fuivie de beaucoup d'autres toutes femblables, confirme ce que j'ai dit plus haut du grand nombre de beaux Edifices, qui font aujourd'hui enfevelis à Rome fous trente, & peut-être fous plus de cinquante pieds de terre.

A cette remarque j'en ajoûterai une autre que j'ai fouvent faite dans cette Ville, & qui me paroit être ici en fa place. C'eft que la perte d'un grand nombre de fes magnifiques Monuments ne doit pas encore être tant imputée aux injures du Tems & aux ravages de la Guerre, qu'à des motifs à peu près femblables à celui qui a fait démolir l'Aqueduc dont je viens de parler. L'Avarice de quelques Papes qui en ont détruit & laiffé détruire plufieurs, pour en employer les matériaux à la conftruction d'autres Edifices

Got-

Gothiques qui font péris depuis long-tems; la Superstition, ou, si on l'aime mieux, la Dévotion mal-entendue des Chrétiens qui, lorsqu'ils se sont vûs Maîtres dans cette Ville, ont laissé tomber en ruines, & même démoli presque tous les Temples, peut-être pour se venger de la persécution que Rome Payenne leur a si long-tems faite, au-lieu de purifier & sanctifier ces Temples en les consacrant au culte du vrai Dieu; enfin le Luxe qui s'introduisit bientôt parmi les uns & les autres, leur fit abbattre tous ces magnifiques Bâtiments, dont ils enlevèrent tout le Marbre, le Porphire, l'Albâtre, les Colonnes, les Statues, le Bronze, en un mot tous les Ornements les plus riches & les plus précieux, les uns pour en orner leurs superbes Palais, & les autres leurs Eglises. Voilà, de l'aveu des personnes les plus judicieuses & les mieux instruites, les principales causes de la perte que les Amateurs de l'Antiquité regrettent avec tant de raison. Est-il étonnant après cela que tant de Monuments de la grandeur & de la magnificence de l'ancienne Rome soient disparus pour jamais? Si l'on doit s'étonner de quelque chose, c'est au-contraire de ce qu'il en est encore resté quelquelques-uns, ce que j'ai toujours regardé comme une espèce de Miracle . . . . . mais je reviens à nos Acqueducs.

Pour achever de rassembler tout ce qui concerne cette matière, j'ajoûte ici la description de quelques tuyaux de plomb, que l'on me fit voir & qui portoient l'eau dans les différents quartiers de Rome. Ils n'étoient point exactement ronds, comme sont aujourd'hui les nôtres, mais avoient la forme d'un cône, & la plûpart portoient le nom de ceux qui les avoient fait faire. Des quatre que je vis, le premier portoit le nom de l'Empereur *Adrien*, le second celui de *Narcisse*, cet Affranchi de *Néron*, dont il fut Secretaire d'Etat, & qui par une infinité de crimes qu'il commit

TUYAUX & AQUEDUC, TROUVÉS SOUS TERRE À ROME.

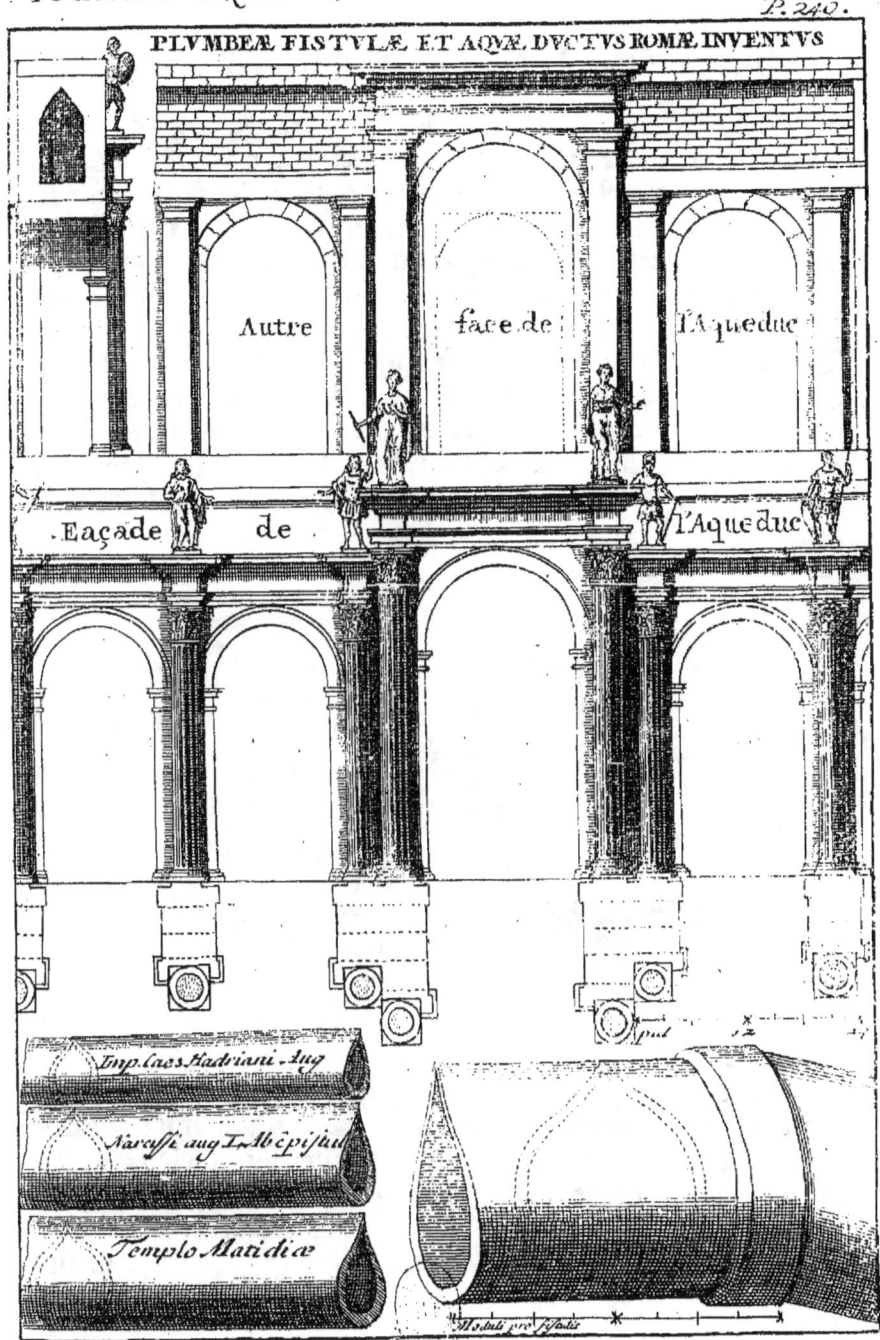

mit & fit commettre à son Maître, trouva moyen d'acquerir jusqu'à dix millions d'Or ; ce qui n'empêcha point qu'il ne fût la victime d'*Agrippine*, qui le fit périr pour se venger de ce qu'il s'étoit opposé à son mariage avec l'Empereur *Claudius*. Par l'inscription du troisième tuyau, j'appris qu'il avoit servi à porter de l'eau dans le Temple de *Matidia*, Fille de *Marciane*, Sœur de l'Empereur *Trajan*, & Sœur de *Julia Sabina*, Femme de l'Empereur *Adrien*. Cette Princesse étoit fort recommandable par ses vertus & par sa piété ; ce qui engagea *Adrien* son Beau-Frère, à la mettre, selon l'usage de ce tems-là, au rang des Déesses, & à lui bâtir le Temple dont il est parlé dans cette inscription.

A l'égard du quatrième tuyau, qui étoit trois & quatre fois plus gros que les trois autres, il étoit sans inscription, laquelle se trouvera sans doute un jour sur quelque autre morceau de ce même tuyau, qui est resté sous terre.

AYANT continué notre route, nous arrivâmes à un endroit

droit, où les Murs de la Ville, trois fois plus élévés que le reste, forment une espèce de demi-Lune. Comme ce genre de Fortifications n'étoit point en usage chez les Romains, je demandai à Monsieur N.... ce que ce pouvoit-être. C'est, me répondit-il, un Ouvrage qui mérite d'être vû. Il étoit autre-fois hors de la Ville ; mais on peut dire aujourd'hui, qu'il n'est ni dehors, ni dedans, puisque, comme vous le voyez, il est en quelque façon partagé en deux moitiés, dont l'une sert de Muraille à la Ville même. C'est la partie la plus entière; examinez la bien. Cet Amphithéatre, qui s'est parfaitement bien conservé de ce côté-là, où il sembleroit qu'il auroit dû être le plus maltraité, n'est que de briques, mais sa solidité & sa Structure, dans laquelle l'Architecte a suivi l'Ordre Corinthien, lui donne un air fort respectable. On ignore par qui il a été bâti. Le nom de *Castrense*, qui lui est resté, fait conjecturer que ç'a pû être par *Séjan*, dont nous venons de parler, & qui le fit bâtir pour servir au divertissement des Cohortes Prétoriennes & autres gens de Guerre, auxquels il n'étoit pas permis d'assister aux Spectacles que l'on donnoit au Peuple dans la Ville, sans doute pour prévenir les troubles & le désordre, que ces sortes de gens portent presque toujours dans les Assemblées où ils se trouvent, ce qui les en fait exclure avec justice. Quelques personnes prétendent que cet Amphithéatre est celui de *Statilius Taurus*; mais elles ne font pas attention que l'Edifice, que ce favori d'*Auguste* fit bâtir, étoit un Théatre, ce qui étoit fort différent chez les Romains; que d'ailleurs ce Théatre, étoit dans le champ de Mars, & qu'enfin les Ecrivains de ce tems-là nous apprennent qu'il étoit tout de Marbre. Si celui-ci avoit été d'une matière aussi précieuse, il n'y a point à douter qu'il n'en resteroit pas plus de Vestiges que du premier. On peut-même l'assûrer avec d'autant plus de certitude,

que

RESTES DE L'AMPHITHEATRE APELLÉ CASTRENSE.

AMPHITHEATRI CASTRENSIS VESTIGIA
Prope Templum Sancte Crucis in Hierusalem

CIRQUE D'ANTONIN CARACALLA.

CIRCVS LATERITIVS ANTONINI CARACALLAE
cuius reliquiæ extant in via Appia prope Sepulcrum Metellæ.

que la moitié de cet Amphithéatre, qui est du côté de la Ville, a été, comme vous le voyez d'ici, presque entiérement démolie par des Gens qui en ont employé les Matériaux à d'autres Ouvrages. Tel est le soin; telle est l'attention que l'on a apporté à la conservation des Monuments de l'Antiquité.

L'ELOIGNEMENT où est de la Ville le Cirque d'*Antonin Caracalla*, que nous allames voir ensuite, à sans doute été l'unique cause pour laquelle on l'a un peu plus respecté. Il n'est bâti que de briques, ainsi que l'Amphithéatre dont je viens de parler. C'est le seul qui soit resté de douze, ou treize, qui étoient autre-fois, tant dans la Ville, que dans ses environs, & dont les douze autres, ou sont totalement disparus, ou ne nous offrent plus que des ruines, dans lesquelles il est impossible de rien reconnoître. Par ce grand nombre de Cirques, vous pouvez juger, poursuivit Monsieur N...., combien grande étoit la passion des Romains pour les Spectacles; passion que la plûpart de leurs Empereurs ne firent qu'augmenter encore, tant par la magnificence de ceux qu'ils leur donnèrent, que par la beauté des Edifices qu'ils firent bâtir pour ces sortes de divertissements. Ceux-ci étoient principalement destinés pour les Courses à Cheval, ou en Chariots. Comme ce Cirque est le seul qui nous reste, je m'en servirai pour vous donner ici une juste idée de tous ceux qui ne subsistent plus depuis plusieurs siécles, & dont le plus magnifique étoit celui qu'on nommoit par excellence le grand Cirque (*Circus Maximus*). Il étoit devant le Palais des Empereurs dont plusieurs contribuèrent à augmenter la magnificence.

C'ETOIT une vaste Place, longue de trois-cents-soixante & cinq toises, & large de six-cents vingt-cinq pieds, arrondie par un bout, & enfermée par une enceinte de Bâtiments, dans le goût de ceux que vous voyez ici. Ceux de dehors consistoient en de grands Portiques, sous lesquels il y avoit des Boutiques, où l'on vendoit toutes sortes de

ra-

LE CIRQUE DE FLAMINIUS.

CIRCVS FLAMINIVS

rafraîchissements & de provisions de bouche. Au dessus de ces Portiques étoient des Chambres voutées (en latin, *Fornicatæ*) où l'on commettoit, pendant, avant & après les Spectacles, des Actions infâmes, auxquelles on a donné, pour cette raison, le nom de Fornication. C'étoit dans ces lieux aussi bien que dans le Palais de *Néron*, où il y avoit de semblables Chambres, que les plus illustres Dames Romaines alloient se prostituer; tant la corruption des mœurs étoit affreuse sous cet abominable Empereur. Au dédans du Cirque s'élévoient, tout au tour, deux ou trois rangs de siéges, les uns sur les autres. Il y en avoit un si grand nombre que l'on y pouvoit asseoir jusqu'à trois cents quatre-vingt-cinq mille Spectateurs. Ces siéges étoient interrompus de distance en distance par des Donjons avec des Balustres. Au milieu de cette grande Place étoit un espace long & étroit, qui partageoit le Cirque en deux, dans toute sa longueur. Cet espace étoit orné de plusieurs Obélisques, qui font aujourd'hui un des Ornements des Places de Rome, où elles ont été transportées & élévées, de plusieurs Colomnes sur lesquelles étoient quelques Statues des Dieux, & enfin de petites Chapelles en leur honneur. Aux deux extrémités de cet espace, que l'on nommoit, *Spina*, il y avoit, de chaque côté, trois piéces de bois doré, semblables à de grosses quilles, lesquelles servoient de bornes, & autour desquelles il falloit tourner sept fois en courant à toutes brides, sans les toucher, ni sans verser, si l'on vouloit remporter le prix proposé. Enfin pour garantir les Spectateurs des divers accidents, qui pouvoient être occasionnés par la course de ces Chariots, *Jules Cæsar* fit creuser, entre l'Arène & les Siéges, un Canal large de dix pieds, dans lequel couloit un Ruisseau auquel on donna le nom d'*Euripe*.

Dès-que tous les Spectateurs avoient pris place, les Empereurs, qui se rendoient de leur Palais à ce Cirque par une Gallerie de communication, donnoient le signal pour faire commencer les courses. Alors on ouvroit tout à coup les bartières, qui étoient à l'entrée, dans l'endroit que vous voyez ici, & où il y avoit douze passages. Aussi-tôt les Chariots attelés de deux, mais plus souvent de quatre Chevaux de front, partoient, six à la fois & en même tems, & voloient, pour ainsi dire, dans la Carrière. La rapidité avec laquelle ils couroient tous pour tâcher d'arriver les premiers au but & emporter le prix que chacun d'eux se flattoit de gagner, les faisoit souvent heurter, ou contre les bornes, ou les uns contre les autres, ou s'arrocher & se renverser, quelque-fois même fracasser leur voiture; ce qui divertissoit beaucoup les Spectateurs. Ces derniers en témoignoient leur joye par de grands éclats de rire, & se moquoient de ceux à qui cet accident arrivoit, par de grandes huées qui les mortifioient beaucoup. Ils donnoient, au-contraire, mille louanges, & portoient jusqu'au Ciel, par de grands cris de joye, le nom de celui qui avoit le bonheur & l'adresse de fournir sa carrière sans le moindre accident, ce qui le rendoit plus glorieux que s'il eût conquis tout l'univers. Vous vous ressouvenez sans doute, Monsieur le Comte, ajoûta Monsieur N...., des beaux vers dans lesquels Horace se moque si agréablement de cette folie des Romains de son tems. *Sunt*, dit-il, dans la description qu'il nous y fait d'une de ces Courses de Chariots,

> *Sunt quos Curriculo pulverem Olimpicum*
> *Collegisse juvat, Metaque fervidis*
> *Evitata rotis, Palmaque nobilis*
> *Terrarum Dominos evehit ad Deos.*

Ce divertissement, qui dans le fond n'aboutissoit, tout au plus, qu'à faire d'excellents Postillons, & des Cochers fort adroits, devint chez les Romains une passion si violente, que pour leur donner plus commodément & plus fréquemment ce plaisir, on construisit des Cirques dans presque tous les quartiers de Rome. Les Empereurs, qui étoient bien aises de les amuser par ces sortes de Spectacles, pour les empêcher de troubler l'Etat, furent des premiers à faire ces dépenses. Il s'en trouva même quelques-uns, qui prirent une passion si violente pour ce vain amusement, & pour les autres divertissements de Théatre, qu'oubliant la Majesté de leur rang, ils ne rougirent point de se donner eux-mêmes en Spectacle au Peuple. C'est ce que nous lisons, dans l'Histoire de *Néron*, d'*Antonin Caracalla*, & d'*Eliogabale*. A l'exemple de ces Princes on vit bientôt la Noblesse se passionner pour ces divertissements. Les uns bâtirent des Cirques dans leurs vastes Jardins, ce que nous apprenons que *Saluste* fit dans les siens; les autres s'exposèrent aux huées & à la risée du Peuple, en faisant dans les Cirques le rôle d'Acteurs, au lieu de celui de Spectateurs qu'ils y avoient fait jusqu'alors; enfin cette fureur alla si loin, que l'on vit des Sénateurs, des Personnages Consulaires, & même des Femmes de la première condition, faire le vil métier de Gladiateurs, & se battre, comme ces misérables, devant tout un Peuple, qui se moquoit d'eux avec très grande raison. Tel étoit l'éclat de Rome sous ces monstrueux Empereurs.

J'ai lû, dis-je à Monsieur N...., ce que vos anciens Historiens ont écrit sur ce sujet, & je vous avouerai bonnement ici que je n'ai jamais pû concevoir deux choses. La première est que la dépravation des mœurs & la corruption du cœur humain ayent pû aller jusqu'au point, où ils nous répréfentent qu'elles étoient dans ce tems-là. Mais une seconde chose qui m'a paru encore plus inconcevable, c'est la patience extraordinaire avec laquelle vos Romains ont souffert la Tirannie de ces Monstres . . . Et là là, reprit Monsieur N . . . . Plusieurs de vos Rois, de la première, & dernière race, ne valoient guére mieux; cependant vos Ancêtres n'ont pas eû, comme les nôtres, le courage de s'en défaire, & ils ont attendu très patiemment que la mort les en délivrât. Les exemples qu'il me cita, de *Clovis*, notre premier Roi Chrétien, qui fut le boureau de tous ses plus proches Parents, dont il massacra plusieurs de sa propre main; celui de *Chilpéric* I. le *Néron* & l'*Hérode* de son siécle, noms que lui ont donné tous nos Historiens; celui de *Louis XI*. qui fit périr, sans aucune forme de Justice, plus de quatre mille de ses Sujets par les supplices les plus cruels, que *Tristan*, son Grand Prévôt, imaginoit, & dont il se plaisoit lui-même à être Spectateur; enfin les cruautés & la licence effrénée des mœurs sous les règnes de *Charles IX*. & de *Henri III*, ces exemples, dis-je, qu'il me cita fort à propos, me firent voir que non seulement il étoit parfaitement instruit de notre Histoire, mais encore qu'il n'y a point d'Etat sur la Terre, qui n'ait eû ses *Nérons*, ses *Caracalla*, & ses *Eliogabales*.

APRE'S avoir suffisamment considéré le Cirque, au sujet duquel il m'avoit donné de si curieuses instructions, je me disposois à reprendre le chemin de la Ville, lorsque mon conducteur me fit remarquer, à quelques pas de-là, une espèce de Grosse Tour & de restes de murailles, vers lesquelles nous nous acheminames. Je ne doutai point que ce ne fût encore quelque Antiquité curieuse. J'en fus convaincu, lorsqu'étant au pied de cette Tour, j'y lus sur un marbre Antique ces mots Latins, COECILIÆ Q. CRETICI METELLÆ CRASSI. L'Edifice que vous voyez, me dit Monsieur N . . . . , est ce qui nous reste d'un magnifique Sépulcre

SEPULCRE DES METELLUS, APELLÉ CAPO DI BOVE.

SEPVLCHRVM METELLORVM VVLGO Capo di Boue

cre bâti par *Craſſus*, un des plus riches Romains, pour ſa Femme, qui étoit Fille de *Q. Cœcilius Metellus*, ſurnommé le *Crétique*, parce qu'il avoit fait la conquête de l'Iſle de Crète. Ce Monument égaloit autre-fois en beauté celui de l'Empereur *Adrien*, & le Mauſolée même d'*Auguſte*, dont j'aurai peut-être occaſion de vous parler quelqu'un de ces jours. Ce que nous en voyons aujourd'hui eſt du moins une preuve de ſa ſolidité; auſſi les murailles ont-elles vingt pieds d'épaiſſeur. Les Têtes de Bœuf, que vous y voyez encore en marbre, ont fait donner à cette Tour le nom de *Capo di Bove* par le Peuple. Si l'on en veut croire une vieille Tradition, il y avoit, dit-on, dans une des chambres de ce Sépulcre un Echo Artificiel, qui répétoit un vers de Virgile juſqu'à ſix fois, d'une manière très diſtincte, & pluſieurs autres encore, plus confuſément. On l'avoit ſans doute ainſi diſpoſée afin que les cris & les lamentations des Pleureuſes, qui étoient des Femmes qu'on louoit exprès pour pleurer dans les cérémonies funèbres, ſe multipliaſſent par ce moyen, & fiſſent plus d'honneur au mort, ou pour parler plus juſte à ſes Enfans ou à ſes Héritiers. Quoiqu'il en ſoit, ce Monument à long-tems ſervi de retraite & de Forterſeſſe aux petits Tirans de la Campagne de Rome, qui bâtirent autour une petite Ville, dont vous voyez encore les reſtes, & dont il étoit comme la Citadelle. L'un & l'autre ſubſiſtoit encore en entier dans le tems des Guerres Civiles, entre la maiſon des *Urſins* & celle des *Colonnes*, qui regardoient la poſſeſſion de cette petite Place comme un poſte très avantageux à celui des deux partis, qui en étoit le Maître.

Que les hommes, dis-je à cette occaſion à Monſieur N...., ſont d'étranges Créatures, & que leur Vanité les rend ridicules & dignes de compaſſion! Ces Sépulcres ſont des Monuments, dont la vûe doit nous faire reſſouvenir

con-

continuellement du néant d'où nous sommes sortis, & dans lequel nous sommes sur le point de rentrer à tous moments; & des Ambitieux, bien loin de s'occuper de cette sérieuse & solide pensée, cherchent dans ces Sépulcres mêmes de quoi satisfaire leur orgueil & l'envie qu'ils ont de dominer. Ils s'égorgent & font égorger leurs Partisans, pour voir qui d'eux ou de leurs Rivaux en demeurera le Maître!.... Doucement, doucement, Monsieur le Comte, me dit en riant mon Conducteur. Quelque solide & bien placée que soit ici votre réflexion, si quelqu'autre que moi vous entendoit, il ne manqueroit pas de dire qu'elle sent un peu le fagot. En parlant ainsi vous ignorez, ou du moins vous ne vous ressouvenez pas, que nos Papes ont eux-mêmes fait ce que vous critiquez ici, & que le Tombeau de l'Empereur *Adrien*, auquel, depuis le *Grand St. Gregoire*, on a donné le nom de *Saint Ange*, est depuis long-tems le plus sûr Boulevard qu'ils ayent contre leurs ennemis. J'ai vû, lui répondis-je, cette Forteresse, il y a quelques-jours, en me promenant; mais de la façon dont on attaque aujourd'hui les Places, j'ôse bien assûrer que ce Château, non plus que les Murailles de vôtre Ville, que nous venons de visiter, ne resisteroient seulement pas à deux jours de Tranchée ouverte. Au reste, de la manière dont les Papes vivent & se gouvernent aujourd'hui, ils n'ont point d'ennemis à craindre. Cela étoit bon du tems des *Grégoire* VII. des *Boniface* VIII. des *Alexandre* VI. de vos Antipapes & de plusieurs autres, au sujet desquels il faut avoir bien de la Foi de reste pour croire que..... mais laissons cette matière. Vous êtes Romain, Monsieur, & je suis François. Vous savez que nos deux Nations ont sur le compte de ces Vénérables Seigneurs des idées un peu différentes, & je n'aime point à choquer celles des autres. Pardonnez-moi seulement ce petit trait

écha-

échapé à ma vivacité & dont je fuis mortifié . . . . Je vous aime de cette humeur, me dit en riant Monfieur N . . .; mais foyez affûré que, pour être Romains, nous n'en fommes pas moins judicieux fur cet Article, & que nous détestons, auffi bien que vous, les mauvais Papes que Dieu a donnés à fon Eglife dans fa colère. Malheureufement le nombre n'en eft que trop grand; mais du moins depuis près de deux fiécles nous avons eu la confolation d'en avoir eû d'affez bons. O, pour ce point-là, lui répliquai-je, je fuis d'accord avec vous, & pour me fervir ici de votre expreffion, je crois qu'il n'y a que des gens qui fentent le fagot, qui puiffent contefter cette vérité. Je ne doute point même que dans le nombre de ceux dont vous me parlez, il n'y en ait quelques-uns qui feront mis un jour dans le Calendrier des Saints. Leurs vertus & leur mérite leur ont acquis cet honneur; & je penfe que ce feroit une injuftice de le leur refufer. Auffi travaille-t-on actuellement à le leur procurer, me dit-il; & je fuis charmé, autant qu'on peut l'être, devoir que vous foyez déjà difpofé à le leur rendre.

CETTE converfation, pendant laquelle nous étions rémontés dans notre Calèche, nous conduifit jufqu'à la Porte de S. Paul, nommée autre-fois *Oftienfis*, parce qu'elle conduifoit à *Oftie*, Ville & Port de Mer, autre-fois confidérable, bâtie par les Romains dans l'endroit où le Tibre fe déchargeoit dans la Mer, mais qui ne fubfifte plus depuis bien des fiécles. Un Monument que j'appercus d'affez loin m'avertit que nous ferions encore une Station dans cet endroit. C'étoit la belle Piramide de *Caius Ceftius*, un des fept Officiers qui fervoient aux feftins, que les Romains donnoient de tems en tems, à leurs Dieux, foit à certains jours des Fêtes & de Réjouiffance, foit dans des tems de calamité, pour appaifer leur colère. De toutes les Antiquités de Rome, après les deux Colonnes de *Trajan* & d'*Antonin*, c'est celle qui est actuellement dans le meilleur état, grace au Pape *Alexandre VII.* qui, en 1673, fit réparer ce qui y manquoit, & enlever la Terre qui étoit tout au tour, & cachoit une partie de sa base; de-sorte qu'on peut dire qu'à peu de chose près elle est aujourd'hui dans le même état, où elle fut bâtie par les héritiers de ce *Cestius*, qui lui dressèrent ce Monument, comme on l'apprend par les suscriptions qu'on y lit. Si l'on veut en croire le Peuple, ce Sépulcre, qui, comme l'Amphithéatre des Soldats, dont j'ai parlé plus haut, est enclavé dans les Murailles de la Ville, dont il fait aussi partie, a été bâti dans cet endroit, & de cette manière, parce que, dit-il, *Cestius* avoit ordonné par son Testament à ses Héritiers de ne l'enterrer, ni dedans, ni dehors de Rome. Mais en débitant ce Conte, il ne fait pas attention, & plus vraisemblablement encore, il ne sçait pas que, lorsque ce Monument fut construit, l'enceinte de Rome étoit de beaucoup plus petite qu'elle n'est aujourd'hui, & que ce ne fut que plus de cinq cents ans après, que *Bélisaire*, qui bâtit ces Murailles, y enclava ce Sépulcre, de manière qu'il y en a une moitié dedans, & l'autre dehors de la Ville; ce qui a sans doute occasionné cette Fable populaire.

Vous voyez, me dit à ce sujet Monsieur N . . . . , qu'il n'est pas absolument nécessaire de faire le Voyage d'Egypte pour voir des Piramides. Celle-ci n'est pas à la vérité si haute, ni si large que le sont celles-là; n'ayant que cent dix pieds de hauteur sur quatre-vingt-sept de largeur; mais elle a aussi un avantage & une beauté que les autres n'ont pas; c'est que les quatre faces de cet Édifice, dont la masse est de briques, sont révétues de marbre depuis le haut jusqu'en bas. Entrons ajoûta-t-il, présentement

SEPULCRE DE CAJUS CESTIUS. P.252.

SEPVLCHRVM C. CESTII.

ment dans la Ville pour en confidérer l'autre moitié qui eſt la plus curieuſe. Nous étant rendus au pied de cette Piramide, je lui demandai à quoi pouvoit avoir ſervi un grand Piédeſtal de Marbre, qui en eſt à quelques pas. Liſez, me répondit-il, l'inſcription qui eſt deſſus, & elle vous en inſtruira. Par la lecture que j'en fis il me parut qu'elle avoit ſervi de baſe à une Colonne, ſur laquelle étoit vraiſemblablement la Statue de ce *Ceſtius* qui, ſelon cette inſcription, mourut au commencement de l'Empire d'*Auguſte*. Après avoir lû une ſeconde inſcription qui eſt ſur le côté de la Piramide, & qui eſt d'autant plus aiſée à lire, que les Lettres ont deux pieds de long, nous entrames dans ce Tombeau par un paſſage aſſez bas & étroit qui en traverſe l'épaiſſeur. Nous nous trouvames alors dans une très belle Sale voutée, d'environ dix-huit pieds de long, large de treize, & haute de quatorze. C'eſt dans cette Sale, ſans doute, que les héritiers de *Ceſtius* dépoſèrent les cendres du deffunt. Elle eſt enduite de tous les côtés d'un ſtuc blanc & poli, ſur lequel on voit des reſtes de peintures très anciennes, répréſentant, les unes des Vaſes, les autres des Femmes, & pluſieurs autres choſes. La manière dont ces peintures ſe ſont conſervées pendant dix-huit ſiécles, & la beauté de leur Coloris me parurent d'autant plus admirables, que l'invention de la Peinture en huile étant très moderne, celle-ci n'eſt qu'une ſimple détrempe qui ne pénètre point l'enduit; & néanmoins la plûpart de ces figures ont encore toute la vivacité de leurs couleurs. Plus d'un riche curieux, s'il étoit poſſible d'enlever des morceaux ſi rares & ſi beaux, donneroit certainement bien pour cela une partie de l'argent qu'il en a du coûter aux héritiers de *Ceſtius* pour lui conſtruire ce Monument. On peut juger par la beauté de celui-ci, qui n'étoit que pour un ſimple Citoyen, quels devoient-être les Tombeaux des premiers Perſonnages de la

République, & enfuite des Empereurs, que le Tems & d'autres Accidents ont détruits.

Après avoir entiérement fatisfait ma curiofité dans ce Sépulcre: fortons d'ici, dis-je à mon Conducteur. C'eſt être trop long-tems avec les morts. La Compagnie de ces Meſſieurs n'eſt pas aſſez amuſante, pour faire un long féjour chez eux. D'ailleurs nous aurons tout le tems un jour d'habiter, comme eux, des Tombeaux, dans lefquels on ne nous fera pas, felon toutes les apparences, l'honneur de nous venir vifiter auſſi fouvent que l'on fait celui-ci. Il ne tiendra qu'à vous, Monfieur, me dit en riant Monſieur N...., vous n'avez comme *Ceſtius*, qu'à laiſſer à vos héritiers de grandes richeſſes, à condition qu'ils vous bâtiront une femblable Piramide à Paris; & je vous fuis caution que vous y ferez, pour le moins, auſſi fouvent vifité. Il faudroit pour cela, lui répondis-je, avoir autant de vanité que cet Écuyer tranchant de la Table des Dieux: or je vous avouerai que, grace ou Ciel, je ne donne point dans ces Folies. On fçait aujourd'hui faire un emploi un peu plus folide, & beaucoup plus louable, de fes Richeſſes, lorfqu'on eſt obligé de les quitter. Mais, pourfuivis-je, quelle eſt cette Montagne que je vois s'élever ainfi devant nous ? Seroit-ce le Capitole ? Vraiment, me répliqua-t-il, nous en fommes bien éloignés. Le Mont que vous voyez eſt le Mont *Teſtacéo*, ou la Montagne des Pots-caſſés, Montagne d'une nature toute fingulière, & fur laquelle nos plus favants Antiquaires fe font fouvent caſſés la tête. En ce cas, lui-dis-je, il eſt à préfumer qu'elle vaut la peine d'être vûe; Tournons donc de ce côté-là, puifque nous fommes fi proches.

J'avois oui dire à Merville & à Laval que cette Montagne étoit le *Mont-martre* de Rome, je veux dire l'endroit où les Romains alloient plus volontiers fe divertir, comme nos

Bour-

Bourgeois de Paris font à *Mont-martre*. Ce qui les y attire principalement, c'est que dans aucun autre endroit on ne boit le vin, ni si frais, ni si délicieux. Mes gaillards s'y connoissoient l'un & l'autre; aussi fréquentoient-ils d'un meilleur cœur cette Montagne, qu'ils ne faisoient les plus belles Eglises de Rome. Je voulus éprouver par moi-même ce qu'ils m'en avoient dit, & comme en partant le matin, je n'avois compté rentrer dans la Ville que le soir, j'avois ordonné à Merville de faire porter en cet endroit tout ce qu'il falloit pour faire un régal honnête à mon Compagnon de Voyage. Voyant donc qu'il étoit déjà tard, & d'ailleurs la faim commençant à me presser, je pris le prétexte de vouloir visiter cette Montagne, pour avoir l'occasion d'y mener mon aimable Conducteur. Je trouvai, en y arrivant, Merville, qui venoit au devant de nous, & qui s'impatientoit fort de notre retardement; car il étoit près de deux heures lorsque nous le joignimes. Lui ayant demandé s'il avoit éxécuté mes ordres: il y a déjà long-tems, Monsieur me dit-il, que tout est prêt. Donnez-vous seulement la peine, poursuivit-il en me montrant une espèce de Grotte, d'entrer ici avec Monsieur. Comment, lui dis-je avec vivacité, sommes-nous des gens, Monsieur & moi, à diner dans une Cave? Es-tu devenu fou, ou le Vin du *Mont-Testacéo* t'a-t-il fait tourner la tête?

Monsieur N . . . . . , s'étant mis à sourire de mon étonnement & de ma vivacité: Entrons, entrons toujours, me dit-il; & nous éprouverons bientôt dans cette Grotte, ou Cave, comme il vous plaît de l'appeller, un agrément qui ne se rencontre pas dans les plus beaux Palais. Sur ce que je le priois d'excuser la stupidité de mon Valet, qui avoit choisi un lieu si peu décent pour nous rafraichir & nous remettre un peu de notre Fatigue: il ne pouvoit pas, me dit-il, en choisir de plus propre pour cela, ni de plus délicieux;

cieux ; & vous en conviendrez vous-même dans quelques moments. La Table ayant été fervie fur le champ, comme notre courfe nous avoit donné beaucoup d'appetit à l'un & à l'autre, nous y fîmes fort bien notre devoir. Un verre de Vin que je demandai, & que je trouvai plus frais que s'il eût été mis à la glace, me fit faire un mouvement de furprife qui fit encore fourire mon Conducteur. Avouez, me dit-il, Monfieur le Comte, que vous ne vous attendiez pas de trouver ici une fi excellente Glacière ; mais ce qui vous étonnera peut-être encore davantage, c'eft que cette extraordinaire fraicheur eft naturelle à cette Montagne. Auffi nos délicats & voluptueux Romains viennent-ils fouvent y goûter ce plaifir avec leurs Amis. C'eft une qualité qui eft particulière à cet endroit & que nos Princes & Seigneurs Cardinaux voudroient bien qui fe trouvât dans ceux, où ils ont bâti leurs Palais. Cela leur épargneroit beaucoup d'Argent que leur coûtent la glace & la nège, qui font rares dans ce Païs, & qu'ils font obligés de faire venir de loin & à grands fraix. Que ne les faifoient-ils conftruire, lui dis-je, fur le haut de cette Montagne? La Pofition & la perfpective en auroient été des plus belles. Ils auroient eu en même tems vûe fur la Ville, & vûe fur la Campagne, ce qui eft un des plus grands agréments que l'on puiffe défirer. Il eft vrai, me répondit Monfieur N . . . . ; mais il auroit fallu pour cela qu'il euffent donné près de deux cents pieds de profondeur aux fondements de ces Edifices ; car cette Montagne en a cent-foixante de hauteur, fur deux mille pas de circuit, & comme elle n'eft qu'un amas de Pots-caffés, de Tuiles, de Briques, & autres décombres, vous concevez de refte qu'il eft impoffible de pofer aucun Edifice tant foit peu confidérable fur un pareil fonds; auffi n'y avez-vous vû, & n'y verrez-vous, que quelques Grottes, pareilles à celle-ci, qu'on y a creufées uniquement

à

à cause de cette fraicheur extraordinaire qui s'y fait sentir, & qui donne au Vin le goût délicieux, que vous allez trouver dans celui-ci.

Je reconnus dans l'instant la vérité de ce qu'il me disoit ; mais un phénomène qui me surprit encore bien davantage, fut que je sentis, quelques moments après, une fraicheur des plus agréables, causée par un nombre infini de doux Zéphirs, qui sortoient de tous les côtés de la Grotte, comme par autant de tuyaux soûterrains, pour venir nous caresser & nous rafraichir. Je demandai à Monsieur N...., s'il éprouvoit la même chose. Assurément, me répondit-il, & ce n'est pas la centiéme fois que cela m'est arrivé dans ces Grottes. Tous ceux qui y viennent l'éprouvent comme nous ; & c'est pour cette raison particulière qu'elles sont extrêmement fréquentés, sur-tout pendant l'Eté. Il alloit m'expliquer les causes Phisiques d'un effet si singulier ; mais comme nous avions alors quelque chose de plus pressé à faire, je le priai de se ressouvenir que le Corps doit avoir son tour, & qu'il à ses besoins aussi-bien que l'Esprit. J'ajoûtai que j'appréhendois que les douces Haleines des Zéphirs qui nous faisoient tant de plaisir, ne fissent perdre à nos sauces un peu de leur bonté. Cela pouroit bien arriver, me répliqua-t-il en riant ; mais, en tout cas, nous avons la meilleure de toutes qui est l'appetit. Il eut d'autant moins de peine à me persuader de ce dernier Article, que, contre sa coûtume, & contre celle des Romains qui, en général, sont naturellement fort sobres, il officioit parfaitement bien. Aussi lui en donnois-je l'Exemple. Notre appetit, joint à la bonté, à la fraicheur du Vin, & à l'air délicieux que nous respirions en cet endroit, ne contribua pas peu à nous égayer. Je reconnus en cette rencontre la fausseté d'un préjugé dans lequel sont bien des gens,

gens, & cela sûr je ne sai quel fondement. Ils s'imaginent qu'il n'y a point de plus ennuyeuse Compagnie à Table que celle d'un Savant. Pour moi je n'ai jamais entendu un si grand nombre de jolies choses, ni vu d'humeur plus enjouée que le fut celle de Monsieur N . . . ., il badinoit agréablement sur tout, même sur les sujets qui en paroissoient le moins susceptibles, de-sorte qu'on pouvoit dire, en quelque façon, que son esprit, semblable aux Zéphirs du *Mont-Testaceo*, lui sortoit du Corps presqu'à chaque chose qu'il disoit. Qu'on loue tant qu'on voudra les plaisirs de la Table ; pour moi, quelque délicate qu'y soit la bonne chère, elle m'a toujours paru fort insipide tant que je n'y ai trouvé que des Goinfres, dont l'entretien ne roule ordinairement que sur la friandise des mêts, sur l'habileté du Cuisinier qui les a préparés, & sur la délicatesse des vins que l'on y sert. Hé combien n'y a-t-il pas de milliers de Tables dans le Monde, même chez les plus grand Seigneurs, où la conversation ne roule présque point sur d'autres matières. En ce cas je puis dire que jamais repas ne fut mieux, ni plus délicatement assaisonné que celui que je pris avec Monsieur N . . . . Quoiqu'il fût un peu long, l'enjouement de son humeur & de ses discours me le fit trouver extrêmement court.

ENFIN vers le milieu du dessert notre conservation tomba sur le *Mont Testaceo*. Il me rapporta, à ce sujet, les différentes opinions des Antiquaires sur la formation de cette Montagne. Les uns, dit-il, suivant l'Etimologie du nom qu'elle porte, prétendent qu'elle s'est uniquement formée de Tests, ou débris des Pots-cassés (en latin, *Testa*) que les Potiers de Rome, à qui Tarquin l'*Ancien* donna cet endroit pour y établir leur manufacture, jettoient en ce lieu, ce qui par la suite du tems produisit, selon eux, cette élévation extraordinaire. Mais comme, en réfléchissant
un

un peu plus fur la chofe, on a trouvé que tous les Pots-caffés du monde entier, apportés dans cet endroit, n'auroient pas été fuffifants pour en faire une Montagne de cette hauteur, d'autres y ont encore ajoûté les Pots, ou Cruches, dans lefquels ils prétendent que les Villes, Provinces, & Royaumes Tributaires envoyoient à Rome les fubfides qu'ils payoient à la République, & qu'on jettoit tous, difent-ils, dans cet endroit lorfqu'on les avoit vuidés. Par malheur pour ces Meffieurs, l'Hiftoire Ancienne nous apprend que ces Pots, ou Cruches, n'ont jamais exifté que dans leur imagination; que la plus grande partie de cet Argent ne venoit point à Rome, mais étoit employée ou dans ces Provinces, ou dans les autres, pour l'entretien des Légions, le payement des Officiers, l'honoraire des Magiftrats, Gouverneurs, & pour les autres charges & befoins de l'État; que la plûpart de ces Villes n'étoient pas même chargées du foin de faire remettre cet Argent à Rome, mais qu'on envoyoit, au-contraire, pour cet effet, de Rome dans les Provinces, des Officiers auxquels on donnoit le nom de *Quefteurs*, qui faifoient tranfporter le refte de cet Argent à Rome, non pas dans des Pots de Terre, mais dans de bons facs de cuir. C'eft ce que nous apprenons de Plutarque qui, dans la vie de Caton d'*Utique*, rapporte que ce Romain fut envoyé pour cela pendant fa Quefture, en Afie, & dans l'Ifle de Chipre. Il ajoûte que Caton craignant, à fon retour, que le Vaiffeau fur lequel il étoit, ne vint à périr, & que ce Tréfor ne fût perdu pour la République, après avoir lié tous enfemble les facs de cuir dans lefquels il étoit, il eut la précaution de faire attacher à de longues cordes plufieurs grans morceaux de liége qui, en cas d'accident, indiqueroient, du moins, l'endroit de la Mer où ils féroient tombés, & où l'on pourroit les repêcher.

D'AUTRES Antiquaires, continua Monfieur N...., pour éléver encore cette Montagne à la hauteur où elle fe trouve, ont joint à tous ces Pots-caffés les Urnes de Terre, qui fervoient, difent-ils, à renfermer les cendres des Efclaves & des pauvres habitants de Rome, & qu'on jettoit encore, felon eux, dans cet endroit lorfqu'elles fe trouvoient caffées, ou par la longueur du Tems, ou par quelque autre accident. Mais ces Meffieurs n'ont pas fait attention premiérement que pendant près de fept cents ans on ignora à Rome l'ufage de brûler les Cadavres, ufage qui fut établi par *Sylla*, lequel l'ordonna ainfi dans la crainte que le Sénat & le Peuple Romain, juftement indignés de fes cruautés, ne s'en vengeaffent, après fa mort, fur le fien, & ne le miffent en piéces après l'avoir fait déterrer, comme il avoit fait lui-même celui du célèbre *Marius*, fon Maitre & fon Concurrent; en fecond lieu qu'on n'y brûloit que les corps des Morts de la première diftinction, & que ceux des Efclaves & du Peuple étoient enterrés hors de la Ville, dans un champ deftiné à cet ufage. On le nommoit *Puticuli*, tant à caufe des foffés en forme de puits, que l'on y faifoit pour cela, & qu'on ne refermoit que lorfqu'ils étoient pleins, qu'à caufe de la mauvaife odeur qu'exhaloient ces Cadavres ainfi entaffés les uns fur les autres, & qui duroit jufqu'à ce que la foffe fût refermée.

VOILA`, continua Monfieur N...., quelles ont été les diverfes opinions de nos Savants fur la formation de cette Montagne, qui les a d'autant plus embarraffés qu'aucun ancien Écrivain ne leur a donné fur cela aucune lumière. Pour moi j'en fuis d'autant moins étonné, que je fuis
très

très persuadé qu'il s'en falloit de beaucoup que de leur tems elle eût la hauteur qu'elle a eu depuis, & que d'ailleurs ils ne l'ont pas jugée digne de leur attention. Quel est en effet l'Historien grave, qui s'avisera jamais d'aller parler dans ses Ecrits, d'un Champ situé hors de la Ville, comme l'étoit alors celui-ci, où par ordonnance de la Police on portoit les Pots-cassés, les Tuiles, les Briques, les Décombres, & peut-être les autres immondices, comme je ne doute point que cela s'est pratiqué autre-fois, ce qui, par la succession des siécles, a enfin formé la Montagne dont il s'agit. C'est ainsi, m'a-t-on dit (& j'ai vû en partie la chose de mes propres yeux) que se sont formés les nouveaux Remparts, ou hautes Terrasses, qui séparent aujourd'hui Paris d'avec ses nouveaux *Fauxbourgs*. Si toutes les décombres de la Ville, dont ces Terrasses ont été faites, avoient été rassemblées en un seul monceau, je suis persuadé qu'elles y formeroient aujourd'hui une Montagne, aussi haute, pour le moins, que celle-ci. Que seroit-ce si elles y avoient été rassemblées pendant neuf cents, ou mille ans de suite? Je ne doute point, dans ce dernier cas, qu'elles n'en formassent une peut-être aussi élevée que le fameux *Pié de Tenerif*. Voilà Monsieur, ce que je crois qu'on peut dire de plus raisonnable sur la formation de notre *Mont Testaceo*.

A l'égard de la fraicheur extraordinaire qu'on ressent dans ces Grottes, la raison Phisique qu'on en donne, est que la forme très irrégulière des matériaux divers dont cette Montagne a été formée, laissant entre eux des millions de petits passages à l'Air, en serpentant avec violence par ces passages sous Terre, il y prend ce dégré extraordinaire de fraicheur, qui fait tant de plaisir. C'est effectivement, une vérité confirmée par l'expérience que, quelque chaud que soit l'air, il devient plus ou moins froid, à proportion que les paſſages par leſquels il ſort ſont plus ou moins étroits. Nous en avons la preuve, lui dis-je, dans celui qui ſort à tous moments de nos poumons, & qui certainement n'eſt rien moins que froid ; Cependant nous nous en ſervons tous les jours pour rafraichir, preſque en un inſtant, les choſes les plus brûlantes, & cela par la ſeule & ſimple compreſſion, plus ou moins grande de nos Levres.... Bien nous en prend, reprit-il en riant. Sans cette ſage précaution, ſans cette Phiſique toute ſimple que la Nature nous apprend, il n'y a point de Gourmand, ou d'Affamé, qui ne s'échaudât tous les jours l'eſtomac.

Nous paſſâmes dans cet agréable lieu une couple d'heures le plus délicieuſement du monde ; après quoi nous remontâmes en Calèche, & continuâmes notre route. Il nous en fallut bientôt deſcendre pour traverſer le *Tibre* dans un Ponton, ou Bac, qui nous paſſa de l'autre côté. Alors étant remontés, nous cotoyames les murs du quartier de Rome appellé *Borgo*. Ce quartier du tems des Romains, étoit preſque inhabité, n'étant alors occupé que par des Jardins, où ils alloient, de tems en tems, ſe promener, comme font encore aujourd'hui nos riches Bourgeois dans ceux qu'ils ont dans les Fauxbourgs de leur Ville. L'Empereur *Conſtantin*, premier Empereur Chrétien, ayant bâti ſur le Mont *Vatican*, qui eſt tout proche de ce quartier, la fameuſe Egliſe de S. Pierre, à laquelle il laiſſa de grands tréſors; & cette Egliſe ayant été dans la ſuite pillée pluſieurs fois par les *Goths* & par les *Maures*, qui infeſtèrent longtems l'Italie, les Papes, pour la mettre à couvert de leurs incurſions & de leurs rapines, firent faire tout au tour une enceinte de murailles, qui s'étant élargie & continuée avec le tems ne forma plus qu'un ſeul quartier avec celui des anciens Romains. Cette enceinte, qui dans la ſuite ſe trouva

RESTES DU MAUSOLÉE D'ADRIEN, NOMMÉ LE CHATEAU S. ANGE.

HADRIANI MAVSOLEVM NVNC ARX S'ANGELI

MAUSOLÉE DE L'EMPERUR ADRIEN.

MAVSOLEVM HADRIANI AVGVSTI

va médiocrement habitée, fur-tout depuis que les Souverains Pontifes ont fixé leur réfidence au *Vatican*, prit le faftueux nom de *Cité Léonine*, de celui du Pape *Léon* IV. un de ceux qui a le plus contribué à fa conftruction. Elle n'offre rien de curieux par dehors, fi ce n'eft l'irrégularité de fes fortifications modernes, qui ne lui feroient aujourd'hui d'aucune défenfe, s'il arrivoit que nos Souverains Pontifes vinflent à fe brouiller avec nos Souverains de l'Europe, chofe dont ils fe garderont bien. Nous en fîmes très rapidement le tour, & arrivâmes au Château *Saint Ange*, où fe termine la nouvelle enceinte de ce côté-là.

IL faut être Romain, ou pour mieux dire, n'avoir vû aucune des Forterefles d'aujourd'hui, pour fe vanter, comme fait le Peuple de Rome, que celle-ci eft imprenable. Elle n'eft effectivement rien moins que cela, & ne peut tout au plus fervir de refuge aux Papes qu'en cas de quelque émotion, ou fédition populaire; ce qu'ils n'ont pas lieu d'appréhender, ayant affaire aux fujets du monde les plus dociles & les plus pacifiques. D'ailleurs la Sageffe de leur conduite, & la douceur de leur gouvernement les mettent aujourd'hui à couvert de ces révolutions, qui étoient autrefois affez fréquentes dans cette Ville. Pour leur ménager toute-fois cette retraite, *Aléxandre* VI, le plus méchant de tous les hommes, & qui par conféquent en avoit plus befoin qu'aucun autre, fit conftruire une longue Gallerie de communication de leur Palais à ce Château, dans lequel ils peuvent fe retirer fans être vus de perfonne. Comme je compte préfque pour rien quatre Baftions très foibles que le Pape *Urbain* VIII. y fit faire il y a environ cent ans, fa principale défenfe confifte dans une centaine de piéces de canon, dont ils pourroient fe fervir dans une néceffité très preffante, pour foudroyer la Ville, & achever de la ruiner.

IL me faudroit, me dit Monsieur N . . . . Vous faire un volume si j'entreprenois de vous rapporter toute l'Histoire de ce Château qui, dans sa première Origine, à servi de Tombeau à l'Empereur *Adrien*, & à six de ses Successeurs. C'étoit un superbe Edifice, à plusieurs étages, revêtu de marbre depuis le bas jusqu'en haut. Le premier, qui est quarré, comme vous le voyez, étoit extrêmement massif, ce qui joint au reste fit donner à ce Mausolée le nom de *Moles Adriani*. Il falloit qu'il fût aussi solide pour servir de base & de fondement à quatre ou cinq grandes Tours rondes, qui s'élévoient, toûjours en diminuant, les unes sur les autres. La dernière portoit un Dôme sur le haut duquel étoient deux Paons & une Pomme de Pin, en bronze doré, d'une grandeur & d'une grosseur prodigieuses. Les deux Paons ont disparu; mais la Pomme se voit encore dans les Jardins du Pape au *Vatican*. Autour de chaque étage regnoit un grand Portique, sous lequel on pouvoit se promener, soûtenu par un grand nombre de belles Colonnes de Marbre que *Constantin* en fit enlever pour en orner les deux Eglises qu'il fit bâtir, l'une en l'honneur de S. *Pierre*, & l'autre en l'honneur de S. *Paul*. A l'égard des Statues, tant d'Hommes, que de Chevaux & autres Animaux, dont ce monument étoit, en quelque façon, chargé, & qui étoient au nombre de sept cents, elles furent toutes brisées par *Bélisaire*, pendant le siége qu'il eut à soûtenir contre les *Goths*. Ces Barbares, qu'il avoit déjà chassés une fois de Rome & de toute l'Italie, y étant revenus quelques années après, & ayant attaqué la Ville par cet endroit, ce brave Général se servoit de ce Sépulcre comme d'une Citadelle pour les arrêter. Il repoussa en effet vigoureusement leurs attaques, & ce siége, qui fut très long, ayant consommé toutes ses munitions de Guerre, il fit briser

ſer toutes ces Statues, & ſe ſervit des Morceaux pour écraſer ſes Ennemis, qu'il força de lever honteuſement le ſiége. Depuis ce tems ce Mauſolée a toûjours ſervi de Citadelle à tous ceux qui ont été Maîtres de Rome, & les ſiéges ſans nombre qu'on lui a fait ſoûtenir, l'ont mis dans l'état où vous le voyez aujourd'hui. Un Ange qui apparut, dit-on, à St. *Grégoire le Grand*, ſur ce Château, un jour qu'il aſſiſtoit à une Proceſſion qu'il avoit ordonnée pour faire ceſſer la peſte, qui déſoloit alors Rome, lui a fait donner par ce Pape le nom de Château S. *Ange*, qu'il a toûjours porté depuis.

La deſcription que Monſieur N . . . . , venoit de me faire du magnifique Mauſolée d'*Adrien*, occaſionna quelques réflexions que nous fîmes ſur la ſotte vanité des hommes, qui veulent que leur Orgueil ſaute aux yeux de tout le monde, & ſe perpétue, pour ainſi dire, après leur mort. Y a-t-il en effet rien de plus ridicule que l'Ambition des Grands, qui leur fait élever, même de leur vivant, des Bâtiments ſi ſuperbes, le tout pour y enfermer une poignée de leurs cendres? Que voulez-vous reprit mon aimable Conducteur? Tel eſt le riſible effet de cette paſſion. Elle veut encore éclater, même pluſieurs ſiécles après que celui qui en étoit poſſedé pendant ſa vie, eſt rentré dans le néant, dont nous ſommes tous ſortis, & dans lequel nous rentrerons tous. Vous en allez voir, ajoûta-t-il, une nouvelle preuve dans les reſtes d'un ſecond Mauſolée encore bien plus magnifique, que le plus ambitieux, & le plus grand des Empereurs fit conſtruire pour lui & pour ſes Succeſſeurs, vingt-huit, ou trente ans avant ſa mort.

Nous rentrâmes auſſi-tôt dans la Ville, & repaſſâmes le *Tibre* ſur le pont du Château S. *Ange*, qu'on nommoit autre-fois *Ælius*, parce qu'il fut bâti par l'Empereur *Ælius Adrien*, dont nous venions de voir le Sépulcre. Prenant

266 MEMOIRES

enfuite fur la gauche, nous tournâmes dans une rue, qui nous conduifit au Palais des Signors *Fioravanti*, dans lequel nous entrâmes. On nous en fit voir toutes les curiofités, dont la plus confidérable, à mes yeux, fut un refte du Maufolée d'*Augufte*, cet Empereur dont Monfieur N... venoit de me parler, & qui fert aujourd'hui d'enclos à un fort beau Parterre, qu'on a pratiqué dans fon enceinte. Voilà, me dit mon Conducteur, tout ce qui nous refte du plus magnifique Sépulcre qu'il y ait jamais eu, fans en excepter même celui que la tendre & fidelle Reine *Artémife* fit batir la première à fon cher époux *Maufole*, & que les Anciens

ont

MAUSOLÉE DE L'EMPEREUR AUGUSTE.

MAUSOLEUM AUGUSTI

RESTES DU MAUSOLÉE D'AUGUSTE.

MAVSOLEI VESTIGIA

ont mis au nombre de sept Merveilles du monde. Celui-ci, dont vous ne voyez que le premier étage, en avoit neuf ou dix, qui s'élévoient, toujours en diminuant, les uns au-dessus des autres, & formoient une Piramide ronde, fort exaucée, sur le haut de laquelle étoit la Statue Colossale de cet Empereur, en bronze doré. Sur chaque étage de cette Magnifique Piramide, qui étoit d'une pierre blanche comme la nège, on avoit planté des arbres toujours verds, qui couvroient ce monument de leur ombre, & sous lesquels on pouvoit se promener. Derrière ce Sépulcre *Auguste* avoit fait planter un grand Bois, distribué en plusieurs Allées, qui s'étendoient le long du *Tibre*, & servoient de promenade aux Romains. La principale entrée de ce Mausolée, qui étoit du côté du Champ de *Mars*, étoit ornée de deux Obélisques qu'il avoit fait apporter d'*Egypte*. Enfin cet Empereur pourvoyant à tout, & voulant qu'à sa mort tout se fît avec magnificence, avoit fait paver de belles pierres blanches, à quelque distance de-là, une grande Place fermée par une Balustrade de fer, & environnée de grands arbres. Cette Place étoit destinée pour y dresser le bucher, sur lequel on devoit brûler son Corps après sa mort. En attendant il y fit élever sa Statue en Marbre, laquelle fut transportée ensuite près de son Mausolée, ainsi que celles de ses Successeurs, dont les cendres y furent enfermées avec les Siennes, & celles de ses Parents & Amis *. Comme il ne s'y trouvoit plus de place du tems de l'Empereur *Adrien*, ce fut une des raisons qui engagea ce Prince à bâtir, pour lui & ses Successeurs, celui que nous venons de voir, & qu'il fit construire à peu près sur le modèle de celui-ci.

A cette occasion Monsieur N . . . m'entretint de plusieurs

* Voyez la Taille douce qui réprésente le Champ de Mars, pag. 201.

sieurs autres Sépulcres, que les Successeurs de cet Empereur firent bâtir à son exemple, & sur-tout de celui de *Septime Severe*. C'étoit un Edifice fort exaucé, qu'on nomma *Septizonium*, parce qu'il étoit composé de sept étages, & orné d'autant de Portiques & de belles Colonnes, dont il ne reste plus que quelques Vestiges, que je vis quelques jours après. Comme le peu qui nous restoit à voir des murs de la Ville, n'offre rien de curieux, que d'ailleurs tout ce quartier est occupé par des Marchands de bois, qui y tiennent leurs chantiers, lesquels embarassent le passage, nous regagnâmes par dedans la Ville la Porte *del Populo*, par laquelle nous étions sortis le matin, & je me rendis chez moi très satisfait de mon Voyage.

Mon intention étoit d'y retenir à souper Monsieur N... à qui j'en fis les plus vives instances; mais il me fut impossible de l'engager à me faire ce plaisir. Je le reconduisis donc chez lui, où je le remerciai fort de la complaisance qu'il avoit eu de m'accompagner, & des curieuses instructions qu'il avoit bien voulu me donner sur les Antiquités que nous avions visitées ensemble. Pour recevoir vos remerciments, me dit-il en souriant, il faudroit, Monsieur le Comte, que vous eussiez vû tout ce que l'Antiquité nous a conservé dans notre Ville. En ce cas mes petits services ne vous seroient plus nécessaires; mais vous n'en êtes pas encore là, & j'espère que j'aurai le plaisir de vous être utile, du moins en cela, encore plus d'une fois. En attendant comptez toujours sur une personne qui est toute à votre service. Madame son Epouse, qui parut avec sa Fille & quelques autres Dames, termina nos compliments, de part & d'autre, en nous proposant une partie de Quadrille. Je l'acceptai, & nous nous mimes à jouer jusqu'à l'heure du souper. Je comptois alors me retirer chez moi; mais Monsieur N.... me retint en me disant qu'il vouloit avoir sa revanche du

Mont

Restes du Sepulcre de l'Empereur Severe.

SEPTIZONIVM SEPTIMII SEVERI SEPVLCRVM

Mont Testaceo, & que je ne pouvois la lui refuser sans commettre une injustice. Je ne fis de résistance qu'autant que la Politesse en exigeoit, & me rendis enfin à ses instances & à celles de Madame son Epouse.

DE toutes les personnes qui composoient l'Assemblée, il n'y en eut point qui m'y parût plus sensible que Mademoiselle N.... j'avois déjà remarqué que cette aimable Fille se plaisoit beaucoup en ma Compagnie. Comme je ne trouvois pas moins d'agrément dans la sienne, je lui faisois, de mon côté, toutes les petites Galanteries & Amitiés qui sont ordinaires & naturelles entre deux jeunes personnes, & je m'étois souvent apperçu qu'elle les recevoit avec une satisfaction qu'elle avoit peine à cacher. Je connoissois trop le cœur humain par ma propre expérience, pour ne pas en deviner la cause. D'ailleurs elle ne me la laissa pas long-tems ignorer. En effet étant de retour au logis, & cherchant quelque chose dans ma poche, j'y trouvai une Lettre cachetée, dont le caractère m'étoit inconnu, aussi-bien que la façon dont elle m'étoit parvenue. Je l'ouvris & la lus aussitôt. Elle étoit conçue en ces termes.

MONSIEUR,

J'IGNORE qui a procuré à mon Père, & à notre Famille l'Honneur de votre aimable connoissance; mais quel qu'il soit, je dois le regarder comme le plus grand de mes ennemis, puisque par-là il m'a enlevé ce que j'avois de plus cher au monde, je veux dire le repos & la tranquilité de mon cœur. J'avois cent fois oui dire que rien n'est plus dangereux pour une jeune Fille que la vûe d'un Homme aimable; vous ne me l'avez que trop fait éprouver. De grace, Monsieur, rendez-moi, s'il est possible, ce que vous m'avez ôté, ou du moins enseignez moi quelque moyen de le re-

récouvrer. Elévée dans l'innocence, je ne sçai quel nom donner aux sentiments que vous m'avez inspiré, encore moins les définir. Je tremble toutes les fois que je sçai que vous devez venir chez nous, & néanmoins j'aspire après ce moment avec une impatience extraordinaire. Je ne suis rien moins que tranquille en votre absence, & je le suis encore moins lorsque je vous vois. Le chagrin & l'ennui me dévorent d'un côté, & de l'autre l'excès de la joye me met hors de moi-même. Quelle triste situation pour une jeune personne! seroit-il possible que vous éprouvassiez la même chose! Que je vous plaindrois en ce cas, ou plutôt que je serois . . . . . Je n'ôse achever dans la crainte d'en trop dire. Peut-être même l'aveu que je vous fais ici, malgré moi, de ma situation, vous paroîtra-t-il réprébensible. Pardonnez le à mon innocence. J'ai cru pouvoir le hazarder, & que je ne courois aucun risque de le faire à une personne, qui me donne sans cesse des marques de son amitié, & à qui je n'ai pû réfuser la mienne. Si ce nouvel aveu vous offense, oubliez le pour jamais aussi-bien que celle qui vous le fait. Que sa situation seroit heureuse si, de son côté, elle pouvoit en faire autant!

QUOIQUE cette Lettre ne fût point signée, & que je n'en connusse point l'écriture, je n'eus pas de peine à savoir de qui elle venoit. Une rougeur involontaire qui se répandit tout à coup sur le visage de Mademoiselle N . . . lorsque je la vis le lendemain, acheva de me confirmer que c'étoit elle qui me l'avoit écrite & glissée dans ma poche, sans que je m'en fusse apperçu. Je ne pus m'empêcher, après l'avoir lue, de faire quelques réflexions sur les passions du cœur humain. Il est partout le même, me dis-je à cette occasion. Mademoiselle N . . . . éprouve à Rome, à mon sujet, ce que ma chère Emilie me fit éprouver

à

à Ti . . . . ville, la première fois que j'eus le bonheur de l'y voir. Mais que la situation de cette Demoiselle est bien différente de la nôtre! L'Amour alors nous blessa tous les deux du même trait; & il semble qu'il ne permit que nous nous rencontrassions, que pour former les nœuds indissolubles, qui nous attacheront éternellement l'un à l'autre. Que je vous plains, m'écriai-je en soupirant, aimable Angélique (c'étoit le nom de Mademoiselle N . . . .) si votre passion est aussi violente qu'elle me le paroit, si vous n'avez pas plus de force, ni plus d'empire sur votre cœur, que je n'en ai eu moi-même sur le mien dans une rencontre toute semblable!

CETTE avanture, que nos petits-Maîtres auroient regardée comme une bonne fortune, & qu'ils auroient peut-être eu l'indiscrétion de publier, me fit un véritable peine, & l'impossibilité absolue où je me trouvois de répondre à sa passion, me fit ressentir toute la rigueur de son sort. Je me trouvai moi-même embarrassé sur le parti que j'avois à prendre en cette occasion. Flatter son Amour, c'étoit l'accroître & l'irriter encore davantage; le rébuter, c'étoit la désespérer, & je ne pouvois me résoudre, ni à l'un, ni à l'autre. J'essayai donc de prendre un milieu. Je continuai, à l'ordinaire, mes visites chez Monsieur N . . . ., & feignant d'ignorer la déclaration que sa Fille m'avoit faite, je ne changeai rien à ma manière d'agir avec elle. Elle en parut un peu surprise, après la démarche que son amour pour moi lui avoit fait faire. L'Air embarassé qu'elle avoit quelque-fois, & une certaine rougeur qui lui couvroit le visage toutes les fois qu'elle me regardoit, ne m'exprimoient que trop le trouble où étoit son cœur. Je faisois semblant de ne m'en pas appercevoir afin de ne pas l'augmenter, mais voyant à la fin que tous mes ménagements ne faisoient qu'irriter encore davantage le mal dont elle étoit atteinte, pour

lui

lui épargner ce tourment, je tâchai d'éviter sa rencontre. Par-là je m'épargnai à moi-même l'embarras d'un éclaircissement, dont j'aurois peut-être eu bien de la peine à me tirer, & je ménageai la délicatesse Italienne, qui n'entend point raison sur cet Article. Je rapporterai ci-après ce qui en arriva.

CEPENDANT pour n'être point incommode aux aimables Savants, qui m'avoient fait offre de leurs services, j'entrepris de visiter seul les monuments Antiques, qui parlent, pour ainsi dire, tous seuls, & qui s'expliquent eux-mêmes aux yeux d'un Voyageur un peu versé dans l'Histoire Romaine. Tels sont les Arcs de Triomphe élévés par l'autorité & par l'ordre du Sénat en l'honneur de quelques Empereurs, dont ces Monuments, joints à leurs belles Actions, ont immortalisé le nom & la mémoire. Tels sont encore quelques Temples, & autres Edifices, que leur beauté & leur solidité ont sauvé des ravages du Tems & de la fureur des Barbares. De tous ces monuments, qui étoient autre-fois en très grand nombre à Rome, il n'en reste plus aujourd'hui qu'autant qu'il en faut pour faire connoître le bon goût, & la magnificence de ses anciens Habitans.

LE premier que je rencontrai en mon chemin fut l'Arc de Triomphe, que le Sénat & le Peuple Romain firent élever à la gloire de l'Empereur *Titus*, ce grand Prince à qui l'Histoire, malgré la courte durée de son Empire qui ne fut que de deux ans & quelques mois, à conservé le glorieux & inestimable titre de *délices du genre humain*. Cet Edifice, qu'on ne peut voir sans être un peu courouçé contre les Papes, qui le laissent dépérir, quoiqu'il méritât mille fois mieux d'être enchassé, que quantité de guénilles & babioles qui sont renfermées à Rome dans les plus précieux Métaux, est tout de Marbre. Mais ce qui le rend encore plus respectable, c'est que nous n'avons guére

re de Monument plus frappant & plus autentique de l'accomplissement de la Prophétie de J. C. sur la malheureuse Ville & sur le Temple de *Jerusalem*, que ce Prince réduisit en cendres, & dont il emporta tous les Tréfors, les Vases facrés, & tous les plus riches Ornements, dont son Triomphe fut orné felon la coûtume des Romains. C'est ce dont on voit la preuve dans les bas réliefs qui sont encore sous l'unique Arcade qu'il a, & dans l'un defquels ce Prince est réprésenté fur son Char de Triomphe, traîné par quatre chevaux de front. Il y paroit couronné par la Victoire & précédé de douze Licteurs portant les faiffeaux Consulaires. Dans les autres sont réprésentés le Chandélier d'or à sept branches, les deux Tables de la Loi de *Moïse*, la Table d'or sur laquelle on expofoit devant le Seigneur les pains de propofition, l'Autel des parfums, & quantité d'autres Vases & riches dépouilles enlevées aux *Juifs*, dont on voit un grand nombre chargés de chaînes, qui fuivent son Triomphe. La figure de ce Prince qui paroit à genoux fur un Aigle qui l'emporte dans les airs, & le titre de *Divus* que l'infcription de cet Arc de Triomphe lui donne, font affez connoître que le Sénat ne le lui éléva qu'après fa mort, qui fut très prématurée, & lorsqu'on l'eut mis, felon l'ufage, au nombre des Dieux.

La vûe de celui de *Conftantin*, à qui la flatterie a donné affez injuftement le furnom de *Grand*, me fit faire quelques réfléxions que j'inférerai ici. La première eft le foin extraordinaire qu'on a pris pour la confervation de ce Monument, auquel il ne manque pas une feule Pierre, pendant qu'on en a laiffé dépérir, & même détruir, tant d'autres, auprès duquel celui-ci étoit très peu de chofe. Après avoir cherché la raifon de cette diftinction particulière, je crus l'avoir trouvée, non pas tant dans la beauté & la folidité de cet Edifice, que dans la fine Politique

des

Papes & dans la superstition des Chrétiens. Il y a peu de gens dans le monde qui n'aient entendu parler de la prétendue donation faite par cet Empereur au Pape, de la Ville de Rome & de tout son Territoire. Quoique cette donation soit une pure Chimère, que l'on a inventée après-coup pour tâcher de justifier une usurpation des plus hardies qui ait peut-être jamais été faite, les Papes néanmoins & leurs Supôts vinrent à bout de la faire croire comme une verité des plus constantes dans ces siécles ténébreux & d'ignorance, pendant lesquels le genre humain sembloit avoir pris à tâche de faire Parade de sottise & de crédulité. Pour donner encore plus de vogue à cette Fable, on en inventa & on en débita d'autres encore plus fausses. *Constantin*, dont l'unique vertu (si l'on peut dire que c'en est une, que de ne pas égorger des innocents) fut de ne point faire persécuter les Chrétiens, comme avoient fait plusieurs de ses Prédécesseurs & d'avoir donné beaucoup d'Or & d'Argent aux deux premières Eglises qu'il fit bâtir, à Rome en l'Honneur de St. *Pierre* & de S. *Paul*, *Constantin* dis-je, fut mis par les Ecrivains Ecclésiastiques au rang des plus grands Princes de la Terre. La hardiesse, ou pour mieux dire l'imposture, alla jusqu'à le mettre au nombre des Saints, comme on le voit dans quelques Martirologes anciens, quoique l'Histoire Romaine nous apprenne qu'il fit beaucoup de mauvaises actions, qu'il fut, aussi-bien que *Clovis*, notre premier Roi Chrétien, le bourreau de toute sa Famille, & qu'enfin il ne voulut jamais recevoir le Batême qu'à l'heure de sa mort, pour avoir la liberté de pécher impunément autant qu'il voudroit, sans avoir rien à craindre des jugements de Dieu, dont il croyoit que ce Sacrement le mettroit à couvert. En conséquence de cette nouvelle Apothéose, non seulement la mémoire de ce Prince devint un objet de vénération pour les Chrétiens, mais cette véné-

Arc de Triomphe de l'Empereur Constantin.

Arcvs Constantini prope Amphitheatrvm.

nération s'étendit encore fur les Monuments que la flatterie lui avoit élévés de fon vivant, & dont le principal eft cet Arc de Triomphe, lequel eft encore auffi entier que la Miraculeufe *Santa-Cafa* de N. D. de *Lorrette*.

Il eft tout de Marbre, & a trois Arcades, comme fi ce Prince avoit été trois fois plus grand que *Titus*, dont je viens de parler. Mais que fa Famille auroit été heureufe s'il avoit feulement eû la moindre des vertus de ce Prince payen! Ces trois Arcades, dont celle du milieu eft, à l'ordinaire, beaucoup plus large & plus haute que les deux autres, font ornées, de chaque côté, de quatre grandes Colonnes de Marbre, canelées, qui portent fur leurs Chapiteaux autant de Statues fort belles, mais qui n'ont plus de têtes. *Paul Jove* attribue cette mutilation à Laurent de *Médicis* qui les fit, dit-il, couper fecrettement & tranfporter à Florence. Cet Arc eft de tous ceux qui nous reftent, le plus chargé d'ouvrages, étant, pour ainfi dire, couvert depuis le bas jufqu'en haut de bas-réliefs parfaitement bien confervés, mais dont la Sculpture eft bien différente. On en conclut, avec très grande raifon, que toutes ces piéces ne font ni de la même main, ni du même fiécle. Celles qui réprésentent quelques actions de *Conftantin* font d'une Sculpture extrêmement groffière, & dans un goût préfque *Gothique*, au-lieu que les autres font d'une beauté admirable. Les évènements que ces dernières réprésentent, & qui font en bien plus grand nombre, montrent à l'œil qu'elles ont été enlévées du magnifique Arc de Triomphe, que le Sénat fit élever à la gloire de *Trajan*, dont on y voit les glorieux Exploits.

Dans le premier bas-rélief, qui fe préfente fous la principale Arcade, on voit l'Empereur *Trajan* à Cheval, que l'on prend ordinairement pour *Conftntin*. Il eft accompagné de la Victoire qui le fuit, & tient fur fa tête une

Cou-

Couronné de Laurier. Cet Empereur paroît au milieu de son Armée, combattant vaillamment les *Daces*, dont l'Histoire nous apprend qu'il triompha deux fois. Dans deux autres bas reliefs, qui sont encore de la même main, on voit ces Peuples chargés de chaînes, qui suivent son Triomphe. Ces trois morceaux ainsi que deux autres, qu'on voit au haut des deux petites Arcades, l'un à droite & l'autre à gauche, ne formoient autre-fois qu'une seule piéce, comme il est aisé de s'en appercevoir en raprochant les objets & les évènements qu'ils représentent, & qui contiennent une Histoire fort détaillée des actions de ce Prince. Outre ce que je viens d'en rapporter on y voit encore Rome représentée sous la figure d'une Femme, ayant le casque en tête, la lance à la main, & l'épée au côté, que l'Empereur *Trajan* regarde, & à qui il tend la main.

Du côté Septentrional, à droite & à gauche de l'inscription, on voit quatre autres bas-réliefs du même goût. Dans le premier *Trajan* est représenté assis dans la chaise *Curule*, au milieu de ses Officiers & des Drapeaux Militaires, donnant audience au jeune *Parthamaziris*, Fils de *Pacorus*, qu'on lui présente, & qui, en posture de suppliant, conjure l'Empereur de lui vouloir bien restituer le Royaume d'*Arménie*, que les Romains lui avoient enlevé. Dans le second on voit l'Empereur assis au milieu des Sénateurs & d'une foule d'Hommes, de Femmes & d'Enfans, qui tous le remercient de la généreuse libéralité avec laquelle il avoit pourvû à leur subsistance pendant une famine, qui sous son règne désola toute l'Italie. Le troisième présente une Femme à demi nue, appuyée sur une roue de chariot. Cette figure désigne le chemin d'*Appius*, que ce Prince fit continuer depuis *Bénévent* jusqu'à *Brindes*, que les Italiens nomment aujourd'hui *Brindisi*.
Ce

Ce ne fut pas le feul Ouvrage de cette nature que cet Empereur fit faire. L'Hiftoire & une Médaille frappée à cette occafion nous apprennent qu'il en fit conftruire encore un autre, auquel il donna fon nom, & qui traverfoit des Marais qui avoient été jufqu'alors impratiquables. Enfin

dans le quatrième bas-rélief on voit Rome qui réçoit un Globe que ce Prince lui préfente. Ce globe figure l'Empire Romain, qui comprenoit alors préfque tous le monde connu, & dont *Trajan* avoit étendu les limites depuis le *Tigre* & l'*Euphrate* jufqu'au grand Océan. Il eft précédé par la Victoire qui tient en fes mains deux bouquets de Laurier. A fes deux côtés paroiffent la Piété, & la Déeffe *Salus* tenant un Serpent dans fa main. Cette Déeffe avoit un Temple à Rome, qui lui avoit été bâti par le Conful *Junius Bubuleus*, & qui avoit été embelli, réparé, & rebâti par divers Empereurs, & par *Trajan* même, comme on l'apprend par différentes Médailles.

Au-dessous de ces bas-réliefs on lit ces paroles *Votis X. Votis XX*. C'est une espèce de Voeu, ou d'apprécation que faisoient le Sénat & le peuple Romain pour la conservation des Empereurs, & la continuation & la prospérité de leur Empire pendant dix, vingt, trente & quarante années, usage qui s'est pratiqué chez les Romains, même jusqu'à l'Empereur *Honorius*, dont je joins ici la Médaille frappée à cette occasion.

DANS

Dans l'Espace qui est entre les Colonnes depuis le Chapiteau jusqu'à la Corniche des deux Arcades, on voit quatre grands Médaillons de Marbre, dont les uns réprésentent des Chasses, divertissement que *Trajan* aimoit & prenoit dans les moments de relâche, que lui laissoient quelque-fois les affaires de l'Empire, & les autres sacrifices. Sur le premier est réprésentée une chasse au Sanglier; sur le second un sacrifice fait à Appollon; dans le troisième on voit l'Empereur au milieu d'une troupe de Chasseurs avec un Lion terrassé à ses pieds. Enfin le quatrième réprésente un Sacrifice fait au Dieu *Mars*.

Sur l'autre face de l'Arc de Triomphe, qui est du côté du Midi, on voit de même en haut quatre grands bas-réliefs. Dans le premier *Trajan*, après avoir harangué ses gens, en partant de *Etésiphonte*, donne à *Parthenaspates* le Royaume des *Parthes*. Ce Prince barbare paroit aux pieds de l'Empereur, habillé à la mode de son Païs, au milieu d'une troupe de Romains ; & l'on voit a côté les Soldats, près de leur camp, qu'ils sont sur le point de quitter. Le second fait voir un déserteur qui étoit venu dans la *Mysie*, dans le dessein, & avec la commission d'assassiner *Trajan*. Ce misérable paroit devant l'Empereur auquel il découvre toutes les embuches que lui tendoit *Décebale*, Roi des *Daces* auxquels il faisoit alors la guerre. Dans le troisième l'Empereur harangue ses Officiers. Ce Prince paroit dans le quatrième en habit de grand Pontife, dignité que les *Cæsars* avoient réunie à celle d'Empereur. On le voit, la tête découverte, & tenant une coupe auprès d'un autel à trois pieds, sur lequel il fait les sacrifices appellés *Suovetaurilia*, parce qu'on y offroit trois sortes d'Animaux à trois Divinités différentes. Le premier, qui étoit un Cochon, s'immoloit au Dieu *Mars*; le second, qui étoit une Brébis, au Dieu *Janus*; & le Taureau, qui étoit le

troi-

troisième, s'immoloit à *Jupiter*. On y voit ces trois Animaux, que l'Empereur est prêt à sacrifier à ses Divinités. Quatre grands Médaillons de Marbre, qui sont entre les Chapiteaux des Colonnes & la corniche des Arcades, réprésentent, le premier un sacrifice à *Hercule*; le second un troupe de Chasseurs, une meute de Chiens & des Palfreniers; le troisième un Sacrifice à *Diane*, & le quatrième une Chasse à l'*Ours*.

Tels sont les principaux ornemens de l'Arc de Triomphe de *Constantin*, qu'on devroit plutôt nommer l'Arc de *Trajan*, puisque les Actions glorieuses de ce dernier Prince en occupent la plus grande & la plus belle partie. On ne peut jetter les yeux sur les autres bas-réliefs, en petit nombre, qui réprésentent quelques exploits de *Constantin*, & dont la Sculpture est des plus grossières, & sans aucun goût, sans être étonné de la décadence extraordinaire, où il falloit que fussent tombés, sous le règne de ce Prince, les Beaux-Arts, qui avoient été portés au plus haut point de perfection sous ses Prédécesseurs. Heureusement pour les Spectateurs le nombre de ces bas-réliefs n'est pas grand. Tout ce que j'en dirai ici, c'est qu'ils semblent n'avoir été placés-là que pour servir d'ombre, & réléver, par leur grossiéreté, la beauté des autres qu'on a arrachés de l'Arc de *Trajan*, où l'on auroit bien mieux fait de les laisser, que de les transporter comme on fait ici, pour en orner, fort mal à propos, un ouvrage aussi massif & aussi lourd que l'est celui-ci.

Il n'en est pas de même de celui que le Senat a fait éléver à la Mémoire de *Septime Severe*, & de son Fils *Antonin Caracalla*, que je vis quelques jours après. C'est dommage qu'il soit à demi enterré, & que le Tems en ait presque effacé le bas-réliefs qui réprésentoient les exploits

ARC DE TRIOMPHE EN L'HONNEUR DE SEPTIME SEVERE, & DE SON FILS.

ARCVS SEPTIMIO ET ANTONINO A SPQR ERECTVS

ploits du premier de ces Princes. On n'y diſtingue préſque plus rien, ſi ce n'eſt quelques machines de Guerre, &
entre autres celle que les Romains nommoient *Bélier*, &
dont ils ſe ſervoient pour ébranler & renverſer les murailles des Villes qu'ils aſſiégeoient. Elle leur tenoit lieu
de Canon, & conſiſtoit principalement en une poutre ſem-
blable à un mâts de Vaiſſeau d'une longueur & d'une groſ-
ſeur prodigieuſe, dont un des bouts étoit armé d'une tête
de fer, qui avoit la figure de celle d'un *Bélier*. Cette poutre étoit tantôt balancée ou ſuſpendue par le milieu avec
de gros cables, & tantôt appuyée ſur une machine à rou-
leaux, qui en facilitoient le mouvement. Etant pouſſée
avec violence par un grand nombre de perſonnes, cette
machine faiſoit ſur les murailles d'une Ville à peu près le
même effet qu'y font aujourd'hui nos boulets de Canon.
Sous le Pontificat de *Grégoire XV.* on débaraſſa cet Arc
de toute la terre qui en couvre aujourd'hui la moitié, &
l'on avoit, dit-on, deſſein d'y conſtruire, pour la commodité
des Voitures, un pont qui paſſant ſous ſa principale Arcade n'auroit point empêché que ce Monument ne s'offrît
dans ſon entier à la curioſité des paſſants; mais ce projet échoua par une raiſon. Ce fut, ajoûte-t-on, que le Peuple, qui eſt fort mal propre, & très peu curieux d'Antiquités, dont il ne connoit pas le prix, auroit fait de cette
Place le réceptacle de toutes les immondices du quartier,
ce qui fut cauſe qu'on y rémit la terre qu'on en avoit ôtée.
On peut juger par ce récit de quelle manière la Police s'é-
xerçoit à Rome ſous le Pontificat de ce Pape. Il eſt vrai
qu'elle n'y eſt pas encore beaucoup mieux obſervée aujour-
d'hui. Auſſi peut-on dire qu'après *Londres*, c'eſt la Ville la plus Sale de l'Univers. On n'y ſçait point, non pluſ-
que dans toutes les plus belles d'Italie, ce que c'eſt que de ba-
layer les rues, & ſans les grandes pluyes qui les nettoyent,

Rome feroit en Hiver un Bourbier continuel, & en Eté une tourbillon épouvantable de pouffière, dont il feroit impoffible de fe tirer.

L'Arc dont je viens de parler n'eft pas le feul qui ait été élévé à ce Prince. J'en vis, peu de tems après, un fecond, plus petit, à la vérité, & n'ayant qu'une feule Arcade, mais qui n'en mérite pas moins pour cela l'attention des Curieux; l'infcription qu'il porte, & que feize fiécles n'ont pû effacer, m'apprit que cet Arc avoit été élevé par les Orfèvres & les Marchands de Rome à *Septime Severe*, à l'Impératrice *Julia*, fon Epoufe, à *Marc Antonin Caracalla*, & à *Geta*, fes deux Fils. Mais le nom & l'image de ce dernier en furent effacés, peu de tems après, par l'ordre de fon Monftrueux Frère, qui l'affaffina jufque dans les bras de fa Mère où il s'étoit réfugié comme dans un Afile qu'il croyoit devoir-être inviolable à ce parricide. Cet Arc, fur lequel on voit les Images de *Septime Severe*, de l'Impératrice, & de *Caracalla*, leur Fils, eft, de plus, orné de quantité de figures qui réprésentent, les unes les Animaux, les autres tous les Vafes & Inftruments qui fervoient aux Romains dans leurs Sacrifices. Comme la plus grande partie de ces Vafes & Inftruments étoient d'or & d'Argent, il y a toute apparence que la réconnoiffance des Orfèvres, qui les fourniffoient & les vendoient, fut le principal motif qui les engagea à élever ce Monument à la Famille Impériale de *Septime Severe*.

Un Edifice de marbre que je vis tout auprès; & que je pris d'abord pour un Arc de Triomphe à quatre faces, tels que les Romains en ont quelquefois élévés à leurs Empereurs, attira ma curiofité; mais j'appris bientôt, par l'infcription qu'il porte, que c'étoit un Temple bâti par la même communauté de Marchands, en l'honneur du Dieu *Janus* à quatre faces (*Quadrifrons*). Il y en avoit autrefois

AUTRE EN L'HONNEUR DU MEME EMPEREUR & DE SA FAMILLE.

ARCVS SEPTIMIO, ANTONINO ET IVLIAE ERECTVS,

TEMPLE DE JANUS. P. 283.

IANI TEMPLVM

fois un assez grand nombre de semblables, à ce que nous apprend l'Histoire, dans les Carefours de Rome; mais celui-ci est le seul que le Tems ait respecté. Ce sont quatre grandes Arcades de Marbre, fort épaisses & très solides, lesquelles forment un Edifice quarré. A chaque face, qui réprésentoit, dit-on, les quatre saisons de l'Année, il y a douze niches, dans lesquelles étoient autrefois les Statues des douze mois de l'Année en bronze doré. Ce Temple, & les autres de la même figure qui ne subsistent plus, étoient tout différents du fameux Temple de *Janus*, dont les portes étoient nuit & jour ouvertes, ou fermées, pendant tout le tems que duroient ou la Paix, ou la Guerre. Dans ce dernier la Statue de ce Dieu n'avoit que deux Visages.

VOILA' tout ce qui reste aujourd'hui dans Rome de trente six Arcs de Triomphe en Marbre, plus magnifiques les uns que les autres, que l'on y comptoit autre-fois, sans comprendre dans ce nombre quantité d'autres en Pierres Ordinaires, ou en Briques. On peut juger par ce seul Article de l'étrange ravage que le Tems & les autres malheurs arrivés à cette Ville ont fait dans ses Edifices. On pourroit y en joindre un cinquième qui subsistoit encore dans le siécle passé & que le Pape fit abbattre pour débarrasser la rue du *Cours*, qui est la plus passagère de Rome. Je n'oublierai pas non plus ici celui de *Gordien*, qu'*Alexandre* VII. fit démolir pour une raison à peu près semblable.

Pour ce qui est de celui de *Galien*, qui n'est que de Pierres *Tiburtines*, & sans aucun ornement, s'il n'a pas eu le même sort, c'est qu'il est dans un quartier de la Ville, peu habité, où il n'a garde de causer le moindre embarras. J'ajoûterai ici que, si l'on considère le Prince pour qui il a été élevé, ce Monument ne méritoit assûrément pas l'honneur de subsister si long-tems. En effet l'Histoire nous apprend que non seulement il ne triompha jamais, mais qu'au-contraire la vie voluptueuse & efféminée qu'il mena pendant tout son règne, ne mérita jamais ni Arc, ni Triomphe. Aussi celui-ci ne lui fut-il point élevé par le Sénat, mais par la flatterie d'un de ses Courtisans, nommé *Marcus Aurélius Victor* qui, selon la coûtume de ces sortes de gens, avoit bien fait ses affaires sous le règne de ce Prince. Au reste *Galien* n'est pas le seul homme de sa trempe, auquel la Flatterie a élévé de pareils Monument. On en trouve bien d'autres dans les Médailles, élévés à des Empereurs, qui valoient encore bien moins que lui. Tels étoient le stupide *Claudius*, l'Infâme *Néron*, le cruel *Domitien*, le sanguinaire *Caracalla*, & quelques autres.

Il

Arc que l'on croit avoir été élevé à Domitien.

ARCVS DOMITIANI POSTEA DICTVS di Porto Gallo

DU COMTE DE B***. III. Part. 285

Il s'en faut de beaucoup que le Tems ait fait les mêmes ravages sur d'autres piéces, dont on n'étoit guére moins curieux autre fois à Rome, & qui font encore aujourd'hui un des Principaux Ornements de ses Places. Ce sont ses Obélisques, espèce de Colonnes quarrées & finissant en pointe, dont la mode passa d'*Egipte* dans cette Capitale du Monde, où les Romains les firent transporter, lorsqu'ils eurent conquis cette riche & fertile Province. Toutes ces Colonnes sont de Marbre Granit, Pierre presque aussi dure que le diamant, & qui est marquetée de cinq ou six couleurs différentes ; sçavoir, d'un rouge fort éclatant, de violet, de bleu, de cendré & de noir, le tout parsemé de petites taches de Cristal, & d'un poli extrêmement brillant. En considérant ces Ouvrages, qui sont d'une seule piéce, dont quelques-uns ont jusqu'à 116 pieds de haut & se soûtiennent sur leurs bases par leur propre pieds, sans y être arrêtés par aucun ciment, ou autre liaison, on ne peut s'empêcher d'admirer l'industrie des anciens *Egiptiens* qui ont eu l'art de tailler, & de tirer des entrailles de la Terre, des Pierres de cette dureté & de cette enorme pésanteur, de les élever ensuite en l'air sur des piédestaux où elles bravoient les vents les plus furieux & les plus violentes tempêtes, enfin de les transporter dans les Païs les plus éloignés, sans les briser, preuve incontestable de l'antiquité des Sciences chez ces Peuples, & sur-tout des Méchaniques. Mais ce qu'il y a encore de plus surprenant, ce sont les Hyérogliffes, ou figures & caracteres symboliques, dont sont couverts de tous les côtés plusieurs de ces Obélisques, sur lesquels les Instruments les mieux trampés ne peuvent pas seulement faire aujourd'hui la moindre égratignure. C'est ce qui a fait dire, assez ridiculement, à quelques Ecrivains, qu'il falloit que les *Egiptiens* eussent le secret d'Amollir les Pierres les plus dures. N'auroit-il pas été bien plus raisonnable de dire, comme il est vrai, que ces Peuples sçavoient donner à leurs oûtils une trempe, dont le secret est perdu depuis long-tems, & qui probablement ne se retrouvera pas encore si-tôt? Mais cette raison a sans doute paru trop simple à des gens, qui n'aimoient qu'à se rire des choses merveilleuses.

A l'égard de la manière dont on tiroit des carrières ces masses énormes, pour les transporer ensuite où l'on vouloit, voici ce que les Anciens nous en ont appris. On creusoit pour cela disent-ils, un fossé depuis la Mine dans laquelle on les avoit taillées jusqu'au *Nil*; & dans le tems du débordement de ce Fleuve ce fossé se remplissoit d'eau. On y tenoit alors deux Vaisseaux tout prêts, chargés d'autant de pierres qu'il en falloit pour faire le poids de l'Obélisque que l'on vouloit, enlever, & on les conduisoit ensuite attachés ensemble au-dessous de cet Obélisque qui étoit alors comme soûtenu en l'air sur les deux côtés du fossé. Alors on déchargeoit insensiblement les Pierres dont ces deux Vaisseaux étoient remplis, jusqu'à ce qu'ils fussent en équilibre avec l'Obélisque, qu'on transportoit ainsi du fossé dans le *Nil*, & du *Nil* dans l'endroit où l'on vouloit

le

STATUE, OU JDOLE D'OSIRIS. *P.287.*I.

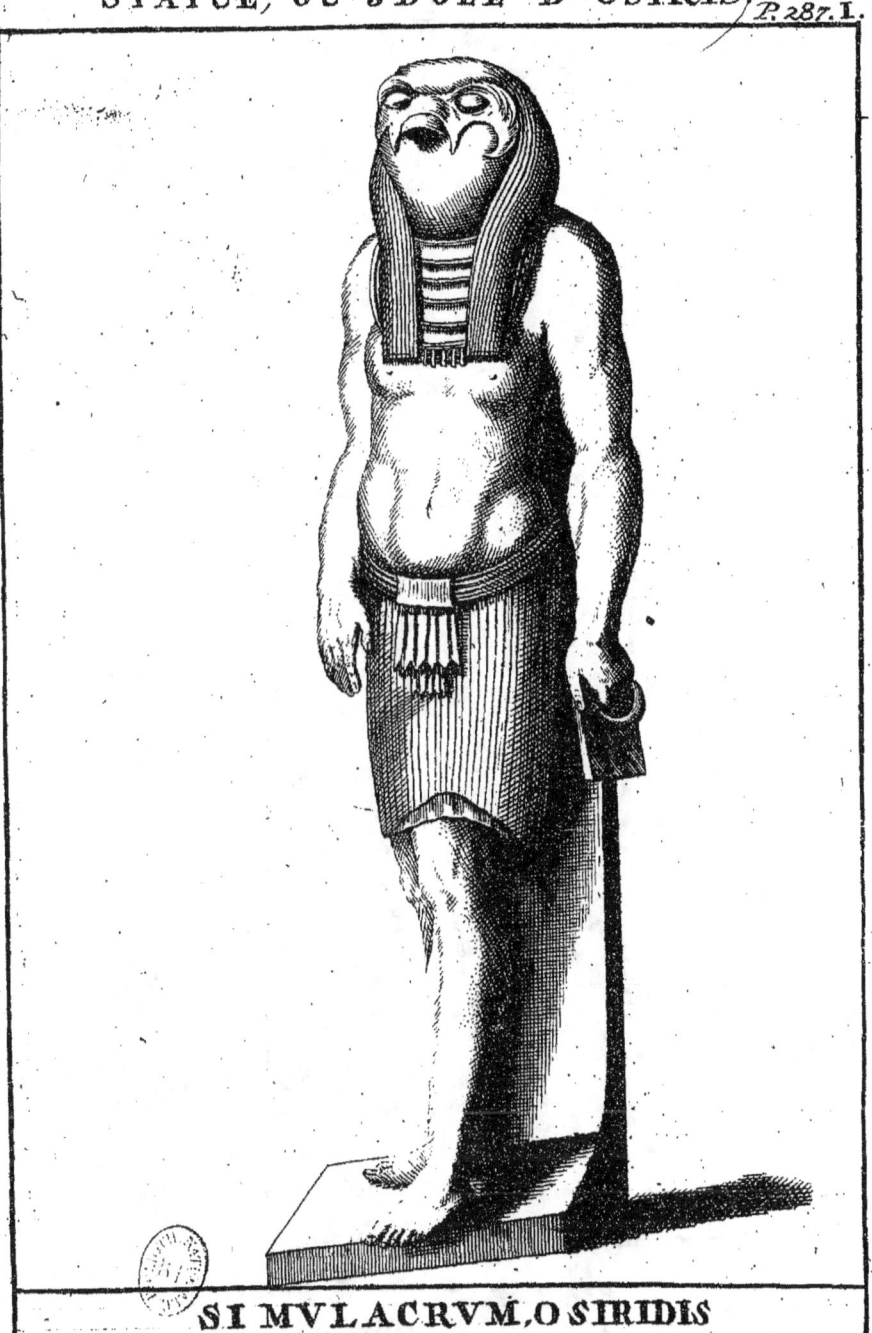

SIMVLACRVM OSIRIDIS

DE S. MARIE MAJEURE. | DE LA PLACE S. PIERRE.
P. 287. II.

OBELISCVS·IN·EXQVILIIS | OBELISCVS·IN·VATICANO

le placer. Quant à la manière dont on élévoit ces lourdes maſſes ſur leurs bâſes, nos Mécaniſtes & nos Architectes modernes ſont, pour le moins, auſſi habiles ſur ce point, que pouvoient l'être ceux d'*Egipte* & de Rome.

CES Colonnes, qui chez les *Egiptiens* étoient conſacrées au Soleil, qu'ils adoroient ſous le nom d'*Oſiris*, & ſous une figure des plus ridicules, ſervirent dans la ſuite aux Romains pour en orner leurs Palais, leurs Cirques, leurs Jardins, leurs Tombeaux, & leurs Places publiques; de ſorte qu'il y en avoit à Rome un très grand nombre, mais ils n'étoient pas tous de la même grandeur, ni de la même beauté. On n'en comptoit effectivement que ſix grands, qui ſubſiſtent encore aujourd'hui, & dont quatre font actuellement une des plus beaux ornements des Places de cette Capitale.

LE premier que je vis, eſt celui qui eſt au milieu de la Place de S. *Pierre*, où le Pape *Sixte* V. l'a fait élever, je ne ſçais où le Savant Père *Mabillon* a pris qu'il a 170 pieds de haut. Ce que je puis aſſûrer, après tous ceux qui l'ont vû, c'eſt qu'il n'en a guére plus de la moitié, c'eſt-à-dire, entre 80, & 85, ſans y comprendre le piédeſtal ſur lequel il eſt élévé, & qui en a plus de trente. Il eſt d'une ſeule piéce, & tout uni, c'eſt-à-dire, ſans Hyéroglifes. L'Empereur *Claudius* le fit venir d'*Egipte*; & l'on m'a aſſûré qu'il péſe neuf cents quatre vingt ſeize mille ſept cents quatre-vingt ſix Livres. On peut ſe figurer quel Vaiſſeau il fallut pour tranſporter d'*Egipte* à Rome une pareille charge. Auſſi étoit-il ſi grand, que cet Empereur l'ayant fait remplir de Pierres, & couler à fonds à l'entrée du Port d'*Oſtie*, il y ſervoit de Mole, ou de Digue pour rompre l'impétuoſité des flots de la Mer, qui ſont très violents en cet endroit. La péſanteur de cet Obéliſque avoit été cauſe qu'il étoit reſté enterré pendant pluſieurs ſiécles, à quelque

que diſtance de cette Place, dans l'endroit où étoit autrefois le Cirque de *Néron*, d'où pluſieurs Pape avoient inutilement tenté de le tirer. Mais *Sixte* V. qui, s'il eût règné auſſi long-tems qu'il le méritoit, auroit remis la Ville de Rome dans un état de magnificence où, ſelon toutes les apparences, on ne la verra jamais, fit exécuter cette entrepriſe hardie, ainſi que pluſieurs autres, par le Chevalier *Fontana*, ſon premier Architecte, le plus habile homme de ſon ſiécle, dans la ſcience des Mécaniques. Ce Chevalier réuſſit parfaitement à élever cet Obéliſque qui, n'étant joint à ſa baſe par aucun Ciment, ne s'y ſoutient que par ſon propre poids, ſans que les Tempêtes les plus violentes, depuis près de deux ſiécles, ayent pû la déranger de ſon équilibre. Aux quatre coins de ſa baſe on voit quatre grands Lions, en bronze doré couchés ſur leurs pattes, & pareils à ceux qui y étoient autrefois. Du ſommet, où de la pointe, de l'Obéliſque s'élèvent trois petites Montagnes, qui étoient les Armes de *Sixte* V., deſquelles ſort une Etoile, le tout en bronze doré.

L'Adresse avec laquelle le Chevalier *Fontana* réuſſit dans cette première entrepriſe, dont l'éxécution avoit paru juſqu'alors impoſſible, & le déſir que ce Pape avoit d'embellir la Ville de Rome, l'engagèrent à faire relever encore trois autres Obéliſques, dont le premier fut mis dans la Place appellée *del populo*, le ſecond dans celle qui eſt vis-à-vis St. *Jean* de *Latran*, & le troiſième, qui eſt un des deux qui ſervoient d'ornement au Mauſolée d'*Auguſte*, dans la Place qui eſt derrière l'Egliſe de St. *Marie Majeure*. Ce dernier eſt tout uni. Les deux autres ſont ornés du haut en bas, & des quatre côtés, de figures Hyérogliſiques en bas-réliefs. C'etoit une eſpèce de Caractère Symboliques, qui nous ſont aujourd'hui abſolument inconnus, dont les

Pré-

Prêtres *Egiptiens* se servoient pour répréfenter les grands évènements de leurs Histoires, & les Mistères de leur Réligion. Par l'inscription qu'on lit sur le premier, on apprend qu'*Auguste* le fit venir d'*Egipte* après la conquête qu'il fit de cette Province, & qu'il le consacra au Soleil, qui étoit aussi adoré à Rome; car c'étoit une coutume de ces Conquérants, fondée sur la plus fine Politique, d'élever dans leur Capitale des Temples aux Dieux de toutes les Nations qu'ils soumettoient à leur empire. Cet Obélisque, qui a quatre-vingt quatre pieds de haut, sans sa base, ayant été long tems enseveli sous les ruines du grand Cirque, où *Auguste* l'avoit fait placer, *Sixte V.* le fit relever par le même Chevalier *Fontana*, & le dédia à la Croix.

Mais le plus haut de tous est celui que ce Pape fit relever par le même Architecte, & dont la hauteur est de cent-seize pieds sans sa base, qui est aussi fort élévée. Dans les Inscriptions qui y sont gravées on lit que *Constantin*, surnommé le *Grand*, fit transporter cet Obélisque d'*Alexandrie* à *Constantinople*, dont il vouloit faire une seconde Rome, & que *Constancius*, un de ses Fils & Successeurs, le fit de-là transférer à Rome, pour en orner le grand Cirque. Il y fut apporté sur un Vaisseau monté par trois cens Rameurs.

Un cinquième Obélisque, qu'on ne peut voir sans admiration, est celui qu'*Innocent XI.* fit transporter, dans le siécle dernier, du Cirque de *Caracalla* où il étoit anciennement, & élever au milieu de la Place *Navone*. Ce qui lui donne une nouvelle beauté, est sa position admirable. Il est élevé sur un Rocher artificiel, fort exaucé, & qui est percé à jour, (Chef-d'œuvre du Cavalier *Bernin*) sur lequel sont placées quatre magnifiques Statues Colossales de marbre blanc, répresentant les Dieux des plus grands Fleuves des quatre parties du monde, sçavoir, celui du *Danube*, pour

l'Eul'Europe, celui du *Nil*, pour l'*Afrique*, celui du *Gange*, pour l'*Asie*, & celui de *Rio de la Plata* pour l'*Amérique*. Des grandes Urnes sur lesquelles ces Dieux sont appuyés, coulent des Torrents d'eau, qui tombant à grands flots sur le Rocher, y forment une Cascade charmante, & se répandent ensuite dans un Vaste bassin, d'une très belle Architecture, du milieu duquel s'élève toute cette magnifique masse. C'est le plus bel Ouvrage moderne que j'aye vû, & qui soit à Rome.

ENFIN au moment que j'écris ceci, j'apprends par toutes les Nouvelles publiques, que le Pape *Benoit XIV.* vient de faire déterrer un sixième Obélisque, plus haut encore de quelques pieds que tous ceux dont j'ai parlé. C'est celui qui étoit autre-fois dans le champ de *Mars*, & qui y servoit d'éguile, ou de stile, à un magnifique Cadran solaire, qu'*Auguste* fit faire dans cette Place. Il en avoit pour cela fait paver une partie de grands carreaux de marbre blanc, sur lesquels étoient incrustées, en bronze doré, les heures du jour. Par l'ombre que faisoit ce grand Obélisque, qui les parcouroit successivement, les passants connoissoient l'heure qu'il étoit. Cette horloge Solaire, qui étoit sans contredit la plus grande qui fût dans le monde, avoit été faite sur celles dont se servoient les *Egiptiens*, qui tiroient de leurs Obélisques le même usage. J'ajoûterai en passant, à cette occasion, que mon Oncle en avoit fait faire une du même goût dans un des parterres de son Jardin, à laquelle un grand If, taillé en Obélisque, servoit d'Eguille. C'étoit la plus sûre & la meilleure qui fût dans tout le païs.

OUTRE ces six Obélisques on en voit encore à Rome un grand nombre d'autres, mais beaucoup plus petits, dans les Jardins, ou les cours des Palais des Princes & Seigneurs, sans compter beaucoup d'autres qui sont ensévelis sous les ruines, ou sous les bâtiments de cette Ville, d'où on
les

les tirera fans doute dans la fuite des fiécles.

Il me reftoit encore une infinité de chofes à voir dans cette Capitale, où je faifois tous les jours, en me promenant, quelque nouvelle découverte; mais je n'étois pas affez verfé dans la fcience des Antiquités, pour en connoître tout le prix & le mérite. C'eft ce qui m'obligea de recourir encore à mes Sçavants, qui m'avoient fi généreufement offert leurs fervices. Des Monuments qu'il me reftoit à vifiter les uns étoient préfque entiers, mais la plûpart étoient fans aucune infcription, qui pût m'apprendre ce que je voulois favoir; les autres étoient à demi détruits; les derniers enfin ne me préfentoient que des ruines, dans lefquelles je voyois néanmoins qu'il y avoit autre-fois dans ces lieux des Edifices confidérables. Pour débrouiller ce curieux Cahos, je reconnus que j'avois abfolument befoin d'une perfonne très verfée dans cette forte de Science. Dans cette vûe je m'addreffai à Monfieur Affemani, ne voulant pas abufer de la bonté de Monfieur N.... dont j'avois peut-être un peu trop fatigué la complaifance, dans le Voyage que nous avions fait enfemble pour vifiter les dehors de Rome. D'ailleurs ce qui s'étoit paffé entre fon aimable Fille & moi, & que j'ai rapporté plus haut, m'engageoit à certains ménagements, que je n'étois point obligé de garder avec le premier. A peine eus-je fait connoître à celui-ci le befoin que j'avois de fon fecours, qu'il m'affûra qu'il étoit tout à mon fervice. Les Italiens ne font point complimenteurs, & l'on peut prendre leurs paroles à la Lettre, parce qu'ils ne promettent ordinairement que ce qu'ils font difpofés à tenir, bien différents en cela de nos François, auxquels les proteftations ne coûtent rien, mais qui ne s'en reffouviennent plus un moment après. Cet aimable Sçavant, dont je n'oublierai jamais les politeffes & la complaifance, n'étoit pas de ce caractère.

Il voulut bien me donner deux jours entiers, que nous employames à viſiter enſemble les Temples des Dieux & Déeſſes, qu'on adoroit autre-fois à Rome par milliers, de même que les Reſtes des magnifiques Palais de ſes Empereurs.

IL eſt preſque impoſſible de ſe bien répréſenter les ravages affreux que le Tems a fait dans tous ces Edifices, qui faiſoient autre-fois le ſujet de l'admiration de tout l'Univers. Quand on compare les pompeuſes deſcriptions qu'on en trouve dans les anciens Ecrivains avec ce qu'on en voit aujourd'hui, on à peine à croire que le Tems ſeul ait pû opérer une deſtruction auſſi générale dans des Ouvrages ſi ſolides. Les Romains s'efforcent de le perſuader aux Etrangers; mais ceux qui ſont tant ſoit peu inſtruits y joignent une ſeconde cauſe, à laquelle ils imputent particuliérement ce ravage. C'eſt la haine que les Chrétiens ont autre-fois eû pour le Paganiſme, & la guerre ouverte qu'ils lui ont fait lorſqu'ils ſe ſont vus appuyés & ſoûtenus par des Empereurs de leur Réligion. C'eſt encore à la même cauſe qu'on attribuë la ruine des ſuperbes Palais que les Empereurs Payens avoient dans cette Capitale, & ſur leſquels ceux-ci ſe ſont vangés de la cruelle perſécution qu'ils leur ont fait pendant près de trois ſiécles.

A Dieu ne plaiſe que mon intention ſoit de décrier ici une Société dont j'ai le bonheur d'être Membre! Mais ayant vû de mes propres yeux, dans mes voyages, ce dont les hommes ſont capables lorſqu'ils ſont animés du Zèle de la Réligion, vraye, ou fauſſe, je ne puis déſapprouver cette Opinion. Qu'on parcoure la France, l'Allemagne, la Suiſſe, la Bohême, la Hongrie, & preſque tous les Etats Catholiques de l'Europe, on y trouvera, dans une infinité de Provinces, des preuves encore ſubſiſtantes de la vérité de cette réflexion. Combien d'Egliſes Catholiques démo-

Le Pantheon.

P. 293. I.

PANTHEON AGRIPPÆ,
in fronte sequentes duo leguntur Tituli: Prior literis pedalibus
M. AGRIPPA . L. F. COS. TERTIVM FECIT,
Alter paulo inferius, literis digitalibus
IMP. CAES. L. SEPTIMIVS. SEVERVS. PIVS. PERTINAX. ARABIC. ADIABENIC. PARTHIC. MAX. PONT. MAX
TRIB. POT. XI. COS. III. P.P. PROCO. ET. IMP. CAES. M. AVRELIVS. ANTONINVS. PIVS. FELIX. AVG. TRIB
POTEST. V. COS. PROCOS. PANTHEVM. VETVSTATE. CORRVPTVM. CVM. OMNI. CVLTV. RESTITVERVNT

LE PANTHEON TEL QU IL EST AUJOURDHUI.

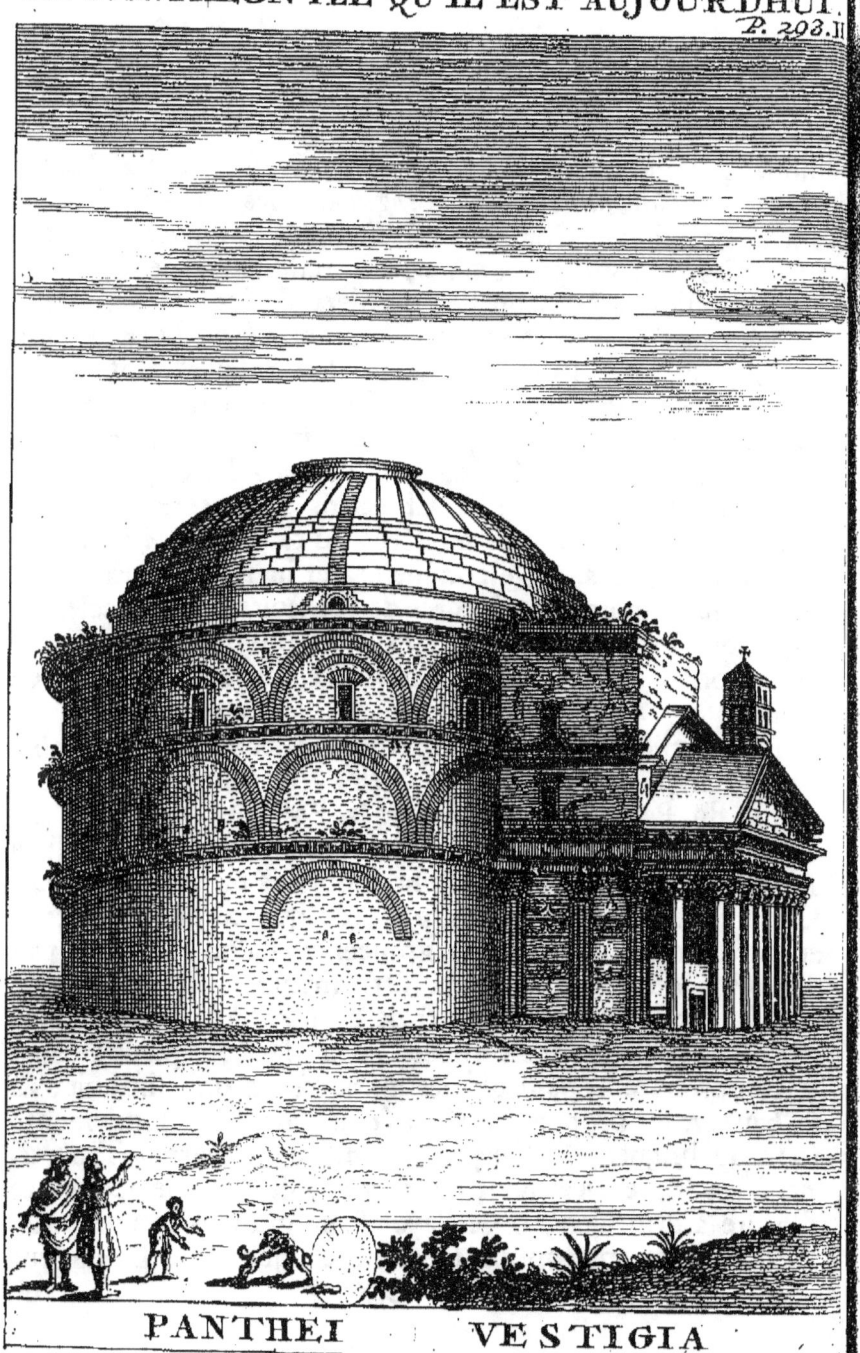

PANTHEI VESTIGIA

molies, ruinées, incendiées par les *Huſſites*, les *Luthériens*, les *Calviniſtes*, les *Zuingliens*, les *Anabatiſtes*, & autres Sectaires ! Combien de Temples, ou de Prêches, renverſez de fond en comble, & reduits en cendres par les Catholiques-Romains des derniers ſiécles ! Heureux encore les uns & les autres, ſi leur fureur s'étoit bornée à ces excès, s'ils ne l'avoient pas pouſſée juſqu'à s'entr'égorger, s'il n'avoient pas rempli l'Europe de ſang & de carnage, pour des Dogmes qu'ils n'ont jamais compris & ne comprendront jamais ! Tels ont été nos Pères ; & il ne faut pas s'imaginer que les Chrétiens ayent été beaucoup plus raiſonnables & plus modérés du tems de *Conſtantin* & de ſes Succeſſeurs. Quiconque ſe perſuade le contraire n'a jamais eu la moindre teintures de l'Hiſtoire, tant Eccleſiaſtique que Profane, & n'a jamais connu les hommes tels qu'ils ſont . . . Mais revenons aux anciens Temples de Rome.

Le premier que Monſieur Aſſemani me fit voir ſemble avoir échapé aux injures du Tems, & à la fureur des ennemis du Paganiſme, pour que la Poſtérité y trouvât un échantillon de la magnificence de ces Edifices. C'eſt le *Panthéon*, bâti depuis dix-huit cents ans par M. *Agrippa*, Gendre de l'Empereur *Auguſte*, & qui paroîtroit encore aujourd'hui dans toute ſa magnificence, ſi l'on ne l'avoit pas dépouillé de ſes plus beaux Ornements. A cela près il ſubſiſte dans ſon entier, & eſt de figure ronde ; ſon diamètre eſt de vingt-deux toiſes, ou de 132 pieds, ſans y comprendre l'épaiſſeur des murs qui en ont dix-huit, & ſa hauteur eſt proportionnée à ſa largeur. Ses fondements ſont de briques, le Corps de l'Edifice de pierres Tiburtines, revêtu entierement de marbre, & orné de Colonnes d'ordre Corinthien, & le Pavé eſt de grandes pierres quarrées, qui ont environ dix pieds de chaque côté. La largeur de la porte eſt de dix-huit, & la hauteur de trente-ſept. Ce Temple dont on a fait une Egliſe, n'eſt éclairé par aucune fenêtre, & n'a point d'autre jour que celui qui y entre par la coupole, ou le Dôme, au milieu duquel il y a une ouverture de trente-ſept pieds de diamètre. C'eſt par cette ouverture, que le jour ſe communique à tout le Temple qui eſt néanmoins un des mieux éclairés. Le dedans eſt tout incruſté de Marbre, & orné de belles Colonnes canelées de la même pierre, qui ſoûtiennent le cintre. Elles ſont d'une hauteur prodigieuſe, & d'un poli admirable que *Clement* XI. leur a fait donner, auſſi-bien que tout le Marbre dont les murailles ſont revêtues, le tout pour rendre à cet Edifice une partie du luſtre qu'il avoit autre-fois.

COMME il étoit dédié à tous les Dieux qui, ſelon le témoignage de *Pline*, y avoient chacun leur ſtatue faite des plus riches métaux & des pierres les plus précieuſes (ce qui lui fit donner le nom de *Panthéon*) ſa magnificence répondoit à la Majeſté & à la multitude des Dieux qu'on y adoroit. L'Or, l'Argent & le Bronze doré y brilloient de toutes parts. Ce dernier métal, ſur-tout, y étoit employé avec une profuſion extraordinaire. Tout le toit de ce vaſte Edifice en étoit couvert, les poutres qui le ſoûtenoient & juſqu'aux cloux mêmes étoient de la même matière, ainſi que tous les ornements du dedans, mais toutes ces richeſſes furent tranſportées de Rome à *Conſtantinople* par *Conſtantin* III. ſurnommé le *Barbu*, qui fit lui ſeul plus de ravage dans cette Capitale qu'il dépouilla de ſes plus beaux ornements, que ne lui en ont fait tous les Barbares enſemble qui l'ont ſaccagée tant de fois. Enfin, comme s'il eût été écrit au livre des Deſtinées qu'il ne reſteroit de ce Temple que ce qu'on n'en pourroit point emporter, *Urbain* VIII. dans le ſiécle dernier, fit enlever ce qui y reſtoit encore de bronze, & en tira quatre cents cinquanquante mille deux cents soixante & quatorze livres. Une partie de cet métal fut employée à faire ce magnifique Baldaquin qui couvre le grand Autel de la superbe Eglise de S. Pierre de Rome, de même que les quatre grandes Colonnes torses sur lesquelles il est porté; & du reste il fit faire les quatre-vingt piéces de Canon qu'on voit sur les Bastions du Château *S. Ange*. Il est vrai que, par une espèce de compensation, ce Pape fit faire au *Panthéon* quelques réparations dont il avoit besoin, & quelques embellissements. A son exemple *Alexandre* VII, un de ses Successeurs, fit dégager le Portique de ce Temple, dont une partie étoit ensévélie dans la Terre, de façon qu'il falloit descendre treize marches pour y entrer, au-lieu que, du tems d'*Auguste*, il en falloit monter sept; nouvelle preuve que depuis ce tems-là le terrain de Rome, comme je l'ai dit ailleurs, s'est prodigieusement exaucé.

Ce Portique, au jugement des plus habiles Architectes, l'emporte encore par sa beauté sur celle du Temple même. Il est soûtenu par seize Colonnes de Marbre granit, & par quatre Pilastres de Marbre blanc, le tout d'une seule piéce, d'une grosseur & d'une hauteur prodigieuse, puisque toutes ces Colonnes ont quatre pieds & demi de circonférence, & trente sept de haut, sans y comprendre la base, ni le Chapiteau. Deux Inscriptions qui sont gravées sur ce Portique apprennent à ceux qui les lisent, l'une, quel fut le fondateur de ce Temple, & la seconde, que les Empereurs *Septime-Severe*, *Pertinax*-, & *Marc Aurele-Antonin*, y firent faire diverses réparations. Le Pape *Boniface* IV, ayant demandé cet Edifice au Tiran *Phocas*, qui avoit usurpé l'Empire, & l'ayant obtenu, le dédia d'abord à la Vierge & aux Saints Martirs; mais *Gregoire* IV. le dédia, cent ans après, à tous les Saints en général

ral, comme les Payens l'avoient autre-fois confacré à tous leurs Dieux.

Ce n'eſt pas le ſeul Temple de Rome, que les Papes ayent converti à cet uſage, & il feroit ſans doute à ſouhaiter qu'ils les euſſent tous ainſi ſanctifiés. Par ce pieux artifice la plûpart de ſes beaux Edifices ſe feroient conſervés, & ſubſiſteroient encore, au-lieu qu'ils ne nous offrent preſque plus aujourd'hui, que des débris & des ruines, où il eſt preſque impoſſible de rien reconnoître. Il en faut néanmoins excepter quelques-uns, & deux entr'autres, que Monſieur Aſſemani me fit voir. Le premier eſt le Temple bâti par les Romains, en l'honneur de leur Empereur *Claudius*, après ſon Apothéoſe, lequel eſt aujourd'hui dédié à S. *Etienne*. Le ſecond eſt un Temple dédié à Junon, ſurnommée la *Reine*. Il n'en reſte plus que le Portique, & une partie du bâtiment, qu'on a de même converti en Egliſe. C'eſt tout ce qui reſte aujourd'hui de dix Temples, que cette Déeſſe avoit autre-fois dans Rome, où elle étoit adorée, ſous différents noms convenables aux divers emplois que les Payens lui donnoient. *Saturne*, *Jupiter*, & toutes les autres Divinités, tant Celeſtes, que Terreſtres & Infernales, en avoient de même un nombre proportionné à leur grandeur, à leur mérite, à leurs emplois, & aux faveurs que l'on attendoit d'elles. On peut juger ſi le nombre en étoit grand dans cette Ville, puiſque le ſeul Dieu *Janus*, en avoit, pour ſa part, trente ſix, tous bâtis de Marbre, & ſemblables à celui que j'ai décrit ci-deſſus. Auſſi ne pouvoit-on faire un pas dans cette Capitale, ſans y rencontrer quelque Divinité en ſon chemin. C'eſt ce qu'on reconnoit encore aujourd'hui par les veſtiges & les débris qui en reſtent, & que je viſitai avec Monſieur Aſſemani. Pour me donner une idée plus frapante de la beauté de ces Edifices, & me les retracer d'une mànière plus vive, cet aimable

Sça-

TEMPLE DE CLAUDIUS, TEL QU'IL ÉTOIT; & TEL QU'IL EST AUJOURD'HUI.
P. 397.I.

TEMPLVM D. CLAVDII IN MONTE COELIO

MONIMENTA TEMPLI D. CLAVDII NVNC S. STEPHANI

TEMPLE DE JUNON.

PORTICVS ET VESTIGIA TEMPLI IVNONIS REGINAE

Temple du SOLEIL, ou de SERAPIS.

LVNAE SIVE ISIDIS TEMPLVM

RESTES DU TEMPLE DU SOLEIL.

VESTIGIA TEMPLI SOLIS
In Hortis Sanctæ Mariæ Novæ in Foro Boario.

TEMPLE DU SOLEIL, BÂTI PAR AURELIEN

SOLIS TEMPLVM AB AVRELIANO FACTVM

TEMPLI SOLIS VESTIGIA

TEMPLE DE LA LUNE, OU D'ISIS.

SOLIS SIVE SERAPIDIS TEMPLVM

RESTES DU TEMPLE DE LA LUNE.

VESTIGIA TEMPLI LVNAE,
In Hortis Sanctę Marię Nouę in Foro Boario

RESTES DU TEMPLE DE LA PAIX.

VESTIGIA TEMPLI PACIS

RESTES DU TEMPLE DE LA CONCORDE.

AEDIS CONCORDIAE VESTIGIA.

TEMPLE D'HERCULE PRÉS DU TIBRE.

HERCVLIS AEDES IVXTA TYBERIM.

Temple de la Fortune Virile.

TEMPLVM FORTVNAE VIRILIS IVXTA TIBERIM

TEMPLE D'ANTONIN & DE FAUSTINE SA FEMME.

ANTONINI ET FAVSTINAE TEMPLVM.

RESTES DU TEMPLE D'ANTONIN & DE FAUSTINE.

VESTIGIA TEMPLI ANTONINI ET FAUSTINÆ.

Sçavant avoit apporté avec lui un Livre, qui me fut d'un très grand secours. C'étoit un Recueil très curieux de desseins faits d'après les anciens Ecrivains, dans lesquels tous ces Temples étoient répréfentés, d'une part, dans l'état où ils étoient autre-fois, & de l'autre, dans celui où on les voit aujourd'hui. Ayant visité, le Livre à la main, tout ce qui nous en reste, comme cette vûe m'avoit fait beaucoup de plaisir, & que j'étois bien aise de conserver le souvenir de ces antiques Monuments, je priai Monsieur Assemani, quelques jours après, de me prêter ce Recueil, d'où je copiai ceux dont la vûe m'avoit plu davantage. J'insère ces copies dans ces Mémoires, où je suis persuadé qu'elles feroient le même plaisir au Public, s'il arrivoit jamais qu'on les lui communiquât.

Je ne doute point qu'il ne vît avec le même plaisir celles que je tirai de même du Palais des Empereurs, & de ces magnifiques Maisons qu'ils avoient fait construire dans la Ville, & auxquelles ils ont donné le nom de *Thermes*, c'est-à-dire, *Etuves*, ou *Bains*, parcequ'elles leur servoient principalement à cet usage. Le nombre en étoit confidérable à Rome, où non seulement les Empereurs, mais tous les riches Citoyens en faisoient bâtir, à l'envi les uns des autres. A l'égard du Palais Impérial, si l'on doit s'en raporter à ce que les Ecrivains de ce tems-là ont dit de sa magnificence, on peut, sans craindre d'en dire trop, soûtenir hardiment que notre *Louvre*, nos Châteaux de *Versailles*, de *Marli*, de *Fontainebleau*, de *Chambort*, de *Saint Germain*, de *Compiègne*, & autres Maisons de nos Rois de France, ne sont que des colifichets, si on les compare à ce superbe Edifice, dont la description un peu détaillée pourroit faire un volume. Pour en donner ici une idée, je dirai qu'il fut dabord bâti par *Auguste* sur le mont *Palatin*, qui étoit le quartier de Rome où ce Prince étoit né;

ce qui a fait donner depuis ce tems le nom de Palais (en latin *Palatium*) à toutes les Maisons des Rois, qui ont quelque magnificence.

Quoique celle-ci fût des plus belles, on peut dire néanmoins qu'elle n'aprochoit point encore de la magnificence que lui donnèrent par la suite les Empereurs qui lui succédèrent, & qui y ajoûtant, à l'envi les uns des autres, de nouveaux bâtimens, l'étendirent tout le long de cette montagne, dont il embrassoit présque toute l'étendue. *Tibere, Caligula, Néron, Domitien, Heliogabale, Alexandre-Severe*, tous Princes renommés par leur vie voluptueuse, par leur luxe, & leur prodigalité, dépensèrent des sommes immenses pour l'embellissement de ce Palais, qu'on appelloit le siége de l'Empire, parce que, quoique les Empereurs eussent, en différens quartiers de la ville, d'autres Palais fort beaux, où ils alloient souvent habiter, celui-ci étoit néanmoins regardé comme le lieu de leur résidence ordinaire. Rien n'en égaloit la magnificence. Vestibules, Portiques, Escaliers, vastes & nombreux Appartemens, Meubles riches & précieux, Cours spacieuses, grandes Places, Jardins magnifiques, Chapelles, Temples, Bains, Théatre, Cirque, Hippodrome ou Manège, Arcs de Triomphe, Gallerie; enfin tout y annonçoit, par sa beauté & sa richesse, le séjour des Maîtres du monde; mais de tout ce superbe Edifice il ne reste plus, depuis près de mille ans, que des ruines informes, qui instruisent ceux qui les voyent de la vanité & du néant de toutes les grandeurs humaines. En effet ce quartier, qui étoit autre-fois le plus fréquenté de Rome, comme le devoit être le Palais d'un pareil Souverain, est aujourd'hui un vrai désert, qui n'offre plus aux yeux qu'un amas confus de ruines, de pierres, de voutes, de mazures, plus propres à servir d'asile aux Hiboux, & de repaire aux Bêtes les plus sauvages, qu'à loger les plus misérables de tous les Hommes.

On

ANCIEN PALAIS DES EMPEREURS ROMAINS. P. 298.I.

PALATII ANTIQVI IMPERATORVM ROMANORVM
ex heis quæ supersunt Vestigieis, reliquieis, parietineis, uetustoisque lapidum
numrorum et librorum monumentis, certiss,
sima delineatio Onuphrij Panuinij.

VESTIGES DU PALAIS DES EMPEREURS & DU GRAND CIRQUE.
P. 298. II.

Septizonium

PALATII ET CIRCI VESTIGIA

THERMES, OU BAINS D'AGRIPPA.

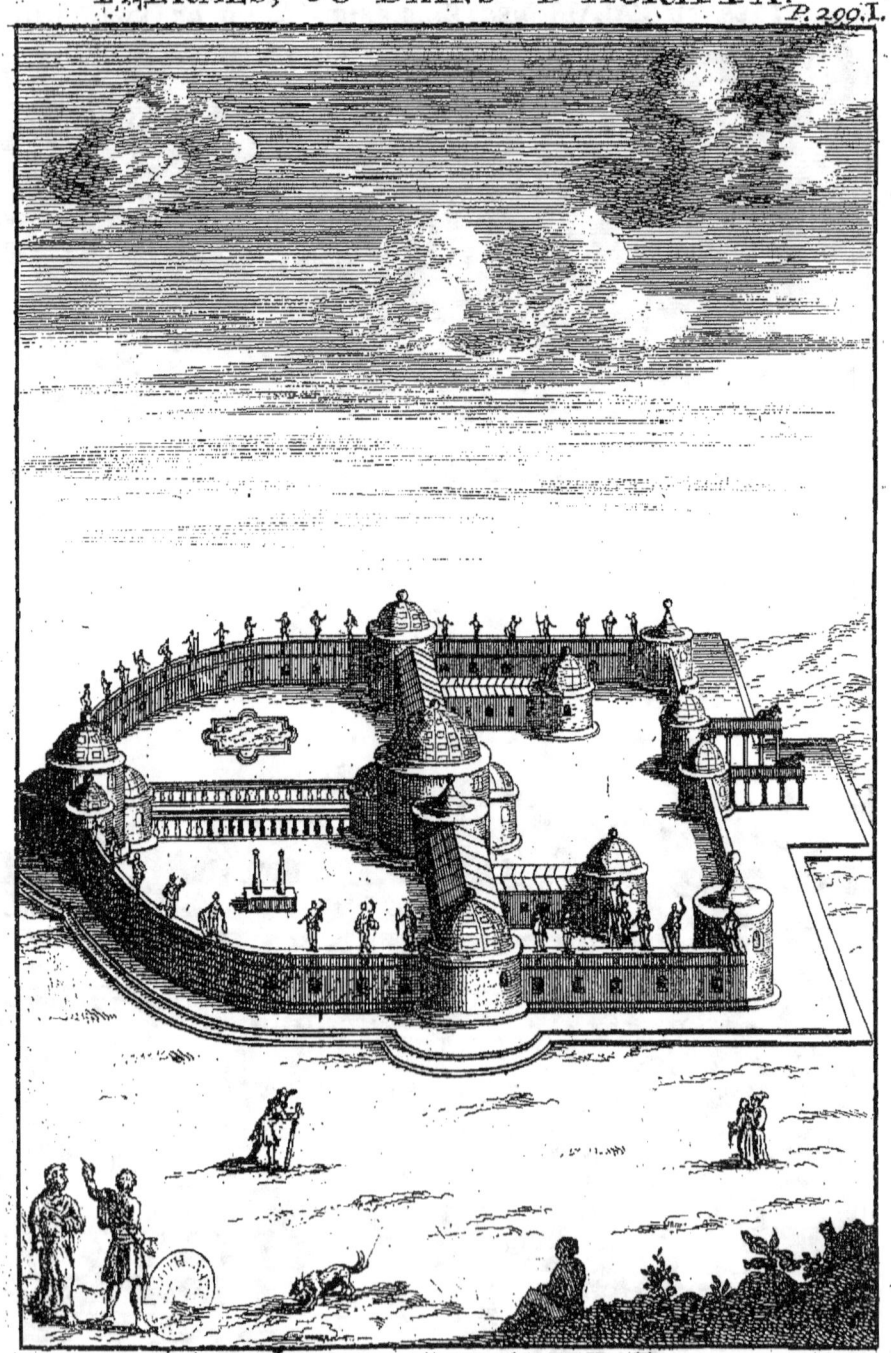

THERMAE M. AGRIPPAE

RESTES DES BAINS D'AGRIPPA. P.299.II.

VESTIGIA THERMARVM AGRIPPÆ

On en peut dire autant de ces autres Maisons magnifiques que les Empereurs avoient en divers quartiers de Rome, & auxquelles on donnoit le nom de *Thermes*, c'est-à-dire, Etuves, ou Bains. Comme les Romains, aussi-bien que les Grècs, n'avoient point encore l'usage du linge, le Bain leur étoit absolument nécessaire, tant pour la propreté du Corps, que pour la conservation de la santé, qui en est une suite. Tant que les premiers vecurent dans cette louable simplicité que l'on admire encore dans leur Histoire, rien n'étoit plus simple que leur manière de se baigner. Ils se contentoient de se laver dans une Rivière, dans un Ruisseau, dans un Lac ou Reservoir d'eau qu'ils ramassoient dans un endroit public, où chacun, tant les Grands que le Peuple, alloit se laver tous les soirs avant que de prendre le seul repas qu'ils faisoient dans la journée. Mais lorsque le Luxe se fut introduit parmi eux avec les Richesses, chacun voulut avoir dans sa maison son bain particulier pour l'usage de sa Famille, & principalement pour les Femmes, que la bienséance & la modestie empêchoient de se baigner en public. Pour le Peuple & les Pauvres qui n'avoient pas le moyen de faire cette dépense, il y avoit un grand nombre de Bains publics, où ils alloient se laver pour une petite piéce de monnoye, qu'ils donnoient à ceux qui étoient chargés d'y entretenir la propreté. Pour leur épargner même cette modique dépense, il se trouva des Empereurs, & même de riches Citoyens qui en firent construire exprès à leur usage, & dans lesquels on ne payoit rien, & d'autres leur laissèrent les leurs en mourant. C'est ce que nous apprenons que fit *Agrippa*, Gendre d'*Auguste*, qui non content d'en avoir fait construire pour eux un grand nombre, leur laissa encore à sa mort ses magnifiques *Thermes*, ainsi que ses Jardins, ce qui fut imité dans la suite par plusieurs autres riches Citoyens, & par des Empereurs mêmes.

Ceux de ces derniers étoient de vrais Palais, d'une propreté, d'une magnificence, & d'une commodité, telles que le luxe, la molesse & la sensualité de la plûpart de ces Princes avoient pû les imaginer. Il ne faut que lire ce qu'en ont dit les anciens Ecrivains, & en particulier *Séneque* le Philosophe, dans la sixième de ses Lettres, pour voir jusqu'où les Romains avoient porté le luxe & la sensualité dans ces sortes d'Edifices. Ce qui nous reste de ceux de *Dioclétien*, dont il s'est conservé plusieurs Appartements, que je visitai avec Monsieur *Assemani*, s'accorde parfaitement avec ce que les Anciens en ont écrit. Ils étoient si spatieux, que l'on y comptoit jusqu'à trois mille petites chambres, où cellules, dans lesquelles on pouvoit prendre le Bain, fort à son aise, sans compter les autres Appartements, les Galeries, les Portiques, les Promenoirs, les Sales d'Exercices, les différents jeux auxquels on s'exerçoit avant que de prendre le Bain, la Bibliothèque, & mille autres choses de cette nature. Enfin pour donner une juste idée de la vaste étendue de ce Palais & du grand nombre de bâtiments qu'il contenoit, j'ajoûterai ici ce qu'en disent nos Historiens Ecclésiastiques, sçavoir, que ce Prince employa à construire cet Edifice quarante mille Soldats, tous Chrétiens, qui souffrirent, disent-ils, beaucoup dans ces pénibles travaux. On a ajoûté encore depuis à cela une faussetté à laquelle personne ne doit donner la moindre croyance, & qui n'a sans doute été imaginée par nos faiseurs de *Legendes*, que pour rendre odieuse la mémoire de ce Prince, quoiqu'il soit constant par l'Histoire que ce fut un des plus grands Empereurs qu'ait eu l'Empire Romain. On dit donc qu'après avoir employé ces quarante mille Chrétiens

BAINS DE DIOCLETIEN. *P. 300. I.*

THERMAE DIOCLETIANAE IN VIMINALI

Restes des bains de DIOCLETIEN.
P.300.II.

THERMARVM DIOCLETIARVM RVINAE

BAINS DE TITUS & CE QUI EN RESTE.

TITI IMPERATORIS THERMAE.

VESTIGIA THERMARVM.

THERMES, OU BAINS DE NERON & D'ALEXANDRE
AVEC CE QUI EN RESTE. P. 301. I.

THERMAE·NERONIANAE·POSTEA·ALEXANDRINAE·DICTAE.

VESTIGIA THERMARVM·NERONIS IN AEDIBVS MEDICAEIS

THERMES, OU BAINS D'ANTONIN.

THERMAE ANTONINIANAE

RESTES DES BAINS D'ANTONIN.

THERMARVM ANTONINI VESTIGIA

BAINS DE NOVATIEN.

THERMAE NOVATIANAE

RESTES DES BAINS DE NOVATIEN.

THERMARVM NOVATII RELIQVIAE

RESTES DES BAINS D'OLIMPIADE.

THERMARVM OLYMPIADVM RELIQVIAE

tiens à ces rudes Ouvrages, il les fit tous égorger dans le lieu même, dèsque ce Palais fut achevé, fausseté insigne, puisqu'il est démontré par tous les Historiens que ce Palais ne fut que commencé par *Dioclétien*, & achevé longtems après par le grand *Constantin*, auquel je ne crois pas que les Chrétiens veuillent jamais imputer une si horrible boucherie. Quoiqu'il en soit de cette Histoire Fabuleuse, qui n'est pas la seule qu'on ait débitée au Peuple, ce qui nous reste de cet Edifice, & de ceux des autres Empereurs, qui leur servoient à cet usage, fait encore assez voir quelle en étoit la magnificence, l'étendue, & la solidité.

MAIS il n'y en a point où ces qualités, qui caractérisoient particuliérement les Ouvrages des Romains, éclatent davantage, que dans l'Amphithéatre bâti par l'Empereur *Vespasien*, auquel le Peuple a donné le nom de *Colisée*, parce qu'il est situé près de l'endroit où *Néron* avoit fait élever sa Statue Colossale. On y peut joindre encore la Théatre de *Marcellus*, dont les restes sont un des plus beaux morceaux des Antiquités Romaines.

COMME les desseins que Monsieur Assemani avoit eu la bonté de me prêter, & dont je travaillois à tirer les Copies que je viens d'inférer, me donnoient beaucoup d'occupation, j'avois remis à un tems où je serois plus désœuvré la visite & 'examen de ces deux Monuments, que je n'avois vu qu'en passant, & comme par hazard. Un jour que j'étois dans mon cabinet, occupé à dessiner les Thermes d'*Olimpiade*, je fus agréablement surpris d'y voir entrer tout à coup Monsieur N. . . . que je n'avois point vû depuis quelque tems. Mes occupations, & la raison que j'ai rapportée plus haut, en avoient été la cause. Il ne sçavoit que penser d'une si longue absence, & l'avoit attribuée, comme il me l'avoua ensuite, à quelque refroidissement de ma part; mais lorsqu'il vit sur ma table tous mes desseins qui y étoient

épars

épars çà & là. J'ignorois, Monsieur le Comte, me dit-il en souriant, & je ne pouvois m'imaginer la raison qui nous privoit depuis si long-tems du plaisir de vous voir. Je craignois que vous ne fussiez tombé malade, ou que dans la dernière visite que vous nous avez fait l'honneur de nous rendre, on ne vous eût donné, à mon insçu, quelque sujet de mécontentement, quoique l'on m'ait assûré le contraire; mais je vois à présent ce qui nous a privés de ce plaisir. Continuez poursuivit-il, & que ma présence ne vous interrompe point. Je suis charmé de vous voir faire ainsi votre Cour à nos Antiquités, auxquelles il me paroit que vous avez pris beaucoup de goût. Non content de les avoir visitées, comme je l'ai appris de Monsieur Assemani, vous voulez sans doute encore donner en France le plaisir de ce Spectacle à votre Famille & à vos Amis, auxquels vous épargnerez par-là les fatigues & la dépense du Voyage. M'est-il permis de porter ma curiosité sur ces morceaux? . . . . Ils n'ont rien, lui repondis-je, de fort curieux pour vous, Monsieur, qui sçavez, pour ainsi dire, tout cela par cœur; & en même tems je ramassai tous mes desseins que je lui présentai. Il en loua la propreté & l'exécution dont il me parut un peu étonné, m'avouant qu'il ne s'attendoit pas de trouver dans un jeune homme de ma naissance un talent, auquel la Noblesse ne s'attache effectivement guére chez nous, quoique ce soit un des plus nobles & des plus agréables amusements. Comment, s'écria-t-il! voilà qui est magnifique! Cela est dessiné d'après le naturel, & est absolument parfait! Il ne fut pas moins agréablement surpris de trouver parmi ces desseins les Monuments que j'avois visités, soit avec lui, soit en mon particulier, & que j'avois tirés sur les Originaux mêmes. Je ne sçaurois, dit-il, assez louer la beauté, la justesse, & la propreté de votre travail; mais permettez-moi

moi de vous répréfenter que vous avez-là de quoi nous ruiner, s'il arrive que ces deffeins tombent un jour entre les mains de quelque habile Graveur. Si celui-ci, malheureufement pour nous s'avife de les éxécuter, & de les rendre publics, adieu les Etrangers ; Rome n'en verra prefque plus. Trouvant fuffifamment dans votre Recueil de quoi fatisfaire leur curiofité, nous n'aurons plus ici que quelques affamés Coureurs de Bénéfices & quelques Amoureux infenfés, qu'une proche Parente, qu'ils s'entêreront d'époufer, fera accourir ici pour en obtenir la permiffion, & qui en repartiront encore plus vite qu'ils n'y feront venus. Enfin, graces à vos deffeins, nos Romains fe verront réduits à ces miférables Idiots, à ces pieux Fainéants, que les Indulgences & les Jubilés font venir ici de tems en tems, le Chapelet à la main, & la Bourfe fi légère d'Argent, qu'ils mourroient de faim s'ils ne trouvoient dans nos Hopitaux de quoi repaître pendant le court féjour qu'ils y font. Voilà, mon cher Comte, à quoi vous allez expofer nos habitants ; mais ce font leurs affaires & non pas les vôtres. Quoiqu'il en foit, continuez toujours à vous amufer d'une manière auffi utile, comptez que vous me trouverez en tout tems difpofé à y contribuer. Je vous en ai donné m'a parole ; il ne tiendra qu'à vous de me mettre encore à l'épreuve.

Je le remerciai de fa politeffe, & mettant la converfation fur une autre matière, je lui demandai des nouvelles de fa Famille. Il m'apprit qu'il y étoit arrivé du changement depuis que je ne l'avois vûe, & que Mademoifelle fa Fille l'avoit quitté depuis quinze jours pour entrer dans un Couvent, où il paroiffoit qu'elle étoit réfolue de fe confacrer à Dieu. Je fus étonné de cette réfolution, fur-tout m'étant rappellé ce qui s'étoit paffé entre elle & moi. Je demandai à Monfieur N.... la caufe d'un chan-

changement si subit. Il n'est rien, me répondit-il, que je n'aye fait pour tâcher de la découvrir; mais tous mes efforts ont été inutiles. Tout ce que j'ai pû tirer d'elle, c'est qu'elle est absolument déterminée à quitter le monde où elle prévoit, m'a-t-elle dit, qu'elle ne pourra jamais être heureuse. Il m'en parut affligé, car il n'avoit point d'autre Enfant que cette Demoiselle, qui étoit extrêmement aimable. Pour faire diversion à son chagrin, dont je sçavois bien mieux que lui la véritable cause, je le retins à diner; après quoi, pour le distraire encore davantage, je lui proposai d'aller faire ensemble un tour de promenade, ce qu'il accepta. Nous montâmes pour cet effet en Carosse dans le dessein de sortir de la Ville. Mais ayant passé par hazard près du *Colisée*, un mouvement d'admiration que je fis involontairement à la vûe de cet Edifice, & que Monsieur N.... remarqua, lui fit aussi-tôt arrêter le Cocher, auquel il dit de nous en faire faire lentement le tour. Il y auroit de la cruauté, ajoûta-t-il en m'addressant la parole, à vous priver d'un plaisir auquel vous me paroissez extrêmement sensible; c'est ce qui m'a fait prendre la liberté de donner cet ordre à votre Domestique.

Après l'avoir remercié de sa bonté & de sa complaisance, je regardai avec beaucoup d'attention cet Edifice qui paroit avoir été bâti pour durer autant que le monde. Je n'en ai jamais en effet vû si de solide. Il est situé au milieu de la Ville, de figure ronde par dehors, quoiqu'il soit ovale en dedans, & d'une hauteur prodigieuse. Trois grands étages, dont les arcades & les fenêtres sont larges & fort hautes, forment le corps extérieur de cet Edifice, dont la circonférence est de seize cents douze pieds; & au-dessus de ce ces trois étages s'élève encore une muraille fort haute, percée, de distance en distance, par plusieurs

Amphitheatre de Vespasien, apellé vulgairement le Colisée.

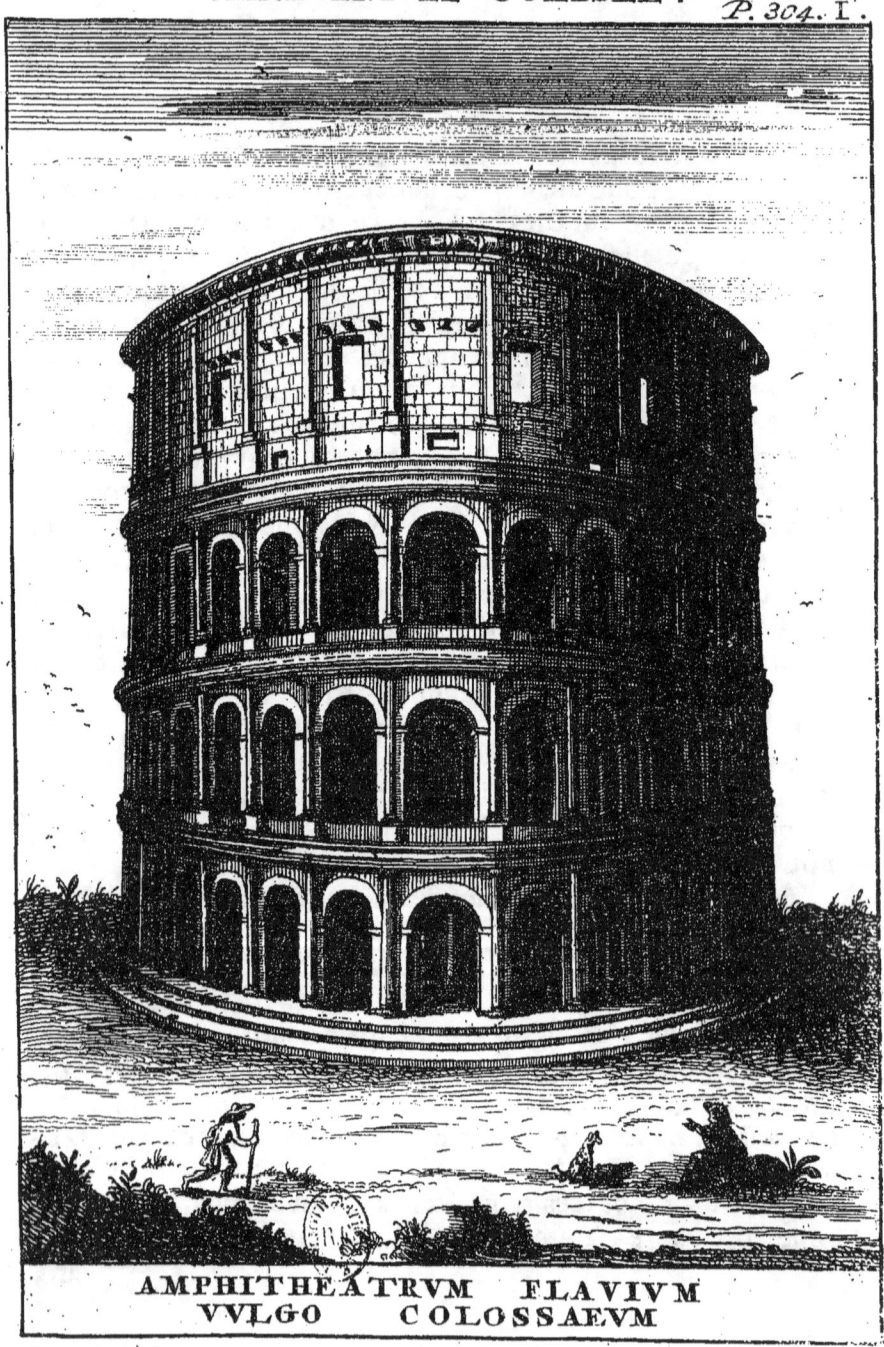

AMPHITHEATRVM FLAVIVM
VVLGO COLOSSAEVM

RESTES DU COLISÉE. *P. 304*. II.

AMPHITHEATRI VESTIGIA

fieurs grandes fenêtres. Tout ce vafte bâtiment eft de pierres Tiburtines, & chaque Arcade & Fenêtre eft ornée de deux belles Colonnes. Toutes ces Colonnes font d'un ordre différent, felon les divers étages où elles font placées. Celles du premier, ou d'en bas, font d'ordre *Dorique*; celles du fecond font *Joniques*; l'Ordre *Corinthien* diftingue celles du troifième; enfin celles du dernier étage font de l'ordre que l'on appelle *Compofite*. Ces quatre étages étoient comme féparés par quatre grandes corniches, qui régnoient tout autour de cet Edifice dont elles relèvoient encore la beauté.

AUTANT qu'on eft charmé de voir les beaux reftes de cet Amphithéatre, autant eft-on affligé de le voir dans l'état ou il eft aujourd'hui, fur-tout lorfqu'on fçait que ce ne font, ni les injures du tems, ni la fureur & les ravages des Barbares, ni cinq ou fix embrafements qu'il a effuyés, & auxquels il avoit conftamment réfifté, qui en ont détruit la partie qui y manque, mais les mains de ceux-mêmes qui devoient veiller le plus foigneufement à fa confervation. En effet Monfieur N.... m'apprit que cet Edifice fubfiftoit encore dans fon entier il y a deux cens ans. On le verroit encore dans la même état, comme il eft aifé d'en juger par ce qui en refte, & qui eft, pour ainfi dire, encore dans fa première beauté, fi le Pape *Paul* III. qui régnoit alors, & qui étoit extrêmement avare, voulant épargner fon Argent, n'en avoit pas fait démolir une partie pour en faire conftruire fes deux Palais *Farnèfe*, & quelques autres bâtiments; en quoi il fut imité par quelques-uns de fes Succeffeurs poffédés du même vice. C'eft ainfi qu'un des plus beaux Chefs-d'œuvres de l'Art, après avoir échappé aux ravages du Tems, & à une multitude préfque innombrable de fléaux dont Rome a été défolée dans la décadence de fon Empire, à fuccombé fous l'avarice de fes Souverains facrés, qui auroient du employer, au-contraire, une partie de leurs tréfors à fa confervation.

Tout Romain qu'étoit Monfieur N . . . . c'eft-à-dire, tout dévoué qu'il étoit aux Papes, comme le font tous les Italiens, il ne put contenir le reffentiment, ou le procédé de ceux-ci le mettoit. Heureufement il ne fut pas de longue durée. Une curieufe & fçavante differtation qu'il me fit fur les Spectacles & les Divertiffements, fur les Théatres & les Amphithéatres des anciens Romains, lui rendit bientôt la tranquilité qui lui étoit naturelle. Rien n'étoit plus fimple, me dit-il, que tous ces amufements dans leur origine. L'intention & le but des Rois de Rome, qui les introduifirent, étoit de donner de l'exercice à la Jeuneffe, de la rendre agile, robufte, & adroite au maniment des Armes. En effet tous les Jeux, Divertiffements & Spectacles des premiers Romains ne confiftoient que dans le Jeu du *Cefte*, ou du combat à coups de poing, de la *Lutte*, du *Difque* ou jeu de palet, dans celui de la Courfe, & du Saut, & dans quelques autres Exercices Militaires. Tous ces Jeux fe faifoient à certains jours de Fêtes en préfence de tout le Peuple, dans un champ deftiné à ces utiles récréations. Là chacun s'étudioit à faire paroître fon agilité, fa force, fon adreffe & fon courage, bien moins animé par l'efpoir de la récompenfe, qui n'étoit qu'une bagatelle, que par l'émulation & l'honneur des applaudiffements qu'on leur donnoit.

Du champ d'un certain Sénateur, nommé *Flaminius*, qui en avoit pour cela fait préfent au Peuple, ces Jeux furent tranfportés par la fuite dans la place publique de la Ville; & tous les fpectateurs y affiftoient debout; ce qui étoit caufe qu'ils ne duroient guére qu'une heure, ou deux. Le Senat l'avoit ainfi ordonné pour que le Peuple ne s'accoûtumât pas à la moleffe & à l'oifiveté. Mais à mefure que la République devint plus puiffante les Romains prirent
in-

insensiblement du goût pour les plaisirs. Alors ne se contentants plus de leurs premiers Jeux, qui leur parurent trop simples & même grossiers, ils inventèrent, ou prirent, des Nations qu'ils avoient subjuguées, d'autres Divertissements, qui leur parurent beaucoup plus beaux. Ce qui n'avoit été jusqu'alors pour eux qu'un amusement utile, devint alors une occupation, une étude, une passion des plus violentes. Aux Coups de poings, aux Jeux du palet, à la Course, au Saut, aux Exercices Militaires succédèrent les Comédies, les Concerts, les Courses de Chariots, les Combats de Bêtes féroces & de Gladiateurs, les Naumachies, ou Combats Navals, & mille autres Divertissements aussi couteux qu'ils étoient propres à amolir & énerver leur courage, & à corrompre leurs mœurs. Aussi prirent-ils insensiblement tant de goût à ces dangereux amusements, qu'ils passoient des journées entières à les regarder. D'un autre côté ceux qui gouvernoient ce Peuple naturellement remuant, n'étoient pas fâchés de le voir s'amuser à ces Spectacles, qui l'empêchoient du moins de troubler la République.

PAR un motif qui n'étoit, ni moins politique, ni moins intéressé, ceux qui aspiroient à entrer dans le Gouvernement, que le Peuple donnoit alors à qui il vouloit, connoissant son foible, & voulant gâgner sa faveur, lui en donnèrent très souvent & des plus magnifiques. Les Places publiques se trouvèrent alors trop petites par l'affluence des Spectateurs qui y accouroient. Pour remédier à cet inconvenient ceux qui donnoient ces Spectacles firent construire ailleurs de vastes Théatres de bois, que l'on démolissoit aussi-tôt après la réprésentation des Jeux; & pour que Monseigneur le Peuple Romain, à qui ils faisoient leur cour, pût les voir plus à son aise, & sans se fatiguer, ils les firent garnir de Siéges. Tels furent d'abord les premiers Théatres que l'on vit à Rome; mais le Luxe & la passion du Peuple pour ces amufements allant toujours en augmentant, ceux qui vouloient, & qui avoient intérêt de lui faire la cour, prenant pour prétexte divers accidents fâcheux arrivés à l'occafion de ces Théatres de bois, dont quelques-uns s'étoient écroulés fous les pieds & la multitude des Spectateurs, en firent conftruire de Pierres, qui devoient être ftables & permanents. *Pompée*, à qui fes belles Actions avoient fait donner le furnom de *Grand*, fut le premier qui en bâtit un de cette efpèce, qui contenoit quatre-vingt mille perfonnes. Quelques Hiftoriens, & entr'autres *Dion*, prétendent que ce ne fut point lui, mais un de fes Affranchis, nommé *Démétrius*, qui, fous le nom de fon Maître, fit à fes dépens cette galanterie au Peuple Romain, pour fe mettre par-là à couvert de la recherche qu'il auroit pû faire des Concuffions qu'il avoit faites. Quoiqu'il en foit, ce premier exemple fut fuivi par d'autres, qui enchérirent encore fur cette magnificence.

On avoit déjà vû, quelques années auparavant, à quels excès les Romains portoient la Somptuofité & la Luxe dans leurs Spectacles. Je veux vous rapporter ici, Monfieur le Comte, pourfuivit Monfieur N.... ce que l'Hiftoire nous en a appris, afin que vous en jugiez vous-même. C'eft celui que donna *M. Emilius Sçaurus*, Edile de Rome, dignité qui répondoit à celle d'Echevin dans vos Villes de France, mais qui conduifoit par dégrés aux plus grandes, je veux dire au Confulat. Ce Magiftrat défirant parvenir à cette charge que fon Père & fes Ancêtres avoient poffedée, & faifant dans cette vûe fa cour au Peuple & aux Grands de Rome, réfolut de leur donner les Jeux les plus magnifiques que l'on eût encore vus. Comme il n'y avoit point encore à Rome de Théatre ftable & permanent, il en fit conftruire un qui n'avoit point encore eu, & qui n'aura, je crois, jamais fon pareil, lequel

lui

THEATRE DE POMPÉE

P. POMPEII THEATRVM

lui coûta des sommes immenses, quoiqu'il ne dût subsister que fort peu de tems ; car on étoit encore alors dans l'usage de démolir ces Édifices presque aussi-tôt que la représentation des Jeux étoit finie. Celui-ci avoit cela de particulier qu'il étoit composé de trois *Scenes* élévées les unes sur les autres. La *Scene*, chez les Romains, étoit proprement ce que nous appellons aujourd'hui parmi nous le Théatre, c'est-à-dire, cet endroit élévé sur lequel nos Comédiens réprésentent leurs piéces. Toutes ces trois *Scenes* étoient soûtenues par trois cents soixante Colonnes. La première étoit de Marbre ; la seconde étoit de Cristal, ou verre blanc, chose qui ne s'est jamais vûe depuis & qu'on ne reverra jamais selon toutes les apparences ; & la troisième enfin étoit de bois doré. Les Colonnes de la première *Scene* avoient 38 pieds de haut, & entre toutes celles dont ce triple Théatre étoit orné, il y avoit trois mille Statues de bronze. Ces Magnifiques *Scenes*, étoient outre cela, décorées des plus riches Tableaux, & tout l'appareil, de même que tout ce qui devoit servir aux Comédiens, étoit de toile d'Or. Enfin les peintures, les décorations, les machines, les dorures, & tous les autres ornements de ce Théatre furent portés à un si grand excès de Magnificence, que *Sçaurus*, après la réprésentation de ces jeux, ayant fait porter toutes ces choses dans une de ses maisons de Campagne, où elles furent consommées par la méchanceté d'un de ses Esclaves qui y mit le feu, cette perte fut estimée deux millions. Quels trésors ne devoit pas avoir un pareil homme pour faire des dépenses si excessives, & pour supporter une pareille perte ! Ce n'étoit cependant qu'un des moindres Magistrats de Rome. Quelles devoient être à proportion les Richesses d'un Consul, d'un Dictateur, d'un Empereur qui, maîtres absolus des trésors de l'Etat, ne s'oublioient sans doute pas dans la dispensation qu'ils en faisoient. Doit-on être étonné après cela de la magnificence & de la profusion qui régnoient dans ces Spectacles, dont le Peuple Romain, qu'on y avoit accoûtumé, étoit en quelque façon devenu idolâtre?

Ce fut pour lui complaire que les Empereurs, & même plusieurs particuliers des plus riches, firent construire à Rome, les uns des Théatres, les autres des Amphithéatres, ceux-ci des Cirques, ceux-là des Naumachies. Mais le plus beau de tous ces Edifices étoit, sans contre-dit, celui que vous voyez ici, & à la construction duquel *Vespasien*, qui le commença, & *Titus* son Fils, qui l'acheva, employèrent trente mille *Juifs*, qu'ils avoient fait esclaves & amenés à Rome, après la prise & la désolation de *Jerusalem*. Il y avoit des siéges pour quatre-vingt sept mille personnes, & de la place encore pour vingt mille autres, qui pouvoient voir le Spectacle de bout dans les coins & en divers autres endroits de ce vaste Amphithéatre. A la dédicace qu'en fit l'Empereur *Titus*, & dont la cérémonie dura cent jours, ce Prince fit égorger cinq mille Victimes, & ces Sacrifices furent accompagnés de Spectacles & de Divertissements de toutes les espèces, dont la dépense monta à dix millions d'Or. Par cette somme exorbitante jugez, mon cher Comte, qu'elle en dut être la magnificence. Vous en avez vû déjà un échantillon dans le Spectacle que *Scaurus*, Gendre de *Sylla*, donna au Peuple, & que je viens de vous décrire. Je pourrois y ajoûter, pour vous en donner une idée qui justifieroit cette dépense immense, celui que *Pompée* lui donna dans une pareille occasion, où il fit combattre six cents Lions tout à la fois, un autre dans lequel on fit combattre cent quarante deux Eléphants, qui furent tous tués, un autre enfin (& ces derniers furent assez fréquents) dans lequel on fit combattre des Gladiateurs par milliers. Je pourrois y y joindre encore une Fête pareille à la *Naumachie*, ou Combat Naval, que l'Empereur *Héliogabale* donna au Peuple, & dans lequel les Barques voguoient, non sur l'eau, comme cela étoit ordinaire, mais sur une Mer de Vin, dont il avoit fait inonder l'endroit où ce combat se donnoit. A cette *Naumachie*, dont la profusion vous étonnera sans doute, j'en pourrois encore ajoûter quelques autres d'une espèce toute différente, dans lesquelles on faisoit battre, les uns contre les autres, des Poissons de Mer d'une grosseur monstrueuse, qu'on y faisoit nager, avec des dépenses immenses, dans leur élément naturel; j'y joindrois encore quelques-uns de ces Vaisseaux artificiels qui, après avoir vogué quelque tems sur l'eau, se trouvoient tout-à-coup à sec sur l'*Arène* *, & qui, s'entrouvrant de tous côtés, vomis-

* L'A R E' N E étoit une grande place qui tenoit presque toute la longueur & l'étendue des Cirques, Théatres, ou Amphithéatres, & dans laquelle on faisoit combattre les Bêtes féroces & les Gladiateurs. Cette Place étoit pavée, & couverte de sable, afin que la vûe du sang des hommes, ou des Animaux, qui périssoient dans ces combats, inspirât moins d'horreur aux Spectateurs. Cette place étoit pour cette raison appellée *Arène*, du mot Latin *Arena* qui signifie *Sable*. Il se trouva deux Empereurs assez foux, & assez prodigues (*Caligula* & *Néron*) pour la faire couvrir de Vermillon, & d'une autre poudre couleur d'Or, qui étoit extrêmement rare à Rome, & par conséquent fort chère.

C E S folles dépenses m'en rappellent une qui ne l'étoit pas moins, & que j'ai vû faire à Paris par un Prince Allemand pour l'Amour de sa Maitresse. Celui-ci s'entretenant un jour avec elle des plaisirs que l'on goûtoit dans son païs pendant l'hiver, lui vantoit beaucoup celui des courses qu'on y fait en Traineau sur la neige. Cette Dame lui ayant témoigné quelque envie de goûter ce plaisir, le Prince promit de le lui procurer dans quelques jours. Elle crut qu'il vouloit badiner. La chose étoit en effet d'autant plus impossible, que l'on étoit alors dans la Canicule, Saison bien incompatible, à Paris, avec la neige. Au jour qu'il avoit fixé pour cela, il vint prendre la Dame, & sous prétexte d'aller faire un tour de promenade, il la mena, avec plusieurs de ses Amies, à *Passy*, petit Vilage à une lieue de cette Capitale, où il avoit loué une fort belle maison de Campagne. Après une magnifique collation qu'il leur donna, & à laquelle il avoit invité plusieurs Seigneurs, il demanda à sa Maitresse si elle seroit en commodité de faire la course en Traineau, qu'il lui avoit promise. Celle-ci lui ayant répondu en riant qu'oui, il la
con-

missoient, en quelque sorte, une multitude prodigieuse de Bêtes féroces qui, après s'être battues, & avoir diverti les Spectateurs pendant quelque tems, rentroient, au signal qu'on leur donnoit, dans le même Vaisseau, lequel se refermoit aussi-tôt, & se mettoit à voguer comme auparavant sur l'eau qu'on faisoit rentrer dans l'*Arène*. Enfin j'y joindrois quelques-unes de ces Chasses, ou autres Divertissements, que les Romains appelloient *Sylves*, dans lesquels l'*Arène* du Théatre, par une espèce d'enchantement, se métamorphosoit en une véritable Forest où l'on voyoit courir toute sorte de Bêtes fauves, sauvages & apprivoisées, dont les unes étoient poursuivies par des Chasseurs, & les autres venoient se livrer d'elles-mêmes au Peuple, auquel

conduisit alors, avec toute la Compagnie, dans un Jardin assez spacieux dont il avoit fait sabler toutes les Allées d'environ un demi-pied de sucre blanc en poudre, sur lequel il fit avec elle & tous les conviés, la Course qu'elle lui avoit témoigné avoir envie de faire ? Prodigalité qui fut fort applaudie par ceux qui y prirent part, & fort désaprouvée par toutes les personnes sensées.

Comme une sottise en amène une autre, celle-ci m'en rappelle une seconde que fit à Rome un Cardinal étranger, dont je supprime ici le nom parce qu'il est encore vivant. Ce Prélat y étoit venu pour recevoir des mains du Pape même le Chapeau rouge, Cérémonie essentielle pour quiconque veut, après la mort du Souverain Pontife entrer dans le Conclave, & concourir à l'élection de son Successeur. Comme il est d'une Naissance illustre, il fut reçu d'une manière distinguée par ses Confrères, dont plusieurs le regalèrent splendidement. Ne voulant pas rester en arrière avec eux, il résolut bien de le leur rendre, mais d'une manière dont on n'avoit point encore vû d'exemple dans le sacré Collège. Dans cette vûe il leur fit servir un magnifique Festin, dont la Délicatesse & la Profusion se disputoient les honneurs. Enfin la Profusion l'emporta par un grand plat couvert qu'elle servir au dessert, qui fut des plus friands & des plus magnifiques. Ce double plat, qui étoit d'Or, & qui tenoit avec justice la place la plus honorable de la Table, exerça long-tems la curiosité des Convives; enfin le Cardinal traitant, l'ayant fait découvrir, on vit, avec autant d'étonnement que d'admiration, qu'il étoit tout rempli des pierreries les plus précieuses, que la nouvelle Eminence fit distribuer aux assistants, en les priant de vouloir bien accepter ces petites marques de sa reconnoissance. Ne doit-on pas avouer après cela que les Biens de l'Eglise & le patrimoine des pauvres sont admirablement bien administrés, lorsqu'ils sont en de pareilles mains ?

quels on les abandonnoit. Jugez par-là, mon cher Comte, combien les Romains étoient ingénieux & prodigues dans leurs Spectacles, dont on peut dire que cette Nation étoit idolâtre. C'est à quoi ils employoient une partie des Richesses & des tréfors qu'ils tiroient des Peuples qui avoient eu le malheur de tomber sous leur domination, & qu'ils pilloient & voloient impunément, n'y ayant point sur la Terre de Tribunal supérieur, auquel ces malheureux pussent en porter leurs plaintes, ni en espérer de Justice.

CETTE passion, ou pour parler plus juste, cette fureur pour les Spectacles fit élever à Rome tous ces magnifiques Edifices, où ils se donnoient. Ils étoient en très grand nombre, car on y comptoit jusqu'à cinq Amphithéatres, dont il ne reste plus que celui-ci, & celui des Soldats que nous vîmes ensemble il y a quelque tems, douze à treize *Cirques*, dont il ne reste plus que celui de *Caracalla* que nous vîmes aussi, six *Naumachies*, dont on ne voit plus aucun Vestige, & quatre Théatres dont il ne nous reste plus qu'un fort bel Echantillon dans celui de *Marcellus*, que nous allons voir dans le moment.

Nous remontâmes aussi-tôt dans notre Carosse, dont nous étions descendus pour visiter plus à notre aise cette précieuse Antiquité, & tournâmes du côté du Théatre que nous voulions voir, lorsque de nouvelles ruines, que j'apperçus à quelques pas du *Colisée*, excitèrent de nouveau ma curiosité. Je demandai à Monsieur N. . . . ce que ce pouvoit-être. Ce sont, me répondit-il, les restes d'une fort belle Fontaine Saillante qui étoit autre-fois dans cet endroit. Les Romains lui avoient donné le nom de *Meta Sudans*, (la Borne Suante) parce que, comme vous le voyez par ce qui en reste, elle avoit la forme d'une de ces bornes qui étoient dans les *Cirques*, & que l'eau qui en jaillissoit par le haut & retomboit en pluye dans un vaste & magnifique Bassin, formoit sur cette borne une espèce de sueur dont elle étoit toujours couverte. Plusieurs de nos Antiquaires ont cru que *Vespasien* l'avoit fait construire, & ils en apportent pour preuve une fort belle Médaille de cet Empereur que je place ici.

LA FONTAINE DU COLISÉE.

META SVDANS IVXTA AMPHITHEATRVM

Mais le Philosophe *Seneque*, qui avoit été Précepteur de *Néron*, lequel demeuroit près de cette Fontaine, nous apprend qu'elle subsistoit avant ce Prince & qu'elle y avoit été construite par quelque autre. C'est ce qu'on lit dans sa cinquante-septième Lettre, ou se plaignant du tintamare continuel qui se faisoit dans son Voisinage, & qui l'incommodoit fort dans ses études, il parle entr'autres du bruit qui se faisoit autour de cette Fontaine. Au reste il n'est pas difficile d'accorder ces Antiquaires avec ce Philosophe. Il suffit pour cela de dire que ce Prince la fit réparer & embellir, ce qui est démontré par les Lettres R. E. (*Restauravit*, *Exornavit*) qu'on voit dans la Médaille de cet Empereur, où elle est réprésentée dans toute sa beauté. Quoiqu'il en soit, sa situation auprès de l'Amphithéatre la rendoit extrêmement commode pour le petit Peuple, qui venoit s'y défaltérer pendant & après le Spectacle.

Monsieur N..... m'ayant donné cet éclaircissement, nous continuâmes notre route vers le Théatre de *Marcellus*, où nous ne fûmes pas long-tems à nous rendre.

Il est situé près du *Tibre* dans le quartier de Rome appellé *Ripa*. Si l'on avoit pris à l'égard de toutes les Antiquités Romaines la précaution qu'on a prise pour celle-ci, elles se seroient beaucoup mieux conservées sans doute, & ne dépériroient pas, comme elles font, tous les jours. En effet on a trouvé le moyen de garantir, autant qu'il est possible, cet Edifice des ravages inévitables que le Tems fait, tôt ou tard, dans tous les Ouvrages des hommes, même les plus solides, en construisant de ce qui en restoit un assez beau Palais, qui appartient aujourd'hui aux Princes *Savelli*. Ce Palais, est bâti en demi-Cercle, dont la circonférence présente par derrière les précieux restes de ce Théatre, auxquels on s'est bien gardé de toucher, ni de rien changer. Ils consistent en deux rangs de grandes Arcades, surmontées par une muraille pareille à celle de l'Amphithéatre de *Vespasien*; le tout de pierres très dures, & orné de deux rangs de Colonnes, dont les unes sont de l'Ordre *Dorique*, & les autres de l'Ordre *Jonique*. L'Empereur *Auguste* le fit construire sous le nom de son Neveu *Marcellus* qu'il aimoit tendrement, & auquel il le dédia après la mort de ce jeune Prince, qui mourut dans la douzième année de son âge. Ce Théatre, qui est, dit-on, un ouvrage du fameux *Vitruve*, célèbre Architecte, dont le Tems a respecté un excellent Traité sur l'Architecture, qu'il dédia à cet Empereur, étoit deux grands tiers plus petit que le *Colisée*, & ne contenoit que trente mille personnes.

La vûe & les ruines de tous ces Superbes Monuments me firent ressouvenir de la description abrégée qu'en a fait un de nos Poëtes, à laquelle se joignit une réflexion bien différente de la plaisanterie par laquelle il l'a terminée. Cette pensée m'ayant rendu un peu rêveur, Monsieur N.... qui n'étoit pas accoûtumé à me voir si sérieux, me demanda d'où pouvoit provenir ce changement, qui étoit tout-à-

THEATRE DE MARCELLUS.

THEATRVM MARCELLI

RESTES DU THEATRE DE MARCELLUS.

THEATRI MARCELLI VESTIGIA

à-fait nouveau pour lui. Je lui en fis excuse, & lui répondis que c'étoit l'effet de quelques réfléxions qui s'étoient offertes à mon esprit, à l'occasion de ce que nous venions de voir. On en peut faire de bien belles, me repliqua-t-il; & je ne doute nullement que les vôtres ne soient de cette espèce; En ce cas, je vous ferois sensiblement obligé si vous vouliez-bien m'en faire part. Avec d'autant plus de plaisir, Monsieur, lui répondis-je, que la gloire ne m'en est pas due. Alors je lui récitai le Sonet suivant dont je changeai sur le champ les derniers Vers.

> *Superbes Monuments de l'orgueil des humains,*
> *Piramides, Tombeaux, dont la vaine structure*
> *Nous a fait voir que l'Art, par l'adresse des mains,*
> *Et l'assidu travail, peut vaincre la Nature;*
>   *Beaux Palais ruinés, Chef-d'œuvres des Romains,*
> *Et les derniers efforts de leur Architecture,*
> *Colisée, où souvent ces Peuples inhumains*
> *De s'entre assassiner se donnoient tablature,*
>   *Par l'injure des ans vous êtes abolis,*
> *Ou du moins la plûpart vous êtes démolis!.*
> *Il n'est rien que le Tems ne puisse enfin dissoudre;*
>   *Si ces Marbres si durs ont senti son pouvoir,*
> *Par quel égarement ne veux-tu pas prévoir,*
> *Mortel, qu'il doit de même un jour te mettre en poudre!*

Ce Sonnet ne m'étoit pas inconnu, me dit Monsieur N...; mais la réflexion par laquelle vous le finissez est tout-à-fait nouvelle pour moi, & est infiniment plus solide que celle de l'Auteur *. Je vous avouerai même qu'elle
me

---

* Voici la conséquence boufonne que Sçaron, Auteur de ce Sonet, a tirée de la destruction de tous ces beaux Edifices.

me charme. Qu'on eſt heureux, mais qu'il eſt rare, de penſer ſi judicieuſement à votre âge! Oui, mon cher Comte, tout paſſe; tout rentre, tôt ou tard, dans le néant dont il eſt ſorti. L'Homme même, ce chef-d'œuvre ſorti des mains de Dieu, cet admirable compoſé d'Eſprit & de Matière, qui avoit été créé pour être immortel, eſt celui de tous ſes Ouvrages qui y rentre le plutôt! Dix-huit, vingt & même trente Siécles n'ont pû venir à bout de détruire totalement des Edifices, que ſa vanité lui a fait éléver; & lui-même ne ſubſiſte ſeulement pas pendant une cinquantaine d'années! Car combien eſt-il péri, & combien périt-il encore d'hommes, tous les jours, qui ne ſont point parvenus, & ne parviennent point à cet âge? Combien s'en trouve-t-il peu qui le doublent? En rencontreroit-on bien trois ſur vingt mille? Les Régiſtres Mortuaires nous démontrent tous les jours que non. Dans quelle Obligation ne ſommes-nous donc pas de bien employer un tems ſi court & ſi précieux? Rien cependant à quoi l'on penſe moins dans le monde, où l'on vit comme ſi l'on n'en devoit jamais ſortir; heureux encore quand on en demeure-là, & lorſqu'une vie déjà ſi courte n'eſt pas, ou abrégée par la débauche, ou ſouillée par des vices & par des crimes, qui expoſent l'homme à des remors éternels!.... Mais peut-être que je moraliſe un peu trop; En ce cas, prenez-vous en à vous-même. La faute eſt excuſable à mon âge, ſur-tout avec des perſonnes qui, comme vous, m'en donnent l'exemple. Il m'a paru trop beau pour n'être pas imité.

COMME nous nous trouvions ſur les bords du *Tibre*,
je

Il n'eſt point de Ciment que le Tems ne diſſoude.
  Si vos marbres ſi durs ont ſenti ſon pouvoir,
Dois-je trouver mauvais qu'un méchant pourpoint noir,
Qui m'a ſervi deux ans, ſoit percé par le coude?

ISLE DU TIBRE, TELLE QU'ELLE EST AUJOURDHUI.

INSVLAE VESTIGIA
A. *Antiqua nauis platea.*   C. *Pons fabricius.*
B. *Nauis puppis.*   D. *Pons Caestius.*

ISLE DU TIBRE DEDIÉE A ESCULAPE, TELLE QU'ELLE ÉTOIT AUTREFOIS.

INSVLA IN EFFIGIEM NAVIS AESCVLAPIO SACRA
A Templum Fauni.   C Templum Jouis
B Templum Aesculapii. D Platea Nauis.

je jettai par hasard les yeux sur une Isle que je vis au milieu de ce Fleuve. Elle est à peu près semblable, pour la figure, à celle que forme la *Seine* au milieu de Paris, & à laquelle on a donné le nom de *Notre Dame*, pour la raison que tout le monde sçait. Il s'en faut de beaucoup que celle du *Tibre* soit aujourd'hui dans un état aussi magnifique que Monsieur N.... m'apprit qu'elle étoit autre-fois. L'Isle que vous voyez, me dit-il, à ce que racontent *Tite-Live*, *Denis d'Halicarnasse*, *Plutarque*, & plusieurs autres anciens Historiens, est redevable de sa formation à l'emportement & à la fureur que les Romains firent éclater lorsqu'ils abolirent la Royauté, & chassèrent *Tarquin*, surnommé *le Superbe*, le dernier Roi de Rome. Non contens d'exterminer & de détruire tout ce que ce Prince possédoit dans la Ville, leur furie alla jusqu'à arracher tous les grains des champs qu'il avoit dans les environs, & qui étoient alors dans leur maturité. Pour faire voir jusqu'où alloit leur horreur pour la Tirannie & pour les Tirans, ils jettèrent tout de suite tous ces grains, qu'ils venoient d'arracher, dans le *Tibre*, dont les eaux étoient alors fort basses, comme cela est ordinaire pendant les grandes chaleurs. Cet Amas de gerbes, joint au limon que ce Fleuve roule présque continuellement, forma par la suite des tems dans cet endroit l'Isle que vous voyez, & dont le terrain devint si solide, que l'on bâtit dessus des maisons & des Temples, dont on voit encore aujourd'hui quelques *Vestiges*, mais dans lesquels il est impossible de rien reconnoître. Les Romains portèrent même la magnificence jusqu'à la revêtir entiérement de grandes pierres de Taille, & lui donnèrent la forme d'un Vaisseau, auquel un grand Obélisque, apporté d'Egipte, servoit, pour ainsi dire, de Mats. Deux magnifiques Ponts bâtis, l'un par *Fabricius* & l'autre par *Cestius*, conduisoient dans cette Isle, qui étoit consacrée à

Efculape, lequel y avoit un fort beau Temple, auſſi-bien que *Jupiter*, & le Dieu *Faunus*; mais tous ces ouvrages ſont diſparus avec les Idoles auxquels ils étoient conſacrés.

CETTE dernière réflexion de Monſieur N.... m'engagea à lui faire une queſtion, ſur laquelle je le priai de vouloir bien m'éclaircir. Dans tous les Monuments que j'ai parcourus & viſités, lui dis-je, j'ai vû les ravages étrangers que le Tems eſt capable de faire dans les ouvrages les plus ſolides des hommes. J'en ai reſſenti un véritable chagrin; mais le plus ſenſible pour moi a été la diſparution de ce nombre preſque innombrable de Statues, dont les anciens Ecrivains nous apprennent que Rome étoit autre-fois remplie. Il étoit, diſent-ils, ſi prodigieux, qu'il égaloit preſque le nombre des habitants de cette Ville, dans le tems de ſa plus grande ſplendeur. Seroit-il bien poſſible, ajoûtai-je, que tous ces Chef-d'œuvres de l'Art, qui faiſoient l'admiration de l'Univers, fuſſent aujourd'hui réduits aux Statues mutilées de *Paſquin* & de *Marforio*, & à quelques autres que j'ai vues à *Monte-Cavallo* & au *Capitole*?

ON ne ſçauroit douter, me répliqua Monſieur N...: que les fréquentes & triſtes Révolutions que notre Ville a eſſuyées, depuis plus de deux mille cinq cents ans qu'elle ſubſiſte, n'ayent été fatales à ce Peuple inanimé; car c'eſt le nom que nos anciens Auteurs ont donné à ces Statues, voulant par cette expreſſion méthaphorique en déſigner la beauté & la prodigieuſe multitude. Je vous ai dit quel avoit été le ſort de celles dont le *Mauſolée* de l'Empereur *Adrien* étoit orné depuis le haut juſqu'en bas. Tous les autres Tombeaux des *Cæſars*, tous les Edifices publics bâtis ou par le Sénat, ou par l'Empereurs, ou par les riches Citoyens, en étoient de même décorées avec une eſpèce de profuſion. Les Temples, les Palais, les Bains,

les

les Jardins, les Amphitéatres, les Théatres, les Places publiques, les Rues-mêmes en étoient presque remplies. Mais si elles ont toutes disparu, elles n'ont pas été pour cela toutes perdues. Comme elles étoient beaucoup plus exposées à la fureur des Barbares, que les Bâtiments auxquels elles servoient d'ornement, & qui par leur solidité paroissoient être à l'abri de leurs insultes, aussi a-t-on pris plus de précaution pour les en garantir. Dès qu'on prévoyoit quelque ravage de leur part, on enlevoit aussi-tôt les plus belles & les plus précieuses de leurs niches, où de dessus leurs piédestaux, & on les transportoit en des lieux de sûreté, d'où on les tiroit pour les remettre en leurs places lorsque ce Torrent étoit passé. Par cette sage précaution on en a conservé plusieurs milliers, qui subsistent encore dans toute leur beauté, & dont je vous procurerai avec plaisir, au premier jour, le charmant spectacle. Ce n'est plus dans nos Places publiques qu'on doit chercher aujourd'hui ces Chef-d'œuvres de l'Art. La perte inestimable qu'on en a fait d'un grand nombre, & plus encore la barbarie dans laquelle la Sculpture a été si long-tems ensévelie, nous a rendu trop précieux ce qui nous en reste, pour l'exposer de nouveau aux fâcheux accidents dont on a eu tant de peine à les sauver. C'est dans les Palais, c'est dans les Jardins, c'est dans les Galeries, c'est dans les Appartements mêmes de nos Princes, que se retrouvent ces Statues admirables dont vous regretiez la perte avec tant de raison. Elles en font le principal, le plus riche, & le plus rare ornement; Restes précieux, auxquels on est redevable de la résurrection de cet Art, comme les Monuments, que vous avez visités, l'ont été de celle de la véritable & belle Architecture, dont les *Goths*, qui ont inondé & si long-tems ravagé l'Italie & presque toute l'Europe,

avoient

avoient abfolument fait perdre le goût. C'eſt-là que votre louable curioſité trouvera de quoi s'exercer & ſe ſatisfaire. Vous y verrez, pour ainſi dire, renaître tous les Dieux & toutes les Déeſſes du Paganiſme, tous les demi-Dieux de la Fable, tous les Héros de l'Antiquité, tous les grands hommes de la Grèce, & de Rome, enfin tous ce que l'Univers a adoré & le plus eſtimé .... Que ce Spectacle, m'écriai-je tout tranſporté, ſera charmant & inſtructif pour moi! Quand pourrai-je en jouir ? Quand il vous plaira, me repondit il; je ſuis, & ſerai toujours à vos Ordres.

Je le remerciai mille fois de ſes bontés, & comme le ſoir approchoit, & qu'il me témoigna qu'il étoit bien aiſe de s'en retourner chez lui pour quelque affaire, je le réconduiſis. Je comptois revenir tout de ſuite au logis; mais il me pria fort poliment d'entrer pour voir un moment ſon Epouſe, qui n'avoit pas été moins inquiette que lui de ma longue abſence. Il y auroit eu de l'impoliteſſe à le refuſer; j'obéïs donc, quoique je préviſſe bien qu'il n'en demeureroit pas-là. En effet dès que j'eus achevé ma viſite, & fait mine de vouloir me retirer, ils me firent tant d'inſtances, l'un & l'autre, pour m'engager à ſouper avec eux, qu'il me fut impoſſible de m'en deffendre. Le repas fut aſſez guai juſqu'au deſſert; mais ayant eu l'inatention de boire à la ſanté de Mademoiſelle leur Fille, dont j'ai raconté plus haut l'avanture, je vis tout à coup ſuccéder à la joye, qu'ils avoient fait paroître juſqu'à ce moment, une triſteſſe que je leur aurois épargné, ſi j'y avois fait un peu plus de réflexion. Je reconnus par-là combien cette aimable Demoiſelle leur étoit chère. Elle étoit effectivement digne de toute leur tendreſſe par mille belles qualités, dont le Ciel l'avoit pourvûe.

Je ſentis la faute que j'avois faite, & m'efforçai de la

ré-

réparer. Je leur répréfentai, dans cette vûe, qu'ils ne devoient pas s'attrifter ainfi de ces fortes de réfolutions, qui étoient de même affez fréquentes chez nos Demoifelles Françoifes, mais qui chez la plûpart ne font que paffagères. Ces fortes d'accès, ajoûtai-je (car c'eft le nom que nous donnons à ces démarches peu réfléchies) tiennent rarement contre la fréquentation d'un Cavalier aimable, lequel trouve bientôt le moyen de diffiper & d'éteindre ces étincelles de dévotion. J'ignore quel eft le caractère des Demoifelles de ce païs-ci; mais peut-être le remède opéreroit-il auffi efficacement que dans le nôtre. Il ne tiendra qu'à vous d'en faire l'Effai. Par la trifteffe où je vous vois l'un & l'autre, je juge que vous tremblez de perdre une Fille charmante que vous aimez tendrement, & que vous régardiez comme devant faire un jour le fupport & la confolation de votre Vieilleffe. Le mal n'eft pas encore fi avancé, qu'on n'y puiffe plus remédier; & je n'y fçai point de voye plus fûre que celle que je vous propofe. Parmi les Cavaliers de votre connoiffance cherchez & procurez lui en quelqu'un, dont la fréquentation puiffe lui être agréable. Dès que vous l'aurez trouvé, je vous réponds alors que l'amour du Cloître & de la retraite ne tiendra pas longtems contre un pareil Antidote. Au refte, en parlant de la forte, je fuppofe que vous aimeriez beaucoup mieux la voir heureufe & honorablement établie dans le monde, qu'embraffer un Etat, où le répentir fuit ordinairement d'affez près l'engagement. Monfieur & Madame N . . . . me remercièrent fort du bon confeil que je venois de leur donner, & promirent de le mettre en éxécution, n'ayant rien plus à cœur, me dirent-ils, que le bonheur de leur Fille, pour laquelle ils étoient prets à tout facrifier. Je fus charmé de les voir dans cette louable difpofition, où il feroit à souhaiter que tous les Parents fussent par rapport à leurs Enfans; il n'y en auroit pas un si grand nombre de malheureux.

Ayant pris congé d'eux entre onze heures & minuit, je m'en retournois chez moi, lorsqu'ayant par hazard mis la tête à la portière du Carosse, j'apperçus à la clarté de la la Lune, qui cette nuit-là étoit assez brillante, une homme très proprement vêtu, étendu sur le pavé, & tout couvert de sang. Un sentiment de compassion, dont je fus saisi à la vûe de ce triste objet, me fit arrêter pour lui donner quelque secours, s'il en étoit encore tems. La chose me parut d'autant plus indispensable, que la rue, où je me trouvois, étant extrêmement déserte, j'en conclus que cet infortuné périroit infailliblement si je ne l'assistois pas, & que c'étoit sans doute pour cela que la Providence avoit permis que mon Cocher prît ce chemin. Celui-ci vouloit passer outre en me disant que ma charité pourroit nous attirer quelque affaire fâcheuse; je le laissai dire, & le grondai même de son peu d'humanité. Alors sautant hors du carosse, je volai vers ce malheureux que je trouvai sans connoissance. Lui ayant tâté le poulx pour sçavoir s'il respiroit encore, je le trouvai d'une foiblesse extrême & semblable à celui d'un homme qui est aux abois. Pour mieux voir ses blessures & lui donner promptement les secours dont il avoit un pressant besoin nous le déshabillames, Laval & moi. Nous le trouvâmes percé de trois coups de Poignard d'où couloit un ruisseau de sang. Nous mîmes aussi-tôt sa chemise en pièces pour en faire des bandages qui pussent l'arrêter un peu, & comme elle ne nous sufisoit pas, Laval en fit autant de la sienne.

Nous étions dans cette charitable occupation, lorsque tout à coup nous nous vimes environnés par une troupe d'homd'hommes armés de Fufils, d'Epées, de Bâtons & de longues Pioches, au bout defquelles il y avoit un crochet de fer. A cette vûe notre cocher effrayé: je vous l'avois bien dit, Monfieur, s'écria-t-il, que votre charité feroit mal récompenfée. Vous voyez maintenant ce qui vous en arrive. Je n'eus pas plutôt jetté les yeux fur cette troupe, que je reconnus d'abord que c'étoit la Patrouille, qui faifoit fa ronde ordinaire. Loin d'être effrayés par ce Spectacle, je fus bien aife au-contraire qu'elle fût elle-même témoin de ce que nous faifions, perfuadé qu'elle nous aideroit s'il en étoit befoin. Nous continuâmes donc à bander les playes du bleffé auffi tranquillement qu'auparavant, après quoi je priai celui qui me parut être le Commandant de la troupe, de vouloir bien nous faire aider à tranfporter, le plus doucement qu'il me feroit poffible, le moribond dans mon caroffe, pour le conduire promptement chez le Chirurgien le plus proche. Il le fit avec autant de politeffe que d'humanité, & prit lui-même place à mes côtés dans le caroffe qu'il fit conduire à très petits pas, pour ne point incommoder le bleffé, que je tenois fur mes genoux, & dans mes bras, chez un Chirurgien qui demeuroit dans le Voifinage. L'air tranquille & affûré avec lequel je lui racontai la trifte rencontre que je venois de faire, prévint beaucoup cet Officier en ma faveur, & il donna de grands éloges à ma charité; Cependant je remarquai que fa troupe, qui nous avoit environnés, nous efcortoit, & qu'un de fes *Sbires*, tenant fon épée à la main, s'étoit placé fur le fiége auprès du cocher, qui ne me paroiffoit pas fort content de cette Compagnie.

CETTE cérémonie, qui auroit peut-être effrayé tout autre, ne me caufa pas la moindre émotion. Telles font les fuites ordinaires d'une confcience qui n'a rien à fe reprocher.

Elle ne connoit, ni la crainte, ni les remors. Quoique je prévisse ce qui m'alloit arriver, je n'en fus nullement troublé. Plus inquiet mille fois pour l'infortuné que je venois de secourir, je le recommandai au Chirurgien chez qui nous le transportames; & pour l'engager à en prendre encore plus de soin, je lui donnai ma bourse, dans laquelle il pouvoit y avoir une cinquantaine de Louis. Etant ensuite remonté en Carosse, l'Officier de la Patrouille vint de nouveau s'asseoir à mes côtés, & me tint ce discours. Quoique j'aye été témoin, Monsieur, de votre innocence, & de la bonté de votre cœur, je vous prie de ne point trouver mauvais que je vous conduise, pour cette nuit seulement, ailleurs que chez vous. C'est une impolitesse, & même une injustice, que je fais à votre généreuse probité; mais le devoir de ma charge me force à la commettre. Au reste, Monsieur, poursuivit-il, soyez absolument tranquille sur votre sort. Vous avez autant de témoins de votre innocence, que j'ai de gens à ma suite; & il n'y en a pas un seul qui ne soit prêt à rendre à votre édifiante charité toute la justice qu'elle mérite.

Loin de trouver votre procédé mauvais, lui répondis-je; je vous en estime davantage. Je sçai ce qu'exigent en pareil cas la justice & le bon ordre de la Police dans une Ville telle que celle-ci. Plût au Ciel que votre Vigilance eût pû prévenir le triste accident que vous venez de voir; mais on ne peut pas être par tout, & il y a des moments fatals dans la vie, que toute la prudence humaine sçauroit prévenir. La seule grace que je vous demande est que, si vous me conduisez en prison, comme je le présume, vous m'y épargniez les horreurs d'un cachot, & tous les autres mauvais traitements que mérite un assassinat, dont vous venez de voir que je ne suis nullement coupable. Pour le
res-

reste, deux ou trois billets, que je vous demande la permission d'écrire, feront connoître au Magistrat, qui je suis, & dissiperont bientôt les soupçons qu'il pourroit avoir sur ma personne.

L'Officier me promit qu'il auroit pour moi toute la considération & tous les égards que je lui paroissois mériter, & s'offrit très poliment d'être lui-même le porteur des billets dont je venois de lui parler. J'ai été trop vivement touché, Monsieur, ajoûta-t-il, de ce que je vous ai vû faire, pour ne pas travailler moi-même à votre élargissement avec tout l'empressement & tout le zèle dont je suis capable. Je serai des premiers à le solliciter, & je n'attends pour cela que le moment où je pourrai vous servir. J'avouerai ici que je fus surpris de trouver dans un Officier de Police, à qui j'étois totalement inconnu, une politesse, une humanité, & sur-tout un désintéressement qu'on ne trouveroit certainement pas dans tous ceux de notre Guet de Paris, quoique l'on se pique fort dans cette Ville de tous ses beaux sentiments.

En nous entretenant de la sorte, nous arrivâmes à la prison où il me fit donner l'appartement le plus propre, le plus commode, & le plus honorable. Il ordonna que l'on y portât tous les rafraichissements & autres choses dont je pouvois avoir besoin, & commença par m'envoyer tout ce qu'il falloit pour écrire. Pendant qu'il étoit occupé de son côté à dresser un Procès Verbal de tout ce qui s'étoit passé, je me mis à écrire à la hâte trois Lettres, l'une au Cardinal de T.... notre Ambassadeur, une seconde à Monsieur Assemani, & la troisième à Monsieur N...., dans lesquelles je leur marquois ce qui venoit de m'arriver. J'en aurois pu écrire bien d'autres à plusieurs personnes de la première considération auxquelles j'avois été recommandé, &

qui

qui m'honoroient de leur eſtime & de leur protection; mais je jugeai cette démarche peu néceſſaire, & que ces trois Lettres ſuffiroient. Je ne me trompai point dans mes idées. En effet ces Lettres ayant été remiſes à leurs addreſſes par l'Officier même qui m'avoit mis en arrêt, & qui confirma encore de vive voix ce qu'elles contenoient, je vis entrer dans ma chambre, ſur les dix heures du matin, un des Gentils-hommes du Cardinal, lequel venoit de ſa part me faire offre de toutes ſortes de ſervices, m'aſſûrant que la journée ne ſe paſſeroit pas ſans qu'il obtînt mon élargiſſement; que ſon Eminence alloit, dans cette vûe, le ſolliciter auprès du Gouverneur, & le demander au Pape même, ſi la choſe étoit néceſſaire. Je reçus les mêmes offres & les mêmes aſſûrances de la part de Meſſieurs Aſſemani & N. . . . qui ſe rendirent tous les deux dans mon nouveau logement, auſſi-tôt après la réception du billet que je leur avois écrit. Ces deux Meſſieurs pouſſèrent même la politeſſe & la complaiſance juſqu'à ne point vouloir m'abandonner d'un moment, tant que je fus dans ce lugubre ſéjour, ſe relevant alternativement, l'un l'autre, pour aller ſolliciter leurs Amis en ma faveur. Je ne ſçai ſi, tout polis que ſont nos François envers les Étrangers, ils ont jamais pouſſé la complaiſance pour eux juſqu'à ce point. Quoiqu'il en ſoit les Protecteurs que j'avois réclamés, & ſurtout le Cardinal, s'employèrent ſi efficacement, que je ne reſtai que trois jours dans ce logement, où j'avouerai que je ne comptois pas entrer de ma vie; tant il eſt vrai, qu'il ne faut jamais jurer de rien.

" Mon premier ſoin, lorſque j'en fus ſorti, fut d'aller remercier mes Libérateurs. Je commençai, comme l'ordre le demandoit, par le Cardinal qui, par un excès de politeſſe, refuſa de recevoir mes remerciments. Vous les devez,

vez, me dit-il avec un souris des plus gracieux, à un personnage qui en est beaucoup plus digne, & d'un rang infiniment plut élevé, qui, charmé de votre charité généreuse, ne m'a accordé votre élargissement qu'à une condition.... Et quelle est-elle, Monseigneur, repris-je avec vivacité? C'est, poursuivit-il, de le venir voir & de le recevoir au nombre de vos amis. Une pareille amitié ne peut que vous faire beaucoup d'honneur, & encore plus de plaisir. Elle vous est d'autant plus glorieuse, que c'est principalement votre vertu qui vous l'a acquise. Lui ayant répondu que je ne pouvois être redevable de cette insigne faveur qu'à sa puissante recommandation, je pris la liberté de lui demander quelle pouvoit-être cette personne illustre, qui avoit pris de moi une idée si avantageuse. C'est le Saint Père, repondit-il, lequel m'a ordonné de vous amener dès que vos affaires vous le permettroient. En auriez-vous quelqu'une, ajoûta-t-il en souriant, qui fût plus pressée que celle de répondre à cete civilité, aussi extraordinaire qu'elle est honorable pour vous? Ma joye fut égale à ma surprise en apprenant cette gracieuse nouvelle, à laquelle je ne me serois jamais attendu. Je répondis à son Eminence, qu'à moins d'une affaire aussi pressante que celle qui avoit occasionné ma détention, il n'y en avoit point que je ne sacrifiasse sur le champ à l'honneur que sa Sainteté vouloit bien me faire. Je m'en suis bien douté, repliqua gracieusement le Cardinal; aussi dès que je vous ai vû, j'ai donné ordre que l'on tint mon Carosse prêt. Je le vois qui nous attend, poursuivit-il en regardant par sa fenêtre ; Partons, & profitons du moment. Les Souverains, comme vous le sçavez, ne sont pas toujours maîtres de leur tems.

Nous montâmes aussi-tôt en Carosse, & nous nous rendimes au Palais du Pape. On ne peut rien ajoûter au gracieux accueil que je reçus de ce Père commun des Fidèles, qui voulut bien nous donner une audience des plus longues. Il eut la bonté de s'informer de ma Famille & de tout ce qui la concernoit, de mon éducation qui ne pouvoit, dit-il, avoir été que très excellente, après ce qu'il avoit apris de moi. Il me queſtionna ſur l'état auquel je me deſtinois, m'offrant ſa protection & ſa faveur en cas que je me déterminaſſe pour celui de l'Egliſe; enfin il m'aſſûra de ſon eſtime & de ſon amitié, quelque fût le parti que j'embraſſerois, & en quelque endroit que je me trouvaſſe. Je répondis à toutes ſes queſtions d'une manière dont ſa Sainteté parut contente, & la remerciai de ſes bontés dont je l'aſſûrai, que je tâcherois de me rendre toûjours digne. Cette honorable viſite ſe termina par deux préſents que le Saint Père me fit, & qu'il me pria de bien conſerver pour me reſſouvenir de lui. Le premier étoit une Bulle d'Indulgence à perpétuité, préſent extrêmement rare, & peut-être unique, & le ſecond, une belle & grande Médaille d'Or, ſur laquelle ce Pontife étoit parfaitement bien repréſenté. J'ai conſervé juſqu'à ce jour ces deux gages de la conſidération & de la tendreſſe, que ſa Sainteté me témoigna en cette rencontre, & les conſerverai toute ma vie, avec tout le reſpect qu'ils méritent.

En ſortant de cette audience, le Cardinal voulut bien me conduire encore chez le Gouverneur de Rome, que nous ne trouvâmes point chez lui. Enfin ce Prélat m'ayant ramené à ſon Hôtel, porta la politeſſe juſqu'à me retenir à diner avec lui. Je fus d'autant plus ſenſible à cet honneur, qu'il m'en procura un ſecond, auquel je ne m'attendois guére. Ce fut celui de la Compagnie du *Prétendant*, ou, ſelon le ſtile de la Cour de Rome, de Sa Majeſté Britannique, *Jacques* III. du nom, que cette Eminence traitoit ce jour-là. Ce
Prin-

Prince, que fes malheurs & fa difgrace ont rendu plus fameux qu'il ne l'auroit peut-être jamais été fur le Trône, fe rendit à l'Hôtel du Cardinal dans un équipage convenable à fa fortune. Il étoit accompagné de deux de fes Fils, qui me parurent extrêmement aimables. Pendant tout le repas, la converfation ne roula prefque que fur Paris, dont les deux jeunes Princes me demandèrent mille nouvelles. L'Aîné, fur-tout, me parut avoir une grande envie de voir cette Ville, & m'affûra qu'il ne mourroit point content, s'il ne voyoit de fes propres yeux toutes les chofes dont je lui faifois la defcription. Le Cardinal donna de grands éloges au defir ardent qu'il témoignoit, & lui promit que fi jamais il devenoit Miniftre, il le feroit recevoir dans cette Ville & à la Cour avec tous les honneurs dus à fon rang & à fa naiffance *. Cette politeffe de la part de l'Eminence étoit une efpèce de dette, dont il s'aquitoit envers le *Prétendant* auquel, il étoit redevable de fon Chapeau, que ce Prince avoit demandé & obtenu du Pape pour lui, apparemment en qualité de Roi *Catholique* de la grande Brétagne, titre qui l'a exclu pour jamais, lui & toute fa poftérité, de ce Trône. Il me parut, à fon air trifte & mélancolique, qu'il fupportoit affez impatiemment cette difgrace, que l'Imprudence du Roi fon Père lui a attirée, & qu'il n'a jamais travaillé efficacement à réparer, peut-être parce qu'il n'en étoit pas capable.

Quoiqu'il en foit la converfation fut affez férieufe pendant tout le répas, après lequel je pris congé du Cardinal & de fon illuftre Compagnie. J'employai une partie de l'après-dinée à rendre à Meffieurs Affemani

&

---

* La Chofe eft arrivée depuis, mais la manière dont ce Prince en eft forti, au mois de Decembre 1748, a dû lui faire perdre l'envie d'y retourner jamais, auffi bien qu'en Ecoffe.

& N. . . la visite que je leur devois, & auxquels je fis part des honneurs que je venois de recevoir. Ils en furent charmés l'un & l'autre. Enfin je terminai ma journée par une dernière visite que je rendis au Chirurgien chez qui l'on avoit transporté l'Etranger infortuné, que j'avois arraché des bras de la mort, & dont j'ignorois quelle avoit été la destinée pendant ma détention. J'appris, avec une joye inexprimable, que de ses trois blessures, qui toutes étoient extrêmement dangereuses, il n'y en avoit, heureusement, aucune qui fût mortelle; mais, ajoûta le Chirurgien, la cure en sera longue & coûteuse. N'importe, lui dis-je avec transport; coûte que coûte; pourvu que vous le réchapiez, cela me suffit; Voilà ma bourse, ne l'épargnez pas. J'enverrai, ou viendrai moi-même, tous les jours, demander de ses nouvelles; instruisez-moi exactement de son état, & de tout ce dont il pourra avoir besoin; Vous ne sçauriez me faire de plus sensible plaisir.

Etonne' d'une générosité dont apparemment il n'avoit pas vû beaucoup d'exemples, il me regarda avec une attention extraordinaire, après quoi il me demanda si le blessé, pour lequel je m'interressois si fort, étoit ou de mes Parents, ou de mes Amis. Ni l'un, ni l'autre, lui répondis-je. Il m'est même absolument inconnu; mais c'est un homme, ajoûtai-je; en faut-il davantage pour s'attendrir sur sa triste situation, & lui procurer tous les secours dont il a besoin? Mes sentiments pour cet Etranger le touchèrent à tel point, que se piquant à son tour de générosité, il me rendit ma bourse, en me disant qu'il n'étoit pas juste que je fisse seul tous les frais; qu'il vouloit suivre, autant qu'il étoit en son pouvoir, le bon exemple que je lui donnois; qu'il ne prétendoit rien exiger de ses peines; que, comme il s'en falloit de beaucoup que les cinquante Louis, que je lui avois

donnés

donnés quatre jours auparavant, fûssent dépensés, il me prioit de reprendre ceux que je lui offrois, & d'attendre que le malade en eût besoin. Lui ayant demandé s'il croyoit qu'il pût-être bientôt visible : Il ne le sera pas de quinze jours, me repliqua-t-il, par la raison que les malades dans cet état doivent, comme vous le sçavez, être extrêmement ménagés. En attendant, Monsieur, poursuivit-il, soyez tranquille, & comptez, foi d'homme d'honneur, qu'il ne lui arrivera pas la moindre crise, ni la plus petite révolution, que vous n'en soyez sur le champ informé. Au reste j'espère que le Ciel, qui s'est servi de vous pour l'arracher au trépas, vous le rendra sain & sauf, peut-être plutôt que nous ne le pensons.

Ces dernières paroles me causèrent une joye des plus vives que j'aye jamais ressenti. Une espèce d'instinct, s'il m'est permis de me servir ici de ce terme, m'attachoit, sans sçavoir pourquoi, à cet inconnu, d'une façon toute particulière. J'en dirai bientôt la cause que j'ignorois alors moi-même. Je le recommandai de nouveau à ses soins, & je continuai régulièrement à envoyer, ou à venir moi-même demander tous les jours de ses nouvelles.

Pour me consoler de la petite disgrace que je venois d'essuyer, le Ciel permit que je reçus d'autres Nouvelles, qui me mirent au comble de la joye. Ce fut deux Lettres que je trouvai en arrivant chez moi. L'une étoit du Marquis de Ti.... ville, & l'autre de son aimable Sœur, ma future Epouse. Ils avoient été, l'un & l'autre, fort réguliers à m'écrire depuis mon départ de Lyon, comme nous en étions convenus, & j'en avois reçu un grand nombre de Lettres, dont je n'ai pas crû devoir parler dans ces Mémoires, pour ne pas interrompre le reçit de mes Avantures & de mes Recherches. Ces Lettres m'avoient donné beaucoup de confolation, & jointes à l'aimable compagnie des Amis que je m'étois faits à Rome, elles m'avoient aidé à fouffrir patiemment une efpèce d'exil qui, fans ce fecours, m'auroit été infupportable. Par celles-ci, ces deux aimables & chères perfonnes me faifoient part de la joye & des plaifirs, qu'elles goûtoient depuis près d'un mois dans le Château de mon Oncle, où mon Père, qui y étoit venu paffer les beaux jours du Printems avec toute fa Famille, les tenoit comme enchantés; c'étoient les propres termes de la Lettre de ma charmante Emilie, qu'il ne nommoit plus depuis ce temps, ajoûtoit-elle, que fa chère & aimable petite Bru.

Un malheureux profcrit, à qui l'on annonce fa grace, après laquelle il afpire depuis long-tems, n'en reçoit point la nouvelle avec des tranfports plus vifs que ceux, que je fentis en lifant ces deux Lettres. Il eft vrai que j'en avois déjà reçû plufieurs de la part de mon Oncle, dans lefquelles il me flattoit du fuccès de la Négociation dont il s'étoit chargé, je veux dire, de faire agréer, avec le tems, à mon Père mon Mariage avec Mademoifelle de Ti...ville; mais depuis plus de trois Semaines je n'avois point eu de fes Nouvelles, ce qui me chagrinoit beaucoup par la crainte où j'étois qu'il n'eût totalement échoué dans cette affaire, qui étoit fi intéreffante pour moi. Ces deux charmantes Lettres diffipèrent une partie des allarmes que fon filence m'avoit caufé. Celle du Marquis m'en apprit même la raifon, en me marquant que, depuis près d'un mois, ce fecond Père (je lui donne ce nom, qu'il méritoit à mon égard) étoit en Brétagne, où il étoit allé prendre quelques arrangements, au fujet d'une fort belle Terre qu'il avoit dans cette Province, & dont il vouloit, dit-on, me faire une donnation le jour de mes Noces.

Il faut avoir reffenti l'Amour, & tout ce qu'il peut infpifpirer de plus tendre, pour fe bien réprésenter quels furent les tranfports de mon cœur à ces agréables Nouvelles. Ils furent fi extraordinaires & fi vifs, que, femblable à un homme qui s'éveille en furfaut au milieu d'un rêve délicieux, je doutai pendant quelques moments de la réalité de mon bonheur. Seroit-il bien poffible, me difois-je, que mon Père, qui s'eft fi fortement oppofé à notre charmante Union, confentiroit enfin à ma félicité? Ah ! puifqu'il en ufe de la forte avec ma future Epoufe, il n'y a point à douter qu'il ne la regarde déjà fur ce pied-là, & que mon bonheur ne foit très proche. L'aimable Emilie & fon cher Frère ne m'écriroient pas de cette façon, fi la chofe n'étoit pas abfolument fûre!... Cependant, ajoûtois-je, pourquoi mon Oncle ne m'en a-t-il rien marqué? Auroit-il oublié l'intérêt que je prens au fuccès de cette grande affaire, du fuccès de laquelle dépend le bonheur de ma vie? Hé, qui le fçait mieux que lui, lui qui a toujours été le dépofitaire de mes plus fecrettes penfées, lui que j'ai choifi pour le confident de mes amours, lui enfin entre les mains de qui j'ai remis le Contract fecret & anticipé, qui fubfifte entre Mademoifelle de Ti....ville & moi, dans l'efpérance qu'il le feroit ratifier par mon Père, auffi-tôt qu'il le verroit difpofé à m'accorder cette faveur. Son Voyage en Brétagne, & la donnation qu'on me marque qu'il veut me faire, ne juftifient pas dans mon efprit fon filence qui m'inquiette. Non, quelque affûré que me paroiffe d'ailleurs mon bonheur, je ne ferai point parfaitement tranquille que ce cher Oncle ne m'en ait confirmé la nouvelle. C'eft ainfi que des réfléxions, dont je n'étois pas le maître, venoient empoifonner le plaifir délicieux, que m'avoient procuré les deux Lettres que je venois de reçevoir.

EN attendant que j'en reçuffe d'autres, qui confirmaffent
mon

mon bonheur, j'achevai de visiter, avec Monsieur Assemani, ce qui me restoit à voir des Antiquités de Rome, où je prévis bien que je n'avois pas encore un long séjour à faire, les choses étant sur le pied que l'on me marquoit. Comme j'avois fait une liste de tous les monuments que j'avois déjà vus, pour ne point fatiguer inutilement mon Conducteur, je la lui présentai, & il eut la bonté de la parcourir, avant que nous nous missions en marche. Comment, me dit-il après l'avoir lue, à quelques Edifices près, vous avez-là de quoi faire un Recueil des plus complets de nos Antiquités! Ce seroit dommage qu'il restât imparfait; Allons, je vai vous aider à le completter. Nous partimes aussi-tôt, & allâmes visiter quatre Edifices anciens, dont je donne ici les figures. Le premier, qui est aujourd'hui une Eglise dédiée à Saint *Sauveur*, étoit autre-fois un Temple consacré à *Saturne*, dans lequel étoit le Trésor de la République. On y conservoit aussi les Archives, les Loix, les Arrêts & Ordonnances du Sénat, & plusieurs autres choses de cette nature. Le second, qui est dédié à S. *Adrien*, étoit un autre Temple, consacré de même à *Saturne*. Il servoit autre-fois de Banque aux Romains, c'est-à-dire, que les riches particuliers y mettoient en dépôt l'Or & l'Argent, dont ils n'avoient pas besoin, de la même manière, à peu près, que cela se pratique aujourd'hui dans les Banques d'*Amsterdam*, de *Venise*, de *Londres*, de *Vienne*, de *Gènes*, dans le Mont de Piété, & au Banc du Saint Esprit à *Rome*. Le troisième Edifice, que nous visitâmes, & dont on a encore fait une Eglise, dédiée aux saints Martirs *Jean* & *Paul*, deux Frères, qui furent, dit-on, décapités pour la Foi sous le règne de *Julien* l'Apostat, étoit un de ces Tribunaux appellés par les
Ro-

LE TRÉSOR PUBLIC.

AERARIVM
Ex altero cliuo ad radices rupis Tarpeie nunc Aedes S. Saluatoris in Aerario

RESTES DU TRESOR PUBLIC, CONVERTIS EN EGLISE.

VESTIGIA AEDIS SATVRNI CVM AERARIO
in cliuo Capitolino ad Arcum Septimy
nunc Aedes S. Adriani

TRIBUNAL FONDÉ PAR TULLUS HOSTILIUS. *p. 336.* III.

CVRIA HOSTILIA IN MONTE COELIO

RESTES DU PORTIQUE DE JUPITER STATOR.
P. 337.

VESTIGIA PORTICVS IOVIS STATORIS

Romains *Curia*. Celui-ci fut bâti sur le mont *Cœlius* par le Roi *Tullus Hostilius* en faveur des *Albanois* qui, après la défaite des trois *Curiaces*, furent incorporés avec le Peuple Romain, auquel ils furent obligés de se soûmettre. Enfin nous visitâmes un quatrième Temple, dont il ne reste plus que trois magnifiques Colonnes avec un reste d'Architrave du Portique. Ce Temple étoit dédié à *Jupiter*, surnommé *Stator*.

J'ESPEROIS continuer mes recherches l'après-dinée, & j'avois pour cela donné parole à Monsieur Assemani, que je devois aller prendre chez lui; mais dans le moment que je me disposois à sortir, j'en fus empêché par l'arrivée de Monsieur le Gouverneur de Rome, qui me fit l'honneur de me rendre la visite, que je lui avois faite quelques jours auparavant avec notre Ambassadeur. Il me fit de grandes excuses sur ce qu'il ne s'étoit pas trouvé chez lui, lorsque j'y étois venu avec cette Eminence. J'étois, dit-il, occupé ailleurs à réparer d'une manière autentique l'injure, que j'ai appris que l'on vous avoit faite en vous conduisant en prison. Je lui répondis que je ne me croyois point offensé par cette démarche, que le bon ordre de la Police demandoit, & que je m'y étois soumis avec d'autant moins de peine, que j'étois d'une Ville où cela arrivoit de même quelquefois, sans que quique ce soit, même les plus honnêtes gens, pensassent seulement à s'en formaliser. C'est le crime qui fait la honte, ajoûtai-je, & non pas la prison. C'est penser bien solidement pour un homme de votre âge, me repliqua-t-il. Je suis charmé Monsieur de voir que vous ayez ainsi pris la chose; toute-fois je vous prie d'être persuadé que, si j'avois pu prévoir cet accident, je l'aurois certainement prévenu. Mais si je ne l'ai pas fait, du moins en serez-vous vengé par la punition des Scélérats qui ont

V v   oc-

occasionné votre détention. Ils ont crû m'échapper encore, comme ils ont déjà fait plusieurs fois malgré toute ma vigilance; mais je les ai fait suivre de si près, qu'il sont enfin tombés entre mes mains, dont ils ne sortiront que pour aller incessamment sur l'Echafaut. Il me demanda ensuite si je connoissois le Gentil-homme que j'avois secouru si généreusement, & à qui il venoit d'apprendre que j'avois sauvé la vie. Lui ayant répondu que non. . . . C'est pourtant un François, & d'une illustre Famille, du moins à ce que l'on m'a dit; j'ai crû que pour ces deux raisons il pouvoit vous être connu. Au reste, Monsieur, poursuivit-il, j'ai appris avec une satisfaction infinie la façon généreuse, dont vous continuez d'en agir envers lui. Quand votre Naissance & votre excellente Education ne me seroient pas connues d'ailleurs, ces traits seuls vous décelleroient. Continuez, Monsieur, à mériter par de pareilles Actions l'estime de tous les honnêtes gens, & comptez à jamais sur la mienne. J'ignore combien vous avez encore de tems à demeurer dans notre Ville; Mais je regrette celui que vous y avez déjà passé, sans me faire l'honneur de me mettre au rang de vos Amis, ou du moins de vos Connoissances. J'espère que l'avenir m'en dédomagera, & que vous vous voudrez bien agréer en ma Compagnie, soit à la Ville, soit à la Campagne, tous les plaisirs que je pourrai vous y procurer. Je le remerciai fort de ses politesses & de ses bontés, & lui promis de lui aller de tems en tems rendre mes devoirs, puisqu'il vouloit bien me le permettre. Je m'en aquitai pendant tout le tems que je demeurai encore à Rome, & je puis dire que ce fut pour moi un nouveau surcroit d'agrément dans cette Ville.

IL y a dans la Vie de certains moments, où il semble que la Providence prenne plaisir à nous accabler de ses faveurs,

com-

comme il en eſt d'autres, où l'on feroit tenté de croire qu'elle fe délecte à éprouver notre conſtance & notre réſignation à ſa volonté, par la multitude des difgraces qu'elle nous envoye coup ſur coup. Je venois d'éprouver tout ce qui eſt le plus capable de flatter un jeune cœur, ſenſible à ce que les hommes eſtiment le plus, & qui eſt ordinairement le principal reſſort qui les fait agir. J'avouerai même ici que le mien n'avoit été rien moins qu'indifférent aux honneurs que je venois de reçevoir. Telle eſt la récompenſe que Dieu attache aſſez ſouvent dès cette vie à la pratique de la vertu; mais il voulut bien y en joindre une autre, dont je fus encore plus ſenſiblement touché. J'ai dit que j'avois été inſtruit par deux Lettres de ce qui ſe paſſoit à la Terre de mon oncle, & j'ai réprésenté, auſſi naïvement qu'il m'a été poſſible, les impreſſions diverſes, que ces deux Lettres avoient fait ſur mon cœur. Depuis ce tems-là il flottoit, pour ainſi dire, entre la crainte & l'eſpérance, entre la joye & l'inquiétude. Une troiſième Lettre que je reçus de mon Père, me tira de cette ſituation. Après m'y avoir témoigné le contentement où il étoit, de la bonne conduite qu'il avoit appris que j'avois tenue pendant mon Voyage, il m'accordoit la permiſſion de revenir dès-que j'aurois achevé de voir en Italie, & ſurtout à Rome, tout ce qui pouvoit m'inſtruire & ſatisfaire ma curioſité. Il ajoûtoit que, ſi mon retour n'étoit pas éloigné, je ne manquaſſe pas de prendre ma route par la Brétagne, où je trouverois mon Oncle dans ſa Terre de Kermanck, lequel m'y annonçeroit une Nouvelle, qu'il étoit bien perſuadé que je ſerois charmé d'apprendre; enfin il me marquoit que nous euſſions à nous rendre enſemble à ſon Château de Belle-ville, où il nous attendoit pour m'y donner la récompenfe, après laquelle il favoit que j'afpirois depuis long-tems.

COMME il n'eft rien dans le monde qui touche plus fenfiblement le cœur de l'homme que l'Amour, rien auffi ne fut égal à la vivacité des tranfports, auxquels je me livrai à la Lecture de cette agréable Lettre. Porté fur les aîles de l'Amour même, il vola fur le champ vers l'endroit où l'attendoit la félicité qu'on lui annonçoit. Devenu prefque infenfible à toute autre chofe, je ne penfai plus alors qu'à profiter promptement de la permiffion que l'on m'accordoit. Honneurs, Amis, Plaifirs, Inftruction, Amufements curieux, Rome ne m'offrit plus rien qui fût capable de m'y arrêter. L'Impétuofité de mes défirs m'entraînoit vers le Charmant objet qui les avoit fait naître, & je n'afpirois qu'après le moment heureux qui m'y devoit rejoindre. Déja je prenois les arrangements néceffaires pour cela, lorfqu'une Cataftrophe des plus inopinées me fit tout-à-coup paffer du comble de la joye à celui de la trifteffe.

CE n'eft pas fans de grandes & juftes raifons que le plus fage & le plus éclairé de tous les Rois a dit, que ces deux paffions de l'Ame fe tiennent, pour ainfi dire, par la main, de manière qu'elles viennent réguliérement à la fuite l'une de l'autre. J'en avois déjà fait l'épreuve en plufieurs rencontres; mais jamais d'une manière fi vive & fi fenfible que dans l'évènement que je vais rapporter. J'avois l'efprit tout occupé des arrangements que je prenois pour aller rejoindre au plutôt mon Oncle & toute ma Famille, lorfqu'un des Garçons du Chirurgien chez lequel on avoit tranfporté le François, dont j'avois fait la rencontre, vint me dire que cet infortuné demandoit à me parler

ler. Je fus d'autant plus fenfible à cette nouvelle, que je connus par-là qu'il étoit dans un état de convalefcence à pouvoir foûtenir fans incommodité la fatigue d'une vifite. Comme j'avois appris du Gouverneur, quelques jours auparavant, que c'étoit un de mes Compatriotes, je demandai à ce garçon, s'il fcavoit fon nom & fa qualité. Pour fa qualité, me dit-il, je l'ignore, Monfieur; mais il fe nomme Monfieur de Richecourt, & fuivant ce que j'en ai pû apprendre, le feul défir de voir les curiofités de Rome & de l'Italie lui a fait entreprendre ce Voyage, qui lui a été fi funefte. Je vous dirai de plus qu'il me paroit qu'il à l'honneur de vous connoître particuliérement; car une de fes premières attentions, dès le lendemain que vous le fites tranfporter chez nous, fut de demander avec beaucoup d'inftances à vous voir; ce que mon Maître lui a refufé jufqu'à ce jour, parce qu'il n'a pas encore été en état de voir perfonne. L'empreffement extraordinaire du malade & d'autres raifons que j'ignore, lui faifant craindre que votre entrevûe ne lui caufe quelque révolution, il vous prie de lui faire une vifite, la plus courte qu'il vous fera poffible, fauf à vous en dédommager par la fuite.

Quoique je ne fuffe lié avec aucun Gentil-homme François, qui portât le nom de Richecourt, néanmoins l'intérêt que je prenois au malheur de celui-ci me fit voler auffi-tôt chez le Chirurgien pour le voir. Ce dernier, m'ayant regardé avec une attention extraordinaire me répéta ce qu'il m'avoit déjà fait dire par fon garçon. Alors il m'introduifit dans la chambre, où il refta quelques moments pour y être témoin d'un évènement, qu'il me dit enfuite qu'il avoit bien prévu. La précaution étoit auffi fage qu'elle fut néceffaire. En effet à peine m'eut-il annoncé au malade, que celui-ci, qui étoit affis dans un fauteuil auprès du feu, s'étant lévé pour venir m'embraffer, je fus tellement faifi à fon afpect que je ferois tombé à la renverfe, fi le Chirurgien, qui m'accompagnoit, ne m'eût retenu dans fes bras. Il me mit auffi-tôt dans un autre fauteuil, où a force de liqueurs fpiritueufes il me fit enfin réprendre mes fens. Je ne fus pas plutôt revenu à moi, qu'à mon évanouiffement fuccéda un torrent de larmes, dont j'inondai le vifage du malade, fur lequel je me précipitai en le ferrant étroitement dans mes bras.

IL eft de fituations que toute l'Eloquence humaine ne fçauroit répréfenter parfaitement. Telle fut celle ou je me trouvois alors. On n'en fera point étonné quand on fçaura que ce Gentil-homme infortuné, auquel j'avois fauvé la vie fans le connoître, & qui m'avoit envoyé chercher pour m'en remercier, étoit mon Oncle, cet Oncle fi tendrement chéri; que dis-je ! ce fecond Père, auquel je n'avois pas moins d'Obligations, qu'à celui qui m'avoit donné la vie. Il n'y a point à douter que notre reconnoiffance ne lui eût caufé quelque révolution funefte, fi le Chirurgien, qui avoit remarqué fur nos vifages un air de Famille (en effet je reffemblois beaucoup à ce cher Oncle) n'avoit pas eu foin de le prévenir. Il lui avoit appris que c'étoit moi qui l'avois fait tranfporter chez lui, à demi-mort, au milieu de la nuit, & que depuis ce tems je n'avois point difcontinué d'avoir pour lui les plus grandes attentions. Ces nouvelles avoient été pour mon cher Oncle une efpèce de Beaume falutaire, qui avoit fort accéléré fa guérifon, de-forte que notre entrevûe ayant été ainfi ménagée, fa fanté ne courroit pas les mêmes rifques.

QUELQUE préparé qu'il fût à cet évènement, il ne
put

put cependant, en me voyant, retenir ſes larmes, qu'il mêla avec celles que je répandois en abondance. Le Chirurgien lui-même, attendri par ce Spectacle, ne put s'empêcher d'y joindre les ſiennes. Enfin ſe doutant bien qu'une entrevûe ſi touchante alloit être ſuivie d'un éclairciſſement, auquel il ne convenoit pas qu'il aſſiſtât, il eut la prudence & la politeſſe de ſe retirer. Mon Oncle ne ſe vit pas plutôt en liberté, que me ſerrant à ſon tour entre les bras: C'eſt donc vous que je revois, o mon Cher Neveu, s'écria-t-il! vous que j'ai toujours ſi tendrement aimé, & qui vous en êtes rendu ſi digne; vous que ma tendreſſe & mon amour ſont venus chercher en ces lieux, où j'ai appris que vous faites tant d'honneur à votre Famille & aux ſoins que j'ai pris de votre éducation; vous enfin, à qui je ſuis redevable de la vie que j'aurois perdue ſans cette compaſſion généreuſe, que je vous ai tant recommandée pour tous les hommes, & dont j'ai reſſenti moi-même les heureux effets. O digne Fils d'un des plus aimables Pères qui ſoit au monde, puiſſe le Ciel vous conduire & vous accompagner toujours dans le chemin de la vertu, dont je vois avec une ſatisfaction infinie, que vous ne vous êtes point encore écarté! Quelle joye, & quelle conſolation pour moi, de voir que vous y marchez d'un pas ſi ferme, ſur-tout dans un âge où la plûpart des hommes la connoiſſent ſi peu, & la pratiquent encore moins! Quand je n'aurois eû que ce ſeul plaiſir dans ma vie, je mourrois content, & je ne regretterois jamais les peines que m'a coûté votre éducation. Le Ciel m'en a aſſez récompenſé par le ſervice ſignalé que j'ai reçu de vous.

Je n'ai fait pour vous en cette rencontre, mon cher Oncle, lui répondis-je, que ce que j'aurois fait pour tout autre; & je ne penſois pas qu'un ſi petit ſervice dût
tom-

tomber sur une personne, qui m'est si chère & si précieuse. Mais, poursuivis-je, par quel évènement inopiné vous trouvez-vous à Rome, sans que j'en aye eû jusqu'à ce jour la moindre connoissance? Ai-je commis quelque faute qui m'ait pû faire perdre la confiance, dont vous m'avez toujours honoré? Ignoriez-vous l'intérêt que j'ai toujours pris à tout ce qui vous regarde? Hé! qui doit plus s'y intéresser que celui, qui vous est redevable de tout ce qu'il est? Enfin quel funeste accident vous avoit mis dans l'état ou je vous trouvai il y a quinze jours, lorsque la Providence m'envoya à votre secours!

La foiblesse ou je suis encore, mon cher Neveu, me répliqua-t-il, ne me permet pas d'entrer dans un long détail surtout ce que vous me demandez. Il vous suffit, pour le présent, de sçavoir qu'une Commission très secrete, dont m'a chargé notre Cardinal Ministre, auquel il m'a été impossible de me refuser, m'a amené ici. Comme il est d'une extrême conséquence que cette affaire soit traitée & conduite avec un secret inviolable, j'ai non seulement été obligé d'y garder un parfait *incognito*, mais de cacher même mon Voyage à toute notre Famille, qui me croit actuellement en Brétagne dans une de mes Terres. C'est aussi par cette raison que je me suis donné le nom de Richecourt, & que pendant les premiers huit jours que j'ai passés ici, je n'ai pas cru devoir vous informer de mon arrivée dans cette Ville. Je ne comptois même le faire que lorsque l'importante affaire, qui m'y a amené, seroit terminée. Elle le seroit sans doute a présent sans le funeste accident qui m'est arrivé, & dans lequel vous m'avez sauvé la vie, en me faisant transporter dans cette maison.

Ma première pensée lorsque je me vis attaqué, fut
que

que, malgré toutes mes précautions, le secret du Cardinal Ministre avoit transpiré par quelque autre voye, & que, pour traverser la Négociation, dont je suis chargé en cette Cour, quelques personnes, intéressées à la faire échouer, avoient apposté les Scélérats, qui m'ont si indignement traité ; mais une Montre, une Tabatière d'Or, quelques autres Bijoux, & une trentaine de Louis que j'avois sur moi, & que l'on m'a pris, m'ont fait connoître depuis, que je n'ai eû affaire qu'à des Voleurs, dont j'ai appris que l'on a fait justice il y a quelques jours. Je sortois de souper chez le Cardinal R . . ., lorsque l'essieu du Carosse dans lequel j'étois s'étant malheureusement rompu au milieu de la rue, m'attira ce funeste accident. Comme elle me parut fort déserte, je crus qu'il étoit beaucoup plus sûr pour moi de regagner promptement mon logis, que d'attendre dans cet endroit un autre Carosse, que le Cocher m'étoit allé chercher. Je me mis donc en marche pour m'en retourner promptement chez moi ; mais à peine avois-je fait cinquante pas, que je fus arrêté & saisi par ces malheureux qui, après m'avoir enlévé un Valet qui me suivoit, & dont je n'ai eû depuis aucune nouvelle, me portèrent trois coups de Poignard, me volèrent tout ce que j'avois, me laissèrent pour mort & s'enfuirent. Pour le reste, vous le sçavez mieux que moi. J'ajoûterai seulement que je n'ai pû l'apprendre, & sur-tout les attentions extraordinaires que vous avez eû pour ma guérison, sans y être extrêmement sensible. Hé! qui pourroit voir des actions de cette nature sans en être touché, & ne leur pas donner les éloges qu'elles méritent.

TREVE de louanges, lui dis-je, mon cher Oncle, pour une chose qui en mérite si peu. Tout autre en ma place en eût agi de même envers vous ; mais je ne prétens pas en demeurer-là ; puifque le Ciel s'eft fervi de moi pour vous fauver la vie, permettez-moi de ne vous point abandonner, que vous ne foyez parfaitement rétabli, ou de vous faire tranfporter chez moi, où vous ferez traité plus commodément. Pour ce dernier point, reprit-il, il n'eft nullement néceffaire; car on ne peut rien ajoûter aux foins que prend de moi la perfonne chez qui vous m'avez placé. Quant à l'autre Article, je l'accorde à votre amitié & à votre tendreffe pour moi. Le plaifir que j'aurai de vous avoir auprès de moi ne contribuera pas peu, fans doute, au rétabliffement de ma Santé.... Mais à propos, ajoûta-t-il, vous ne me demandez point de Nouvelles de votre amour; j'en ai cependant à vous donner qui vous feront bien agréables. Je lui répondis que l'évènement qui venoit d'arriver m'ayant uniquement occupé, je n'avois penfé à aucune autre chofe, mais que je ne pouvois affez le remercier des mouvements qu'il s'étoit donnés pour me rendre heureux ; que j'avois appris par le Marquis, par ma chère Emilie & par mon Père même, le fuccès qu'avoient eû fes foins & fes peines. Auffi-tôt je lui montrai les trois dernières Lettres que j'avois reçues, & que j'avois heureufement fur moi.

PAR ces Lettres, me dit-il, lorfqu'il les eut lues, vous voyez l'accompliffement de ce que je vous ai promis, lorfque vous partites l'année dernière. Ce n'a pas été fans peine que j'ai amené votre Père à ce point, mais enfin j'en fuis venu à bout. Vous êtes encore moins redevable de cette faveur à mes preffantes Sollicitations, qu'à la bonne conduite qu'il a appris que vous aviez tenue depuis votre depart, & dont tout le monde lui a fait l'éloge. Le mérite de la charmante Demoifelle de Ti . . . ville, & celui du Marquis, fon aimable Frère, ne vous ont pas été

moins

moins favorables. Je l'ai instruit de tout ce qui s'étoit passé à Ti . . . . ville entre ce jeune Seigneur, son aimable Sœur & vous. La manière généreuse dont vous avez sauvé la vie au premier, & conservé l'honneur à cette charmante & vertueuse Fille, la reconnoissance que l'un & l'autre vous en ont témoigné, tous ces sentiments l'ont tellement enchanté, qu'il a enfin ratifié l'alliance que vous aviez déjà ébauchée à son insçu. Vous en verrez la preuve par écrit sur le Contrat même que vous m'avez confié, & que j'ai apporté avec moi, comptant être le premier à vous annoncer cette bonne nouvelle. Au reste je ne suis point fâché que mon Frère m'ait prévenu. Cette nouvelle a du vous être encore plus agréable, en vous venant de sa part.

Je le remerciai mille & mille fois de ses bontés pour moi; & comme il m'avoit permis de ne le point quitter qu'il ne fût en état d'être transporté, ou chez lui, ou chez moi, sans aucun risque, je fis dire à mes Connoissances & à mes Amis, que j'allois passer une quinzaine de jours à la Campagne. Chacun le crut, de-sorte que par ce moyen je jouis pendant tout ce tems, en pleine liberté, de la Compagnie de ce cher Oncle. Si la mienne lui faisoit quelque plaisir, je trouvois dans la sienne des charmes, qui ne cédoient qu'à celle de mon adorable Emilie. En effet comme mon Voyage m'avoit formé l'esprit, je trouvai dans sa chère personne un mérite encore bien plus grand & bien plus rare, qu'il ne m'avoit paru jusqu'alors. Quel agrément dans sa conversation! Quelle solidité dans ses réflexions! Quelle justesse dans ses raisonnements! Quelle profonde connoissance du monde & du cœur humain! C'étoit une espèce de Livre vivant, mais un Livre des plus instructifs, & en même tems des plus agréables, Livre enfin, auquel je suis redevable du peu que je vaux, si tant est que je vaille quelque chose.

JE ne fçai fi ce fut le plaifir que nous avions de nous trouver & de vivre enfemble dans un Païs étranger, qui produifit cet effet; mais la fanté de mon Oncle fe fortifia & fe rétablit fi bien pendant les quinze jours que je paffai auprès de lui, qu'au bout de ce terme il fut en état de s'en retourner au logement, qu'il avoit pris d'abord. J'avois fait toutes les inftances poffibles pour lui faire accepter le mien; mais il l'avoit refufé par des raifons de Politique, & parce qu'il étoit trop éloigné de celui des perfonnes auxquelles il avoit affaire. Il fallut donc nous féparer. Ce ne fut pas fans un extrême regret de ma part, mais je n'y confentis qu'après avoir obtenu de lui la permiffion de l'aller voir régulièrement tous les jours. Laiffons le, pour quelque tems vaquer, à l'importante Affaire, qui l'avoit amené à Rome, & revenons aux miennes.

JE n'en avois point d'autre, que d'achever d'y voir tout ce qui pouvoit contribuer à mon inftruction, & fatisfaire ma curiofité. A l'égard des anciens Edifices, je les avois tous vifités, à la réferve d'un feul, que je vis en me promenant un jour avec Monfieur Affemani. Ce font les reftes de la magnifique Place de l'Empereur *Nerva*, Succeffeur de *Domitien*, qui l'avoit commencé, mais qui ne put l'achever, ayant été affaffiné & mis en piéces, en punition de fes crimes. Par ce qui nous refte de ce vafte Edifice, & par ce qu'en ont écrit les Anciens il eft aifé de juger de fa beauté. On n'aura pas de peine à en convenir, fur-tout lorfqu'on fçaura que *Domitien*, qui avoit la paffion de bâtir, ne faifoit rien conftruire que de magnifique. La haine du Peuple Romain, que ce Prince s'étoit fi juftement attirée par fes Cruautés & fa Tirannie, lui fit renverfer & ruiner de fond-en-comble, auffi-tôt après fa mort, toutes fes Statues, & tous les Bâtiments qu'il avoit fait élever; & il eft à préfumer

RESTES DE LA PLACE DE NERVA.

FORI NERVAE VESTIGIA

Restes de la Place de Nerva. P. 348. II.

EADEM VESTIGIA
A *Vetus Murus e quadratis magnisq. Lapidibus in finibus Fori.*
B *Tres columnæ Templi D. Nervæ.*
C *Campanaria Turris Ecclesiæ Monialium Sancti Basily.*

RESTES DE LA PLACE DE NERVA VUS DE L'AUTRE CÔTÉ.
P.348. III.

FORI VESTIGIA EX ALTERO ASPECTV

mer que ceux-ci auroient eû le même fort, s'ils avoient été achevés, mais l'eſtime qu'il avoit pour *Nerva*, que ce même Peuple choiſit pour gouverner l'Empire après lui, lui fit reſpecter ces magnifiques Edifices, dont le Tems ſeul a détruit la plus belle & la plus grande partie.

QUELQUE empreſſement que j'euſſe de me rendre auprès de mon Père & de ma chère Emilie, il me falut reſter encore à Rome beaucoup plus long-tems que je ne le voulois. La lenteur, avec laquelle les affaires ſe traitent & s'expédient dans cette Cour, en fut la cauſe. Que ce retardement coûta à mon impatience, & que ce tems me parut long! j'en employai une partie à voir les excellentes Statues, qui faiſoient autre-fois un des des plus beaux ornements de cette ſuperbe Ville. J'avois crû, en voyant celles de *Verſailles*, de *Marli*, des *Tuilleries*, & de nos autres Maiſons Royales, qu'il étoit impoſſible à aucun Prince, même des plus puiſſants & des plus riches, de porter plus loin la magnificence ſur ce point; mais je fus bien détrompé, lorſque je vis les Palais, les Jardins & les Maiſons de Campagne des Princes & des Seigneurs Romains, dans leſquels il ſemble que tout ce que la Sculpture a jamais produit de plus excellent & de plus achevé, ſe ſoit donné rendez-vous. C'eſt en effet quelque choſe d'incroyable que la prodigieuſe quantité que l'on y voit de ces Chef-d'œuvres admirables, dans les Palais *Farneſe*, *Colonne*, *Barberini*, *Altieri*, *Viteleſchi*, *Mathei*, *Borgheſe*, *Chigi*, *Juſtiniani*, *Savelli*, *Medicis*, *Altemps*, & pluſieurs autres, tant à la Ville qu'à la Campagne, que nous viſitâmes tous, les uns après les autres, Monſieur Aſſemani & moi. Je ne pouvois me raſſaſier de ce Spectacle charmant, capable d'occuper un curieux pendant des années entières, s'il en vouloit examiner en détail toutes les beautés; auſſi ſont-elles le ſujet de l'admiration de tous les Connoisseurs, qui ne les perdent de vûe qu'avec peine. Une seconde partie de mon tems fut employée à visiter les plus belles Eglises de cette Capitale du monde Chrétien, à la tête desquelles on doit mettre celle de Saint *Pierre*, chef-d'œuvre d'Architecture, Temple vraiment digne, par sa grandeur & sa magnificence, de la Majesté du vrai Dieu, que l'on y adore. Les Palais des Princes & autres Seigneurs Romains, tant Ecclésiastiques que Séculiers, n'échapèrent pas non plus à ma curiosité ; mais si l'on en ôte les chef-d'œuvres, dont je viens de parler, & les peintures admirables dont ils sont embellis, je les trouvai, pour le reste, beaucoup inférieurs à nos Maisons Royales. Enfin je partageai le reste de mon tems entre la Compagnie de mon cher Oncle & celle de quelques Amis qui, pour nous rendre le séjour de Rome agréable, nous y procuroient tous les plaisirs qu'ils pouvoient imaginer. De ce nombre fut le Gouverneur de cette Capitale, dont je m'étois aquis la connoissance & l'amitié de la manière que je l'ai rapporté. Le funeste accident qui l'avoit occasionné, procura le même avantage à mon Oncle, avec lequel je partageai tous ces plaisirs, autant que ses affaires purent le lui permettre.

CEPENDANT celle qui l'avoit principalement amené à Rome étant terminée au gré de notre Cardinal Ministre, je ne pensai plus qu'à faire mes très-humbles remerciments à ces Messieurs, & à prendre congé d'eux pour m'en retourner en France, où mon cœur étoit déjà depuis plus de deux mois. Que dis-je ! il n'en étoit point sorti, mais il étoit resté à Ti . . . ville près du cher objet de ma tendresse, auquel je brûlois de me réjoindre. Tout étoit prêt pour notre départ lorsqu'étant allé voir pour la dernière fois Monsieur N . . . à qui j'avois de si gran-

des

des obligations, j'y appris un évènement qui m'attendrit beaucoup, & me fit voir les tristes & facheuses suites d'un amour malheureux. L'ayant trouvé dans la désolation, aussi-bien que Madame son epouse, je leur demandai quel pouvoit-être le sujet de leur affliction, à laquelle je prenois autant de part qu'eux-mêmes. Elle est aussi naturelle qu'elle est sensible pour nous, me repliqua-t-il les larmes aux yeux, puisque nous perdons à la fois tout ce que nous avons de plus cher au monde. Vous partez, continua-t-il, & notre chère Fille se meurt.

J'Avouerai que cette dernière Nouvelle m'attendrit présque jusqu'aux larmes. Elle se meurt, m'écriai je, avec douleur! Elle se meurt! Hé! de quelle maladie est-elle donc attaquée? D'un mal, poursuivit Monsieur N... auquel les Médecins n'ont pû trouver de remède. Vous sçavez la résolution subite qu'elle prit, il y a quelques mois, de renoncer au monde, & vous n'ignorez pas le chagrin, que cette résolution nous a causé. J'avois crû que le conseil que vous me donnâtes, il y a quelque tems, pourroit nous la ramener. Dans cette vûe je l'ai souvent été voir dans le Couvent où elle s'est retirée, avec nos plus aimables Cavaliers, qui, ayant pris du goût pour elle, n'aspiroient qu'au bonheur de la posséder. Je me flattois qu'ils pourroient la déterminer à faire leur bonheur; mais bien-loin d'y réussir, elle les a tous congédiés, & se livrant à une mélancolie, dont je ne l'aurois jamais crû susceptible, elle est enfin tombée dans une langueur, qui l'a réduite dans un état, où l'on désespère de sa vie. Je tâchai de les consoler l'un & l'autre, du mieux qu'il me fut possible, en leur faisant espérer que sa jeunesse & la force de son tempéramment la tireroient de ce danger, ajoûtant que je comptois en recevoir dans peu l'agréable nouvelle. Je le souhaite, me repliqua Monsieur N.... mais
je

je n'ôſe m'en flatter. Je lui renouvellai enſuite mes très-humbles remerciments, pour toutes les bontés qu'il avoit bien voulu avoir pour moi, & le priai inſtamment de vouloir bien m'honorer de ſes commiſſions pour la France, où il devoit être perſuadé que ma reconnoiſſance n'oublieroit jamais les ſervices qu'il m'avoit rendus. Elles ſe réduiſirent à quelques Lettres pour Paris, & pour l'Archevêque de Sens qui, comme je l'ai dit, m'avoit procuré la connoiſſance de cet aimable homme & de quelques autres.

A peine étois je de retour de cette viſite, qu'on vint m'avertir qu'une Fille demandoit à me parler. J'allai voir auſſi-tôt ce qu'elle me vouloit. C'étoit la Tourière du Couvent, où Mademoiſelle N. . . . s'étoit retirée, laquelle me rendit une Lettre qu'elle avoit ordre, me dit-elle, de ne remettre qu'entre mes mains. Quoique l'écriture n'en fût pas reconnoiſſable, je n'en eus pas plutôt lû les premières lignes, que je reconnus qu'elle étoit de cette aimable & malheureuſe Demoiſelle. Voici cette Lettre, que j'ai conſervée comme un monument des plus inſtructifs des miſères, auxquelles le cœur humain eſt expoſé.

Après la déclaration que la Violence de mon amour m'a forcée de vous faire, & à laquelle vous n'avez point répondu, vous trouverez ſans doute étrange, Monſieur, la liberté que je prends encore de vous écrire ſur le même ſujet. Quelle idée n'allez-vous point vous faire d'une Fille qui peut s'oublier juſqu'à ce point. Je rougis moi-même de ma foibleſſe, lorſque j'y penſe ; mais le déſeſpoir, où votre indifférence & la violence de la paſſion, que vous m'avez inſpirée, m'ont réduite, l'emporte ſur toute autre conſidération. Pour un ſouffle de vie qui me reſte, & que votre départ va m'arracher, je n'ai pas crû devoir me priver de la ſeule ſatisfaction, à laquelle mon cœur puiſſe être encore

core senssible. C'est celle de vous assûrer que je meurs toute à vous, & pour l'amour de vous.

J'AVOUE ici que je ne m'étois point encore trouvé dans une situation aussi embarrassante, que celle où je fus après la lecture de cette Lettre. Accoutumé à juger du cœur des autres par le mien propre, je fus attendri de l'état où je voyois celui de cette aimable Demoiselle, & qui me fit une véritable compassion. Je sentis par ma propre expérience toute l'horreur de sa situation. Voilà, me dis-je, l'état déplorable où tu serois toi-même, si quelque malheur imprévu venoit t'enlever l'Idole de ton cœur. Que faire dans une si triste coujoncture ? je balançai pendant quelques moments sur le parti que j'avois à prendre. Enfin je demandai à la Tourière si elle croyoit que la personne, qui l'avoit chargée de ce billet, fût visible. Visible, Monsieur, me répondit cette Fille! Hélas, il y a plus de trois Semaines qu'elle est au lit, où elle n'attend plus que le moment qui doit terminer la vie languissante, qu'elle a toujours menée depuis qu'elle est entrée dans notre Couvent. Quoique Monsieur N . . . m'eût déjà prévenu sur l'état de cette aimable Fille, cette nouvelle m'effraya. Est-il donc écrit, me dis-je, que je ne rencontrerai présque par-tout que des malheureux ! mais ce qui m'attriste encore plus ici, c'est que c'est-moi qui, sans le vouloir, cause le malheur de cette jeune Demoiselle. La laisserai-je ainsi périr ?

QUELQUE ennemi que j'aye toujours été de la dissimulation, & quoiqu'il me fût absolument impossible de répondre à son amour, je crus que, pour lui sauver la vie, il m'étoit permis de l'amuser au moins par quelque espérance. Dans cette vûe, je lui écrivis une Lettre assez consolante, mais qui n'eut pas le succès dont je m'étois flatté. En effet j'appris, environ un mois après, que cette aimable Fille

le étoit morte deux jours après mon départ, & avoit été la victime d'un amour malheureux qu'il lui avoit été impossible de surmonter. Cette Mort extraordinaire m'affligea beaucoup, & me fit faire une infinité de réfléxions sur les miseres attachées à la Nature humaine.

J'Aurois sans contredit subi le même sort, si mon Amour n'avoit pas été plus heureux; mais la Providence ne le permit pas. Après un Voyage des plus fatiguants par la diligence que nous fîmes, nous arrivâmes enfin, mon Oncle & moi, à Belleville, où nous trouvâmes toute notre Famille dans les plaisirs & dans la joye. Notre retour ne fit que l'augmenter encore. La mienne fut à son comble, lorsque je me revis auprès de mon adorable Emilie, avec laquelle j'allois être incessamment uni pour ne m'en plus jamais séparer. Mon oncle & mon Père me l'avoient promis, & ils me tinrent parole. La cérémonie s'en fit avec toute la pompe & les réjouïssances ordinaires en ces occasions. Une Charge que mon Père acheta pour moi, & une terre que mon Oncle me donna, jointes au partage que le Marquis de Ti...ville fit de tous ses biens avec sa chère Sœur, m'ont mis en état de faire dans le monde, une figure aussi brillante qu'on la peut faire en France, avec trente mille livres de rentes. Mais cet avantage, dont les hommes font tant de cas, n'est rien à mes yeux, lorsque je le compare avec le précieux trésor dont j'ai fait l'acquisition par cette alliance, qui fait ma félicité. Depuis sept ans j'en goûte tous les charmes avec ma chère & tendre Epouse, dont le merite & la vertu ne font que se déveloper de plus en plus, à mesure que je vis avec elle. Le Tems, qui affoiblit & détruit tout, n'a fait que fortifier & reserrer encore davantage la chaine délicieuse qui nous unit. Fasse le Ciel qu'elle ait toujours

jours pour nous les mêmes charmes ? Peut-on ne le pas espérer, lorsque l'honneur & la vertu, joints à une estime & à une tendresse réciproques, sont les agréables liens qui nous attachent l'un à l'autre ? Si tous les Mariages portoient sur ces solides fondements, on n'en verroit jamais que d'heureux sur la terre.

Fin de la troisième & dernière Partie.

www.ingramcontent.com/pod-product-compliance
Lightning Source LLC
Chambersburg PA
CBHW070543230426
43665CB00014B/1791